불/경/탐/구

썩은 지식의 부자와 작은 실천

이시환 지음

신세림출판사

불경 탐구

썩은 지식의 부자와 작은 실천

자서

 꽤 긴 시간 불교(佛敎) 경전 속 숱한 경문들을 읽으며 묵상해 왔다. 때로는 위로 받고, 때로는 의심했으며, 때로는 퍼즐조각을 맞추어 가듯 분석적인 머리를 굴리기도 했다.

 그로 인해서 얻은, 썩은 지식들을 한 광주리에 가득 담아놓은들 무슨 소용이 있겠나 싶어 이제 그만 접기로 했다. 내 일상 속에서의 작은 실천이 그보다 앞서야 한다고 판단했기 때문이다.

 솔직히 말해, 나의 무지(無知)만을 드러내 놓는 격이 되어 부끄럽지만 이는 분명 내 개인사의 상당한 기간을 차지한 내 삶의 일부였기에 그 족적을 남겨 놓는다는 의미에서 이 책을 펴내고자 하는 것이다.

 필요해서 인용한 중국 한자 경전의 인용문은 현재 사용 중인 간

체자 그대로 옮겨 놓았다. 이 점 착오 없기 바라며, 불법세계 중심
으로 들어가고자 하는 이들에게 어둠을 밝혀주는 작은 등불이라
도 되었으면 한다.

　이 책속에 담기는 내용은, 앞서 공부한 누군가의 저서나 불교계
의 공인된 판단 중심으로 짜깁기한 것이 아니라 오로지 경문들을
홀로 읽으면서 나름대로 느끼고, 추적·탐구한 것이기에 오판(誤
判)은 있을 수 있을지언정 남의 것들을 정리하면서 내 것인 양 내
옷을 입혀 놓은, 그런 글이 아님을 밝혀 두고 싶다. 옴!

2017. 11. 03.

이 시 환

차례

제 II 부

차례

제Ⅲ부

제IV부

제V부

차례

제VIII부

제
Ⅰ
부

인연(因緣)

'불교'라는 종교를 떠올리면 보통사람들은 '인연(因緣)'이라는 단어를 쉽게 연계시킨다. 그만큼 불자들이 많이 쓰는 단어이기 때문이다. 여기에는 그 이유가 없지 않다. 불교의 교리 가운데 '12인연설'이 중요한 자리를 차지하고 있는데 이 12인연설은, 젊은 왕자 고타마 싯다르타 개인의 문제의식[話頭]로부터 나왔다. '사람은 왜 생로병사(生老病死)의 굴레로부터 벗어나지 못하고 고통 속에서 살아가야 하는가?'라는 자신의 물음에 스스로 부처가 되어서 답으로서 내놓은 것이 바로 12인연설이다.

이 12인연설은, 그동안 내가 읽은 경전들 중에서도 「아함구해십이인연경(阿含口解十二因緣經)」, 「불설장수멸죄호제동자다라니경(佛說長壽滅罪護諸童子陀羅尼經)」, 『중아함경』, 「좌선삼매경」, 『불설장아함경』 속 「대본경(大本經)」 등에서 확인할 수 있다. 물론, 이들이 전부는 아니라고 판단되지만 그 내용의 핵심, 그러니까 12인연설의 공식만을 소개하자면, "무명(無明) → 행(行) → 식(識) → 명색(名色)

→ 육입(六入) → 촉(觸) → 수(受) → 애(愛) → 취(取) → 유(有) → 생(生) → 노사(老死)"이다. 곧, 무명하기에 행이 있고, 행이 있기에 식이 나오고, 식이 있기에 명색이 나오고, 명색이 있기에 육입이 나오고, 육입이 있기에 촉이 나오고, 촉이 있기에 수가 나오고, 수가 있기에 애가 생기고, 애가 있기에 취가 나오고, 취가 있기에 유가 나오고, 유가 있기에 생이 나오고, 생이 있기에 노사가 나온다는 부처의 판단이다.

그런데 이 12가지 용어가 중국 한자(漢字)이기 때문에 그것들에 부여된 속뜻을 이해하지 못하면 무슨 말인지 도무지 알아들을 수 없는 주장이 되고 마는 것이다. 게다가, 이 12가지 용어에 딸린 세부적인 내용들이 또한 너무나 복잡하여 이해하기란 쉽지가 않다. 예컨대, 행(行)에는 신(身)·구(口)·의(意)의 행이 있고, 식(識)에도 안(眼)·이(耳)·비(鼻)·설(舌)·신(身)·의(意)의 식이 있으며, 명색(名色)은 명은 심적 방면으로 4음[四陰: 行·受·想·識]이 있고 색은 물적 방면으로 4대[四大: 地·水·火·風]와 4대로 이루어진 것들이 있다. 뿐만 아니라, 육입에는 안(眼)·이(耳)·비(鼻)·설(舌)·신(身)·의(意) 처(處)가 있고, 촉(觸)은 '갱락(更樂)'이라고도 하는데 낙(樂)·고(苦)·불고불락(不苦不樂)의 갱락이 있고, 수(受)에는 욕(欲)·계(戒)·견(見)·아(我)·수(受)가 있고, 유(有)에는 욕(欲)·색(色)·무색(無色)의 유(有)가 있다 한다. 뿐만 아니라, 「아함구해십이인연경(阿含口解十二因緣經)」에서는 내·외(內·外)의 12인연이 있다면서, 인간의 생사는 내(內)의 12인연에 따르고, 만물의 생사는 외(外)의 12인연에 따른다 한다. 내의 12인연은 앞에서 말한 바와 같고, 외의 12인연은 '어리석음-땅[地], 행(行)-물[水], 식(識)-불[火], 명색(名色)-바람[風], 6입(入)-허공[空], 재(災)-종(種), 통(痛)-뿌리[根], 애(愛)-줄기[莖], 수(受)-잎[葉], 유(有)-마디[節], 생(生)-꽃[華], 노사(老死)-열매[實]'로 각각 연계시켜 놓기도 했다. 나는 개인적으로 12인연설이 합당하지 않다고 생각하지만 현학적인 것만큼은 사실이다.

이러한 세부적인 내용을 이해하려면, 최소한『중아함경』을 먼저 통째로 다 읽을 필요가 있다. 나는 메모를 하면서 딱 한 번 정독했었는데도 불구하고 그 양이 너무나 방대하여 전체를 꿰뚫어보기가 쉽지 않다. 나의 메모에 "6계(界)가 합함으로써 곧 어머니의 태에서 나고, 6계로 인하여 곧 6처(處)가 있으며, 6처로 인하여 곧 갱락[更樂·觸]이 있고, 갱락으로 인하여 문득 감각[覺]이 있다."는 문장이 있는데, 물론, 이것은『중아함경』속「도경(度經)」에 있는 내용이다. 여기서 말하는 6계는 지계(地界)·수계(水界)·화계(火界)·풍계(風界)·공계(空界)·식계(識界)를 말하지만 일일이 설명해 주어도 일련의 용어들이 가지는 함의 때문에 이해하기란 결코 쉽지 않으리라 본다.

여하튼, 부처는 인간의 괴로움[苦痛]의 출발점을 '무명(無明)'으로 보았고, 특히 '애(愛)'가 고통을 가장 많이 안겨주는 것으로서 심히 경계했으며, 8가지 괴로움이 따른다고 보았다. 곧, ①태어나는 고통(生苦) ②늙어가는 고통(老苦) ③병들어 아파하는 고통(病苦) ④죽어가는 고통(死苦) ⑤원한 증오가 있는 사람과 만나는 고통(怨憎会苦) ⑥사랑하는 사람과 헤어지는 고통(爱別离苦) ⑦구해도 얻을 수 없는 고통(求不得苦) ⑧인간의 본성을 덮고 있는 5가지 어두운 그늘인 5음[五陰: 색(色)·수(受)·상(想)·행(行)·식(識)]이 성행하여 생기는 고통(五取蘊苦) 등이 그것이다. 이러한 고통을 없애기 위해서 부처가 제시한 것이 바로 계(戒)·정(定)·혜(慧) 수행이며, 그 결과로서 나온 것이 바로 사성제(四聖諦:苦·集·滅·道)와 팔정도(八正道: 正見·正思維·正语·正业·正命·正精进·正念·正定)이다.

　이처럼 부처는 인간 고통의 출처와 해결책을 성찰[경전에서는 '관찰(觀察)'이라는 단어가 많이 쓰이고 있음]과 명상[禪定]으로써 강구하다보니 다 인(因)과 연(緣)에 의해서 실타래 엮이듯 엮이어 있음을 나름대로 알아차렸고, 그 가닥을 12개로 보았던 것이다. 게다가, 전생(前生)에 지은 업(業)으로써 금생(今生)에 과보가 주어진다는 일반적인 믿음도 전제되었고, 오늘날의 과학적인 눈으로 보아도 어떤 현상으로서의 결과가 있을 때에는 반드시 그 이전의 원인과 과정이 전제된다는 사실 등을 감안한다면 이 인연이라는 용어를 확대 해석할 필요가 있다. 그래서 나는 인연을 이렇게 풀었었다. 곧, 인(因)은 1차적인 이유가 되는 직접적인 원인으로서 인자(因子)이고, 연(緣)은 2차적인 이유가 되는 간접적인 원인으로서 인자인데, 그 인과 연이 만남으로써 새로운 결과를 낳게 되는 것이다. 물론, 새로운 결과도 다른 결과를 낳는 인이 되고 연이 되기도 한다. 이렇게 존재하는 모든 것들은 서로 인이 되고 연이 되어서 얽히어 있고 엮이어 있는 것이다. 그래서 사람이 일평생 살아가는 데에 있어서 '관계(關係)'라는 것이 중요하게 작용하는 것이다.

　- 2017. 04. 13.

해탈(解脫)

'해탈(解脫)'이라는 용어는 불교 경전에서 아주 많이 사용되고 있는 단어 가운데 하나이다. 오죽하면, 보살의 이름 가운데에 '해탈 보살'이 있었겠는가.

부처에게는, ①인간의 삶이 곧 고통이며, ②인간으로서 개체가 죽더라도 모든 문제가 종결되는 게 아니라 자신의 의사와 관계없이 계속 윤회한다는, 그래서 고통이 계속된다는 두 가지 고정관념이 있었다. 물론, 이 고정관념에는 영(靈)과 몸이 분리 되고, 몸은 죽어도 영은 죽지 않는다는 오늘날 종교인들이 흔히 가지는 믿음이 전제되어 있었다. 그래서 부처는 그런 고통과 그런 윤회의 굴레로부터 온전히 벗어남을 목표로 수행 정진하라고 강조하였다.

이 '해탈(解脫)'이라는 단어를 글자 그대로 해석하자면, '풀어 헤쳐서 벗어남'을 뜻한다. 무엇을 풀어헤친다는 것인가? 그것은 바로 고통을 안겨주는 번뇌이고, 거듭되는 생사(生死)라는 '굴레'이다. 그래서 불교에서는 번뇌가 발생하는 근원적인 이유와 과정을 밝히고, 그것을 소멸시키는 방법을 집요하게 강구해 왔다. 번뇌 발생 원인과 과정을 설명한 것이 '12인연설'이라면, 번뇌 소멸법이 바로 '계(戒)·정(定)·혜(慧)' 수행이다. 장아함 반니원경(長阿含般泥洹經)에서는, 이 해탈의 개념을 이해하기 쉽게, ①음란한 마음 ②성내는 마음 ③어리석은 마음 ④잡된 생각 등으로부터 벗어남이라고 규정하고 있다.

번뇌를 소멸시키기 위해서 부처가 일방적으로 제시한 계율(戒律)이야 지키면 되는 것이고[사실은 지키는 것조차 쉽지 않지만], 지혜야 관찰과 선정으로써 깨달아 쌓아 가면 되는데, 문제는 선정[禪定→명상]에 드는 구체적인 방법론에 있다. 그 방법론을 직접적으로 설명하고 있는 경(經)들이 좌선삼매경·반주삼매경·혜인삼매경·금강삼매경 등을 비롯하여 적지 아니한데, 이 경들에서 아주 복잡하고 난삽하게 주장하고 있는 내용들을 단 한 개의 단어로써 표현한다면 바로 '삼매(三昧)'이다. 문제는 갖가지 삼매(三昧)에 드는 일인데 그것이 무척 어렵다는 사실이다. 여기서 삼매란 원하는 바가 현실공간에 나타나는 정도의 정신적 사유세계의 높은 몰입도를 전제로 하여 '무위(無爲)의 도(道)'에 눈을 맞추어 일치시키는 일이다.

'불교에서 웬 무위(無爲)의 도(道)인가?'라고 반문하겠지만 여러 경들의 여러 곳에서 중국 도교(道敎)의 무위의 도가 말해지고 있음에는 틀림없는 사실이다[「불설능단금강반야바라밀다경(佛說能斷金剛般若波羅蜜多經)」·「능단금강반야바라밀다경(能斷金剛般若波羅蜜多經)」· 중아함경 속 화파경(和破經) 등]. 이 도(道)의 본질은 하는 일이 없지만 하지 않는 일도 없는 존재이고, 분명히 존재하지만 없고, 분명히 존재하지 않지만 있는, 불생(不生)·불멸(不滅)의 불변(不變)하는 세계로서의 불가시적 존재인 법신[法身→지혜의 바다]이다. 예수교로 말하면, 창조주이신 '하느님' 혹은 '하나님'인 것이다.

이러한 해탈에는 혜해탈(慧解脫)·공해탈(共解脫)·심해탈(心解脫)·종해탈(從解脫) 등의 종류가 있고[『좌선삼매경』·『중아함경』속「미혜경(彌醯經)」등], 「장아함십보법경(長阿含十報法經)」에서 말하는 여덟 가지 단계(段階)도 있다 한다. 이를 간단히 소개하자면, 각종 선정에 들지 않고도 지혜로써 온갖 번뇌로부터 벗어나는 것을 '혜해탈'이라 한다면, 각종 선정에 들어서 번뇌로부터 벗어나 멸선(滅禪)과 여러 가지 누진(漏盡)을 얻는 것을 '공해탈(共解脫)'이라 하고, 계율을 지켜 번뇌로부터 벗어남을 종혜탈이라 한다.

그리고 자신의 몸과 마음속에서 일어나고 있는 현상 그대로를 일정한 거리를 두고 인지함으로써, 다시 말해, 자기 자신과 유리되어 자기 자신을 객관적으로 바라봄으로써 온갖 번뇌로부터 벗어나는 것을 '심해탈(心解脫)'이라 한다. 이 심해탈에 대해서는 『중아함경』속「화파경」에서 설명하기를, "무명(無明)이 다하고 명(明)이 생겨나면 무명이 다하고 명이 생긴 줄을 알며, 뒷세상의 몸에 대한 감각을 내면 뒷세상의 몸에 대해 감각을 낸 줄을 알며, 뒷세상의 수명에 대하여 감각을 내면 뒷세상의 수명에 대하여 감각을 낸 줄을 알아야 한다. 몸이 무너지고 목숨이 끝나고 수(壽)가 다해 마치면 곧 현재 세계에서 일체의 감각이 곧 다 그쳐 쉬게 된다. 그리하여 마침내는 싸늘하게 되는 지경에 이르게 된다는 사실을 아는 것을 '심혜탈'이라 한다." 라고 했다. 그리고 『중아함경』 속 「미혜경(彌醯經)」에서는, 이 심해탈을 얻기 위해서 다섯 가지 익혀야 할 법[五習法]과 네 가지 법[四修法]을 닦아야 한다고 설명하기도 한다.

그 다섯 가지 익혀야 할 법이란 ①비구는 스스로 착한 벗이 되어야 하고, 착한 벗과 함께 해야 하며, 착한 벗과 화합해야 함. ②금계(禁戒)를 닦고 익혀야 하며 종해탈(從解脫)을 지켜 보호하고, 다시 위의와 예절을 잘 지키고, 티끌만한 죄를 보아도 항상 두려움을 품고, 학계(學戒)를 받아 가져야 함. ③비구는 성스럽고 이치가 있는 말을 해야 하며, 마음을 부드럽고 연하게 하며, 마음에 덮임이 없게 하여야 한다. 곧 계(戒)를 말하고 정(定)을 말하며, 혜(慧)를 말하고 해탈(解脫)을 말하며, 해탈지견(解脫知見)을 말하고 점점 덜어짐[損]을 말하며, 모이기를 즐겨하지 않는 것을 말하고 욕심이 적어야 한다는 것을 말하며, 족한 줄 아는 것을 말하고 끊어야 함을 말하며, 욕심이 없는 것을 말하고 멸함을 말하며, 연좌(燕坐)를 말하고 연기(緣起)로 얻어지는 것임을 말해야 한다. ④비구는 항상 정진(精進)을 행하여 악하고 착하지 않은 것을 끊고 모든 착한 법을 닦으며, 항상 스스로 뜻을 일으켜 전일(專一)하고 견고히 하여 모든 선의 근본을 위해서는 어떤 방편이라 할지라도 버리지 않아야 함. ⑤비구는 지혜를 닦아 흥하고 쇠하는 법을 관찰하고, 이와 같은 지(智)와 거룩한 슬기와 밝게 통달함을 얻어 분별하고 환히 알아 괴로움을 없애야 함 등이다.

그 네 가지 닦아야 할 법이란 ①오로(惡露 : 不淨)를 닦아 탐욕을 끊고, ②자비를 닦아 성냄을 끊으며, ③들고나는 숨길[息]을 닦아 어지러운 생각을 끊고, ④무상하다는 생각을 닦아 아만(我慢)을 끊는 것이라 한다.

한편, 동진(東晋) 평양(平陽) 사문 석법현(釋法顯)이 중역한 「대반열반경(大般涅槃經)」에서는 8종의 정력(定力)에 의지하여 색계(色界)와 무색계(無色界)의 탐욕을 버리는 것을 8해탈이라 하면서 ①안으로 색상을 지니고 있으면서 밖으로 색을 관하여 해탈하는 것 ②안으로 색상이 없고 밖으로 색이 청정하지 않음을 관하여 해탈하는 것 ③정해탈(淨解脫) ④공처(空處)해탈 ⑤식처(識處)해탈 ⑥무소유처(無所有處)해탈 ⑦비상비비상처(非想非非想處)해탈 ⑧멸진정(滅盡定)해탈 등으로 구분하기도 한다.

그리고 「장아함십보법경(長阿舍十報法經)」에서 말하는 해탈의 여덟 가지 단계는 따로 설명하기로 하고(pp. 24~26) 여기서는 생략한다.

- 2017. 04. 17.

해탈의 8단계

　나는, 잡념(雜念)과 고민(苦悶)을 합쳐서 번뇌(煩惱)라 하고, 그 번뇌로부터 온전히 벗어나서 해방됨을 '해탈(解脫)'이라 해왔다『주머니속의 명상법』 222쪽]. 불교의 많은 경(經)들에서는 이 해탈을 목표로 수행의 방법과 원리를 설명하고 있다 해도 틀리지 않는다. 그만큼 해탈이 불교의 키워드 가운데 키워드인 셈이다.

　그런데 요즈음 내가 읽은 「장아함십보법경(長阿含十報法經)」에서는 해탈을 여덟 가지 단계로 설명하고 있었다. 그 설명이 결코 속시원한 것은 아니지만 어쨌든, 그것을 경전 원문에 가깝게 소개하면 이러하다.

　①혹 어떤 때, 수행자는 안으로 색(色)을 생각하고 밖으로 색을 관찰하여 색에 있는 몇 가지 예쁨과 추함을 자유로이 알고 자유로이 보며, 뜻과 생각에도 역시 있는 것처럼 여긴다.

　②혹 어떤 때, 도를 수행하는 자는 안으로 물질을 생각하고 밖으로 물질을 본다.

③혹 어떤 때, 수행자는 청정히 해탈한 것을 몸으로 느낀다.

④모든 색(色)을 벗어나 성냄을 없애고, 어떤 생각도 생각하지 않으며, 바라는 것 없이 공(空)을 받아들이고 공을 행한다.

⑤모든 공을 벗어나 바라는 것 없이 식(識)을 받아들이고, 모든 식을 벗어나, 인식하는 바 없이 유불용(有不用:無所有)을 받아들인다.

⑥모든 무소유(無所有), 즉 불용(不用)을 벗어나, 생각이 있는 것도 아니고 생각이 없는 것도 아닌 것[無有想亦非無有想]을 받아들인다.

⑦모든 생각이 있는 것도 아니고 생각이 없는 것도 아닌 행을 벗어난다.

⑧지각[想]과 사고[思]가 멸한 것을 몸으로 느낀다.

－「장아함십보법경(長阿含十報法經)」 하권 중에서

이런 개념을 그대로 받아들인다면, 불교에서의 해탈은 사람이 죽으면 저절로 얻어지는, 다시 말해, 성취되는 것이지만, 문제는 살아있을 때에 그 해탈을 이루어야 한다는 데에 있다. 하지만 생명이란 그 자체가 심신(心身)의 욕구를 충족시켜가는 활동에 지나지 않으며, 신체의 기능이 왕성할 때에 그 욕구 또한 크고 다양하다는 사실을 외면·부정해서도 안 될 것이다.

그럼에도 불구하고, 불교에서는 오로지 '수행(修行) 정진(精進)'이라는 한 가지 욕구와 목표 외에는 다 '버리듯' 살아야 한다고 주장한다. 그렇다고, 온전히 버릴 수 있는 것도 아니지만 말이다. 온전히 버린다는 것은 곧 생명의 정지 상태인 죽음일 뿐이기 때문이다.

그 수행이란 '욕구 버리기' 혹은 '욕구 죽이기'를 핵심 내용으로 하며, 그 목표를 달성하기 위해서 부단히 노력하는 과정[듣고, 배우고, 읽고, 지키고, 실천하는]이 정진(精進)이다. 수행 정진 외에는 그 어떠한 욕구도 다 번뇌의 온상으로서 해탈을 방해하는 인자들이 된다는 판단 위에 서 있는 이들이 바로 불자(佛子)로서 수행자들인데 요즈음은 꼭 그렇지만도 않아 보인다. 이 「장아함십보법경(長阿含 十報法經)」에서 말하는 8단계 과정을 거치는 해탈을 추구하지 않기 때문이다.

- 2017. 03. 30.

심혜탈(心解脫)

→

경전을 읽다보면 '심혜탈(心解脫)'이니 '혜해탈(慧解脫)'이나 하는 난해한 용어들이 적잖이 나온다. 이때, 해탈이란 말 앞에 붙는 심(心)이나 혜(慧)는 해탈의 수단이나 방법이 될 수도 있고, 목적이 될 수 있다. 양쪽으로 다 해석될 수 있다는 뜻이다. 예컨대, '혜해탈'이란 '지혜라는 수단과 방법으로써 번뇌로부터 벗어남' 이라는 뜻도 되고, '지혜라고 하는 속박으로부터 온전히 벗어남'이라는 뜻으로도 사용 가능하다는 것이다.

문제의 '심혜탈'에 대해서 「화파경」이란 경에서는 이렇게 설명하고 있다. 곧, '무명(無明)이 다하고 명(明)이 생겨나면 무명이 다하고 명이 생긴 줄을 알며, 뒷세상의 몸에 대한 감각을 내면 뒷세상의 몸에 대해 감각을 낸 줄을 알며, 뒷세상의 수명에 대하여 감각을 내면 뒷세상의 수명에 대하여 감각을 낸 줄을 알아야 한다. 몸이 무너지고 목숨이 끝나고 수(壽)가 다해 마치면 곧 현재 세계에서 일체의 감각이 곧 다 그쳐 쉬게 된다. 그리하여 마침내는 싸늘하게 되는 지경에 이르게 된다는 사실을 아는 것'을 '심혜탈'이라 한다. 그러니까, 여기서는 생각하고 지각하는 주체인 '마음'이 해탈의 수단이면서, 동시에 목적이기도 함을 보여주고 있는 셈이다.

불교에서는, 인체의 다섯 가지 감각기관인 안(眼)·이(耳)·비(鼻)·설(舌)·신(身: 皮膚의 觸)과 뇌(腦)에서 이루어지는 사유기능을 합쳐서 육근(六根)·육처(六處)·육입(六入)·육식(六識)·육진(六塵)·육경(六境)·육정(六情) 등 다양한 이름으로 부르면서, 모든 번뇌의 시작 지점인 근원으로 보고 있다. 그래서 이들 감각기관에서 하는 일들을 있는 그대로 인지(認知)·지각(知覺)할 뿐 인위적으로 적극적인 활동을 지양해야 한다고 믿는다. 이것만이 번뇌로부터 벗어나는 유일한 길이라고 믿고 주장해 왔다. 한 마디로 말해서, 인간의 욕(欲)이 없어야 만이 청정심(淸淨心)을 유지할 수 있다고 본 것이다. 사실, 이 판단은 문제가 없지 않으며, 육근의 통제를 통해서 이루어지는 선정의 청정심을 유지하고자하는 것도 일종의 또 다른 욕이다.

하지만 요즈음 사람들은 그 반대로 생각하며, 그 반대로 살아가고 있다. 온갖 것을, 맛보기 위해서 살고, 보기 위해서 살고, 듣기 위해서 살며, 맡기 위해서 산다 해도 크게 틀리지 않는다. 한마디로 말해, 오감을 즐기기 위해서 산다 해도 틀리지 않는다. 인간의 모든 활동이 바로 그 오감을 만족시키기 위한 것에 지나지 않기 때문이다. 그럼에도 불구하고, 많은 사람들은 부처님의 이런 황당한 주장에 고개를 끄덕이며, 무아(無我)·무상(無常)·고(苦)를 외치며 찬양하기 바쁘다. 정작, 그를 부정하는 나는 욕구 통제가 필요하다며 자기 제어를 하지만 그들은 내가 보기에 전혀 아닌 것 같으니 이 모순을 어떻게 설명해야 하는가.

-2014. 07. 28.

반니원(般泥洹) · 반열반(般涅槃) · 열반(涅槃)

우리는 꼭 불자(佛子)가 아니더라도 '열반(涅槃)'이라는 말은 일상 속에서 곧잘 들어왔기 때문에 그 정확한 의미를 몰라도 그저 상식적 판단에서 '육신의 죽음'을 뜻한다고 생각해 왔다. 좀 더 좁혀서 말하자면, 고승(高僧)이나 스님 혹은 불법(佛法)을 믿고 따르는 사람들 곧 '불법 수행자들의 죽음'을 열반이라 불러 왔다. 그 열반 대신 다른 표현을 들자면, '적멸(寂滅)에 들었다' 하기도 한다. 그래서 흔히 사찰의 고승들의 유회(遺灰), 골회(骨灰), 내지는 사리 등을 모셔 놓은 곳을 '적별보궁'이라 하기도 한다.

그런데 「가섭결경(迦葉結經)」에 '반니원(般泥洹)'이라는 생소한 용어가 나온다. 물론, 이 용어가 「가섭결경(迦葉結經)」에만 나오는 것은 결코 아니다. 필자가 이 경을 읽으면서 최초로 문제의식을 갖고서 이 용어를 대했다는 뜻이다. 이 경에 의하면, 부처님이 돌아가시자 얼마 안 있어 그 제자들 가운데, 경전을 결집(結集)하는 데에 있어서 사회자 역할을 했던, 가섭이 몸을 움직이고 보양(保養)하는 일이 싫어져서 '반니원(般泥洹)'에 들고 싶다는 의사를 피력한다. 바로 그때에 수많은 아라한들이 반니원에 들었다고도 기술되어 있다.

이때 '반니원에 들었다'함은, 분명, 육신의 죽음을 뜻하는데, 그렇다고 단순한 죽음이나 자살(自殺)을 의미하지는 않는다. "이미 해야 할 일을 다 했고, 진로(塵勞)의 산을 넘었으며, 갈애(渴愛)의 강을 마르게 했"기 때문에 스스로 더러운 육신을 버려서 마음을 청정하게 하고자 하는 목적에서의 육신 버림 곧 죽음인 것이다. 그러니까, 모든 수행을 끝내고서 더 이상의 함['爲'나 '欲']이 없는 세계로 나아가고자 하는, 그런 죽음인 것이다. 부처님은 이를 '적멸의 즐거움'이라는 말로 표현하기도 했다.

불경 가운데에는 부처님의 열반 과정을 주 내용으로 기술한 경들이 적지 않은데, 예를 들자면, ①바수반두(婆藪槃豆=婆苏盘豆)가 지었다는 「열반론(涅槃論)」, ②송대(宋代) 사문(沙門) 혜엄(慧嚴) 등이 「니원경(泥洹經)」에 의거하여 덧붙였다는 「대반열반경(大般涅槃經)」, ③북량(北凉) 천축삼장(天竺三藏) 담무참(曇無讖)이 중역했다는 「대반열반경(大般涅槃經)」, ④동진(東晋) 평양(平陽) 사문 석법현(釋法顯)이 중역했다는 「대반열반경(大般涅槃經)」 등이 있으며, ⑤대당(大唐) 남해파릉국(南海波凌國) 야나발타라(若那跋陀羅)가 중역했다는 「대반열반경후분(大般涅槃經後分)」이 있으며, 그리고 ⑥중아함경 속 「열반경(涅槃經)」이 있고, ⑦반니원경(般泥洹经)·불반니원경(佛般泥洹经)·대반니원경(大般泥洹经) 등 3개 본(本)이 있는 약칭 「니원경(泥洹经)」 등이 있다. 이들 가운데 동진(東晋) 평양(平陽) 사문 석법현(釋法顯)이 중역했다는 「대반열반경(大般涅槃經)」에서는, 이 '반니원(般泥洹)'과 같은 뜻으로 사용되고 있는 '반열반(般涅槃)'의 의미에 대해서 생각해 볼 수 있는, 이런 말을 하고 있다. 곧, "그대들은 알아야한다. 일체 모든 행(行)은 모두 다 무상하여 내가 지금 비록 금강의 몸이지만 역시 무상으로 변하는 것을 면하지 못하니, 나고 죽음의 되풀이가 참으로 두려워할 만하지 않은가. 그대들은 마땅히부지런히 수행하고 정진하여 이러한 나고 죽음의 불구덩이를 벗어나기를 속히 구해야 한다. 이것이 나의 마지막 가르침이다. 내가 반열반에 들어야 할 그 때가 벌써 되었구나."라고.

여기에서 '나고 죽음의 되풀이'는 '환생(還生)'을 뜻하는 것으로, 이는 당대 사회에서 집단무의식처럼 유전되어 내려온 힌두교 사회의 핵심 가치관임을 알아야 하고, 이 환생이라는 믿음이 전제되었기에 경전의 수많은 내용들이 전개될 수 있었음을 또한 분명하게 인지할 필요가 있다. 부처님 역시 환생이라는 믿음 위에서사유했기 때문에 그 환생의 덫으로부터 벗어나는 길을 모색했고, 그 길의 끝부분인 해탈(解脫)한 뒤의 죽음만이 열반·반열반·반니원에 듦이라고 말했던 것이다.

그래서 부처님 머릿속에서는 모든 상[相:형태·모양이 있는 존재]이란 무상(無常)한 것이며, 인간의 몸조차 더럽고 이내 썩어 없어질, 헛것·그림자·아지랑이·환영(幻影) 같은 것으로 여겼으며, 실체가 없는 무아(無我)라고까지 단정 지었던 것이다. 그래서 생(生)이란 고(苦)일 뿐이고, 그것이 되풀이되는 것 역시 끔찍한 일이기에 더 이상 환생하지 않는 길만이 최고·최선이라고 믿었던 것이다. 그 최고·최선의 길을 가기 위해서 부처는 대자대비로써 계율을 지켜 선업(善業)을 쌓고, 선정수행을 통한 일체지[一切智=一切智智=一切種智]를 깨달아야 한다고 주장했던 것이다. 그래야만이 생멸을 거듭하지 않는 진정한 적멸에 든다고 했고, 적멸에 들기 때문에 더 이상 건너 갈 곳도 없고, 구제할 것도 없는, 멸도(滅道)가 아닌 '멸도(滅度)'에 이른다고 했다.

　바로 이점을 구체적으로 설명한 경이 『중아함경』 속에 있는 「열반경」이다. 이 「열반경」에서는 열반에 드는 과정 곧 그 메커니즘이 설명되고 있는데 그 요점만을 정리하자면 이러하다.

무명(無明) → 행(行) → 식(識) → 명색(名色) → 육처(六處) → 갱락(更樂:觸) → 각(覺=取) → 애(愛) → 수(受) → 유(有) → 생(生) → 노사(老死) → 고(苦) → 믿음[信] → 정사유(正思惟:바른 사유) → 정념(正念:바른 기억)·정지(正智:바른 지혜) → 근(根:감각기관) 보호(保護) → 계(戒) 보호(保護) → 후회하지 않음 → 즐거움[喜] → 기쁨[樂] → 쉼[止] → 안락(安樂) → 선정(禪定) → 참다운 소견·앎[知慧·智慧] → 싫어함(더러움·욕구·욕심·집착 등 일체에 대하여) → 무욕(無慾) → 해탈(解脫) → 열반(涅槃)

　필자가 이렇게 일목요연하게 정리해 놓는다고 해서 모두가 쉽게 이해하거나 동감하지는 못할 것이다. 그렇다고 여기서 이를 일일이 풀어 설명할 수도 없다. 여러분이 직접 해당 경의 전문을 읽어보기 바라며, 한 가지 참고사항으로 부연하자면, 「좌선삼매경」에서는 '희(喜)'와 '낙(樂)'을 구분했는데, 무언가를 얻었을 때에 생기는 마음속의 기쁨을 '희'라 하고, 그 기쁨이 몸에 두루 미치어 나타남을 '낙'이라 했으며, 청정세계에서는 그 희와 낙조차 버려야 한다고 주장한다. 뿐만 아니라, 생[生:태어남]이란, 갖가지 중생들이 곳곳에서 태어나 음[陰=五蘊: 色·受·想·行·識]을 받아서, 지[持

=界:18계=6근(根)·6경(境)·6식(眼識·耳識·鼻識·舌識·身識·意識)]를 얻고, 입[入: 12처=6根:눈·귀·코·혀·몸·뜻 + 6境:빛깔·소리·냄새·맛·닿임·법(法)]을 얻음으로써 생명을 얻는 것이라 했으며, 노[老:늙음]란, 5음의 몸이 낡아 이가 빠지고, 머리카락이 희어지며, 주름이 많아지고, 근(根)이 익어지고, 근이 파괴되며, 기운이 막히고, 등이 굽어 지팡이를 짚고서 걷는 것이라 했다. 그리고 사[死:죽음]란, 중생들의 일체가 퇴락하여 사라지니, 생명이 끊어져 사멸하고 목숨을 잃는 것이라고 풀이하였다.

여하튼, 반니원·반열반·열반 등에 듦이란, 해탈하여 적멸에 듦과 같으며, 이는 곧 환생의 덫으로부터 온전히 벗어나서 그 무엇으로도 다시 태어나지 않는 불고불락(不苦不樂)의 청정(淸淨) 세계로의 진입인 셈이다. 그럼에도 불구하고 우리는, 부처님의 가르침을 믿고 따르는 사람들조차도 '그저 사람이 죽어서 현생의 모든 활동이 정지되는 상태를 맞이하는 것을 두고 열반에 들었다는 말들을 쓴다. 사실 알고 보면, 경전 상에서 말하는 열반과는 엄청난 차이가 있는 데에도 불구하고 그저 열반, 열반하는 것을 보면 환생을 믿지 않는다는 뜻이나 다를 바 없다. 이 같은 모순은 다른 고기는 다 먹으면서 개고기만을 먹지 않는 흔한 불자(佛子)들의 아전인수 격의 편의주의에 입각한 경전 해석이자 신앙행위로 보인다.

- 2017. 07. 03.

삼매(三昧)

범어 '사마디(ㅠㅍㅂㄹ: Samādhi)'의 음차로 삼마지(三摩地)·삼마제(三摩提)·삼매지(三昧地) 등의 중국 한자로 표기되어 왔는데, 과연 이 '사마디'란 무엇일까? 나는 범어를 모를 뿐 아니라 그 사전도 없기 때문에 본래의 뜻을 알 수가 없다.

그런데 내가 읽은 일련의 불경(佛經)들에서는 염불삼매(念佛三昧)·자심삼매(慈心三昧)·비심삼매(悲心三昧)·희심삼매(喜心三昧)·호심삼매(護心三昧)·아나반나삼매(阿那般那三昧)·일체실견삼매(一切悉見三昧)·공삼매(空三昧)·정삼매(淨三昧)·적삼매(寂三昧)·반주삼매(般舟三昧)·현재불실재전립삼매(現在佛悉在前立三昧)·아란야나삼매(阿蘭若那三昧)·금강삼매·일행삼매(一行三昧)·혜인삼매(慧印三昧) 등 들어보지도 체험해 보지도 못한 많은 종류의 삼매가 있다는 것과 그와 관련된 내용들을 살펴볼 수는 있었다. 이뿐만이 아니라,『대방광불화엄경』제40권「십정품(十定品)」에서는, 부처님의 요청으로 보현보살이 보안보살을 비롯한 여러 보살들에게 설법한 '열 가지 큰 삼매'라는 것도 있다. 그 열 가지 큰 삼매란 ①넓은 광명[普光] 큰 삼매 ②묘한 광명[妙光] 큰 삼매 ③여러 부처님 국토에 차례로 가는[次第徧往諸佛國土] 큰 삼매 ④청정하고 깊은 마음인[淸淨深心行] 큰 삼매 ⑤과거의 장엄한 갈무리를 아는[知過去莊嚴藏] 큰 삼매 ⑥지혜 광명의 갈무리인[智光明藏] 큰 삼매 ⑦모든 세계의 부처님 장엄을 아는[了知一切世界佛莊嚴] 큰 삼매 ⑧중생의 차별한 몸인[衆生差別身] 큰 삼매 ⑨법계에 자유자재하는[法界自在] 큰 삼매 ⑩걸림 없는 바퀴인[無礙輪] 큰 삼매 등이 그것이다.

경전에서는 '삼매'라는 용어의 개념에 대하여 직접 풀이하고 있지는 않지만 분명한 사실은 '삼매'라는 글자 앞에 붙은 낱말들은 삼매의 내용과 성질을 제한하는 말이고, '삼매'라는 말 자체는 그 내용과 관련하여 어떠한 상태를 가리킨다는 점이다. 이런 삼매에 대하여 우리 사전들에서 풀이하기를 '한 가지에만 마음을 집중시키는 일심불란(一心不亂)의 경지'라 하고, '하나의 대상에 마음을 집중하는 심일경성(心一境性)이라' 하기도 한다.

내가 보기에는, 선(禪)의 최종 목적지인 고통도 즐거움도 없는, 오로지 맑고 고요한 마음[不苦不樂護淸淨念]과 '지혜의 바다'라 불리는 진리 그 자체인 법신(法身)과 눈을 맞추어 하나가 되는 상태라는 최고봉에 도달하기 위해서 번뇌의 발원지들을 하나하나 제거해 가는 과정에서 안착하게 되는 작은 봉우리들인 셈이다. 예컨대, 화를 잘 내는 사람이 화로 인한 번뇌를 극복하기 위해서 자비심에 자신의 마음을 묶어두고 그 생각에만 몰입되어 있는 상태를 자심삼매라 하듯이, '등분'으로 인한 번뇌를 극복하기 위해서 오로지 부처님의 색신(色身)과 법신(法身)만을 생각하는 일에 빠져있는 상태를 염불삼매라 하듯이, 하늘과 땅 사이에 아무것도 없다고 생각하고 그 허공에 오로지 부처님의 생신(生身)만이 있다고 전제하고서 부처님의 몸의 모습과 가르침만을 생각하면 시방삼세의 모든 부처님께서 마음의 눈앞에 나타나는 상태를 일체실견삼매(一切悉見三昧)라 하듯이, 삼매란 번뇌의 발원지를 제거하거나 그 외에 특정 목적을 달성하기 위해서 그 직접적인 방법이나 수단이 되는 대상에게만 사고력을 집중하여 몰입된 상태라고 풀이할 수 있다. 이것을 현실적인 일로 확대 해석하자면, 어떤 목적 달성을 위해서 그 방법이나 수단이나 절차에 대해서만 관심을 갖고[마음을 묶어두고], 사고력을 집중시키는[믿고 생각하며] 일에 전력을 다하는, 그리하여 환각상태로까지 진입한 상태를 삼매라 할 수 있다.

- 2017. 04. 18.

『화엄경』에서 말하는 삼매

부처님의 도(道)를 추구하는 사람[해당 경전 안에서는 주로 '보살'이 됨] 이 '특별한 자리'에 결가부좌하고서, '특별한 세계'에 몰입되어 있는, 그래서 그의 가시적인 몸은 미동[작은 움직임]조차 없고, 주변의 감각적 자극들에 대해서 거의 반응하지 못하는 상태가 곧 삼매이다. 이런 삼매에 머물러 있는 사람이 상상으로나마 가능한 활동 무대는, 다시 말해, 상상 속에서 보고 듣고 말하는 공간은 가히 '환상적인 부처님의 이상세계'라는 사실이다. 단적으로 말해서, 우리가 확인할 수 없는 수미산과 야마천궁(夜摩天宮), 그리고 제석천의 묘승전(妙勝殿) 등의 '사자좌'에 앉아 있다고 하는 말이나, 부처님의 털구멍마다에서 혹은 미간에서 혹은 발가락에서 나온다는 광명(光明) 묘사 내용이나, 인지할 수 없고 본 적도 없는 숱한 왕이나 신의 이름들이 나열되는 것이나, 그러한 곳들의 공간과 정황 묘사 내용 자체가 현실 속에서는 존재할 수 없는, 그야말로 상상 속에서나 그려볼 수 있는 세계라는 사실이다.

바로 그러한 상태로 들어가 머물러 있는 것을 '삼매에 듦'이라 한다. 하지만 그 몰입되어 있는 세계가 구체적으로 무엇이냐에 따라서 삼매의 내용을 일컫는 이름[제목]이 '삼매'라는 글자 앞에 붙여지며, 그 삼매를 통해서 그 세계에 대한 해박한 지식이나 지혜[→진리]를 깨닫거나 간접적으로 부처님으로부터 전수받게 됨으로써 그에 대해 설법[=강론]할 수 있는 능력 곧 혜안(慧眼)이 부여되는 것이다.

예컨대, 보현보살은 '일체제불비로자나여래장신(一切諸佛毘慮遮那如來藏身)'이라는 이름의 삼매에 들어가서 비로자나 부처님의 세계를 보았고, 삼매에서 나온 뒤에 부처님세계에 대한 설법을 유창하게 할 수 있었다. 그렇듯, 법혜보살은 '무량방편'이라는 삼매에 들었다가 나온 뒤에 보살의 십종주(十種住)에 대하여 설법할 수 있었으며, 공덕림(功德林)보살은 '잘 생각하는 善思惟'라는 삼매에 들었다가 나온 뒤에 보살의 십행(十行)에 대하여 설법할 수 있었다. 그런가 하면, 금강당보살은 '보살지광(菩薩智光)'이라는 삼매에 들었다가 나온 뒤에 보살의 십회향(十廻向)에 대해서 설법할 수 있었고, 금강장보살은 보살대지혜광명(菩薩大智慧光明)이라는 삼매에 들었다가 나와 보살 지혜의 10지[地]에 대하여 설법할 수 있었다.

그런데 한 가지 재미있는 사실은, 삼매 상태에서 일어날[깨어날] 때에는 반드시 부처님의 오른손이 삼매자의 정수리를 만져주어야만 한다는 점이다. 어쩌면, 이때에 부처님의 혜안과 같은 눈이 그에게 열리며, 그것은 곧 부처님의 신통력이 그대로 이입(移入)되는 것과 같다. 삼매에서 나오는 보살들의 능력을 두고 부처님과 다르지 않고 같다고 기술되기 때문이다. 뿐만 아니라, 부처님이 그를 축복하고, 인정하고, 격려한다는 의미도 들어가 있지 않겠나 싶은 생각이 들기도 하다.

나는 이 대목에서 '예수교의 안수기도(按手祈禱)'를 떠올리지 않을 수 없다. 예수를 하느님으로 믿는 사람들은 안수기도 때에 하느님의 성령(聖靈)이 기도해 주는 자를 통해서 기도 받는 사람에게 임한다고 믿고, 주장하는 것과 그 본질이 크게 다르지 않기 때문이다. [안수기도에 대한 것은 본인의 졸고 「안수기도'란 무엇인가」를 참고하기 바란다.]

여하튼, 수행자가 어떤 삼매에 들고 나옴은 일차적으로 본인의 수행 노력[과거 선업]에 의해서 이루어지는 부분[전제되는 조건이기도 함]도 있지만, 화엄경에서 말하는 삼매는 부처님의 선택적 가피[加被 = 신통력 = 위신력 = 도력 = 신력 등의 용어가 두루 사용되고 있음]가 있어야 한다. 간단히 말해, 어떤 보살이 어떤 삼매에 들었다가 나오면서 부처님의 혜안으로써 설법하는 것 자체가 다 부처님의 능력이 그에게 위임(委任) 또는 이입(移入)되는 것으로 보이기 때문이다.

따라서 화엄경에서 말하는 삼매는, '불국토(佛國土)'에 계시다는 과거 현재 미래 등 삼세의 모든 부처님들과 보살들과 중생들을 만나 뵐 수 있는 기회(機會)이자 그 문(門)으로서 상상으로써만이 들어갈 수 있는 불국토에 대한 견학(見學) 같은 것이다. 바로 그 자리에서 부처님의 가피를 입게 되어 특별한 지혜의 눈을 뜨게 되고 그것으로써 설법할 수 있는 능력을 부여 받게 되는 것이다. 특

히, 보살마하살은 선정 수행을 통해서 열 가지 십신통*을 성취한
다고 기록되어 있다.

- 2015. 08. 15.

---

*십신통[十神通 : 큰 보살이 선정 수행 곧 삼매를 통해서 성취할 수 있다는 열 가지 신통력]
대방광불화엄경(大方廣佛華嚴經)은, 전체 80권 39품으로 되어 있는데, 제44권 제28 「신통품」에 보살마하
살이 선정수행을 통해서 성취한다는 10가지 신통력을 설명하고 있다. 물론, 보현보살이 여러 보살들에게 설
명한 내용이다. 재미있는 사실은 이 화엄경의 서문을 무칙천[측천무후(則天武后)]이 쓴 것으로 되어 있다.

1. 남의 속을 잘 아는 지혜의 신통[善知他心智神通]
2. 걸림 없는 하늘 눈 지혜의 신통[無礙天眼智神通]
3. 지나간 일을 아는 지혜의 신통[知過去際劫宿住智神通]
4. 오는 세월이 끝날 때까지의 겁을 아는 지혜의 신통[知盡未來際劫智神通]
5. 걸림 없이 청정한 하늘 귀로 듣는 지혜의 신통[無礙淸淨天耳智神通]
6. 자체 성품이 없고 동작이 없고 모든 부처님 세계에 이르는 지혜의 신통[無體性無動作往一切佛刹智神通]
7. 모든 말을 잘 분별하는 지혜의 신통[善分別一切言辭智神通]
8. 무수한 육신을 성취하는 지혜의 신통[無數色身智神通]
9. 온갖 법을 아는 지혜의 신통[一切法智神通]
10. 온갖 법이 사라져 없어지는 삼매에 들어가는 지혜의 신통[一切法滅盡三昧智神通]

반주삼매경(般舟三昧經)의
현재불실재전립(現在佛悉在前立) 삼매

'반주삼매'라는 용어는「좌선삼매경」에서 보살의 도를 설명하면 서 나오는데 이에 대한 구체적인 수행방법을 설명하고 있는 경이 있다. 바로「반주삼매경」이 그것이다. 이 경은 후한(後漢)시대에 지 루가참[支婁迦讖, Lokakema]이 중국 낙양(洛陽)에서 179년에 번역했 다하며, 줄여서「반주경(般舟經)」, 별칭으로「대반주삼매경(大般舟三 昧經)」·「시방현재불실재전입정경(十方現在佛悉在前立定經)」이라고도 한다.

'발타화보살'의 많은 질문들에 대해 부처님이 일일이 대답 설명 해주신 내용인데, 반주삼매의 의미와 그 수행법과 그 공덕 등에 대해서 설명하였다. 경은 모두 16품으로 짜여있는데「문사품」·「행 품」·「사사품」·「비유품」·「무착품」·「사배품」·「수결품」·「옹호품」·「찬라야불 품」·「제불품」·「무상품」·「십팔불공십종력품」·「권조품」·「사자의불품」·「지성 불품」·「불인품」등] 그 핵심 내용인 즉 '현재불실재전립(現在佛悉在前立) 삼매'를 얻기 위한 수행방법에 있다.

현재불실재전립(現在佛悉在前立) 삼매란, 시방삼세에 계시는 부처님을 현재의 모든 사람에게 나타나시게 하는 것으로, 보살들이 이 삼매를 얻기 위해서는 다섯 가지 일을 이루어야 한다. 곧, ①경을 통해서 모든 재앙을 벗어나고 모든 번뇌를 해탈하며 어두움을 버리고 밝음에 들어가며 모든 몽롱함을 다 소멸해야 함 ②다음에 태어날 곳을 바라지 않아야 함 ③다른 외도의 가르침[餘道]을 기뻐하거나 즐거워하지 않아야 함 ④다시는 애욕을 즐기지 않아야 함 ⑤행을 지키되 다함이 없게 함 등이다. 이러한 실천적 수행[行]과 공양·설법·염원 등이 충만하면 부처님은 위신력으로써 대중 앞에 모습을 드러내 보여, 부처님의 지계와 위신력과 공덕 등으로 수많은 국토가 모두 환히 밝아지며, 그 때 보살들은 시방의 부처님을 친견하고 설법을 듣고 그 내용을 모두 받아들이게 된다는 것이다.

이런 설명을 전제한다면, 우선 부처님에 대한 믿음이 있어야 하고, 부처님의 가르침을 충분히 이해·실천해야 하며, 부처님을 뵙겠다는 염원으로 몰입되어 있어야 한다. 이 세 가지 조건이 충족되었을 때에 부처님이 나타나고, 나타난 부처님의 설법을 듣고, 그 내용을 받아들이게 된다는 것인데, 오늘날 이를 믿는 사람이 과연 있을까? 부처님이 대중 앞에 나타나신다는 것은 환각(幻覺)에 의한 환영(幻影)이고, 부처님의 설법을 듣는다는 것은 그동안 인지되어 쌓였던 부처님의 가르침을 바탕으로 상상·유추하게 되는 개인적인 생각이요 판단일 것이라고 나는 생각한다. 바로 이런 상황에서 쓰여진 경들이 적지 않다고 나는 판단한다.

- 2017. 05. 01.

자심삼매(慈心三昧)

「좌선삼매경」에서는 '성냄[瞋恚]'이 지나치거나 자주 화내는 사람들의 그 독(毒)을 다스리기 위해서 '자심삼매'를 가르쳐야 한다고 주장하는데, 그 '자심삼매'란 자신의 성냄부터 녹여 없애버리고, 이웃사람들[衆生]에게까지 두루 미치게 되는 큰 자비로운 마음을 내는 과정이다.

그렇다면, 무엇이 자비로운 마음[慈心]인가? 나는 평소에 '함께 웃고 함께 우는 마음'이라고 비유적으로 말해왔지만, 이를 부연하자면, 남의 슬픔을 함께 슬퍼해주는 측은지심이기도 하고, 남의 잘못을 이해해 주고 용서해 주는 너그러운 마음이기도 하며, 나와 다르지만 남에 대해서 관심을 갖고 그의 입장에서 생각하고 그를 이해하려는 노력 곧 배려이기도 하다[측은지심+너그러운 마음+배려=자비심].

그런데 경전에서는 '자심삼매'를 ①비심삼매(悲心三昧), ②희심삼매(喜心三昧), ③호심삼매(護心三昧) 등으로 구분, 설명하고 있다. 비심삼매(悲心三昧)란 중생의 괴로움을 불쌍하게 여겨 그런 마음이 중생에게 괴로움을 덜어주는 위로가 되는 것이고, 희심삼매(喜心三昧)란 중생의 괴로움을 없애주어 그런 마음이 중생에게 기쁨이 되는 것이고, 호심삼매(護心三昧)란 중생의 괴로움과 기쁨을 모두 없애주어 그런 마음이 중생에게 선정을 얻게 하는 것이라 한다.

이러한 구분이 무슨 의미가 있겠는가마는 자비심이든 사랑하는 마음이든 그것이 지극하면, 다시 말해, 무량해지면 성냄이 어디서 나오겠는가. 자신의 성냄이 사라진 자리에 머물지 말고, 아예 중생들의 갖가지 번뇌의 괴로움의 근본 원인을 제거해 주는 것이 곧 자심의 끝, 완성이라는 뜻으로 이해된다.

이처럼 부처님은 자기 수행 곧 선정 가운데에서도 자심삼매를 통해서 자신의 성냄부터 다스린 다음, 이웃의 괴로움을 위로하거나 덜어주거나 그 뿌리를 뽑아내는 방법까지 가르쳐 주는 마음을 내라 했다. 이것이 대자대비(大慈大悲)이다. 하지만 예수님은 "네 이웃을 네 몸 같이 사랑하라[마태복음 22:39, 마가복음 12:31, 누가복음 10:27]"며, 어디까지나 자기 인내와 용서와 희생을 전제로 이웃사랑을 실천하면 하나님께서 다 알아서 보상한다고 약속하셨다. 방법이야 다르지만 '모름지기, 인간으로서 인간을 서로 사랑하라'는 같은 요구를 하신 것만은 틀림없다.

- 2014. 01. 10.

염불삼매(念佛三昧)

「좌선삼매경」에서는 '등분'으로 인한 번뇌를 다스리기 위해서 '염불삼매'를 가르쳐야 한다고 주장하는데, 이 염불삼매의 핵심인 즉 부처님의 겉과 속을 생각하고, 떠올리며, 믿는 일이다. 여기서 부처님의 겉이란 색신(色身)을 뜻하며, 그 속이란 법신(法身)을 뜻한다.

색신이란 부처님의 32상(相)과 80가지 특징을 말하며, 법신이란 부처님의 지혜(智慧)와 덕(德)의 한량없음의 속성을 말하는데, 그 속성과 양태는 경전 안에서 여러 가지 용어로 표현되고 있다. 예컨대, 多陀阿伽度[다타아가도:如解=實語=如來=모든 성인께서 편안한 길로 오신다는 뜻으로, 부처님께서 이와 같이 오신다는 의미이다. 그래서 부처님을 우리는 여래라고 부르게 된 것이다. 반면, 다시는 오지 않는다는, 생상의 굴레로부터 온전히 벗어났다는 뜻으로도 사용되기도 했음], 阿犁呵[아리하(가):賊殺=부처님께서는 인욕으로 갑옷을 삼고, 정진으로 굳고 단단함을 삼으며, 선정으로 활을 삼고, 지혜로 화살을 삼아 교만 등의 적을 죽이시기 때문에 살적(殺賊)이라고 함], 三藐

46

三佛陀[삼먁(막)삼불타:진실을 다 깨달음=괴로움의 원인을 깨달아 열반의 방법을 익혀 바른 견해를 말하고 네 가지 진실을 알아 전전하지 않음. 다 깨달아 남음이 없기 때문에 진실하게 일체를 깨달았다고 말함], 轛伽遮羅那[비가차라나:明善行=3명(明)을 밝히고 청정한 행을 실천하여 그로 인해서 스승 없이 홀로 대각(大覺)을 성취하였기 때문에 명선행(明善行)이라고 말함], 三般那[삼반나: 滿成], 宿伽陀[숙가타:善解=스스로 잘 얻음(善自得)이라고 하며, 또는 잘 말하여 근심이 없음(善說無患)이라고도 함], 路伽㝹[노가비:智=세상의 인(因)을 알고 진도(盡道)를 다 알기 때문에 세지(世智)라고 말하며, 세지는 또한 세상을 다 안다는 뜻임], 阿耨多羅[아욕(누)다라:無上善法=성인의 지혜로 일체를 다 나타내어 인도하고 큰 덕이 한량없어서 범마중성(梵魔衆聖)도 미칠 수 없기 때문에 위가 없는 무상(無上)이라고 함], 富樓沙曇藐[부루사담막:가화장부(可化丈夫) 또는 조어사(調御史)라고 함. 부처님께서는 대자대비하시고 큰 지혜를 지니셨기 때문에 어떤 때는 부드럽고 아름다운 말씀을 하시기도 하고, 어떤 때는 고절(苦切)한 말씀이 있으시기도 하며, 혹은 친히 가르치기도 하시니, 이렇게 길들이고 저렇게 가르쳐서 중생들로 하여금 도를 잃지 않게 하므로 가화장부조어사법(可化丈夫調御師法)이라고 함], 舍多提婆魔舍喃[사다리(제)파마사남:天人師=모든 사람의 번뇌를 다 해탈시켜 주어서 항상 최상의 법에서 물러남이 없게 하신다는 뜻임], 佛婆伽婆[불바(파)가바(파): 과거 · 미래 · 현재의 행(行)과 불행(不行)을 다 아시고 진(盡)과 부진(不盡)을 실천하시어 일체법을 보리수 아래에서 깨달으셨으므로 '불'이라고 하며, '바가바'는 큰 명성이 있다는 뜻이고, '바'는 여근(女根) 또는 토(吐)라고도 하니, 여근을 영원히 버렸기 때문에 여근토(女根吐)라고 함] 등이 그것이다. *( ) 속의 글자는 우리말 한자음을 표시한 것임.

이들을 이해하기 쉽게 말하면, 부처님에 대한 별칭들로 부처님의 특성을 말한 것이다. 이것들이 정리되어서 후에 소위 부처님 10호가 나오지 않았을까 싶기도 하다.

참고로, 그 10호에 대해서는, 부처님이 아난에게 직접 한 말로서 자신에 대해서 이렇게 부른다고 열 가지를 쭉 나열하였다. 곧, 『중아함경』속「칠보경(七寶經)」과「사주경(四洲經)」과「대선견왕경(大善見王經)」등에 나오는 내용으로, 여래(如來)·무소착(無所着)·등정각(等正覺)·명행성위(明行成爲)·선서(善逝)·세간해(世間解)·무상사(無上士)·도법어(道法御)·천인사(天人師)·불중우(佛衆祐) 등이 그것이다.

- 2014. 01. 09.

아나반나(阿那般那)삼매

팔리어 'ānāpāna'에 대한 한자 표기가 '阿那般那(아나반나)'이다. '아나'는 들숨, '파나'는 날숨을 뜻한다는데 결과적으로 호흡[息]이란 뜻이다. 따라서 이 '아나반나(阿那般那)삼매'란 '숨쉬기 삼매'라는 쉬운말로 바꾸어 말할 수 있다. 그런데 「좌선삼매경」에서는, '정신작용[思覺]'이 지나치게 많은 사람들이 그 번뇌를 물리치기 위해서 수행해야 하는 법문으로서 제시되고 있는 것이 바로 이 '아나반나(阿那般那)삼매'이다.

그렇다면, 숨을 어떻게 쉬는 것이 '아나반나(阿那般那)삼매'인가? 수행자의 수준에 맞추어서 초습행 · 이습행 · 구습행으로 구분하였고, '초습행'이라면 "한마음으로 생각하여 들숨과 날숨을 헤아린다. 길든 짧든 하나에서 열까지 헤아린다"는 것이고, '이습행'이라면 "하나로부터 열까지 헤아려서 호흡의 들어가고 나옴에 따라 생각과 호흡을 함께 마음의 한 곳에 멈춘다"는 것이고, '구습행'이라면 "수(數:헤아림) · 수(隨:따라감) · 지(止:멈추게 함) · 관(觀:비추어 봄) ·

전관(轉觀:굴려 봄)·청정(淸淨:깨끗함)의 아나반나삼매의 여섯 가지 문을 열여섯으로 나누라"는 것이다.

이런 간단한 설명에는 복잡한 보충설명을 요구하는 문제가 있다. 경전에서 말하는 "정신작용이란, 탐욕의 정신작용·성냄의 정신작용·번뇌의 정신작용·친척관계의 정신작용·국토의 정신작용·불사(不死)의 정신작용이다."라고 풀이했는데 이는 분명 정신작용에 포함시킬 수 있는 내용일 뿐이지 그 개념에 대한 정의는 아니다.

그리고 숨 쉬는 과정을 6가지 문[①수(數:헤아림) ②수(隨:따라감) ③지(止:멈추게 함) ④관(觀:비추어 봄) ⑤전관(轉觀:굴려 봄) ⑥청정(淸淨:깨끗함)]으로 설명했으나 이에 대해서도 구체적인 설명이 요구되고 있고, 동시에 이들을 다시 16가지로 나누라 했는데 그에 대한 설명을 아무리 읽어도 이해되지 않는다. 그 설명이 명료하지도 않거니와 그 설명 과정 자체가 지나치게 난삽하다고 필자는 느꼈다. 실제로, 명상을 통해서 마음을 깨끗하고 맑게[淸淨] 유지하되 일체의 잡념으로부터 시달리지 않는 상태[고요: 禪, 寂, 謐]에 진입하는 일에 오히려 방해가 될 공산이 크다. 한 마디로 말해서, 개념정리가 분명하지 않은 점과 설명 자체가 난해하다는 큰 문제가 있는 것이다.

솔직히 말해, 나는 여러 차례 해당 경전을 분석적으로 읽었어도 16가지 행(行)이 무엇인지 분별해 내지 못했다. 수(數:헤아림)·수(隨:따라감)·지(止:멈추게 함)·관(觀:비추어 봄)·전관(轉觀:굴려 봄)·청정(淸淨:깨끗함)이라는 호흡의 여섯 가지 문에 대해서는 이해가 되었으나 이를 다시 열여섯으로 나누라 했는데, 그 열여섯 가지가 구체적으로 무엇인지조차도 확인되지 않는다.

수(數:헤아림) · 수(隨:따라감) · 지(止:멈추게 함) · 관(觀:비추어 봄) · 전관(轉觀:굴려 봄) · 청정(淸淨:깨끗함)에, 신념지(身念止) · 통념지(痛念止) · 심념지(心念止) · 법념지(法念止)를 합하고, 난법(暖法) · 정법(頂法) · 인법(忍法) · 세간제일법(世間第一法) · 고법인(苦法忍) · 무학진지(無學盡智)를 합친 것인지, 아니면 ①신념지(身念止) ②통념지(痛念止) ③심념지(心念止) ④법념지(法念止)에 ①무상관(無常觀) ②출산관(出散觀) ③이욕관(離欲觀) ④진관(盡觀) ⑤법의지관(法意止觀)를 합치고, ①심생멸법(心生滅法) ②심염법(心染法) ③심불염법(心不染法) ④심산법(心散法) ⑤심섭법(心攝法) ⑥심정법(心正法) ⑦심사법(心邪法) 등 심상(心相) 7상을 합친 것인지 명료하지가 않다.

아뿔싸, 이런 일련의 용어들에 대해서도 이해 동감하기가 쉽지 않고, 열여섯 가지 행이 무엇인지조차 분별되지 않는다면 어떻게 중생들이 스스로 이 아나반나삼매에 들겠는가. 들숨 날숨을 헤아리는 것으로부터 시작해서 그 호흡과정에만 집중하면서 사념처를 관조(觀照)해야 하는데 너무나 난해하기 짝이 없다. 호흡을 통한 삼매 설명이 오히려 나누기 좋아하고 따지기 좋아하여 극복해야 한다는 등분이나 정신작용만 오히려 더 양산하는 꼴이 되고 있다는 생각이 든다.

이 아나반나삼매에 대해서 굳이 사족(蛇足)을 그려 넣어 보겠다. 곧, '정신작용'에 포함되는 여섯 가지 내용들은 결국 두 가지로 요약된다. 하나는 '욕심'이고, 다른 하나는 자신의 의지와 상관없이 떠오르는 불필요한 생각들인 '잡념'이다. 쉽게 말해서, 그 욕심과 그 잡념에 의한 시달림이 곧 번뇌이고, 그 번뇌를 '정신작용' 내지는 '思覺(사각)'이란 용어로써 말한 것이 아닌가 싶다. 그러니까, 인체의 감각기관으로 접수되는 자극에 대하여 뇌가 최종 판단을 내리는 지각과정과, 뇌의 사유활동 일체를 포함시켜서 '정신작용'과 '사각'이라는 말로써 표현한 것이지만 이는 그렇게 적절하지 못하다.

그리고 욕심은 적게 가지거나 내지 않으면 그만이지만 사실, 그조차 대단히 어렵다. 왜냐하면, 살아서 생면현상을 유지하고 고양시켜 나가는 것 자체가 욕구이자 욕심이고 동시에 삶이기 때문이다. 그래서 무욕(無慾)은 불가하지만 소욕(少慾)은 가능하다. 뿐만 아니라, 잡념 또한 통제하기가 결코 쉽지 않다. 특히, 욕심을 통제하지 못하면 잡념은 더욱 통제하기 어렵다. 누가 잡념을 물리쳤다면 그는 명상의, 아니 선(禪)의 약 60% 이상을 이미 이룬 것이나 다름없다.

경전에서 말하는 정신작용[思覺]을 물리치는 선의 핵심은, 역시 '욕심'과 '잡념'에 대한 통제라고 생각한다. 잡념을 물리치는 구체적인 방법에 대해서는 이해하기 쉬운 본인의 『주머니 속의 명상법』을 참고하면 될 것 같고, 욕심을 물리치기 위해서는 부처님의 가르침처럼 인생을 고(苦), 무상(無常), 무아(無我), 공(空) 등으로 여기면 되는데, 오늘날 누가 자신의 존재와 자신의 삶을 그렇게 생각하겠는가. 부처님은 한사코 인간의 몸을 더럽고 곧 사라질 것으로 여기면서 소위 '부정관(不淨觀)'과 '무상관(無常觀)'으로 몸과 마음을 관조하라 했지만 오늘날 사람들은 그런 몸과 마음의 욕구를 최대로 충족시키기 위해서 산다고 해도 틀리지 않는다. 한 마디로 말해, 오늘날 사람들은 인간 삶이 무상한 것도 알고 있고, 결국은 죽어서 사라진다는 것도 잘 알고 있기에 사는 동안만이라도 갖가지 욕구와 욕망을 최대로 충족시키려고 부단히 노력하면서, 동시에 그것에 의미를 부여하면서 사는 것이다. 다만, 그런 삶의 과정에서 지치고 병든 몸과 마음을 치료하고, 가능한 한 심신의 스트레스를 덜 받으려고 명상을 하고 절간을 찾는 것이지, 부처님처럼 심신의 청정을 위하고, 무소유(無所有)와 무욕(無慾)을 실천하며, 죽더라도 다시 태어나지 않으려고 살지 않는다는 사실이다.

그러나 지나친 욕망과 잡념으로부터 자유로워지려면 욕구와 감정에 대한 통제 기술이 필요한 것만은 사실이다. 그런데 그 절차와 기술이 너무 복잡하다면 실행에 옮기기가 어려울 것이다. 오히려 그 자체가 스트레스를 가중시키기 때문이다.

- 2014. 01. 10.

부처님의 마지막 제자
'수발타라'의 화계삼매(火界三昧)

어느 한 가지 목적을 달성하기 위해서 몸과 마음을 집중하여 온 전히 몰입된 상태를 나는 삼매라 한다. 때문에 삼매는 환각을 불러일으키는 경우도 적지 않다. 삼매에는 그 목적에 따라서 수없는 종류가 있을 수 있는데 내가 이해하지 못하는 삼매 가운데에는 이러한 것도 있다. 곧, 부처님의 마지막 제자가 된 120살 먹은 '수발타라'라는 사람이 부처님 앞에서 보여주었다는, 소위 화계삼 매(火界三昧:agni-dhtu samdhi)이다.

이 화계삼매는 말 그대로 몸과 마음의 집중으로써 화계[火界:불의 영역]로 들어가는 것이다. 그리하여 그 사람의 몸에 불이 붙어 타는 것이다. 수발타라도 부처님이 지켜보는 가운데에 불에 타 죽음으로써 반열반에 먼저 들어갔던 것이다. 이를 불가(佛家)에서는 몸에서 화염을 발하게 하는 선정이라 하여 '화계삼매라' 하는데, 이런 삼매가 있다는 기록을 나는 동진(東晋) 평양(平陽) 사문 석법 현(釋法顯)이 한역(漢譯)한 「대반열반경(大般涅槃經)」 하권에서 분명하게 보았다. 『별역잡아함경(別譯雜阿含經)』 제1권에 나오는 '우루빈라가섭(優樓頻螺迦葉)'이 보여준 '화광(火光)삼매'*도 같은 것이라 보이지만 무협지 같은 픽션에서나 볼 수 있는 일이라고 나는 여전히 생각한다.

그리고 이보다 앞서 내셔널지오그래픽의 한 프로그램에서 부탄의 한 젊은이가 커다란 나무 밑에 가부좌를 틀고서 금식(禁食)하면서 명상 중에 있었는데, 돌연 그의 옷에 불이 붙어 다른 사람이 꺼주었다는 내용을 전하는 것을 보았다. 평소 의심과 궁금증이 많은 나는, 비교적 주의를 기울여 해당 프로그램을 시청했었는데 명상삼매에 빠진 그의 동태를 시시티브이를 설치하여 생중계하다시피 했음에도 불구하고, 그가 돌연 사라져버린 과정과 그의 몸에 불이 붙었다는 사실을 확인해 주지는 못했었다. 다만, 밤낮의 기온변화에도 불구하고 체온이 일정하게 유지되는 사실과, 금식이 계속되는 시간대별로 몸에 나타날 수 있는 일반적인 생리적 변화를 초월하고 있다는 사실 등은 직간접으로 확인시켜 주었는데 내 눈에는 프로그램 제작자의 숨겨진, 의도와 스토리가 있지 않았을까 싶은 생각이 들었었다.

이처럼, 금식(禁食)으로 에너지 공급이 거의 차단된 상태에서 살 수 있는 생명력의 한계를 초월한다거나, 기온변화에도 불구하고 체온을 일정하게 유지한다거나, 체내 생리적인 열을 가지고서 몸 밖의 가시적인 화염(火焰)으로 바꾸는 일 등이 가능하다며 삼매수행에 신비감을 잔뜩 불어넣는 경향이 없지는 않아 보인다. 이런 현상은 다 인간의 욕심 탓이며, 선정 수행 목적이 전도된 것이라고 나로서는 아니 말할 수 없다.

나는 티베트 라마교에 대해서는 잘 알지 못하지만, '나로6법[Naro chosdrug : 생명열(生命熱) 요가 · 환신(幻身) 요가 · 꿈 요가 · 정광명(淨光明) 요가 · 중유(中有) 요가 · 의식전이(意識轉移) 요가]' 가운데에서 생명열 요가가 바로 이 '화계삼매'에 해당한다고 생각하는데, 이는 인체의 단전에 생리적인 불을 일으켜, 생명의 기운인 풍(風)을 좌우 맥관(脈管)으로부터 중앙 맥관에 흐르도록 도와 해탈을 신속히 성취하게 한다는 요가 명상법 중의 하나로서 티베트 불교의 '카귀파'*에서 주로 수행하는 방법으로 알려져 있다.

솔직히 말해, 나는 이 나로6법을 직접 배우거나 실행해 옮겨보지 못했기에 이에 대해서 어떠한 말도 할 수 없으나 심신(心身)을 통제함으로써 에너지 공급이 거의 안 되는 상황에서 일반적인 생명력의 한계를 초월한다거나, 기온변화에도 불구하고 체온을 일정하게 유지할 수는 있다고는 보아진다. 이는 일상 속에서도 경험이 가능하지만, 어디까지나 한계가 있는 것이고, 이러한 능력은 정신력의 집중과 분산을 통해서 인체가 가지는 가소성의 영역 안에서 이루어지는, 인위적인 생화학적 반응을 이끌어내는 행위일 뿐이다.

늘 말하는 바이지만, 온갖 잡념과 근심걱정 따위를 소멸시키고, 마음의 평온을 유지하며, 제반 현상의 이치 곧 인과관계를 깨달아 삶의 기술 내지는 방법으로써 활용하는 지혜를 얻음에 선정 수행의 목적이 있음을 우리는 유념해 두어야 할 것이다. 수행을 잘 하는 사람 같으면 얼굴빛이 평안해 보이고, 심신이 비교적 건강해 보이며, 그만큼 장수할 수 있는 가능성이 높아진다고는 분명하게 말할 수 있다. 이것은 명상법을 집필한 사람으로서 확신하는 바이지만 삼매에 들어서 자신의 몸 안에서 스스로 만들어낸 불 혹은 열로써 자신의 몸을 태우는 일따위는 믿지 못한다.

- 2017. 07. 10.

---

*카귀파에 대해서는 본인의 다른 저서 『시간의 수레를 타고』(2008년 신세림출판사, 칼라 512족 정가 2만 원)의 286페이지를 참고하시기 바람.
*'우루빈라가섭(優樓頻螺迦葉)'이 보여준 신통력과 '화광(火光)삼매' : "존자 우루빈라가섭은 즉시 정(定)에 들어 모든 신통을 일으켜서 몸이 허공에 올라서 앉고 눕고 거닐었다. 즉, 동쪽에서 다니고 서고 앉고 눕는 네 가지 위의[四威儀]를 나타냈는데, 몸 위에서 물이 나오고 몸 아래에서 불이 나오다가 다시 몸 아래에서 물이 나오고 몸 위에서 불이 나오게 했으며, 화광(火光)삼매에 들어가서 가지가지 빛깔과 광채를 내었다."
– 별역잡아함경(別譯雜阿含經) 제1권 중에서

선정(禪定) 수행 8단계

　불교는 ①근심걱정으로부터 해방되고, ②죽어서 다시 태어나는 굴레로부터 벗어나는 목표를 가지고, ③계(戒)·정(定)·혜(慧) 수행을 핵심으로 한다 해도 틀리지 않는다. 그런데 이 세 가지 수행법 중에서 정(定) 수행인 선정(禪定) 수행이 가장 큰 비중을 차지하고 있는 몸통이라 할 수 있다. 이에 대해 가장 구체적인 방법론이 언급되어 있는 경전이 「좌선삼매경」이고, 그 외에 『중아함경』 속에 들어있는 적지 아니한 소경(小經)들이 직간접으로 그 방법과 공덕[=效果] 등에 대해서 언급하고 있다.

　그런데 이들 경에서는 선정 수행의 단계를 흔히 4단계[초선·이선·삼선·사선]로 설명하고 있는데 이를 더 구체적으로 세분하여 8단계까지로 확대하여 언급한 경우도 있다. 『중아함경』 속 「분별관법경(分別觀法經)」을 그 예로 들 수 있는데 그 내용을 경전 안의 원문 그대로 요약하여 소개하면 아래와 같다. [물론, 나는 이를 개인적으로 무시하지만 말이다.]

초선(初禪)**이란,** 욕심을 버려 사라지게 하고, 악하고 착하지 않
은 법을 버려 사라지게 하지만, 각(覺)과 관(觀)이 있으며, 욕심과
악법을 버리고 사라지게 하는 데에서 생기는 기쁨[喜]과 즐거움[樂]
이 있다. 이 초선을 성취하면 범신천(梵身天)에 태어난다. 그러나
그의 식(識)이 악을 버려 사라지게 하는 맛에 집착하여 그것에 의
지하고, 거기에 머무르며, 그것을 인연하고, 그것에 묶인다면, 그
식은 안에 머무르지 못한다. 이러한 초선의 공덕에 대해서 중아
함경 속 「주도수경(晝度樹經)」에서는 이렇게 설명한다. 곧, 각(覺)과
관(觀)으로, 욕망과 탐욕이 모든 근심걱정과 괴로움의 근원임을
생각하면서, 선악미추를 구분하여 악법과 추함을 멀리하고 선법
과 아름다움을 좇으며, 기쁨과 즐거움을 누리는 입문(入門)의 단계
이다. 마치, 욕망과 탐욕이 질척거리는 속세에 살다가 그것들을
버리는 부처님의 가르침을 배우고 따르기 위해서 출가하여 머리
를 깎고 가사를 걸치는 입문의 기쁨이며, 이를 '파리질타[波利质多 :
pārijāta]'라는 나무의 움트는 새싹으로 빗대어서 '엽환생(葉還生)'이
란 말을 쓰기도 한다.

제2선이란, 각(覺)과 관(觀)이 이미 쉬고, 안이 고요하여 한마음
이 되어 각과 관이 없으나 그 고요함에서 생기는 기쁨과 즐거움
이 있다. 이 제2선을 성취하면 황욱천(晃昱天)에 태어난다. 그러나
그의 식이 선정의 맛에 집착해 그것에 의지하고, 거기에 머무르
며, 그것을 인연하고, 그것에 묶이면 그 식은 안에 머무르지 못한
다. 이러한 2선의 공덕에 대해서 중아함경 속 「주도수경(晝度樹經)」
에서는 이렇게 설명한다. 곧, 각(覺)과 관(觀)이 없어져서 오로지

청정한 선정을 일으키고, 내(內) · 정(淨) · 희(喜) · 낙(樂)하여 고요한 상태의 한 마음의 기쁨과 즐거움이 있는 단계이다. 잡념과 근심걱정이 없는 상태라고 할 수 있다. 이는 파리질타의 새싹이 자라 무성해진 상태로 빗대어져서 '생망(生網)'이란 말을 쓰기도 한다.

제3선이란, 기쁨이란 욕심을 버려 사라지게 하고, 평정[→평온]하여 구함 없이 머물며, 바른 생각과 바른 지혜로 몸과 마음에 즐거움을 깨달아 성인의 평정[捨] · 기억[念] · 즐거움에 머묾[樂住] · 공(空)에 머문다. 이 제3선을 성취하면 변정천(遍淨天)에 태어난다. 그러나 그의 식이 기쁨이 없는 맛[無喜味]에 집착하여 그것에 의지하고, 거기에 머무르며, 그것을 인연하고, 그것에 묶이면 그 식은 안에 머무르지 못한다. 이러한 3선의 공덕에 대해서 중아함경 속 「주도수경(晝度樹經)」에서는 이렇게 설명한다. 곧, 탐욕과 욕망도 다 버리고, 그로 인해서 생기는 기쁨조차도 버리고, 오로지 고요한 마음 · 바른 생각 · 바른 지혜로써 성인(聖人)의 공을 갖춘 단계이다. 새의 부리처럼 파리질타의 꽃 봉우리가 맺힌 상태로 빗대어서 '생여조훼(生如鳥喙)'라는 말을 쓰기도 한다.

제4선이란, 즐거움이 멸하고 괴로움도 멸하는데, 기쁨과 걱정의 뿌리[本]는 이미 멸한 상태이며, 괴로움도 없고 즐거움도 없는 평정[捨] · 기억[念] · 청정(清淨)이 있다. 이 제4선을 성취하면 과실천(果實天)에 태어난다. 그러나 그의 식이 평정과 기억과 청정의 맛에 집착하여 그것에 의지하고, 거기에 머무르며, 그것을 인연하고, 그것에 묶이면 그 식은 안에 머무르지 못한다. 이러한 4선의 공덕에 대해서 중아함경 속 「주도수경(晝度樹經)」에서는 이렇게 설명한다. 곧, 선묘(善妙)로써 근심과 기쁨을 버리고 괴로움과 즐거움의 마음을 제거하며, 오로지 청정함을 유지하는, 다시 말해 기쁨과 걱정의 근본이 사라진 상태로 소위 불고불락호청정념(不苦不樂護清淨念)을 유지하는 상태이다. 바리때와 같이 파리질타의 꽃이 만발한 상태로 빗대어서 '생여발(生如鉢)'이란 말을 쓰기도 한다.

제5선이란, 일체의 색(色)이라는 생각을 벗어나서 상대가 있다는 생각을 없애고, 이런저런 생각을 기억하지도 않으며, 한량없는 공(空)으로 들어가 한량없는 공처(空處)에 머문다. 이 제5선을 성취하면 무량공처천(無量空處天)에 태어난다. 그러나 그의 식이 공의 지혜[空智]의 맛에 집착하여 그것에 의지하고, 거기에 머무르며, 그것을 인연하고 그것에 묶이면 그 식은 안에 머무르지 못한다.

제6선이란, 일체의 한량없는 공처를 벗어나서 한량없는 식으로 들어가고, 이 한량없는 식처를 성취하여 머문다. 이 제6선을 성취하면 무량식처천(無量識處天)에 태어난다. 그러나 그의 식이 식의 지혜[識智]의 맛에 집착하여 그것에 의지하고, 거기에 머무르며, 그것을 인연하고, 그것에 묶이면 그 식은 안에 머무르지 못한다.

제7선이란, 일체의 한량없는 식처를 벗어나서 무소유로 들어가고, 이 무소유처를 성취하여 머문다. 이 제7선을 성취하면 무소유처천(無所有處天)에 태어난다. 그러나 그의 식이 무소유의 지혜[無所有智]의 맛에 집착하여 그것에 의지하고, 거기에 머무르며, 그것을 인연하고, 그것에 묶이면 그 식은 안에 머무르지 못한다.

제8선이란, 일체의 무소유처를 벗어나서 비유상비무상(非有想非無想)으로 들어가고 이 비유상비무상처를 성취하여 머문다. 이 제8선을 성취하면 비유상비무상처천에 태어난다. 그러나 그의 식이 무상의 지혜[無想智]의 맛에 집착하여 그것에 의지하고, 거기에 머무르며, 그것을 인연하고, 그것에 묶이면 그 식은 안에 머무르지 못한다.

「주도수경(晝度樹經)」에서는 선정 수행 단계를 이처럼 초선에서 8선까지 구분하지 않았기 때문에 위 5, 6, 7, 8선에 대해서는 별도의 언급이 없다. 다만, 위 5, 6, 7, 8선을 종합해서 이렇게 언급하고 있다. 곧, 모든 번뇌가 이미 다하고, 심해탈(心解脫)과 혜해탈(慧解脫)을 이루어 현재에 있어서 스스로 알고 스스로 깨닫고 스스로 증득하며 성취하여 노닌다. 그래서 생이 이미 다하고 범행(梵行)이 이미 서고, 해야 할 일을 이미 마쳐 다시는 뒷세상의 생명을 받지 않는다는 참뜻을 알게 되면, 그 사람들을 '진부개(盡敷開)'라 부르는데, 마치 삼십삼천에 있는 주도수(晝度樹=파리질타[波利质多:pārijātal=원생수(圓生樹)=향변수(香遍樹)])가 꽃을 활짝 피운 것으로 빗대어 말한다.

선정 수행 단계를 8선으로 구분한 위 알쏭달쏭한 내용은 존자 대가전연(大迦旃延)이 부처님을 대신하여 여러 비구들에게 설법한 내용으로『중아함경』속「분별관법경(分別觀法經)」에 기록되어 있는 것이다. 물론, 다른 경들에서는 대체로 4선으로 구분하여 설명하고 있다.「좌선삼매경」이나『중아함경』속「의행경(意行經)」,「전유경(箭喩經)」,「주도수경(晝度樹經)」등이 그 예이다.

이러한 경들의 설명에도 불구하고 쉽게 이해되지 않는 문제가 있다. 그것은 지나칠 정도로 관념적이고, 추상적이라는 점이다. 중국 한자로 번역되었던 것을 우리말로 재번역하는 과정에서 불가피한 면도 작용하고 있지만 그보다는 반드시 구체적인 설명을 전제해야 하는 전문 용어들에 대해서조차 설명 없이 중국 한자 그대로 사용하고 있기 때문에 의미 판단에 어려움이 따르는 것이 사실이다.

굳이, 예를 들어서 말하자면, 각(覺)·관(觀)·식(識)이나, 희(喜)·낙(樂)이나 각종 하늘의 이름 등에 대한 개념 정리가 전제되어야 하는데 그러지 못하고 있다. 그래서 수많은 경들을 탐독하며 용어들에 대한 개념을 하나하나 정리해 가야하며, 부처 개인의 세계관이랄까 우주관이라 할까 그것을 먼저 이해할 필요가 있는 것이다.

사람이 느끼는 즐거움의 감정을 희(喜:기쁨)와 낙(樂:즐거움)으로 구분하고, 감각기관과 뇌에서 유기적으로 이루어지는 감각적 지각과 사유를 각(覺)과 관(觀)으로 표현하고, 사유 활동에 따른 심신의 평정 상태를 그 각관(覺觀)의 유무(有無)와, 식처(識處)·공처(空處)·무소유처(無所有處)·비유상비무상처(非有想非無想處) 등으로 구분한 것 자체가 온전하지 않다고 생각한다. 특히, 각 단계별 선정(禪定)을 성취했을 때에 각기 다른 하늘 곧 범신천(梵身天)·황욱천(晃昱天)·변정천(遍淨天)·과실천(果實天)·무량공처천(無量空處天)·무량식처천(無量識處天)·무소유처천(無所有處天)·비유상비무상처천(非有想非無想處天) 등에서 태어난다고 한 내용은, 우리로 하여금 더욱 당혹스럽게 한다. 처(處)와 천(天)에 대한 인식도 문제이지만 그것들을 서로 연계시켜 놓았는데, 처(處)와 천(天)의 세분(細分) 자체가 대단히 관념적이라 아니 말할 수 없다. 다시 말해, 마음속 생각으로써 만들어낸 추상적인 곳[處]이고 하늘[天]이라는 뜻이다. 실재하는 공간은 없다는 뜻이기도 하다.

참고로, 나는 覺(각)을 인체의 감각기관과 뇌에서 유기적으로 이루어지는 감각적 지각으로, 觀(관)을 통합적 구조의 뇌에서 이루어지는 사유 활동 곧 지각·분석·유추·종합·판단 과정 일체로, 喜(희)를 생리적인 기쁨으로, 樂(낙)을 정신적인 즐거움으로, 識(식)을 覺+觀으로 각각 이해하였음을 밝힌다.

- 2014. 09. 20./2017. 04. 20. 수정

'비유상비무상(非有想非無想)'의 본질

선정수행 과정의 마지막 단계에 성취된다는 '비유상비무상(非有想非無想)'이란 개념이 있다. 이는 '무념무상(無念無想)'과도 다른 것으로서 글자 그대로 해석하자면, '생각이 있는 것도 아니고, 없는 것도 아닌, 모호한(?) 상태'를 가리킨다. 당신은 그런 상태를 경험해 보았으며, 그것이 가능하다고 믿는가?

'생각'이란 감각기관[眼·耳·鼻·舌·身(觸)]과 뇌(腦)의 유기적인 작용으로 이루어지는 '지각(知覺)'과 '사유(思惟)' 활동을 포함한다. 문제는, 감각기관에 접수되는 자극에 대해서는 거의 반사적으로 반응이 일어난다는 사실이다. 다시 말해, 본인의 의지와 상관없이 거의 본능적으로 이루어진다는 뜻이다. 본능적으로 이루어진다는 것은 내 뜻대로 통제하기가 쉽지 않다는 뜻이기도 하다. 물론, 감각기관이나 뇌의 기능 저하 내지는 이상으로 불완전하게 혹은 더디게 이루어지는 경우도 있지만 어디까지나 건강하고 정상적인 감각기관과 뇌를 가졌을 경우에 그렇다는 뜻이다.

그런데 지각활동이 있는 것도 아니고 없는 것도 아닌 상태가 과연 존재할 수 있으며, 임의로 조성할 수 있겠는가? 다시 말해, 건강한 감각기관과 뇌를 가지고서 깨어있으면서 감각적인 지각활동이 이루어지는 것도 아니고 이루어지지 않는 것도 아닌, 그런 상태를 유지한다거나 체험해 볼 수 있겠는가 말이다. 엄밀히 말하면, 상상해 볼 수는 있어도 실재하지는 않는다고 보는 것이 옳다. 물론, 이것은 필자의 개인적인 판단이다.

사람이 정상적으로 깨어 있을 때에는 자동적으로, 반사적으로 내 의지나 의도에 상관없이 소리를 듣고 냄새를 맡으며, 눈을 감지 않은 이상 시계(視界) 안에 든 대상들을 보고 인지하게 된다. 그리고 그것들과 직간접으로 연관된 사유 활동이 순간적으로, 그리고 부분적으로 이루어진다. 이것 또한 스스로 통제하기가 쉽지 않다.

아주 곤하게 잠들어 있을 때에는 모든 감각기관과 뇌의 활동이 전면 중지되는 것은 아니나 '휴면 모드'로 들어간다. 그래서 잠결에는 냄새를 맡을 수도 있고 맡지 못할 수도 있다. 부분적으로 지각활동이 이루어진다는 뜻이다. 곤한 잠이 아니고 선잠을 잘 때에는 지각활동이 더 많이 더 예민하게 이루어진다. 경우에 따라서는 자신의 관심사나 고민에 대해서 사유 활동이 잠자는 동안에도 온전하지는 않지만 부분적으로 지속되기도 한다. 다시 말해, 잠을 자면서도 지각활동과 사유 활동이 이루어질 수 있다는 뜻이다. 감각기관을 포함하여 몸을 쉬게 하는 모드이지만 부분적으로 지각활동이 이루어지고 그에 따른 신진대사가 이루어진다는 뜻이다. 경우에 따라서는, 특정 대상에 대하여 깨어 있을 때와 거의 같은 사유 활동이 전개되기도 한다. 필자는 낮에 성경을 분석하다가 만 내용을 가지고 밤에 자면서 정리·유추해나가는 사유 활동을 했던 경험을 적잖이 갖고 있다.

필자의 명상 경험으로 국한하여 말하자면, 가만히 앉아 있거나 누워있으면서 깨어있으되 몸의 긴장을 풀고 감각기관을 쉬게 하면서 무념무상에 가깝도록, 그렇다고 온전한 무념무상도 아니지만, 머물러 있는 일은 아주 짧은 시간은 가능하다고 본다. 하지만 금세 지각활동이 자신의 의지와 상관없이 끼어들게 된다. 그래서 가능한 한 감각기관은 잠재우는 휴면모드 상태에서 특정 대상에 대해서만 사유 활동을 집중시키곤 했다. 어느 한 가지 생각에 깊이 빠져 있을 때에는 다른 감각기관의 지각활동이 둔감해질 뿐 아니라 그 생각 외에 다른 생각들이 끼어들 여지를 비교적 많이 차단해 주기 때문이다. 그럴 때에는 누가 불러도 잘 듣지 못하게 된다. 그만큼 신경이 온통 한 곳에 쏠려있다는 증거이다.

그런데 생각을 하는 것도 아니고 안하는 것도 아닌, 아주 모호한 상태를 유지하거나 체험한다? 필자의 경험적 판단으로는, 온전한 무념무상도 어려운데 어떻게 그것이 가능하겠는가. 불가능하다고 생각된다. 건강한 사람의 반수면 상태나 어떠한 이유에서든 식물인간이 되어 있는 경우에는 혹시 몰라도 말이다. 신체의 각 기관이 최소한의 기능만 유지된 채 있을 뿐 정상적인 지각이나 사유 활동이 이루어지지 못하기 때문에 그와 유사한 상태라고 할 수 있다. 선정수행 과정의 마지막 단계에서 성취된다는 '비유상비무상(非有想非無想)'이란 개념이 불교 선 수행이 얼마나 관념적이고 비현실적인지를 단적으로 말해주는 증거인 셈이다. 나는 명상을 통해서 그런 상태에 머물러 있고 싶지는 않다. 오히려, 그 반대로 나의 모든 감각기관의 문을 활짝 열어놓고 내 주변에서 그리고 내 안에서 일어나는 현상들을 있는 그대로 느끼고 지각하는 능력을 키우고 싶다. 왜냐하면, 그 능력의 위축이나 저하가 곧 노화(老化)이기 때문이다.

- 2017. 05. 10.

신념처(身念処) 수행법

신(身)·수(受=覺)·심(心)·법(法) 사념처 가운데 하나인 신(身)을 어떻게 보고, 어떻게 생각해야 만이 번뇌로부터 해방될 수 있는지, 해당 경전『중아함경』속 「염신경(念身經)」에서 관련된 핵심 내용만을 발췌하여 정리·소개하고자 한다. 이 하나의 표본으로서 나머지 각(覺)·심(心)·법(法)에 대한 설명을 피할 수 있겠기 때문이다.

부처님은 몸의 행[行·움직임]을 따라 진실 그대로를 알아야 한다고 전제한 뒤, 장황한 설명을 하셨다. 여기에 간추려 소개하는 내용이 전적으로 옳다고 여기지는 않지만 번뇌를 없애는 데에 있어 새기어 볼 만하다. 나의 명상법에 비추어 말하자면, '자기 관조법' 가운데 자기[외형]인 몸에 대한 관조법과 무관하지 않지만 이대로만 믿고 실천한다 해도 탐·진·치 삼독(三毒)을 제거하는 데에 상당한 효과가 있을 것이다.

1. 다니면 곧 다니는 줄 알고 머물면 머무는 줄 알며, 앉으면 앉는 줄 알고 누우면 눕는 줄 알며, 잠자면 자는 줄 알고, 깨어 있으면 깨어 있는 줄 알며, 잠자다 깨면 잠자다 깬 줄을 알아야 한다.

2. 드나드는 것을 바르게 알아, 굽히고 펴기와 굽어보고 쳐다보기 등 몸 가지는 태도와 그 차례를 잘 관찰하고 분별하며, 승가리와 모든 옷과 발우를 잘 챙겨 가지고서 다니고 머물고 앉고 눕는 것과 자고 깨나고 말하고 침묵하는 것을 모두 바르게 알아야 한다.

3. 악하고 착하지 않은 생각이 생기면 선한 법을 생각함으로써 다스려 끊고 멸해 없애야 한다.

4. 이[齒]와 이를 서로 붙이고, 혀를 입천장에 대어 마음으로써 마음을 다스려 끊고 멸해 없애야 한다.

5. 들숨을 생각하면 들숨을 생각하는 줄을 알고, 날숨을 생각하면 날숨을 생각하는 줄을 알며, 들숨이 길면 들숨이 긴 줄을 알고, 날숨이 길면 날숨이 긴 줄을 알며, 들숨이 짧으면 들숨이 짧은 줄을 알고, 날숨이 짧으면 날숨이 짧은 줄을 알아, 온몸에 숨이 드는 것을 배우고, 온몸에서 숨이 나는 것을 배우며, 몸에 드는 숨이 그치기를 배우고, 입에서 나는 숨이 그치기를 배워야 한다.

6. 여의는 데서 생기는 기쁨과 즐거움에 몸을 담가 적시고 윤택

하게 하여 두루 이 몸에 충만하게 하며, 여의는 데서 생기는 기쁨
과 즐거움이 두루 하지 않은 곳이 없어야 한다.

7. 선정[定 : 色界 제2선]에서 생기는 기쁨과 즐거움에 몸을 담가 적
시고 윤택하게 하여 두루 이 몸에 충만하고, 그 선정에서 생기는
기쁨과 즐거움에 두루하지 않은 곳이 없어야 한다.

8. 기쁨을 여의므로 인해서 생기는 즐거움에 몸을 담가 적시고
윤택하게 하여 두루 이 몸에 충만하여, 기쁨을 여임으로 인하여
생기는 즐거움이 두루 하지 않은 곳이 없어야 한다.

9. 이 몸속에 대하여 청정한 마음으로 알고 두루 차서 성취하여
노닐며, 이 몸속에 대하여 청정한 마음으로써 어느 곳이나 두루
하지 않은 곳이 없어야 한다.

10. 광명상(光明想)을 생각하여 잘 받고 잘 가지며, 마음으로 잘
생각하는 것이 앞에서와 같이 뒤도 그러하고, 뒤에서와 같이 앞
도 또한 그러하며, 낮과 같이 밤도 그렇고, 밤과 같이 낮도 그러
하며, 아래와 같이 위도 그렇고, 위와 같이 아래도 또한 그러하다.
이렇게 뒤바뀌지 않고 마음에 얽매임이 없이 빛나고 밝은 마음을
닦으면, 끝내 어둠에 덮이지 않는다.

몸의 모습[相:外形]을 관찰하여 잘 받고 잘 가지고 마음으로 잘 생
각해야 한다[11~16].

11. 이 몸은 머무름을 따라 좋고 나쁜 대로 머리에서 발까지 온갖 더러운 것이 충만해 있다고 관찰해야 한다. 곧 이 몸에는 머리털 터럭 손톱 이 거칠고 섬세하고 얇은 살갗 피부 살 힘줄 뼈 심장 콩팥 간장 허파 대장 소장 지라 밥통 똥 골 뇌수 눈물 땀 콧물 가래침 고름 피 기름 뼛속 기름 침 쓸개 오줌이 있다고 관찰해야 한다.

12. 몸의 모든 경계를 관찰하되 '내 이 몸속에는 땅의 경계 · 물의 경계 · 불의 경계 · 바람의 경계 · 허공의 경계 · 인식의 경계가 있다'고 관해야 한다.

13. 저 송장이 1~2일 혹은 6~7일이 되어 까마귀나 솔개에게 쪼아 먹히고 승냥이나 개에게 먹히며, 불에 태워지고 땅에 묻히어다 썩어 허물어지는 것을 관찰하고, 관찰한 뒤에는 자기에게 비교해 본다. '이제 내 이 몸도 또한 이와 같은 모든 법이 있어 끝내 면하지 못할 것이다.'

14. 일찍 무덤에 버려진 몸의 해골이 푸르딩딩하게 썩어 허물어지고 반이나 먹힌 뼈사슬이 땅에 뒹구는 것을 관찰하고, 관찰한 뒤에는 자기에게 견주어 본다. '이제 내 이 몸도 또한 이와 같이 모두 이 법을 가져 끝내 면하지 못할 것이다.'

15. 일찍 무덤에 버려진 몸의 뼈마디가 분해되고, 사방에 흩어져 발뼈 허벅다리뼈 넓적다리뼈 엉치뼈 등뼈 어깨뼈 목뼈 정수리

뼈가 각각 따로 따로 흩어진 것을 관찰하고, 관찰한 뒤에는 자기에게 견주어 본다. '이제 내 이 몸도 또한 이와 같이 모든 법이 있어 끝내 이를 면하지 못할 것이다.'

16. 일찍 무덤에 버려진 몸의 뼈가 희기는 소라와 같고, 푸르기는 집비둘기 빛깔과 같으며, 붉기는 피를 칠한 것 같고, 썩어 허물어지고 부서져 가루가 되는 것을 관찰하고, 관찰한 뒤에는 자기에게 견주어 본다. '이제 내 이 몸도 또한 이와 같이 모두 이 법을 갖추고 있어 끝내 이를 면하지 못할 것이다.'

- 2014. 08. 28.

선정(禪定) 3상(相)

「장아함 반니원경(長阿含 般泥洹經)」에 의하면, 부처님이 '아난다'
와 함께 '콜리성' 북쪽 나무 아래에 머무시며 비구들에게 계(戒)·
정(定)·혜(慧)의 의미와 그 중요성에 대해 설명하였고, '녹야원'
에 계실 때에도 이교도 '카샤파'의 질문을 받고서 계(戒)·정(定)·
혜(慧)의 삼매(三昧)에 대해 설명하셨는데, 그를 간단히 줄여 말하
자면, 계(戒)란 부처님이 주신 계율을 잘 지키며 실천하는 것이고,
정(定)이란 좌선을 통해서 선정(禪定)에 드는 일이며, 혜(慧)란 선 수
행 과정에서 깨우쳐 지혜를 얻는 일이다. 따라서 계율을 실천하
고, 선정을 닦으며, 지혜를 얻는 것이 무엇보다 중요하다며, '계율
을 잘 지키면 선정을 배울 자격이 주어지고, 선정을 배워 닦으면
지혜가 저절로 밝아지게 마련이므로 이 세 가지를 두루 닦기 위
해서 수행 정진하라'고 강조하였다.

바로 그 정(定)의 구체적인 방법론을 설명하고 있는 경가운데
경이 바로「좌선삼매경」인데, 그에 따르면 선정이란 온갖 번뇌의

근원인 탐욕과 성냄과 어리석음[三毒]과 사각(思覺)·등분(等分) 등을 물리치기 위해서 개인별·단계별 상황에 맞는 한 가지 생각에 몰두함으로써 해당 번뇌가 사라지고, 그럼으로써 오로지 맑고 깨끗하고 고요한 마음의 상태를 유지함이라 했다. 한편, 「육조단경(六祖檀經)」 좌선품(坐禪品)에서는, '밖으로 상(相)을 떠남이 선(禪)이며, 안으로 어지럽지 않음이 정(定)이라'고, 좌선의 의미이자 그것의 결과인 마음의 상태를 아주 간단명료하게 말하기도 한다.

그런데 「좌선삼매경」에서는, 선정에는 세 가지 상[相:양태, 모습, 단계]이 있다고 한다. 곧, ①관정(觀淨) ②열락(悅樂) ③정관(淨觀) 등이 그것이다.

해당 경전의 설명에 따르면, '관정'이라 함은, 마음이 고요하게 머무는 것으로, 신체는 따뜻해지고 부드러우며 가볍고 편안해진다. 그리고 '백골'[마음속으로 떠올려지는 자신의 두개골과 그 안의 뇌가 해당하지 않을까 싶음]은 하얀 마노와 같이 빛을 낸다 한다. 그리고 '열락'이라 함은, 몸은 여전히 욕계(欲界)에 머물러 있어서, 4대[몸을 이루고 있는 4가지 요소 곧, 地·水·火·風]가 지극히 크고 유연하고 쾌락하며 색깔이 윤택해지고 정결하며 빛이 넘치고 온화하고 기쁨에 들뜨는 상태라 한다. 동시에 '백골' 속으로 광명이 비친다 한다. 그리고 '정관'이라 함은, 살을 제거하고 뼈를 관하여 마음이 한 곳에 머무는 상태라 한다. 참으로, 불완전하고 불충분한 설명이다.

이처럼 「좌선삼매경」은 설명을 요구하는 갖가지 개념[用語]들로 가득한데 그 설명이 불충분하고 명료하지 못한 결정적인 흠이 있다. 경전의 원본 탓인지 번역상의 문제였는지는 알 수 없지만 여러 차례 분석적인 눈으로 읽고 또 읽어도 쉽사리 이해되지 않는다. 뿐만 아니라, 경전의 내용이 모두 옳다고 볼 수도 없다. 예컨대, 「반주삼매경(般舟三昧經)」에서는 선정을 방해하는 다섯 가지 인자로, ①탐욕(貪慾) ②진에(瞋恚) ③수면(睡眠) ④도회(掉悔 : 심한 후회) ⑤의법(疑法 : 법에 대한 의심) 등을 들고 있지만 나의 명상 경험으로 비추어보면, ①지나친 욕심[욕구·욕망], ②심한 감정적 동요[슬픔·기쁨·괴로움·흥분 등], ③신체적 정신적 피로, ④자포자기·체념·절망 등으로 나타나는 목적의식 상실 등이 무엇보다 크다고 본다. 이처럼 경전은 개념정리가 잘 되어 있지 않은 면이 많으며, 그 내용이 또한 모두, 반드시, 옳다고도 볼 수 없는 한계가 있기 때문에 공부를 했다는 사람들마다 같은 경전을 읽고도 다른 견해들을 내어 놓는 것이다.

여하튼, ①관정(觀淨) ②열락(悅樂) ③정관(淨觀)이란 선정 3상은, 마치 선(禪)을 ①初禪 ②2禪 ③3禪 ④4禪 등 4단계로 구분한 것과 마찬가지로 선의 최종 목적지인 '불고불락호청정념(不苦不樂護淸淨念)'에 이르는 과정에서 몸과 마음에 나타나는 현상을 설명해 주는 말이라는 판단이 든다.

나의 명상 경험으로 비추어보면, 잡념과 고민이 있어도 그들로부터 벗어나고자 명상하는 것만으로도 비교적 심신이 편안해지는 것을 느낄 수 있으며[觀淨:맑고 깨끗한 마음을 갖고자 생각하는 일], 화두 삼았던 문제가 해결되면서[깨닫게 되면서] 만족감과 새로운 의욕과 그에 따른 기쁨이 생기었던 적도 있었다[悅樂:잡념이나 고민 등이 사라지고, 궁금했던 문제가 해결되면서 수반되는 즐거움]. 뿐만 아니라, 한 쪽에서는 새 생명이 태어나고 다른 한 쪽에서는 사람이 죽어나가는 세상을 보면서 만물이 사라지고 만물이 생기는 텅 빈 공(空)을 상상하면서 심신이 편안해지고[淨觀:몸을 구성하고 있다는 4가지 원소들을 하나하나 분리하여 그것만을 생각하는 일], 그런 자신조차 없다고 여기면서 무원(無願)·무감각(無感覺)해지는 상태[不苦不樂護淸淨念:고통도 즐거움도 없는 청정한 마음으로 머무는 상태]도 경험해 보았다. 문제는, 이런 시간을 많이, 자주, 가질수록 자신의 심신이 상대적으로 깨끗해지는 것만은 틀림없는데 그것이 다른 사람들과의 관계를 아주 불편하게 한다는 것이고, 신체적 퇴화가 진행되어 건강한 몸을 가지고 살기가 쉽지 않다는 것이다. 곡물 중심으로 소량씩 생식(生食)하는 사람은 그렇지 않은 사람들에게서 나는 냄새 때문에 지하철을 타지 못하는 것과 마찬가지로 마음이 청결한 사람은 그렇지 못한 사람의 마음을 보기 때문에 스스로가 불편해지는 것이다. 그리고 선정 수행에 오래 오래 머물면 결과적으로 몸을 쓰지 않는 것이어서 신체적 기관들의 기능이 퇴화되어가기 때문에 예기치 않은 문제들이 생길 수 있다는 뜻이다.

- 2014. 01. 10.

불법 수행의 정도와 그 깊이를 말해주는 위계

경을 읽다보면 생소한 용어들이 아주 많이 나오는데 그 가운데 수다원(須陀洹)이니 사다함(斯陀含)이니 아나함(阿那含)이니 아라한(阿罗汉)이니 정말 이해하기 힘든 용어들이 많다. 많은 경들을 읽으면서 이들 용어에 부여되고 있는 의미들을 하나하나 정리해 나가지 않으면 알 수 없는 것들이다. 불교 용어사전을 찾아보아도 제각각이고, 불완전하다는 것을 금세 알아차릴 수 있다.

수다원·사다함·아나함·아라한(이상은 성문 4과라 함)·벽지불·부처님 등은 불법 수행자의 수행의 정도와 그 깊이를 말해주는 위계로서 여러 경에서 사용되고 있지만 그 개념들을 일목요연하게 정리해 놓고 쓰지 않기 때문에 난해함만 증폭시켜 주는 게 사실이다.

수다원(須陀洹)이라 함은, 수타반나(須陀般那)라는 말과도 함께 쓰이고 있는데 이는 팔리어의 Sotapanna를 음차한 것으로 보인다.

중국 한자로는 '예류(預流)' 또는 '입류(入流)'라고 의역했는데, 불법 수행자의 수행 정도와 그 깊이에 따라 얻게 되는 단계별 과보로서 첫 단계이다. 그래서 '초과향(初果向)'이라는 말로도 쓰인다. 선정 수행 4단계로 빗대어서 말하자면, 초선(初禪)에 해당하며, 이는 온갖 근심걱정과 괴로움을 안겨주는 것이 다름 아닌 '욕망'임을 '알고', 그 욕망의 독성(毒性)을 생각하면서, 그것을 버림으로써 기쁨을 얻는 단계이다. 이때 얻는 기쁨을 '喜覺(희각)'이라 하며, 몸과 마음은 욕계(欲界)에 머물러 있는 단계라 한다. 욕망이나 번뇌를 온전히 버리지는 못했으나 그것들이 없어진 상태로 흘러들어가는 초입단계라 보면 틀리지 않는다.

사다함(斯陀含)이라 함은, 식기타가미(息忌陀迦迷)라는 말과 함께 쓰이고 있는데 이는 팔리어 Sakadagami를 음차한 것으로 보이며, 중국 한자로는 '일래(一來)'라고 의역했는데 이는 불법 수행자의 수행 정도와 그 깊이에 따라 얻게 되는 단계별 과보로서 두 번째 단계이다. 선정 수행 4단계로 빗대어서 말하자면, 이선(二禪)에 해당하며, 초선에서 얻은 기쁨조차 오히려 근심으로 여기어 그 기쁨을 버리는, 그래서 빈 마음으로 깨끗하고[淨] 기쁘고[喜] 즐거움[樂]을 얻는 단계이다. 몸과 마음은 욕계가 아닌 색계(色界)에 머물러 있는 단계라 하는데, 욕계의 번뇌인 삼독(三毒)과 육입(六入)으로 인한 번뇌로부터 벗어난 상태라 한다.

아나함(阿那含)이라 함은, 아나가미(阿那迦迷)라는 말과 함께 쓰이는데 이는 범어 anāgāmin를 음차한 것으로 보이며, 중국 한자로는 '불래(不來)' 또는 '불환(不還)'으로 의역했으며, 이는 불법 수행자의 수행 정도와 그 깊이에 따라 얻게 되는 단계별 과보로서 세 번째 단계이다. 선정 수행 4단계로 빗대어서 말하자면, 삼선(三禪)에 해당하며, 이는 기쁨이 없는 법[無喜法]을 행하여 마침내 기쁨의 경지를 여의고 진정한 즐거움[樂]인 인자(仁慈)함만을 내어 견지(堅持)하는 일이다. 무소유처(無所有處)에 머물며 오로지 자비심만을 내어 진정한 즐거움[樂]을 얻어 비로소 무색계(無色界)에 머물러 있는 단계라 한다.

이 아나가미(阿那迦迷)에는 아홉 가지가 있다 한다. 곧, 지금 세상에서 반드시 열반에 들어가는 아나가미, 중음(中陰)에서 열반에 들어가는 아나가미, 태어난 뒤에 열반에 들어가는 아나가미, 간절하게 찾아서 열반에 들어가는 아나가미, 간절하게 찾지 않고 열반에 들어가는 아나가미, 최상의 행(行)으로 열반에 들어가는 아나가미, 아가니타에 이르러 열반에 들어가는 아나가미, 무색정(無色定)에 도달하여 열반에 들어가는 아나가미, 몸으로 깨닫는 아나가미; 아라한을 향해 가는 아나가미 등이 그것이다.

아라한(阿罗汉)이라 함은, 범어 arhan의 음차로 보이며, 중국 한자로는 '응공(應供)'·'불생(不生)'으로 의역하였는데, 이는 불법 수행자의 수행 정도와 그 깊이에 따라 얻게 되는 단계별 과보로서 네 번째 단계이다. 선정 수행 4단계로 빗대어서 말하자면, 마지막 단계로 모든 악을 여의고, 다시 태어나지 않으며, 마땅히 공양 받아야 할 경지이기 때문에 응공(應供)·불생(不生)이라 하는데 3선의 즐거움조차 근심으로 여기어, 오로지 청정(淸淨)만을 견지하여 불고불락호청정념(不苦不樂護淸淨念)이란 '한마음'을 얻는 단계이다. 그러니까, 고통이 없지만 즐거움도 없는, 맑고 깨끗하고 고요한 마음으로써 생각하는 것도 아니고 생각하지 않는 것도 아닌 상태 곧 비유상비무상처(非有想非無想處)에 머물러서 삼계(三界)를 초월하는 단계라 한다.

이 아라한에는 아홉 가지가 있다는데, 퇴법(退法)·불퇴법(不退法)·사법(死法)·수법(守法)·주법(住法)·필지법(必知法)·불괴법(不壞法)·혜탈(慧脫)·공탈(共脫) 등이 그것이다.

그런데 재미있는 사실은, 모든 법 가운데 지혜가 얕아 들어가는 것을 '아라한'이라고 하고, 중간 정도로 들어가는 것을 '벽지불'이라고 하며, 깊게 들어가는 것을 '부처님'이라고 한다는 것이다. 따라서 성문이 분별하지 못하여 깊숙하게 들어가지 못하고 깊게 알 수도 없지만 벽지불은 약간은 분별할 수 있더라도 깊숙하게 들어가지 못하고 깊게 알 수는 없다 한다. 그런데 오직, 부처님만이 모든 법을 알고 분별하여 통하고 깊이 들어가 깊게 아신다는 것이다. 그러면서 벽지불에도 상·중·하 세 가지가 있다 한다.

이런 설명들이 있기 때문에 또 다른 경에서는 성문승 연각승 부처님 등 셋으로 구분하여 지혜의 정도와 앎의 정도를 구분지어서 설명하기도 한다. 경전이 경전을 낳고, 하나의 판단이 또 다른 판단을 낳으며 관념들을 쌓아 왔다는 증거라고 나는 생각한다.

내가 여러 경들을 읽고 이해하지 못했던 용어들을 나름대로 정리해 나가고는 있지만 다 썩은 지식에 지나지 않다는 점을 고백하면서, 무엇이 그리 복잡한지 경전이 경전답지 못하다는 생각마저 들었으며, 조금은 단순해지고 담백해져야 하겠다는 생각이 들었다.

- 2017. 05. 18.

---

*위 내용은 『중아함경』을 비롯하여 「좌선삼매경」 등 여러 경들을 읽고 필자가 나름대로 정리한 것이다. 혹, 잘못이 있을 수도 있다. 있다면 지적하여 바로잡을 수 있는 기회를 주기 바란다.

「좌선삼매경(坐禪三昧經)」에서
말하는 번뇌의 온상

인간의 모든 잡념과 근심 걱정의 발원지를 ①탐(貪·탐욕) ②진(瞋: 성냄) ③치(癡:어리석음) ④정신작용[思覺] ⑤등분(等分) 등으로 보고, 이들 다섯 가지 요소를 제거하기 위해서 나름대로의 방법을 제시·기술하고 있는 경이 바로 「좌선삼매경(坐禪三昧經)」이다. 이 경을 누가 언제 어디서 결집했는지 알 수 없으나, 5세기 초에 구자국 출신의 학승 구마라집[鳩摩羅什:343~413]이 중국 장안으로 초대되어 한역(漢譯)한 것을 '차차석'이란 사람이 우리말로 국역(國譯)한 것을 손쉽게 읽을 수 있었다.

이 경에서 말하는 번뇌의 발원지인 다섯 가지 가운데에서 탐(貪)·진(瞋)·치(痴)는 다른 한자어로는 탐욕(貪慾)·진에(瞋恚)·우치(愚癡)로 불리며, 소위 '삼독(三毒)'이라 하여 번뇌를 일으키는 가장 큰 인자(因子=원인)로 파악하고 있다. 그런데 「좌선삼매경」에서는 이 삼독에 '정신작용'과 '등분'이라는 두 가지 요소를 덧붙이고 있는 것이다.

'思覺(사각)'이라는 한자어를 '정신작용'으로 번역해 놓았는데,

경에서 말하는 '정신작용'이란 탐욕의 정신작용·성냄의 정신작용·번뇌의 정신작용·친척관계의 정신작용·국토의 정신작용·불사(不死)의 정신작용 등이 있으며, 앞의 세 가지 정신작용을 '거친' 정신작용이라 하며, 뒤의 세 가지 정신작용을 '세밀한' 정신작용이라고 분류하였다. 거친 정신작용에서 나오는 번뇌를 '추병(麤病)'이라 하고, 세밀한 정신작용에서 나오는 번뇌를 '세병(細病)'이라고도 한다. 이는 어디까지나 해당 경에서 하는 말이지만 나는 이런 용어나 분류에 대한 설명이 그렇게 만족스럽지 못하다고 여긴다.

그리고 '等分(등분)'이란 한자어를 우리 음으로써 표기하고 있는데, 이 등분에는 성실견(性實見)·착아견(着我見)·단견(斷見)·상견(常見) 등이 있으며, '성실견'이란 만물을 존재하게 하는 궁극적인 실체가 있다고 믿는 견해이며, '착아견'이란 오로지 자기 자신 곧 인간에게만 집착하는 태도이자 견해라고 한다. 그리고 '단견'이란 세상의 종말을 믿는 견해이며, 상견이란 세상이 영원하다고 믿는 견해라 한다. 따라서 성실견은 철학이나 종교에서 말하는 절대자(絕對者) 혹은 신(神)에 해당하는 도(道)를 믿는 것이라 바꿔 말할 수 있고, 착아견은 현실적이거나 이기적인 생각에서 개인의 삶만을 최우선으로 여기는 태도이자 가치관이라고 말할 수 있다. 그리고 '단견'과 '상견'은 시작과 끝을 믿느냐 아니면 그 시작과 끝이 없는 '영원'을 믿느냐에 따라서 구분되는 상대적인 개념이라 할 수 있다. 이런 분류와 용어에 대한 설명 역시 나는 만족스럽지 못하다고 여긴다.

여하튼, 우리에게 꽤 익숙해져 있는 탐·진·치 '삼독'과, 아주 생소한 정신작용으로 번역된 '사각'과, '등분'이라는 개념을 통해서 고대인도 · 중국인들이 판단한 인간 번뇌의 근원지인 온상을 확인할 수 있다는 점에서 나름의 의미가 있다면 있다 하겠다.

이 글을 읽는 당신의 주된 근심 걱정과 잡념의 인자는 무엇인가? 그것은 개인마다 다르겠지만 구체적으로 무엇이든지 간에 분명한 사실이 있다면, 그것은 당신이 지금 살아있기 때문에 생기는 번뇌라는 것이고, 살아있음 곧 생명이란 것은 욕구를 충족시켜야만 비로소 존재하는 것이며, 그런 제반 활동이 다름 아닌 생명체의 삶이라는 점이다. 그러니까, '생명 = 욕구'이고, '욕구충족 활동 = 삶'이라는 등식이 성립한다.

그런데 그 욕구를 충족시켜 나가는 데에는 노력 · 경쟁 · 투쟁 등의 수고로움과 각종 사고(事故)의 위험부담이 뒤따르게 되며, 그뿐 아니라, 장(長:성장) · 노(老:늙음) · 병(病:병듦) · 사(死:죽음)가 숙명처럼 뒤따른다는 사실이다. 이런 사실만 부각시켜 놓고 초점을 맞추면 부처님처럼 '인생(人生) = 고(苦)'라는 판단을 내리게 되는데 일생동안에는 그 고(苦)만 있는 게 아니고 사실상 낙(樂)도 있다. 종국에는 그 고(苦)도 그 낙(樂)도 다 소멸되고 말 일이지만 말이다.

-2 017. 05. 09.

부처님의 가죽주머니

부처님은 인간의 육체를 한낱 썩어 없어질, 더러운 것들을 가득 담고 있는 '가죽주머니'로 정도로 빗대어 말하기를 좋아하셨다. 요즘 사람들이 이 말을 들으면, '미친, 터무니없는 소리'라 일축해 버릴 것이다. 왜냐하면, 현대인들은 그 몸이 바로 상품이고, 그 상품을 위해서 평생 신경 쓰고 가꾸고 살아간다 해도 틀리지 않을 뿐 아니라 그만큼 중요하게 여기기 때문이다.

부처님은 인간의 눈·귀·코·혀·피부 등의 자극을 접수하는 다섯 감각기관과 최종 판단을 내리는 뇌의 지각활동을 육진[六塵: 여섯 가지 티끌]이라 하여 이것들이 있음으로써 온갖 허깨비 같은 번뇌가 생긴다고 수도 없이 역설하셨다. 이러한 판단을 내리는 것조차 사실은 그 육진에 의한 것이지만 말이다.

만일, 부처님이 다시 오셔서 이러한 내용의 설법을 오늘날 사람들에게 하신다면, 사람들은 '그 더러운 가죽주머니와 번뇌의 발원지이자 온상인 그 육진을 불에 태워버리지 왜 그딴 것들을 가지고 있으면서 온갖 번뇌의 고통에서 허덕이는가?' 라고 오히려 비아냥거리듯 부처님께 되물을 것이다. 그렇다고, 그 누구도 자신의 몸을 불에 던져 태워버릴 수는 없을 것이다. 부처님도 한낱 허깨비로 여겼던 몸이 아플 때에는 약을 보시 받아 사용했고, 살기 위해서는 먹을 것과 입을 것 등을 공양 받아 생활했다.

부처님은 중생의 번뇌를 덜어주기 위해서 몸과 그 기능과 욕구에 집착하지 말라는 뜻에서 방편 삼아 몸과 그 육진이 만들어 갖는 온갖 생각들[관념 혹은 번뇌 등 일체]을 다 버리고, 아무것도 없는 상태[진공(眞空)]에로 들어가 진정한 자기 자신을 보아야 하고, 그 자기 자신을 '진아(眞我)'라 했으며, 그 진아와의 대면을 '견성(見性)'이라 했다. 사실, 부처님이 말하는 그 '진아'라는 것도, 그 '견성'이라는 것도 이미 존재하고 있는, 그 육진에 의한 판단이지만 말이다.

인간이 가지는 온갖 생각이 허망하고 곧 사라질 것들이라 해서 그것들을 하나하나 지워나가[이 과정을 좌선(坐禪)이라 함] 아무것도 존재하지 않는 텅 비워있음의 상태에 들어가 머물러 있게 된다면 과연 그 사람은 어떻게 되는 것일까?

사실, 대다수의 사람들은 이런 상태로의 진입 자체도 어렵지만 일단 들어가 보면, 내 생각(편견·고정관념·관심·욕구·주장 등 일체)이 없이, 있는 그대로를 보고 듣고 느끼고 지각하기 때문에 그런 현상들과 그것들을 낳는 원인이 보다 선명하게, 보다 쉽게 다가와 지각된다. 쉽게 말해서, 내가 하얀 백지 상태로 머물러 있기에 외부의 현상들이 쉽게, 그리고 뚜렷하게, 달라붙어 선명하게 지각되는 것이다. 바로 이 부분에 초점을 맞추어 수행하는 것이 소승불교에서 강조하는 선 수행법이다.

이는 그동안 살면서 축적된 어떤 고정관념이나 편견 없이, 나의 관심이나 욕구 등에 영향을 받지 않는 상태에서 있는 그대로의 현상과 변화 등을 포함한 대상을 내려다보는 것과 같기 때문에 바른 판단을 내릴 수 있는 확률이 그만큼 높아지는 것이다. 그래서 흔히 지혜의 눈이 뜨였다고 말하는 것이다.

바로 이것을 체험하면 텅 비워있음 곧 空(공)으로부터 온갖 지혜를 보거나 내어 놓는 상태라고 말할 수 있을 것이다. 그래서 혹자는 마치 공이 온갖 지혜를 내장하고 있는데 내가 그것을 본다고 말하지만, 그게 아니라 내가 노력하여 무념무상의 상태에 있기에, 다시 말하면 나를 옭아매는 관념들(고정관념과 편견 등)로부터 벗어난 상태에서 현상을 있는 그대로 지각하기 때문에 그 현상들의 인과관계가 상대적으로 잘 드러나 보일 뿐이고, 그 결과를 말할 수 있기에 지혜가 있는 사람이라고 말하는 것이다.

큰 틀에서 보면, 불교에서의 좌선은 바로 자신을 비우고 무념무상의 상태에서 제 현상의 인과관계를 꿰뚫어보는 능력 곧 지혜를 얻음에 그 목적이 있고, 또 그것은 불필요한 고통을 안겨주는 번뇌로부터 벗어나 평안하게 살기 위함에 있다고 간단명료하게 말할 수 있는 것이다. 옴마니반메훔!

- 2016. 12. 11.

욕(欲)과 선(禪)과의 관계

욕구(欲求)·욕심(慾心)이 크고 많아서 스스로 만족하지 못하면 늘 불만이 있게 마련이다. 불만이 많은 사람들은, 아무리 조용한 곳에서 가부좌를 틀고 앉아 있어도 정신집중이 쉽게 되지 않는다. 그만큼 그 욕구(欲求)·욕심(慾心)으로부터 매이어 있기 때문에 고민이 많아지고, 그에 따른 잡념도 많아져서 몸과 마음을 편안하게 하는 일이 어려워진다.

그래서 흔히들 선정(禪定) 삼매(三昧)에 들려면, 다시 말해, 심신을 편안하게 하려면 그것들부터 먼저 비우라고 말을 하게 되는 것인데, 이 욕(欲)과 선(禪)과의 관계를 단적으로 말해주고 있는 세간의 금쪽같은 말을 참고할 만하다. 그것은, "欲其中者(욕기중자), 波沸寒潭(파비한담), 山林不見其寂(산림불견기적). 盧其中者(허기중자), 涼生酷暑(양생혹서), 朝市不知其喧(조시부지기훤)"이라는 '채근담(菜根譚)'에 나오는 구절(句節)이다. 이를 굳이 우리말로 바꾸어 표현하자면, '욕심 그 가운데 있으면 차가운 연못조차 끓어 일렁이듯 숲 속의 고요함을 느끼지 못하지만 공허함 그 가운데에 머무르면 무더위 속에서도 서늘한 기운이 생기듯 아침시장의 시끄러운 소리조차도 들리지 않는다'는 것이다. 여기서 '욕(欲)'이란 무엇인가를 하고자 하거나 이루고자 함이며, 동시에 그것을 소유하고자 함이라 한다면, '허(虛)'는 있는 것조차 비움이며 버림이라 할 수 있을 것이다.

이처럼 욕(欲)을 구함·채움·소유라고 한다면 허(虛)는 비움·버림·무소유라고 말할 수 있는데, 이 둘은 살아있는 사람에게는 상대적인 개념으로서 '정도(程度)의 문제'로 받아들여야 하지 그렇지 않다면 큰 모순에 봉착하게 된다. 어떠한 모순인가? 그것은 사람이 생명현상을 유지·고양시켜 가며 산다는 것 자체가 욕구충족활동인데, 그것을 온전히 중지하거나 포기한다는 것은 스스로 생명을 끊어지게 하는 행위나 다를 바 없는 결과를 낳기 때문에 근심걱정 없이 잘 살겠다는 뜻과는 배치되는 것이다.

사람이 죽기 전에는 자신의 욕구충족활동을 적절히 통제할 수는 있어도 전적으로 포기하거나 버릴 수는 없을 것이다. 만약, 살아서 포기한다면 죽음으로 가는 길을 선택한 것이나 다름없고, 살아서 온전히 버린다면 자살행위와 다를 바 없기 때문이다. 엄밀하게 말해서, 욕심이나 욕구를 줄여서 적게 갖거나 일정 부분 버려서 그에 따른 고민이나 번뇌를 상쇄시켜 줄임으로써 마음의 평정이나 신체적 이완을 도모할 수는 있지만 온전히 버리거나 비울 수는 없다는 뜻이다. 이런 의미에서 '비움'이나 '버리기'나 '무소유'를 말해야지 불가(佛家)에서처럼 만물이 허공(虛空)에서 나왔다 하여 그 허공처럼 머물고, 그 허공처럼 살라고 한다면 말이 되지 않는 것이다. 마찬가지로, 아무것도 하지 않으면서 하지 않는 일이 없는 자연(自然)처럼 머물고 살아야 한다고 주장하는 중국 도교 노자(老子)의 무위(無爲)도 사실상 말이 되지 않는 것이다. 따지고 보면, 욕구나 욕심을 적절히 통제한다는 것 자체도 어떤 목적의식에서 행하는 일종의 또 다른 '욕(欲)'이고, '위(爲)'이고, 구함(求)일 따름이다.

결과적으로, 욕심이나 욕구도 '적당히' 가지라는 뜻인데, 그 '적당히'가 사람마다 개인마다 다르다는 사실이다. 같은 일을 함에 있어서도 정신적·신체적 스트레스를 많이 받는 이가 있는가 하면 아무렇지도 않은 듯 거의 받지 않는 이도 있다. 이처럼 달리 가지는 개개인의 능력에 따라 같은 일도 고통이 되기도 하고 즐거움이 되기도 하기 때문에 그 '적당히'라는 것은 어디까지나 개인의 주관적인 능력이나 그릇에 달려있는 일임을 알고서 스스로 판단해야 할 줄로 믿는다.

사실, 그 욕이 있음으로 해서 얼마나 많은 삶의 즐거움이 있는가. 정신적 욕구 충족으로 인한 즐거움, 감각적 욕구 충족으로 인한 즐거움, 그리고 생리적 욕구 충족으로 인한 즐거움 등 실로 다 종다양한데 그것들을 어찌 외면하고 부정할 수 있겠는가. 그렇듯, 현대인들은 그 욕구나 욕심을 충족시키기 위해서 오늘을 부단히, 열심히 산다고 해도 결코 틀리지 않는다.

그러나 그 욕이 지나쳐서 추구하는 과정에서 얻는 것보다 잃는 것이 많다면 그것은 분명 불행한 화(禍)나 다름이 없고, 어리석음

[痴]의 결과와도 다를 바 없다. 따라서 자신의 능력껏 추구하되 적절한 통제가 필요한 것은 사실이며, 그 통제의 강력한 수단이 '만족'이란 것에 있고, 그 통제의 전제조건이 있다면 바로 '나의 욕구 충족활동이 다른 사람들에게 정신적·물질적 피해를 끼치지 않아야 한다'는 공동체의 일원으로서 갖는 최소한의 사회성으로부터 나오는 것이 아닐까 싶다.

- 2014. 07. 02./2017. 05. 02. 수정

수행 정진과 무위(無爲) 사이의 모순

요즈음, 내가 읽고 있는 『법구경』이란 경전의 「세속품(世俗品)」에 이런 말이 나온다.

> "이 세상 만물은 물거품 같고/사람의 마음은 아지랑이 같으며/세 상에 사는 것은 허깨비와 같나니"

이 문학적 수사를 보고 나는 깜짝 놀랐다. 방편 삼아 한 말이지만 자칫 소극적인 삶을 살게 하는 동기가 부여될 수도 있겠다는 생각이 들었기 때문이다. 사춘기적 방황하던 시절에 내가 그랬던 것처럼 말이다.

물거품, 아지랑이, 허깨비라…. 만물이 그렇고, 사람의 마음이 그렇고, 세상사는 일이 그렇다? 이들이 다 물거품 같고 아지랑이 같으며 허깨비 같다면 무엇으로써 삶의 의욕을 내며, 무엇으로써 삶의 의미를 부여할 수 있을까?

인간의 끝없는 욕심으로 근심걱정 속에서 살아야 하는 현실적

이유에서 부처는 번뇌의 근원인 욕심을 줄이고, 무지를 깨우치며, 자비로운 마음으로 살도록 많은 가르침을 주었는데, 이 문학적 수사도 그 중 하나이다.

인간의 욕심은 끝이 없는데 생명이 끝이 나기 때문에 어떤 목적의식을 갖고 평생을 열심히 산 사람이나 줄곧 방탕한 생활을 한 사람이나 다 같이 죽음 앞에서는 모든 것이 허무하고 허망하다고 느낄지도 모를 일이다. 특히, 자족할 줄 모른다면 더욱 그러할 것이다.

그렇다고, 그가 되풀이하여 주장하는 것처럼 평생을 '무위(無爲)'로써 일관한다면 그 허무함과 허망함에서 관연 자유로울 수가 있을까. 그리하여 그 물거품이 감로수가 되고, 그 아지랑이가 금강석이 되며, 그 허깨비가 믿고 의지할 만한 이정표라도 되는 것일까.

많은 사람들은 불교 경전 가운데에 무위(無爲)를 주장하고 있다는 사실 자체도 모를 것이다. 그러나 그것은 사실이다. 하지만 부처님의 입에서 나온 용어(用語)인지는 심히 의심이 간다. 어쩌면, 도교(道敎)의 풍토에서 훈육(訓育)된 사람들에 의해서 경전이 한역(漢譯)된 결과가 아닌가 싶기도 하다.

①식(識)이 있으면 동물의 태에 떨어지고/악한 사람은 지옥으로 들어가며/선을 행한 사람은 하늘 세계에 오르고/함이 없으면[無爲] 열반을 증득한다.
　- 악행품(惡行品) 중에서
②온갖 정욕을 억눌러 제어하고/그것을 끊어 무위(無爲)를 좋아한다./그는 자기를 스스로 구제하고/마음을 부려 지혜로 만든다.

- 명철품(明哲品) 중에서

③믿음과 행이 있는 사람은/성인의 칭찬을 받고/무위(無爲)를 좋아하는 이는/
모든 결박을 풀어버린다. - 독신품(篤信品) 중에서

이들은 『법구경』 안에서 '무위(無爲)'라는 용어가 쓰인 예문의 일
부이지만 다른 경전에서도 얼마든지 찾아볼 수 있다. 하나만 더
예문을 들겠다.

④ 그는 이에 안온한 곳 얻어/현재 세상에서 무위(無爲)를 얻고/모든 걱정과 두
려움 건너/ 결정코 반열반에 들어가리라.
- 『불설장아함경』 제19권 「세기경」의 「지옥품(地獄品)」 중에서

그런데 이 '무위(無爲)'라는 말이 무색하게 경전 안에서는, 선(善)
과 악(惡)을 구분하고, 겸손(謙遜)과 덕(德)과 어짊[仁]과 베풂[보시]과
자비(慈悲) 등을 요구하고, 교만과 게으름과 어리석음과 성냄 등을
경계하며, 계율을 지키고 선정에 들며 지혜 구하는 일[戒·定·慧]
에 정진(精進)하라고 수없이 강조하는 가르침으로 가득하다.

바로 이런 삶을 살기 위해서라면, 그는 집[家族]을 떠나[出家], 세
상욕심[물질 명예 권력 등]을 버리고, 홀로 관찰하고 사색하는 사문의
길[부처님 제자가 되는]을 가라고 권유하고 있다.

그러나 이것이 무위는 아니라고 생각한다. 무욕(無慾)이라면 몰
라도. 엄밀히 말하면, 그 무욕도 아니다. 욕심의 내용이나 방향이
바뀌었을 뿐 욕구·욕심임에는 틀림없다. 따라서 불교 경전에서
무위를 말함은 모순일 따름이다.

- 2017. 03. 03.

부처님의 진정한 가르침과 모호성

　부처님은 인간의 몸을 '더러운 것', '썩어 없어질 것'이라 했고, 인간 삶을 덧없고 고통 그 자체라고 인식했다. 그래서 '무상(無常)', '무아(無我)'라는 말까지도 했다. 이런 전제, 이런 편견을 가지고 있었기 때문에 '인생(人生)=고(苦)'의 원인과 과정과 그로부터 벗어나는 길을 나름대로 모색·제시해야만 했다. 핵심 경전의 대부분은 이들에 관한 내용이라 해도 틀리지 않는다.

　부처님은, 그 고(苦)의 원인을 생로병사(生老病死) 관련 번뇌(煩惱)와, 의지에 상관없이 거듭되는 윤회(輪回)라고 판단했으며, 모든 번뇌의 동인(動因)을 '욕구·욕망'으로 보았고, 그 시작점을 '무명(無明)'으로 판단하였다. 그래서 부처님은, 어떻게 하면 고(苦) 없이 혹은, 줄여서 고통을 덜 받고 살며, 윤회하지 않고 영원히 다시 태어나지 않는가를 화두 삼아 명상했으며, 번뇌의 발생 과정을 나름대로 탐구했던 것이다.

필자는 모든 경들의 총론격인『중아함경』60권을 심독하며 많은 것을 생각하고 배웠지만 부처님이 생각하셨던 번뇌가 생기는 과정과, 그것을 없애기 위한 방법과, 우리 인간에게 요구한 내용 등을 간단명료하게 정리하여 소개하자면 아래와 같다. 다만, 여기에 동원되는 중국 한자 용어 하나하나가 다 장황한 설명을 요구하지만 여기서는 생략하겠다.

1. 번뇌가 생기는 과정

무명(無明) → 행(行:①身行 ②口行 ③意行) → 식(識:眼·耳·鼻·舌·賸·儀) → 명색(名:심적 방면→四陰:受·想·行·識, 色:물적 방면→四大:地·水·火·風) → 6처(處:眼·耳·鼻·舌·身·意) → 갱락(更樂:①낙갱락 ②고갱락 ③불고불락갱락) → 각(覺: ①樂覺 ②苦覺 ③不苦不樂覺) → 애(愛:①欲愛 ②色愛 ③無色愛) → 수(受:①欲受 ②戒受 ③見受 ④我受) → 유(有:①欲有 ②色有 ③無色有) → 생(生) → 번뇌(늙음 죽음 시름 슬픔 울음 걱정 괴로움 번민 등) → 루(漏: ①欲漏 ②色漏 ③無色漏)

부처님은, 인간의 무명(無明→無知)을 번뇌의 출발점으로 인식했고, 인간이 보편적으로 중요시 여기는 애욕(愛慾)을 가장 강력한 번뇌를 발생시키는 인자로 판단했으며, 환생을 거듭하면 이런 번뇌로부터 자유로울 수 없다고 판단하여 그 어떠한 존재로도 다시 태어나지 않는 것이 최상이라고 여겼다. 절대 다수의 종교인들은 부활(復活)을 통한 영생(永生)과 더 좋은 조건에서의 환생(還生)을 꿈꾸지만 말이다.

2. 번뇌를 없애기 위한 방법

①믿음[信] ②정(正: 생각·행동·지혜) ③명상(선정수행을 통한 六根 보호·관찰) ④계율준수(戒律遵守)

번뇌를 없애기 위한 방법으로 제시한 이 네 가지 가운데 부처님의 가르침에 대한 믿음(①, ②)과 실천(④)은 기본적으로 전제되어야 한다는 것이고, 실질적으로 번뇌를 없애기 위해서 선정 수행(③)을 해야 하는데 그 구체적인 방법론을 설명하며 제시한 경들이 적지가 않다. ①, ②, ④항은 부처님이 일방적으로 제시한 것이기에 믿고 실천하면 그만이지만 ③항은 아주 세세한 방법론을 밝힌 경을 읽고서 스스로 이해하고 실행에 옮겨야만 한다. 그래서 출가하여 가사(袈裟)를 걸치고 수행한다는 것의 핵심이 바로 이 선정 수행을 닦는 것으로 보아도 크게 틀리지 않는다.

이런 배경에서 부처님은 우리들에게 ①계(戒: 부처님이 주신 계율을 지킴) ②정(定: 명상을 통한 선정수행) ③혜(慧: 바른 지혜를 얻음) 수행에 정진하기를 시종일관 요구하였던 것이고, 선정 수행에서는 4단계를 거쳐 열반함으로써 적멸에 들어 다시 태어나지 않아야 한다는 주장을 펴셨다.

『중아함경』속「오하분결경(五下分結經)」의 내용에 따르면, 부처님은 제4선을 통해서 열반함으로써 다시 생명을 받지 않는 일이 수행자의 최종 목표처럼 말씀하셨다. 아니, 너무나 자주, 빈번하게, 되풀이하여 강조하셨다. 그렇다고, 부처님의 말씀이 다 옳은 것은 아니라고 생각되지만 일단 네 가지 선(禪)의 핵심을 간추려 소개하고자 한다.

초선(初禪)이란, 각[覺 : 六識 : 안(眼)·이(耳)·비(鼻)·설(舌)·신(身)·의(意)]과 관[觀 : 뇌의 사유기능으로서 관조(觀照), 내려다 봄 등의 의미가 있다고 판단됨]이 있는 상태에서 몸의 악행과 욕심을 멀리 물리치고, 그에 따른 기쁨과 즐거움을 누리는 단계라 하며, 제2선이란 각(覺)과 관(觀)이 쉬고 있는 상태에서 고요한 마음을 유지하는, 소위 선정(禪定)의 기쁨과 즐거움을 누리는 단계이다. 그리고 제3선이란, 선정(禪定)의 기쁨과 즐거움에 대한 욕심을 버리고, 평정하여 구함조차 없는 상태에서 바른 생각과 바른 지혜로써 몸에 즐거움을 깨닫는, 이른바 성인(聖人)의 평정[捨]·기억[念]·즐거움에 머무는[樂住] 단계로서 공(空)한 상태이다. 제4선이란, 기쁨과 걱정의 뿌리가 이미 멸한 상태로 괴로움과 즐거움이 없이[不苦不樂] 평정[捨]·기억[念]·청정(淸淨)만이 있는 상태라 한다.

물론, 이런 개설(槪說)만으로 4단계 선정 수행의 방법과 의미를 이해하기란 쉽지가 않다. 그래서 많은 경들이 집필되었는데, 특히 「좌선삼매경」이나 「반주삼매경」이나 「금강삼매경」이나 「혜인삼매경」처럼 '~삼매경'이라는 이름이 붙은 경들에서 그 구체적인 방법론이 기술되고 있다. 필자는 이들을 다 일독해 보았지만 솔직히 말해, 지나칠 정도로 관념적이고 현학적이어서 이해하기가 여간 쉽지 않다는 결론을 내리고, 내 스스로 체험을 바탕으로 한 명상법을 집필했던 것이다.

경전의 기술 내용이 얼마나 관념적이고 현학적인가를, 그래서 그 내용이 모호한가를 확인할 수 있는 단서로서 이 선정 수행과 관련하여 나오게 되는 수많은 용어들과 그들을 설명하는 불완전한 말들을 내세울 수도 있지만, 이보다는 선정수행을 통해서 어떻게 다시 태어나지 않는가를 설명한 대목만을 꼭 집어 떼어내어 여기에 옮겨 놓는 것이 효과적이라는 생각이 든다.

> 만일 즐겁고 혹은 괴로우며, 혹은 괴롭지도 않고 즐겁지도 않은 것을 깨달으면, 그는 이 깨달음이 무상(無常)한 것임을 관하고, 흥하고 쇠함을 관하며, 욕심이 없음을 관하고, 멸함을 관하며, 끊음을 관하고, 평정을 관한다. 이렇게 깨달음조차 무상한 것임을 관하고, 흥하고 쇠함을 관하여, 욕심이 없음을 관하고 멸함을 관하며, 끊음을 관하고, 평정을 관한 뒤에 그는 곧 이 세상을 받아들이지 않는다. 이 세상을 받아들이지 않은 뒤에는 곧 두려워하지 않으며, 두려워하지 않으므로 인하여 곧 반열반을 얻는다. 그래서 생은 이미 다하고, 범행은 이미 서고, 할 일은 이미 마쳐, 다시는 후세의 생명을 받지 않는다는 것을 사실 그대로 아느니라.

부처님 말씀이 기록된 경전 내용의 객관적 신뢰도 문제는 이 글을 읽는 여러분의 판단에 맡길 수밖에 없지만 위 내용이 다른 경에서는 이렇게 정리되기도 했다. 여러분이 읽고 판단해 보기 바란다.

①각(覺)과 관(觀)을 쉬고, 마음은 고요하여 한 마음이 되어 거친 생각도 없고 세밀한 생각도 없으며, 선정(定)에서 생기는 기쁨과 즐거움이 있는 제2선(禪)을 얻어

성취한다.

②제2선의 기쁨의 욕심을 버리고, 평정하여 구함 없이 노닐며, 바른 생각과 바른 지혜로 몸에 즐거움을 깨닫는다. 성인의 평정[捨]·기억[念]·즐거움에 머묾[樂住] 공(空)이 있는 제3선을 얻어 성취한다.

③제3선의 즐거움이 멸하고 괴로움도 멸하는데, 기쁨과 걱정의 뿌리는 이미 멸한 상태이며, 괴로움도 없고 즐거움도 없는[不苦不樂] 평정[捨]·기억[念]·청정(淸淨)이 있는 제4선을 얻어 성취한다.

④선정의 마음이 맑고 깨끗해 더러움도 없고 괴로움도 없으며, 부드럽고 연하여 잘 머물러 움직이지 않는 마음을 얻고, 번뇌가 다한 지혜의 신통을 닦아 익혀 몸으로 그것을 증득한다. 그래서 괴로움[苦]과 그것의 발생[苦集]과 소멸[苦滅]을 알고, 그 괴로움의 소멸에 이르는 길[苦滅道]에 대하여 사실 그대로 안다.

⑤번뇌[漏]와 그것의 발생[漏集]과 소멸[漏滅]을 알고, 그 번뇌의 소멸에 이르는 길[漏滅道]에 대하여 사실 그대로 안다.

⑥욕심의 번뇌[欲漏]에서 마음이 해탈하고, 생명의 번뇌[有漏]와 무명의 번뇌[無明漏]에서 마음이 해탈하고, 해탈한 뒤에는 곧 해탈한 줄을 알아 생은 이미 다하고, 범행은 이미 서고, 할 일은 이미 마쳐, 다시는 후세의 생명을 받지 않는다는 것을 진실 그대로 안다.

이처럼, 부처님 말씀은 알쏭달쏭한 면이 많지만, 몸과 마음을 가능한 한 청정하게 하고, 욕구와 욕심을 스스로 통제하여 적게 내고, 사는 동안 갖가지 합리적인 계율을 지키어 자비심을 냄으로써 근심걱정을 덜고 줄여서 생활하는 것은 바람직한 일이라 아니 말할 수 없다. 뿐만 아니라, 선정수행 과정에서 자신의 심신(心身)과 자연(自然)의 여러 현상들을 관찰하여 사실들을 깨달아가며 지혜를 얻음으로써 생활의 장애를 물리치는 것 또한 바람직한 일이라 아니 말할 수 없다. 이런 큰 틀에서 부처님 말씀을 이해하고, 개인적으로 주어진 환경에서 선정 수행을 하면서 그 구체적인 방법이나 기술을 터득해 가는 것이 진정한 불자(佛子)라고 나는 생각한다.

그러나 종교는 사업장 내지는 사교장이 되었고, 종교인들은 그 사업장에 종사하는 직업인이 되었지만 부처나 예수는 그것을 원하지는 않았었다.

- 2014. 09 .27./2014. 10. 07./2017. 06. 07. 수정.

'원수를 위해 기도하라'와
'원수를 자기 부모 대하듯 하라'의 사랑법

'원수를 위해 기도하라'는 예수가 한 말이고, '원수를 자기 부모 대하듯 하라'는 부처가 한 말이다. 예수는 사람과 사람 사이의 관계를 지극한 '사랑'으로써 맺으라 했고, 부처는 사람과 사람 사이는 물론이고 사람과 다른 여타의 모든 생명체와의 관계조차도 차별하지 말고 '대자대비(大慈大悲)'로써 맺으라 했다.

예수의 지극한 사랑이란 상대방에 대한 관심, 이해하려는 노력, 배려 등은 말할 것 없고, 인내하고 용서하며 겸손하고 꾸미지 않고 진실해야 한다. 이런 마음과 자세로 누가 왼쪽 뺨을 때려도 오른쪽 뺨을 내밀고, 누가 내 겉옷을 빼앗아 가면 속옷까지 벗어 주며, 미운 사람이 오리를 함께 가자고 하면 십리까지 동행해 주어야 한다. 하지만 누가 이런 자기희생적인 사랑을 할 수 있겠는가.

부처의 차별 없는 대자대비란 사람을 포함한 생명이 있는 모든 존재들[경전에서는 이를 '유정(有情)'이라 표현했음]에게 평등하게 마음을 내어 헤치지 않아야 하며, 생명을 부여받고 살아가는 고통을 자비로써 보살펴 주고 지혜를 깨우쳐 주어 환생이란 덫[굴레]로부터 해방시켜 주려는 노력이다. 이런 마음과 자세로 누가 나를 욕하고 모욕하고 해치더라도 화내지 않고, 참아야 하며, 조금도 원망하지도 말아야 한다. 뿐만 아니라, 약자들을 위해서 물질적 정신적 베풂을 일체의 조건 없이 해야 한다. 하지만 누가 이런 자기희생적인 사랑을 할 수 있겠는가.

예수와 부처는 왜 실현불가능에 가까운 이타적 사랑을 사람들에게 요구했을까? 이미 오래 전에 다른 글에서 언급한 바 있지만 이들의 요구사항이 실현된다면 그 순간부터 인간세상은 천국이 되고 극락이 될 것임에 틀림없다. 그러나 실현된 적이 없고 앞으로도 실현되지 않을 것이다. 그래서 예수나 부처 사후 지금까지도 변한 것이 없는 것이다.

그도 그럴 수밖에 없는 것이, 생명으로서 갖는 온갖 욕구를 충족시켜 가며 살아가는 과정에서 부단한 노력과 경쟁을 피할 수 없다. 특히, 상대적 우위를 점유하려는 욕구는 생명체 간의 충돌을 불가피하게 한다. 개인·단체·국가·민족·종교 할 것 없이 저마다 욕구를 충족시키고 상대적 우위를 차지하려는 활동이 곧 생명의 진화과정이고, 인류의 역사인 것을 우리는 부정할 수 없다.

그런데 왜 예수나 부처는 한 목소리로 인내심을 요구하고, 자기희생적인 이웃사랑을 강조했을까? 영계(靈界)에서 오신 예수는 육계(肉界)인 인간세상을 사랑으로써 영계로 바꾸려 했으며, 깨달음으로 지혜를 얻으신 부처는 무명(無明)의 악한 인간세상을 자비로써 선한 세상으로 바꾸려 했는가?

그들은 당연히 사랑과 자비만 있으면 악한 것들이 모두 사라지리라고 여겼을 것이다. 그 선하지 못한 악한 것들이 없어지면 그들이 꿈꾸는 천국 같고 극락 같은 인간세상이 되리라 생각했던 것이다. 그러나 온전히 실현되지 않는다는 데에 문제가 있다.

하지만 실현 불가능에 가까운 것을 실현시키려고 그들은 똑 같이 '배수진'을 쳤는데 그것이 바로 죽어서 심판 받는다는 점과 그 결과 천국과 지옥이라는 상벌이 주어진다는 선의의 거짓말인 것이다. 소위, 방편 삼아 머리를 굴린 것이 곧 오늘날 사람들에게는 '족쇄'가 된 것이나 다름없다. 사람들은 그저 그 어려운 사랑이나 자비를 실천하는 일보다는 천국에 가서 영생하려는 쪽으로만 머리를 굴리는 형국이 되었기 때문이다. 결국, 방편 삼아 한 말은 사람들을 붙잡아 두고 폭발적인 관심을 끄는 데에 성공했지만 정작 사랑과 자비를 일상 속에서 실천하는 일에는 큰 효과를 거두지 못했다 해도 틀리지 않는다. 이 역시 생물학적인 존재로서 인간이 가지는 이기적인 욕심 탓임을 말해 뭐하리오.

- 2017. 07. 19.

여성에 대한 부처님의 편견

부처님은 '여성'에 대해, 그러니까 '여자'라는 존재에 대해서 아주 '부정적인 가치관'을 가지고 있었다. 내가 이렇게 주장하면, 대다수의 사람들은 '무슨 소리냐?'고 항의성 질문을 하겠지만 그동안 내가 읽은 경(經)들과 율(律)에서는 분명 그러하다. 그렇다면, 그들 경과 율의 내용 중에서 어떠한 면들이 그 같은 판단을 가능하게 했는지 확인해 볼 필요가 있다고 본다.

첫째, 여성 수행자[비구니]에게 준 계율에 드러나 있다. 흔히, 그 계율을 '비구니8경계[尼八敬戒]'라 하지만 그 내용을 면밀히 읽어보면 오늘날 사람들의 시각에서는 받아들이기 어려운 것들이 대부분이다. 왜 그러한가? 일단은, 남녀가 기본적으로 불평등하고, 여성은 남성보다 열등(劣等)하다는 인식이 깔려 있기 때문이다.

부처님의 이러한 인식에는 더 근원적인 이유가 있다. 그것은 남성보다 여성이 세속적인 욕구나 욕심이 많고 강해서 그로부터 벗어나기가 어려우며, 남성보다 애욕에 집착한다는 개인적인 판단에 기초한 것으로 보인다. 부처님의 이런 개인적인 판단에는 어린 시절부터 출가(出家)하기까지의 왕실생활과 환경이 작용한 것으로 추측해 볼 수 있다.

최초의 비구니[女僧(여승)]가 된, 부처님을 키워준 양모, 그러니까, 부처님을 낳아준 마야 왕비가 일주일 만에 죽자, '마하파자파티'라는 이름의 여동생이 관례에 따라 왕비가 되었고, 그녀에 의해서 부처님이 될 태자가 양육되었는데, 왕이 죽자 그녀가 부처님의 제자 되기를 간청하는데 부처님은 분명하게 세 차례나 거절하였고, '아난다'의 간청과 조언에 의해 마지못해 받아들이면서는 '비구니8경계[尼八敬戒]'라는 남녀불평등의 혹독한 계율을 준다. 물론, 이 비구니8경계의 세부적인 내용만 확인하게 되면, 나의 판단에 이의(異意)가 있을 수 없지만, 비구와 비구니가 되기 위해서 받아 지켜야 할 계율인 '구족계(具足戒)'에서는 비구는 250가지인데 반해 비구니는 348가지나 된다. 그 세세한 내용을 보면 더욱 확연해 질 줄로 믿는다. 여기서는 참고로 문제의 비구니8경계만을 소개한다.

[참고 : 尼八敬戒]

①比丘尼当从比丘求受具足(戒)

☞ 비구니는 비구로부터 구족계를 받아야 한다.

②比丘尼半月半月往从比丘受教

☞비구니는 보름마다 비구로부터 가르침을 받아야 한다.

③若住止处设无比丘者, 比丘尼便不得受夏坐

☞머무는 곳에 비구가 없다면 하안거를 받을 수 없다.

④比丘尼受夏坐讫, 于两部众中, 当请三事：求见、闻、疑

☞비구니가 하안거를 마치면 이부대중으로부터 보고 듣고 의문 사안에 대해 질문해야 한다.

⑤若比丘不听比丘尼问者, 比丘尼则不得问比丘经、律、阿毗昙; 若听问者, 比丘尼得问经、律、阿毗昙

☞만약에 비구가 질문을 듣지 않으면 비구니는 비구에게 경·율·아비운을 물을 수 없고, 듣는다 할 때에 물을 수 있다.

⑥比丘尼不得说比丘所犯, 比丘得说比丘尼所犯

☞비구니는 비구의 잘못을 말할 수 없지만 비구는 비구니의 잘못을 말할 수 있다.

⑦比丘尼若犯僧伽婆尸沙(僧残戒, 比丘十三条, 比丘尼十七条), 当于两部众中, 十五日行不慢

☞만약에 비구니가 승가바시사를 범했으면 이부대중 가운데 보름 동안 태만하지 않도록 근신한다.

⑧比丘尼受具足虽至百岁, 故当向始受具足比丘极下意稽首作礼, 恭敬承事, 叉手问讯

비구니가 구족계를 받고 100세가 되더라도, 처음 구족계를 받게 해준 비구에게 몸과 마음을 낮추어 예배하고, 공경하며, 받들어 섬기며, 합장 문안을 드려야 한다.

-「中阿含」卷二十八 瞿昙弥经(중문 경전에서 가져옴)

이 비구니8경계를 보노라면, 마치 여성이 남성에게 종속되는 것처럼 느껴지고, 당연히 남성의 신분이 여성에 비하여 상위 계층인 것처럼 인식된다. 게다가, 비구니는 구족계를 준 비구에게 늙어 죽을 때까지 공경·예배·문안인사를 드려야 하는 것으로 되어 있다. 정말, 불평등한 계율이며, 여성으로서는 자존심 상하는 기분 나쁜 계율이라 아니 말할 수 없을 것이다. 여기에는 부처님의 머릿속에 박힌 여성에 대한 편견이 작용했다고 보는데, 세속의 욕심을 다 버리고 출가하여 수행 정진하기에는 여성이 남성보다 불리하다는 점과, 또 남성의 도움 없이는 여성이 홀로 수행하기가 어렵다는 현실적인 이유 등이 감안되었던 것 같다.

둘째, 부처님의 여성에 대한 개인적인 편견이 작용하여 경(經)의 문장으로 나타나 있다. 곧, 부처님이 되기 전 태자는 '야소다라'라는 여인과 결혼하여 아들 '라훌라'를 두었지만 출가(出家)를 결심하고 집을 나오기 직전, 부인과 여성들을 바라볼 때에 갖게 된 인상이나 생각 등이 「불설태자서응본기경(佛說太子瑞應本起經)」에 제3자 시각에서 기술되고 있는데, 여기에서 공개하는 해당 내용만을 보아도 부처님의 부정적인 여성관 형성의 뿌리를 어느 정도 확인할 수 있으리라 본다.

태자가 천천히 일어나서 아내의 숨소리를 듣고 숱한 기녀들을 바라보니, 모두가 나무 인형과 같아 온갖 마디마다 비어 있어 마치 파초(芭蕉) 속과 같았다. 그 가운데에는 머리를 풀어헤친 채로 북에 기대어 있기도 하였고, 거문고에 몸을 맡겨 엎드려 있기도 하였으며, 서로서로 베개 삼아 누워 있기도 하였고, 팔·다리를 땅에 드리우기도 하였으며, 코를 흘리기도 하고 눈물을 흘리기도 하였으며, 입에서 침이 질질 흐르기도 하였다.

거문고·비파·아쟁·피리 등 악기가 종횡으로 울려 퍼지자 푸른 해오라기와 원앙하며 경비하는 무리들이 모두 다 순순히 혼미해져 자리에 누웠다.

태자가 두루 살펴보고 그 아내를 다시 살펴보았더니, 그의 형체에는 털과 손톱·발톱·골수·뇌(腦)·뼈·이·촉루(髑髏)·피부·살·힘줄·맥박·기름·피·심장·허파·지라·콩팥·간·쓸개·소장·대장·밥통·똥·오줌·눈물이며 침 따위가 다 갖추어져 보였는데, 바깥은 가죽주머니가 되어 그 가운데에 냄새나는 것이 담겨져 있어서 무엇 하나도 기특한 것이 없는데, 억지로 향을 쪼이고 꽃과 채색으로 꾸민 것이, 비유하면 마치 빌린 물건은 도로 꼭 갚아야 하는 것과 같아서 역시 오래도록 계교할 수 없었다.

(백 년밖에 되지 않는 목숨을 누운 채 그 절반을 소비하고, 게다가 근심과 걱정이 많아서 그 즐거움은 얼마 되지 않는데 음탕한 짓을 하면서 덕을 무너뜨려 사람들로 하여금 어리석게 만드는구나. 저런 것들은 여러 부처님이나 별각진인(別覺眞人 : 緣覺)들이 칭찬하고 찬양하는 것이 아니다. 그러므로 이르기를, 탐냄과 음욕이 늙게 만들고, 성내고 분해함이 병을 이룩하며, 어리석음이 죽음에 이르게 하니, 이 세 가지를 없앤다면 비로소 도를 얻을 수 있으리라 하였다.)

-「불설태자서응본기경(佛說太子瑞應本起經)」 중에서

보다시피, 부처님은, 남녀를 떠나서 인간의 몸에 대하여, '냄새나고 더러운 것들을 담고 있는 가죽주머니[『좌선삼매경』에서는 36가지 물건과 9상(想)로 설명함]'로 비하(卑下)하였으며, 그조차 썩어 없어질 '헛것'으로 인식하였다. 물론, 이는 욕심을 억제하고 집착에서 쉽게 벗어나도록 방편 삼아 한 말이라고 판단되지만 숱한 경에서 수없이 되풀이하여 한 말이기도 하다. 하물며, 여자의 몸에 대해서는 음욕(淫慾)의 그릇이고, 더러움[부정(不淨)]의 상징이며, 세속적 욕구를 떠나서는 살 수 없는 존재로서 나쁜 업보(業報)의 결과물 정도로 인식하였던 것이다. 여성에 대한 편견이 얼마나 컸으면 '부처님의 국토는 여자가 없다고 말하며, 여자로서 부처님의 말씀을 믿고 선설(宣說)하면 여자의 몸을 다시 받지 않는다'는 생각을 숨기지 못하고 그대로 노출시켰겠는가. 아래 예로 드는 두 경[『팔길상경(八吉祥經)』 & 「팔불명호경(八佛名號經)」]의 문장들이 그 단적인 증거들이다.

①부처님의 국토는 다 청정하여 여자가 없고 5탁(濁)도 없나니, 그러므로 사리불아, 대승(大乘)에 머무는 선남자·선여인으로서 만약 이 여덟 부처님의 명호를 듣고 받아 지녀 잊지 않는 한편 다른 사람을 위해 선설한다면, 그는 3도(塗)와 8난(難)이 있는 곳에 태어날 이치가 없으며, 여자로서 여덟 부처님의 명호를 듣고 스스로 기억하여 다른 사람을 위해 선설한다면, 그 또한 여자의 몸을 다시 받을 이치가 없으리라. -「팔길상경(八吉祥經)」 중에서

②여인이 부처님 명호 듣고서/기억하여 다른 사람을 위해 선설하면/그는 여인의 업보를 다 벗어나/후생엔 다시 여인의 몸 받지 않고 -「팔길상경(八吉祥經)」 속 세존의 게송 중에서

③사리불아, 이러한 여래 지진 등정각들의 불찰은 청정하여 더러움이 없고 5 탁(濁)과 5욕(欲)이 없으며, 그 국토의 중생들은 아첨하거나 헛된 마음이 없고 또 애욕의 음행과 여자가 없나니, 그러므로 사리불아, 어떤 선남자 선여인이라도 저 부처님들의 이러한 명호를 듣고 나서, 이미 스스로 받아 지니고 읽어 외우고 수행하는 한편, 다시 다른 사람을 위해 선설한다면 그러한 선남자 선여인은 세 가지 나쁜 갈래[三惡道]에 떨어질 이치가 없노라. 그러나 다만 바른 법을 비방하거나 성인을 헐뜯는 등 5역죄(逆罪)를 범한 자는 제외되느니라.

- 「팔불명호경(八佛名號經)」 중에서

④사리불아, 만약에 여자로서 그 몸을 싫어하여 정성껏 저 부처님들의 명호를 받아 지니고 읽어 외우며, 다시 다른 사람을 위해 분별하고 선설한다면 그가 목숨이 끝난 뒤에는 다시 여자의 몸을 받을 이치가 없느니라.

- 「팔불명호경(八佛名號經)」 중에서

⑤그리고 만약 여인이/그 부처님의 명호 듣고서/스스로 외워 다른 이에게 선설하면/그 복이 한량없어/이 세간의 목숨 끝내고는/여인의 과보를 다 버리고/대장부의 몸을 받아/태어날 때마다 현명한 근기 갖추며,

- 「팔불명호경(八佛名號經)」 속 세존의 게송 중에서

셋째, 일상 속에서 직간접으로 부딪치어 경험하게 되고, 또한 관찰하는 과정에서 확인되는, 여성의 일반적인 속성[경향]이 여성에 대한 편견으로 작용한 면이 없지 않다. 불교의 그 많은 경들 가운데에는 「구잡비유경(舊雜譬喩經)」 [오(吳) 천축삼장(天竺三藏) 강승회(康僧會) 한역(漢譯)] 이라는 게 있는데 여성 폄하적인 문장들이 종종 눈

114

에 띈다.

①천하에 믿지 못할 것은 여자니라. (21)

②어리석은 남자는 여자의 욕심으로 말미암아 그 몸을 죽이느니라.(24)

③부부는 함께 신이 있는 곳으로 갔다. 아내는 머리를 조아리고 말하였다.

"저는 평생에 나쁜 짓을 하지 않았습니다. 다만 저 미치광이에게 안겼을 뿐입니다."

그리하여 아내는 살아나게 되고 남편은 말없이 부끄러워하였다.

여자의 간사함은 이와 같으니라. (28)

위 예문에서 보듯이, 여자란 그저 욕심이 많고, 믿을 수 없으며, 간사하다고까지 말하고 있다. 여성에 대한 이런 편견이 있었기에 남자들처럼 출가하여 수행하기에는 어렵다고 판단하였을 것이고, 그래서 출가수행 정진해야 할 제자로서 받아들이지도 않으려 했던 것이 아닌가 싶다. 주변의 간청에 의해서 마지못해 받아들이면서는 남성 수행자들에 비해서 혹독하리만큼 가혹한, 불평등한 계율을 주었던 것이다.

넷째, 보다 근원적인 이유가 있다. 곧, 부처님은 피할 수 없는 생로병사(生老病死)를 고(苦)로서 인식하였고, 그 사슬의 실체를 12인연법[무명(無明) → 행(行) → 식(識) → 명색(名色) → 육입(六入) → 촉(觸) → 수(受) → 애(愛) → 취(取) → 유(有) → 생(生) → 노사(老死)]으로 풀었으며, 그 사슬로부터 벗어나기 위해서는, 인간의 몸을 아주 더러운 것들을 담고 있는 '가죽주머니' 정도로 여겼고, 그 몸에서 이루어지는 감각적 사유 일체를 다 사라질 헛것으로 여기면서, 그 12인연법*의 여덟 번째에 해당하는 '애(愛)'를 무던히도 경계했다는 사실이다. 여러 경들에서는 '음일(淫佚)·음행(淫行)·음욕(淫慾)' 등의 용어가 쓰이고 있지만 요즈음 말로 치면 '성욕(性慾)'을 집착과 번뇌의 불길로 인식했던 것이다. 예컨대, 『불설장아함경』 속 「유행경(遊行經)」에서는 '애욕은 큰 재앙이요, 더럽고 깨끗하지 못한 가장 큰 번뇌로서 장애가 될 뿐이라'고 부처님이 암바바리(菴婆婆梨)라는 이름을 가진 한 음녀(淫女)에게 말씀하시기도 했다.

- 2017. 01. 09

---

* 12인연법에 대해서는 「아함구해십이인연경(阿含口解十二因緣經)」·「佛說長壽滅罪護諸童子陀羅尼經」·「중아함경」·「좌선삼매경」 등을 포함하여 여러 경에서 직간접으로 설명되고 있음.

부처님의 잘못된 생각 혹은 믿음 다섯 가지

1. 업(業)과 다음 생(生)에 대하여

부처님은, '사는 동안 나쁜 업을 지으면 나쁜 곳에서 태어나고, 좋은 업을 지으면 좋은 곳에서 태어난다.'는 말씀을 수없이 하셨다. 그렇다면, 여기서 '업'이란 말과 '좋고 나쁜'이란 말의 의미에 대해서 분명히 해둘 필요가 있다. 하지만 경전 안에서는 직접적으로 설명해 주지는 않는다.

불교 경전을 비교적 많이 읽은 사람으로서, 특히 근자에 「중아함경」 60권을 일독한 사람으로서 필자가 생각하기에는, 업(業)이란 마음속의 생각, 그것이 겉으로 드러난 말[言語], 그리고 그 말의 뜻[意志]이 반영된 행동과 행위 등이 포함되어 나타나는 일상[日常: 삶]으로서 타자와의 관계라고 보면 틀리지 않는다. 이것은 오로지 나의 개인적인 해석이다.

그리고 '나쁘다'라는 것은 '악한' 것을 뜻하며, '좋다'라는 것은 '착한' 것을 뜻한다. 다시 그렇다면, 악한 것이란 자신의 욕구를 충족시키기 위해서 다른 생명(체)에 직간접으로 해를 끼치는 일체의 생각 · 말 · 행위를 뜻함이며, 착한 것이란 다른 대상에 직간접으로 해를 끼치지 않기 위한 스스로의 '노력'[생각 · 말 · 행위]과 다른 생명(체)가 원하는 바를 베풀어주는 일체의 '활동'[생각 · 말 · 행위]을 뜻한다. [이 또한 오로지 나의 개인적인 생각이다.] 그래서 부처님이 생각했던 좋고 나쁜 것들은 결국 당신 스스로 정하신 온갖 계율(戒律)로 나타나 있다. 뒤집어 말해, 부처님의 계율을 보면 부처님이 생각했던 좋고 나쁜 것들의 내용을 알 수 있다는 뜻이다.

그렇다면, 부처님이 주신 계율을 잘 지키면서 사는 것은 착한 것이며 좋은 업을 짓는 일이고, 그렇지 못하면 악한 것이며 나쁜 업을 짓는 일이라고 간단히 줄여 말할 수 있다. 문제는, '나쁜 업을 지으면 나쁜 곳에서 태어나고, 좋은 업을 지으면 좋은 곳에서 태어난다.'는 말인데, 그렇다면, '나쁜 곳'은 어디이고 '좋은 곳'은 또 어디란 말인가? 그리고 사람이 죽어서 다시 태어난다는 것이 과연 사실인가? 이 두 가지 문제에 대해서도 분명하게 언급되어야 하는데 역시 경전 안에서는 그렇지 못하는 한계를 드러내고 있다.

한 가지 분명한 사실은, 나쁜 곳 가운데 가장 나쁜 곳이 '지옥(地獄)'이라는 곳이고, 좋은 곳 가운데 가장 좋은 곳이 '천상(天上)' 혹은 '극락(極樂)'이라는 곳으로 경전 안에서 표현되고 있다는 점이다. 그렇다면, '지옥'과 '천상'에 대해서는 구체적이면서도 납득할 만한 설명이 있어야 하지만 사실상 매우 추상적이고 모호하게 기술되어 있는 한계를 드러내 놓고 있을 뿐이다. 필자의 이러한 판단에 대해서는 해당 경전들을 여러분들이 직접 읽으면 되리라 본다.

여하튼, 필자는, 부처님이 믿고 있던 '지옥'과 '천상'이라는 곳이 공히 인간의 생각으로만 존재하는 '관념'에 지나지 않으며, 인간을 비롯한 모든 생명이 죽으면 그 개체로서는 '끝'일 뿐이라는 생각에 변함이 없다. 다시 말하면, '부활(復活)'도 '환생(還生)'도 있을 수 없으나 적지 아니한 사람들은 그 관념에 지나지 않는 말이란 덫에 갇혀 살아가고 있다. 간단히 말해, 부처님이 말한 '다음 생'이란 존재하지 않는다고 나는 믿는다.

- 2014. 10. 10.

2. 좋고 나쁜 업(業)의 결과에 대하여

부처님께서는 '사는 동안 나쁜 업을 지으면 나쁜 곳에서 태어나고, 좋은 업을 지으면 좋은 곳에서 태어난다.'는 말씀만 하신 것이 아니라 이런 말씀도 하셨다. 곧 '사람이 극단의 악업을 지으면 그 과보가 미래를 기다리지 않고 현세에 곧바로 나타난다.'하면서 강물에 빠져 떠내려가는 사람을 구해준 황금빛 사슴의 은혜를 저버리고 약속을 이행하지 못한 이의 배신행위가 있은 즉시 그의 두 팔이 땅에 떨어지고 말았다는 동화(童話) 같은 이야기를 말이다. 하지만 나는 여전히 부처님의 얘기를 믿지 못한다. 어디까지나 그렇게 되어야 한다고 믿고 싶은 얘기일 뿐으로 희망사항이라는 뜻이다.

그러나 사람이 살아가면서 나쁜 마음을 품고 나쁜 말을 쉽게 하며 나쁜 행위를 일삼게 되면 신(神)이 그를 심판하여 벌을 주는 것은 아니나 그 스스로가 양심(良心)의 가책(呵責)을 느끼어 스스로 불편해지거나 아니면 안하무인(眼下無人) 격으로 오만스럽게 방종(放縱)하는 과정에서 하고자 하는 일을 그르치거나 예기치 못한 사고를 당하기도 한다. 이는 심판의 결과라기보다는 신중하지 못함에서 오는 인과응보(因果應報)에 해당한다. 하지만, 교활하게도 나쁜 업을 지으면서도 잘 먹고 잘 사는 사람들도 많음을 부정할 수 없다. 한 마디로 말해서, 양심이라는 것도 무시되고, 권선징악(勸善懲惡)조차도 통하지 않는 자기만의 세상 속에서 당당하게 이기적으로 살아가는 사람이 적지 않다는 뜻이다.

그러나 그것은 표면상의 일일 뿐 그 사람의 속은 온전하지 못하리라고 믿고 싶다. 양심의 가책이야 있든 없든, 종국에 가서는 생각과 말과 행동이 나빴던 만큼 긴장을 해도 더했을 것이고, 긴장했던 만큼 심성이 더 나빠졌을 것이며, 심성이 나빠진 만큼 생리적인 스트레스를 더 받아서 자신의 몸에 부담을 스스로가 더 지어왔을 것이다. 그것이 어느 한계선을 넘어서면서 신체적 정신적 건강을 위협하게 될 것이고, 그로 인해서 남보다 일찍 죽게 되는 원치 않는 결과를 낳을 수도 있을 것이다. 이러한 인과응보라도 극명하게 나타나면 좋으련만 그렇지 못하는 현실이 안타까울 따름이다.

아무튼, 부처님이 하신 말씀은, 착한 마음 착한 말 착한 행동으로 서로 사랑하며 살아가라는 뜻인 줄 안다. 그 뜻을 강조하다 보니 없는 지옥을 만들어 내고, 힌두교의 영향 하에서 환생을 상상하게 되며, 죄 지은 자는 반드시 죽어서라도 벌을 받아야 한다는 매우 인간적인 생각 등이 반영되어 조건부 환생론을 방편 삼아 펼쳤던 것으로 보인다.

- 2014. 10. 13.

3. 다시 태어나고 싶지 않았던 부처님의 소망에 대하여

후세의 생명을 받지 않음으로써 다시 태어나고 싶지 않았던 생각을 다름 아닌 부처님이 가지셨다면 당신은 믿으시겠는가? 하지만 경전 기록상으로는 분명히 그렇다.

> 만일, 즐겁고 혹은 괴로우며, 혹은 괴롭지도 않고 즐겁지도 않은 것을 깨달으면, 그는 이 깨달음이 무상(無常)한 것임을 관하고, 흥하고 쇠함을 관하며, 욕심이 없음을 관하고, 멸함을 관하며, 끊음을 관하고, 평정을 관한다. 그는 이렇게 이 깨달음이 무상한 것임을 관하고, 흥하고 쇠함을 관하여, 욕심이 없음을 관하고 멸함을 관하며, 끊음을 관하고, 평정을 관한 뒤에 그는 곧 이 세상을 받아들이지 않는다. 이 세상을 받아들이지 않은 뒤에는 곧 두려워하지 않으며, 두려워하지 않으므로 인하여 곧 반열반을 얻는다. 그래서 생은 이미 다하고, 범행은 이미 서고, 할 일은 이미 마쳐, 다시는 후세의 생명을 받지 않는다는 것을 사실 그대로 아느니라.

『중아함경』 속 「오하분결경(五下分結經)」에 기록된 내용이지만, 이러한 내용은 수없이 반복되어 나타난다. 부처님 스스로도 일곱 번씩이나 환생을 거듭했다지만 선정수행을 통해서 다음 생을 더 이상 받지 않음으로써 진정한 열반에 들어갈 수 있다고 강조하였다.

솔직히 말해, 부처님이 말한 선정수행의 제4선을 통해서 생명을 받지 않음이 최고의 선(善)으로서 최상의 바람인 양 말하지만 인간 세상의 어느 누가 죽어도 다음 생을 부여받지는 못한다. 그런데 부처님은 '환생'이라는 관념의 덫에 갇혀 있었기 때문에 이러한 엉뚱한 생각으로서 믿음을 갖게 된 것으로 보인다. 부처님 생각으로는, 생명체로 태어나 산다는 것은 고통이며, 그가 어떻게 살았느냐에 따라서 각기 다른 곳과 다른 대상으로 환생하기 때문에 고통의 연속이라는 사슬에서 벗어나는 것만이 최고의 행복으로서 희망이라는 믿음을 갖게 되었던 것 같다. 쉽게 말하면, 되풀이되는 생의 윤회 사슬에서 벗어나 고통도 즐거움도 없는, 소위, 욕(欲)과 색(色)을 초월한 공(空)의 세계에 머묾을 열반으로 여기셨던 것이다.

하지만 어떠한 사람이라도 죽게 되면 본인이 원했든 원하지 않았든지 간에 다 같은 길을 가게 되는데, 그 같은 길이란 바로 생명이라고 하는 기능이 정지되고, 몸이라고 하는 형태는 물질분해 과정을 거쳐서 해체되고, 종국에는 만물을 구성하는 원소로 되돌아가는 길인 것이다. 따라서 부처님의 소망은 걱정하지 않아도 저절로 이루어지는 일이며, 그런 일을 가지고 목표 삼았다는 것은 부처님 스스로가 당대를 지배했던 사회적 통념 가운데 하나인 '환생(還生)'이란 말에 구속된 채 살았던 증거라고 나는 믿는다.

어쨌든, 부처님은 다음 생에 태어나지 않는 것을 목표로 삼아 수행 정진하여 그 목표를 이루었다지만[문장 상으로], 그 부처님을 믿는 사람들은 어떠한 목표를 가지고 살아가는가? 입이 있으면 직접 물어들 보시라. 그들이 왜 불상 앞에 가서 쌀과 돈을 바치고, 정중히 절을 올리며, 간절히 기도하는지, 그들이 원하는 바가 무엇인지 물어들 보시라. 부처님처럼 다음 생에 태어지지 않기 위해서? 아니면 천상(天上)에 태어나기 위해서? 아니면 이승에서의 삶을 마치기 전에 원하는 갖가지 복(福)을 받기 위해서? 아니면 죽은 다음에 환생되어 간다는, 알 수 없는 세상에서의 복락을 누리기 위해서? 그 답이 무엇이든지 간에 부처님 생각이나 믿음과는 전혀 다른 그 무엇일 것이다.

-2014. 10. 11.

4. '삶=고(苦)'라 여겼던 전제에 대하여

부처님은 인간 존재에 대해서 아주 부정적인 인식을 갖고 있었다. 특히, 인간의 몸에 대해서는 지나칠 정도로 부정적이었다. 인간의 몸이 지(地)·수(水)·화(火)·풍(風) 등 네 가지 원소로 구성되어 있고, '온갖 더러운 것들을 감싸고 있는 가죽 주머니' 정도로 비하(卑下)하기를 좋아했으며[사실은 욕심을 적게 가지라는 뜻에서 방편 삼아 한 말들이지만], 다섯 가지 감각(眼·耳·鼻·舌·身)과 사유기능(意)을 갖게 하는 몸의 색(色:물질)·수(受:자극에 대해 반응하는 감각기관)·상(想:감각기관과 뇌에서 유기적으로 이루어지는 지각작용)·행(行: 생각·말·행위)·식(識: 다섯 가지 감각과 사유기능) 등의 기능을 오음(五陰)이라 하여 인간 본성을 덮고 있는 어두운 그늘로서 번뇌의 온상이라고 판단했다. 기원전 사람이었던 부처님이 이 정도 생각했다는 사실을 전제한다면 엄청난 생각의 힘[念力염력], 곧 명상의 결과라 아니 말할 수 없지만 그렇다고 그의 생각 모두가 옳은 것은 아니다.

인간은 태어나고 성장하고 늙고 병들어 죽어야 하는 과정을 거치게 되는데 이 생로병사(生老病死) 과정 자체가 무상(無常)이고 무아(無我)이고 고(苦)라는 판단을 내렸다. 여기서 무상(無常)이란 것은 '항상 존재하는 것이 아니라'는 뜻으로 '변하다', '죽어 없어지다' 등의 의미를 내포하고 있다. 그리고 무아(無我)라는 것은 변하지 않고 사라지지 않는, 그런 존재가 아니기에 내가 '아니고', '없다'는 뜻이다. 그리고 고(苦)라는 것은 생로병사의 과정을 피할 수 없는 인간 존재의 유한적인 삶 자체가 고통이라는 뜻이다. 부처님은 이렇게 생각했기 때문에 무상(無常)·무아(無我)·고(苦)를 '삼법인(三法印)'이라 하여 모든 가르침의 기본 전제요 핵심으로 여겼던 것이다.

그렇다면, 부처님 말마따나 인간의 삶을 고(苦)라고 말할 수 있는가? 게다가, 인간 삶이 고(苦)이기 때문에 부처님처럼 출가하여 의식주를 구걸하다시피 남의 손에 맡긴 채 무욕(無慾) 무념(無念)으로 유유자적(悠悠自適)해야만 하는가? 물론, 그렇지 않다. 비록, 제한적인 기간만 살 수밖에 없고, 살아가면서 경쟁을 피할 수도 없으며, 경우에 따라서는 목숨을 내놓고 투쟁까지도 해야 하며, 그런 일련의 과정에서 고통과 노화와 질병과 죽음을 피할 수는 없겠지만 그렇다고 그것이 모두 고통 그 자체라고 단정 지어 말할 수는 없다고 나는 생각한다. 큰 틀에서 보면, 무상(無常)이고 고(苦)임에는 틀림없지만 무아(無我)인 것은 아니며, 고통만 있는 것 또한 아니다.

사람이 아무리 오래 살아도 죽음 앞에서는 무상한 것이 되나 그 안에 내가 있고[有我], 비록 경쟁하고 투쟁하듯 살아야 한다 해도 그 안에 크고 작은 즐거움이 적지 않으며, 비록 몸이 늙고 병들어 죽는다 해도 그런 변화 속에 거룩함과 아름다움이 깃들어 있다고 나는 믿는다. 뿐만 아니라, 비록 내가 죽어서 없어진다 해도 살아 있는 동안은 분명히 내가 있었던 것이지 사라진다 해서 무아(無我)인 것은 아니다. 사라지는 것으로서 내가 있다는 뜻이다.

　이러한 생각과 믿음을 가지고 있기 때문에 나는 부처님처럼 살지 않지만, 부처님을 믿고 의지하며 살아가는 많은 사람들은 왜 부처님처럼 살지 않는 것일까? 삶 자체가 고(苦)라 믿는다면 부처님처럼 다시 태어나지 않겠다는 목표를 세우고 수행 정진해야 하는 것 아닌가. 그렇지 못함은 고(苦)가 전부가 아니기 때문이리라.

- 2014. 10. 14.

5. 선정 수행의 단계와 '비유상비무상(非有想非無想)'에 대하여

　부처님은 80평생 동안 명상을 참 많이 하신 분이다. 그래서 많은 것에 대해 생각했고, 관찰과 성찰했으며, 그 결과 많은 것을 깨달았으며, 그 내용들을 다른 사람들에게 죽는 순간까지 설명해 주려고 아낌없이 노력했다. 그런 그의 깨달음을 두고 흔히 '진리(眞理)' 혹은 '법(法)'이라 하고, 그것을 설명하는 그의 행위를 두고 '설법(說法)' 혹은 '강론(講論)'이라 한다.

　부처님으로부터 들은 설법 내용에 대한 기억을 더듬어서 제자들이 구술한 것을 문장으로 옮겨 놓은 것이 오늘날 불교 경전의 근간이 되었다 한다. 그런 수많은 경전들 가운데에는 선정 수행의 단계를 설명하는 내용이 수없이 반복되어 나타나는데 그 내용의 핵심을 간략히 소개하고 그에 대한 문제점을 지적하고자 한다.

「좌선삼매경」을 비롯하여 많은 경전 속에서는 선정수행 4단계를 말하고 있는데, 「분별관법경(分別觀法經)」에서는 8단계로 구분하여 설명하고 있다. 이 경전은 존자 대가전연(大迦旃延)이 부처님을 대신하여 여러 비구들에게 설법한 내용으로서, 『중아함경』 속에 들어있다. 물론, 다른 경전들에서도 유사하거나 같은 내용이 없는 것은 아니다. 특히, 『중아함경』 속 「의행경(意行經)」에서도 확인할 수 있는데 초선부터 제8선까지 구분되어 있기는 하지만 내용면에서는 초선에서 4선까지만 언급되어 있다. 먼저 선정수행 8단계를 일목요연하게 줄여서 소개하자면 아래 도표와 같다.

선정수행 단계	선정수행 단계별 성취 내용
초선 初禪	욕심·악법을 버리고, 그에 따른 기쁨[喜:신체적 즐거움]과 즐거움[樂:정신적 즐거움]이 있으며, 각[覺:감각기관과 뇌에서의 지각작용]과 관[觀: 생각]이 있는 상태. 성취하면 '범신천(梵身天)'에 태어남.
제2선	각과 관이 쉬고, 안이 고요하여 한마음이 되어 그로 인해서 생기는 기쁨과 즐거움이 있는 상태. 성취하면 '황욱천(晃昱天)'에 태어남.
제3선	제2선의 기쁨과 즐거움을 버리고, 일체의 구함도 없으며, 오로지 바른 생각과 바른 지혜로 몸과 마음의 즐거움을 깨달아 성인의 평정[捨] 기억[念] 즐거움에 머무는[樂住] 공(空)의 상태. 성취하면 '변정천(遍淨天)'에 태어남.
제4선	제3선의 즐거움과 일체의 괴로움도 사라진, 다시 말해 기쁨과 걱정의 뿌리[本: 貪·瞋·痴]가 사라져 평정[捨] 기억[念] 청정(淸淨)만이 있는 상태. 성취하면 '과실천(果實天)'에 태어남.

제5선	일체의 색(色) 곧 어떠한 대상도 없다고 생각하고 생각을 기억하지도 않으며, 한량없는 공(空)으로 들어가 공처(空處)에 머무는 단계. 성취하면 '무량공처천(無量空處天)'에 태어남.
제6선	한량없는 공처를 벗어나서 한량없는 식(識)으로 들어가 한량없는 식처를 성취하여 머무는 상태. 성취하면 '무량식처천(無量識處天)'에 태어남.
제7선	한량없는 식처를 벗어나서 무소유로 들어가고, 이 무소유처를 성취하여 머무는 상태. 성취하면 '무소유처천(無所有處天)'에 태어남.
제8선	무소유처를 벗어나서 비유상비무상(非有想非無想)으로 들어가고 이 비유상비무상처를 성취하여 머무는 상태. 성취하면 '비유상비무상처천'에 태어남.

 도표 속 내용만 읽어보아도 알아차릴 수 있겠지만, 불교 경전
에서 말하는 선정수행 단계에 대한 설명은, 지나칠 정도로 관념
적이고, 추상적이다. 중국 한자로 번역되었던 것을 우리말로 재
번역하는 과정에서 생기는 불가피한 면도 없지는 않겠으나 반드
시 구체적인 설명을 전제로 해야 하는 전문 용어들에 대해서조차
설명 없이 그대로 사용되고 있기 때문에 문장의 의미를 이해하고
판단하는 데에는 한계가 있고 무리가 따를 수밖에 없다. 뿐만 아
니라, 본질적으로, 선정수행 과정에서 체험하게 되는 신체의 생
리적 변화나 정신적 사유 활동의 상태 변화를 8단계씩이나 구분
하여 설명했지만 사실상 일관성이 결여되어 있고, 객관성을 담보
하지 못하고 있다는 것이 나의 판단이다.
 사람이 느끼는 즐거움의 감정을 희(喜:기쁨)와 낙(樂:즐거움)으로
구분하고, 감각기관과 뇌에서 유기적으로 이루어지는 감각적 지
각 활동을 각(覺)과 관(觀)으로 표현하였으며, 사유 활동에 따른 심
신의 평정 상태를 각·관의 유무(有無)와, 식처(識處)·공처(空處)·

무소유처(無所有處) · 비유상비무상처(非有想非無想處) 등으로 구분한 것 자체가 논리적으로 맞지 않다. 특히, 각 단계별 선정을 성취했을 때에 각기 다른 하늘[관념적인 하늘 곧 마음속 생각으로써 만들어낸 추상적인 하늘이라는 뜻임]에서 태어난다고 한 내용이 단적으로 잘 말해 준다고 본다.

이런 책임질 수 없는 말들에 대해서 나는 '귀신 씨나락 까먹는 소리'라고 언제부턴가 일축해 왔지만 지금도 이해되지 않는 것이 사실이다. 나는 적어도 나의 명상법에서, 인체의 감각기관과 뇌에서 유기적으로 이루어지는 감각적 인식[知覺] 과정에, 선(禪)을 통해 통제되는 마음이 직접 영향력을 행사하여 그 과정에서 이루어지는 지각과 판단을 왜곡시키거나 무력화시키는 방법을 말하는 것이고, 또 그것을 얼마나 어디까지 할 수 있는지에 대한 궁금증을 말하고 있는데, 그런 나에게 불교에서 말하는 이들 관념들이 얼마나 거리감을 느끼게 하겠는가? 선(禪)이란 것도, 믿을만한 것이 전혀 되지 못 한다는 그 '몸'을 통제하는 것이고, 동시에 그 몸에서 나오는 '마음'을 통제하는 일종의 기술이라고 말하는 나에게 8단계로 구분된 위 선정수행이 얼마나 허황된 이야기로 들리겠는가.

이처럼 불교에서 말하는 선정수행 방법에는 적지 아니한 문제들이 있는데, 그 문제들에 대해서 일일이 따지듯 설명하며 제기하고 싶지는 않다. 다만, 선정수행 과정에서 성취할 수 있다는, 마지막 단계의 '비유상비무상(非有想非無想)'의 본질에 대해 말함으로써 문제의 심각성을 대신하고자 한다.

'비유상비무상(非有想非無想)'이란, '무념무상(無念無想)'과도 다른 것으로서 글자 그대로 해석하자면 '생각이 있는 것도 아니고 없는 것도 아닌, 모호한 상태'를 가리킨다. 여러분, 그런 상태를 직접 경험해 보았으며, 그것이 가능하다고 믿는가?

'생각'이란 감각기관[眼·耳·鼻·舌·身(觸)]과 뇌(腦)의 유기적인 작용으로 이루어지는, 다시 말해, 복잡한 구조체 내에서의 생화학적 물질대사를 전제로 이루어지는 지각(知覺)과 사유(思惟) 활동을 포함한다. 문제는, 감각기관에 접수되는 자극에 대해서는 거의 반사적으로 반응이 일어난다는 사실이다. 다시 말해, 본인의 의지와 상관없이 거의 본능적으로 이루어진다는 뜻이다. 물론, 감각기관이나 뇌의 기능 '저하' 내지는 '이상'으로 '불완전'하게 혹은 '더디게' 이루어지는 경우도 있지만 어디까지나 건강하고 정상적인 감각기관과 뇌를 가졌을 경우에 그렇다는 뜻이다.

그런데 그런 지각활동이 있는 것도 아니고 없는 것도 아닌 상태를 가정해 보라. 쉽게 말해, 건강한 감각기관과 뇌를 가지고서 깨어있으면서 감각적인 지각활동이 이루어지는 것도 아니고 이루어지지 않는 것도 아닌, 그런 상태를 유지한다거나 체험해 볼 수 있겠는가 말이다. 엄밀히 말하면, 상상해 볼 수는 있어도 실재하지는 않는다고 보는 것이 옳다. 물론, 이것은 필자의 개인적인 판단이다.

사람이 정상적으로 깨어 있을 때에는 자동적으로, 반사적으로 내 의지나 의도에 상관없이 소리를 듣고 냄새를 맡으며 눈을 감지 않은 이상 시계(視界) 안에 든 대상들을 인지하게 된다. 그리고 그것들과 직간접으로 연관된 사유 활동이 이루어진다. 반면, 아주 곤하게 잠들어 있을 때에는 모든 감각기관과 뇌의 활동이 전면 중지되는 것은 아니나 '휴식 모드'로 들어간다. 그래서 잠결에는 냄새를 맡을 수도 있고 맡지 못할 수도 있다. 부분적으로 지각활동이 이루어진다는 뜻이다. 곤한 잠이 아니고 선잠을 잘 때에는 지각활동이 더 많이 예민하게 이루어진다. 자신의 관심사에 대해서 사유 활동이 지속되기도 한다. 다시 말해, 잠을 자면서도 지각활동과 사유 활동이 이루어질 수 있다는 뜻이다. 감각기관을 포함하여 몸을 쉬게 하는 모드이지만 부분적으로 지각 활동이 이루어지고, 그에 따른 신진대사가 이루어진다는 뜻이다. 경우에 따라서는 특정 대상에 대하여 깨어 있을 때와 같이 사유 활동이 전개되기도 한다. 물론, 이것은 필자의 경험에서 나온 얘기이다.

필자의 명상 경험으로 국한하여 말하자면, 가만히 앉아 있거나 누워있으면서 깨어있으되 몸의 긴장을 풀고 감각기관을 쉬게 하면서 무념무상에 가깝도록, 그렇다고 온전한 무념무상은 아니지만, 머물러 있는 일은 아주 짧은 시간은 가능하다. 하지만 금세 지각 활동이 의지에 상관없이 끼어들게 된다. 그래서 가능한 한 감각기관은 잠재우는 상태에서 특정 대상에 대해서만 사유 활동을 집중시키곤 했다. 어느 한 가지 생각에 깊이 빠져 있을 때에는 다른 감각기관의 지각활동이 둔감해진다. 그 생각 외에 다른 생각들이 끼어들 여지를 차단해 주기 때문이다. 그럴 때에는 누가 불러도 잘 듣지 못하게 된다. 그만큼 신경이 온통 한 곳에 쏠려있다는 증거이다.

그런데 생각을 하는 것도 아니고 안하는 것도 아닌, 아주 모호한 상태를 유지하거나 체험한다? 필자의 경험적 판단으로는, 온전한 무념무상도 어려운데 어떻게 그것이 가능하겠는가. 불가능하다고 생각된다. 건강한 사람의 반수면 상태나, 어떠한 이유에서든 식물인간이 되어 있는 경우에는 혹시 모르겠다. 신체의 각 기관이 최소한의 기능만 유지된 채 있을 뿐 정상적인 지각이나 사유 활동이 이루어지지 못하기 때문에 그와 유사한 상태라 할 수도 있다. 그럼에도 불구하고, 그러한 상태를 선정수행의 마지막 최고의 단계에서 성취되는 신체적 정신적 상태라고 말하고 있다. 이 얼마나 우스꽝스러운 내용인가.

- 2014. 09. 20.

순례의 기원과 진언속의 샤머니즘

'거짓말이 없으면 종교라는 것이 성립되지 않는다.'라는 이 무서운 말은, 내가 오랫동안 경전을 읽으며 그 문장을 분석하는 일에 매달리어 세월 가는 줄 모르고 살 때에 집사람이 내게 던진 말이다. 거짓말인 줄 알면서도 믿고 싶은 것이 바로 인간의 마음속에 자리 잡고 있는데 왜 당신이 나서서 그것을 허물어뜨리려고 애를 쓰느냐는 투였다. 그래서 나는 고개를 끄덕이며 응수하기를, '만약에 신이 존재한다면 그저 자신의 말에 맹종하는 이들보다 가타부타 따지고 질문하고 비판하는 나 같은 어린애를 더 좋아하지 않겠느냐?'고 했다.

지나온 내 삶을 곰곰이 생각하며 뒤돌아보아도 나는 평생을 살면서 성전에 벽돌 한 장을 쌓지 못한 채 오히려 그 성전의 벽돌을 허물어내는 일에만 열중했던 것은 사실이다. 이는 역설적으로 내가 어렸을 때부터 신을 짝사랑해왔기 때문이 아닐까 싶기도 하다. 신의 은총을 받지 못한 나의 인생은 실패했다고 보는 시각도 있을진대, 나에겐 지난 십여 년 가깝게 매달려 예수교 경전인 성경을 분석하면서 쓴 『경전분석을 통해서 본 예수교의 실상과 허상』이란 책이 남아있고, 그 뒤로는 경전을 분석하는 일 따위는 다시 하지 않겠다고 스스로 다짐까지 했었는데 어느새 또 슬그머니 불교 경전들을 탐독하며 상당한 양의 글을 쓰고 있으니 이 내 짓궂은 운명을 어찌한단 말인가.

내 최근에 읽은, 동진(東晋) 평양(平陽) 사문 석법현(釋法顯)이 한역(漢譯)한 「대반열반경(大般涅槃經)」에는 오늘날의 성지순례의 기원이 되게 한 듯한, 부처님이 아난에게 한 말씀이 기록되어 있다. 그 내용인 즉 이러하다.

> 만약, 비구·비구니·우바새·우바이가 내가 멸도한 후에 발심(發心)하여 나와 (인연이 있는) 네 장소를 간다면 그 얻은 공덕은 헤아릴 수 없을 것이며, 태어나는 곳도 항상 인간 세상과 천상세계이며, 좋은 과보를 받아 다함이 없을 것이니, 무엇이 네 장소인가? 첫째는 여래가 보살이었을 때 가비라패도국(迦比羅旆兜國) 람비니(籃毗尼) 동산의 태어난 곳이요, 둘째는 마갈제국(摩竭提國)의 내가 처음 보리수 아래 앉아서 아뇩다라삼먁삼보리를 이룬 곳이요, 셋째는 바라나국(波羅國)의 녹야원(鹿野苑)에 머물던 선인(仙人)들에게 법륜(法輪)을 굴린 곳이요, 넷째는 구시나국 역사(力士)가 태어난 땅인 희련강 가의 사라숲 속의 두 그루 나무 사이이니, 반열반에 든 곳이다. 이것이 (나와 인연이 있는) 네 장소이다. 만일 비구·비구니·우바새·우바이와 또 그 밖의 사람들과 외도들이 발심하

여 그 곳으로 가서 예배하고자 한다면 그 얻은 공덕도 모두 앞에서 말한 것과 같다.

나는 이 대목을 읽으면서 '정말로, 부처님이 이런 말씀을 아난에게 스스로 하셨을까?' 심히 의심이 들었었다. 위 내용을 간단히 줄여서 말하자면, 부처님의 가르침에 따라 수행하는 4부 대중(비구·비구니·우바새·우바이)과 여타의 모든 사람들이, 심지어는 다른 종교를 믿는 사람들까지도 ①부처님이 태어난 곳과 ②도를 깨우친 곳과 ③최초의 설법을 한 곳과 ④돌아가신 곳 등 네 곳을 두루 찾아가서 예배드린다면[순례한다면] 그 공덕이 매우 크고, 환생(還生)하여 다시 태어나는 곳도 인간세상과 천상세계로 국한되며, 좋은 과보를 받는다는 주장이다. 참으로, 믿기지 않는 내용으로, 부처님이 자신의 장례를 전륜성왕의 경우처럼 화려하고도 장엄하게 하라고 요구했다는 기록과 마찬가지로, 부처님 이후 세대 사람들이 경전을 집필[결집]하면서 꾸며댔던 말들 가운데 하나라고 나는 판단한다. 왜냐하면, 이는 분명, 부처님의 평소 가르침에 위배될 뿐 아니라 관심 밖의 내용이기 때문이다.

경전 가운데에는 도무지 믿기지 않고 우리로 하여금 실소(失笑)하게 하는 내용들도 참 많다. 그 가운데 하나를 예시하고자 하는데 여러분이 직접 일독하면서 스스로 판단하기 바란다. 그것은 당 천축삼장 불공(不空)이 한역했다는 「하리제모진언경(訶利帝母眞言經)」에 나오는 내용으로, 이미 들었거나 읽어서 아는 내용일 수도 있다.

만일, 어떤 여인이 아들·딸을 낳지 못하거나, 혹 뱃속에서 탯줄이 끊어져 유산되거나, 4대(大)가 온전하지 못하거나, 귀신의 방해를 받거나, 혹 숙업(宿業)의 인연으로 남녀의 구실을 제대로 하지 못하면, 흰 모직천을 구하는데, 크기는 1주(肘)나 1걸수(搩手), 혹은 5촌(寸)쯤 되게 하여, 뜻에 따라 크게도 작게도 하여 준비한다. 그 천에 하리제모(訶利帝母)의 형상을 그리되, 천녀의 형상에다가 순금색이고, 몸에는 천의(天衣)를 입고 머리에는 관을 쓰고 영락으로 장엄하고, 보선대[宣臺] 위에 앉아서 양쪽 발을 아래로 드리운 모습으로 합니다. 발을 드리운 양쪽에는 두 어린애를 그리는데, 보선대 옆에 서서 양쪽 무릎 위에 각각 한 어린애가 앉아 있고, 왼손으로는 품에 한 어린애를 껴안고, 오른손에는 길상과(吉祥菓)를 가지고 있는 모습입니다.

화가는 8계(戒)를 받아야 하고 그 채색 중에는 가죽이나 아교를 쓰지 말아야 합니다. 상 그리기를 완성하고 나면, 하나의 방을 깨끗하게 청소하고 장엄하게 법도에 맞게 장식하여 꾸미고는, 하나의 네모난 단에 향을 바르고 상을 단 가운데 모시고 갖가지 꽃을 단 위에 뿌립니다. 다시 달고 부드러운 음식·우유죽·낙반(酪飯)과 모든 과일[菓子]·알가향수를 공양하고 침수향을 사르러 공양을 올립니다. 상(像)은 서쪽을 향하게 하여 지송자는 동쪽을 바라보고서 상을 대하여서, 매일 세 때에 염송하되 때마다 1,000번씩 염송합니다. 달이 솟는 5일부터 시작하여 먼저 10만 번을 염송한 뒤에 상을 마주보고 염송하면, 구하는 모든 일이 다 원만해질 것입니다.

위 인용문의 핵심 내용인 즉은 '옴노노마리가 혜데사바하'라는 귀신 씨나락 까먹는 소리 같은 진언을 염송하는데, 먼저 화가(畵家)에게 부탁하여 하리제모 상을 그리게 하고, 그것을 방 안에 걸어 놓은 다음, 제사상을 차리듯 음식을 진설해 놓고, 하루에 세 번 일천 번씩 삼천 번 진언을 염송하되, 달이 솟는 5일부터 33일 이상 계속해서 진언을 염송한다면 자식 낳지 못하는 여인에게 자식 낳는 소원이 이루어진다는 것이다. 부처님 가르침과는 전적으로 배치되는 내용이지만 어떻게 된 일인지 버젓이 불경(佛經)이라는 이름으로 읽히고 있다. 그것도 "저에게 심(心)진언이 있는데, 진타마니보[眞多摩尼寶:여의주]와 같아서 모든 마음속의 원을 만족시켜 줍니다. 염부제의 모든 선남자·선여인을 이롭게 하고 안락하게 하고자 하오니, 부디 세존께서는 가엾게 여기셔서 제가 지금 말하도록 허락해 주시기 바랍니다."라고 부처님께 부탁하여 성립된 경이라는 것이다. 이런 점을 놓고 생각해 보면, 특정 지역의 민간 신앙이 불교 속으로 흡수되는 예의 단적인 증거가 아닐까 싶기도 하다.

그러나 불교가 현대사회에서 살아남으려면, 부처님 전생과 관련된 소설 같은 내용들을 담고 있는 경들과, 이런 유형의 샤머니즘에 해당하는 진언경들은 모조리 쓰레기통속으로 버려져야 한다고 나는 개인적으로 생각한다. 물론, 학문적으로 연구하고 분석해 볼 수 있는 자료는 되겠지만 이것들이 신앙의 대상이 되어서는 곤란하다고 생각하기 때문이다. 결국, 중생의 번뇌를 가볍게 해주겠다며 중생의 주머니나 열게 하는 일에 지나지 않는다.

교회는 하늘에서 내려온 돈으로 짓는 법이 없고, 절은 부처님의
신통력으로 짓는 법도 없으며, 있다면 오로지 중생의 주머닛돈을
털어서 짓고 세워진다는 사실이다. 그럼에도 불구하고, 거짓말일
지라도 믿고 싶은 마음에서 순례를 하고, 하리제모 상 앞에서 소
원을 비는 행위를 한다면야 누가 뭐라 하겠는가.

- 2017. 07. 06.

불교(佛敎)의 '공(空)'과
도교(道敎)의 '도(道)'가 동일시되다

태자가 말하였다. '너는 빨리 돌아가라. 돌아가서 대왕과 집에 두고 온 내 아내에게 사과의 말을 아뢰어라. 이제 나는 함이 없는 큰 도[無爲大道]를 구하고 있으니, 나 때문에 근심하지 말라고 아뢰어라.' 그리고는 곧바로 보배로 만든 갓과 입었던 옷을 벗어서 모두 차닉에게 건네주었다. 그 때 백마(白馬)가 무릎을 꿇고 발을 핥으면서 연달아 구슬 같은 눈물을 흘리니, 차닉도 슬피 울었다. 길을 따라가면서 울다가 태자를 돌아보니, 태자는 이미 사슴 가죽으로 만든 옷을 갈아입고 떠나가고 있었다.

-「불설태자서응본기경(佛說太子瑞應本起經)」오(吳)나라 월지(月支) 우바새 지겸(支謙) 한역, 김두재 우리말 번역 중에서

太子曰。汝可径归。上白大王。及谢舍妻。今求无为大道。勿以我为忧。即脱宝冠及着身衣。悉付车匿。于是白马。屈膝舐足。泪如连珠。车匿悲泣。随路而啼。顾视太子。已被鹿皮衣。变服去矣。

-「佛说太子瑞应本起经」(卷上 吴 月支 优婆塞 支谦 译) 중에서

나는 불교 경전들을 읽으면서 깜짝깜짝 놀라곤 한다. 이것이 있었던 그대로의 사실을 기술한 것인가, 아니면 누군가에 의해서 창작(創作)된 것인가, 의심스러울 때가 적지 않기 때문이다. 더욱이 중국에서 한역(漢譯)되었던 경전들이 고스란히 우리에게 전해져 왔는데, 그 한역된 경전의 원본이 밝혀져 있지도 않고, 번역된 시기와 장소 그리고 번역자의 신분 등이 다양할 뿐 아니라 그 내용들도 그야말로 믿거나말거나 식인 '문학적 수사(修辭)'에 의존하고 있는 상상세계와 유사하기 때문이다.

위 인용문에서 보듯이 - 이것은 한 예문에 지나지 않지만 - 경전 내용 기술(記述)이 거의 픽션에 가깝다. 게다가, 과연 부처님이 되기도 전인 태자(太子)가 '함이 없는 무위대도(無爲大道)'라는 말을 할수 있었을까? 어쩌면, 중국 도교(道敎)에 익숙해져 있는 사람들이 번역 또는 창작하다보니 자연스럽게 '도(道)'라는 단어를 사용한게 아닌가 싶다. 실제로, 불교 경전 가운데에는 '최상의 도(道)'니, '무상(無上)의 도(道)'니, '무위(無爲)의 도'니 하는 말들이 수없이 쓰이고 있음을 확인할 수 있다.

내가 이미 읽은 바 있는 「불설혜인삼매경(佛說慧印三昧經)」에서는 불신(佛身)에 162사(事)가 있다고 하면서 그것들을 나열하고 있는데, 그 내용 가운데에 극히 일부만을 보아도 불교(佛敎)의 공(空)과 도교(道敎)의 도(道)가 동일시되고 있음을 확인할 수 있다. 곧, 불신(佛身→法身)을 설명하는데, '일어남 없고 멸함도 없으며, 오는 것도 없고 가는 것도 없으며, 만듦도 없고 이룸도 없으며, 법도 아니고

법이 아닌 것도 아니며, 있는 것도 아니고 없는 것도 아니며, 지음
도 아니고 짓지 않는 것도 아니라.'는 것이다.

　이처럼 '있지만 없고 없지만 있는'이라든가, '함이 없지만 함 아
닌 것이 없는'이라는 이상야릇한 수식어가 붙는 것은 다 중국 도
교(道敎)의 도(道)의 개념과 연관 지어서 부처의 법[佛法]을 이해하고
번역함과 무관하지 않다고 나는 생각한다.

　- 2016. 12. 28.

불신(佛身)에 있다는 162가지 일[事]

　「불설혜인삼매경(佛說慧印三昧經)」을 일독했다. 이 경은 오(吳)나라 월씨(月氏) 족 '지겸(支謙)'이라는 스님이 중역하고, 김상환이 우리 말로 번역했다는데, 경에 의하면, 부처님께서 왕사성 기사굴산(耆闍崛山)에 계실 때에 사리불라(舍利弗羅)·마하목가란(摩訶目迦蘭)· 구제가전연(拘提迦栴延)·빈누문타니불라(邠耨文陀尼弗羅) 외 큰 다중 앞에서 하신 말씀으로, 그 핵심 내용인 즉 '혜인삼매(慧印三昧)'에 대해 설법(說法)·게송(偈頌)한 것이다.

　'혜인삼매'란 불신(佛身)에 있다는 162가지 일[事]이며[佛身有 百六十二事], 그것의 중요성과 실천을 강조한 내용이다. 따라서 이 경전의 핵심은 부처님의 몸에 있다는 162가지 일이 무엇인지를 분명하게 이해하는 것이지만 그 내용을 따지고 들어가 보면 쉽지 않은 게 사실이다. 게다가, 162가지라는 일이 중역 경에서는 146 가지만 기록되어 있는데 이를 우리말로 번역한 경에서는 158가 지로 되어 있다. 뿐만 아니라, 이 146가지나 158가지 속에는 중복 되거나 서로 모순되는 내용도 있기 때문에 그 숫자는 별 의미가

144

없어 보인다. 162가지가 146가지로 설명된 데에는 아마도 중역하는 과정에서 누락된 것이 아닐까 싶기도 하다. 따라서 중문 경전에서 해당부분을 그대로 옮겨 놓으면 아래와 같으며, 아래 일련번호는 필자가 이해하기 쉽게 편의상 매겨 넣은 것일 뿐이다. 혹, 잘못이 있는지 주의 깊게 읽어주기 바란다.

1. 非身 : 몸도 아니고

2. 无作 : 함도 없으며

3. 无起 : 일어남 없고

4. 无减 : 멸함도 없으며

5. 未常有 : 항상 있지도 않고

6. 无有比 : 비교함이 없으며

7. 亦无所比 : 비교할 것도 없다

8. 亦无行 : 행함도 없고

9. 亦无所至不可知 : 이르는 데가 없어 알 수도 없으며

10. 亦无习一切净 : 습기(習氣:버릇)가 없어 모든 것이 깨끗하다

11. 无所有 : 소유함도 없고

12. 亦不有 : 있지도 않으며

13. 亦不行 : 행하지도 않고

14. 亦不住 : 머물지도 않고

15. 亦非生 : 나지도 않고

16. 亦非受 : 받지도 않는다

17. 亦非闻 : 듣지도 않고

18. 亦非见 : 보지도 않으며

19. 亦非香 : 향기 나지도 않고

20. 亦非味 : 맛도 나지 않으며

21. 亦非细滑 : 곱고 부드럽지도 않는다

22. 亦无往启 : 가서 아뢰는 것도 아니고

23. 亦无还答 : 돌아와 답하는 것도 아니며

24. 亦非启答 : 계답(啓答:아뢰고 답함)하는 것도 아니다

25. 亦非心 : 마음도 아니고

26. 亦非念 : 생각도 아니며

27. 亦非心 : 마음도 아니고

28. 心念离于心心等 : 생각이 마음에서 여의며

29. 心无所等 : 마음에 기다림도 없고

30. 无所与 : 함께함도 없다

31. 无来 : 오는 것도 없고

32. 无去 : 가는 것도 없으며

33. 亦非润 : 윤택한 것도 아니고

34. 亦非泽净 : 윤택하여 깨끗한 것도 아니며

35. 不复有 : 다시 있는 것도 아니다

36. 亦非恐 : 두려워함도 아니고

37. 亦非惧 : 무서워함도 아니며

38. 亦非动 : 움직이는 것도 아니고

39. 亦非摇 : 흔들리는 것도 아니며

40 亦无造 : 만듦도 없고

41. 亦无成 : 이룸도 없으며

42. 亦非满 : 가득함도 아니고

43. 亦非不滿 : 가득하지 아니함도 아니다

44. 亦非见 : 보는 것도 아니고

45. 亦非明 : 밝은 것도 아니며

46. 亦非不明 : 밝지 않은 것도 아니고

47. 亦非冥 : 어두운 것도 아니며

48. 亦非不冥 : 어둡지 않은 것도 아니다

49. 亦非灭 : 없어짐도 아니지만

50. 已离灭 : 이미 여의고 없어지며

51. 于灭中净 : 없어진 가운데 깨끗하고

52. 复净清净 : 다시 청정(清淨)하며

53. 于色无所有 : 색(色)에 소유함이 없고

54. 无爱欲 : 애욕(愛欲)이 없다

55. 一切非我 : 모든 것이 내가 아니고

56. 离于非我 : 내가 아님을 여의었으며

57. 住无所住 : 머물 바가 없는 데에 머문다

58. 亦无处 : 처(處)함도 없고

59. 亦无从 : 좇아가는 것도 없으며

60. 亦非无从 : 좇음이 없는 것도 아니다

61. 亦非法 : 법도 아니고

62. 亦非不法 : 법이 아닌 것도 아니며

63. 亦非福田 : 복전(福田)이 아니고

64. 亦非不福田 : 복전이 아닌 것도 아니다

65. 亦非尽 : 다함도 아니고

66. 亦不可尽 : 다할 수도 없으며

67. 无所有 : 소유함이 없고

68. 离于无所有 : 소유함이 없음도 여의었다

69. 远离于字 : 문자를 멀리 여의었고

70. 远离于向 : 소리를 멀리 떠났으며

71. 远离于教 : 가르침을 멀리 여의었고

72. 远离于行 : 행함을 멀리 떠났으며

73. 远离于念 : 생각을 멀리 여의었다

74. 亦非祸 : 화(祸)도 아니고

75. 亦非不祸 : 화가 아님도 아니며

76. 亦非量 : 헤아리는 것도 아니고

77. 亦非不量 : 헤아리지 않는 것도 아니며

78. 亦非来 : 오는 것도 아니고

79. 亦非去 : 가는 것도 아니다

80. 亦非双 : 쌍(雙)도 아니고

81. 亦非不双 : 쌍이 아님도 아니고

82. 亦非猗 : 의지함[猗]도 아니고

83. 亦非不猗 : 의지함이 아님도 아니다

84. 亦非相 : 생각하는 것도 아니고(모양이 있는 것도 아니고)

85. 亦非不相 : 생각하지 않는 것도 아니며(모양이 없는 것도 아니며)

86. 无有相能现相 : 드러낼 만한 상(相)도 없고

87. 无诸入 : 들어갈 수도 없다

88. 亦非着 : 집착하지 않아

89. 离诸着 : 모든 집착을 여의었으며

90. 一切人令得信 : 모든 사람들을 믿도록 하나

91. 不受入住 : 들어가서 머물지 않는다

92. 于谛谛复谛 : 살피고 살피는 가운데 다시 살펴야 하니

93. 一切非我度 : 모든 사람들을 내가 제도(濟度)하지 않았으나

94. 无所度 : 제도할 바가 없고

95. 净无所净 : 깨끗하여 깨끗이 할 바가 없다

96. 度厄难为无所度 : 액난(厄難)을 제도하려 해도 제도할 바가 없고

97. 所说不说二无所等 : 말하고 말하지 않는 두 가지에 같은 바가 없으며

98. 于等无所等 : 무소등(無所等)

99. 无量等 : 무량등(無量等)

100. 与空等 : 공등(空等)

101. 无处等 : 무처등(無處等)

102. 无生等 : 무생등(無生等)

103. 不可得等 : 등급을 정할 수도 없다

104. 所安无所安 : 편안하여 안주할 바가 없고

105. 寂复寂 : 고요하고 다시 고요하며

106. 寂明中复明 : 고요한 가운데에 밝고 다시 밝다

107. 于行无转能转行 : 행동에 전능(轉能)이나 전행(轉行)이 없어

108. 一切断诸所著 : 모든 집착을 단절하고

109. 诸法谛无有二 : 모든 법에 두 가지가 있지 않음을 살핀다

110. 从本来无所有 : 본래부터 소유가 없고

111. 所觉者已谛觉 : 깨달은 것을 이미 살피고

112. 已度于一切行 : 깨달아 모든 행동을 헤아리며

113. 行所度无所度 : 행동을 헤아리려 해도 헤아릴 것이 없다

114. 亦非是 : 옳은 것도 아니고

115. 亦非不是 : 옳지 않은 것도 아니며

116. 亦非长 : 긴 것도 아니고

117. 亦非短 : 짧은 것도 아니며

118. 亦非圆 : 둥근 것도 아니고

119. 亦非方 : 네모난 것도 아니다

120. 亦非身 : 몸[身]도 아니고

121. 亦非体 : 체[體]도 아니며

122. 亦非入 : 들어가는 것도 아니고

123. 亦无所入 : 들어갈 곳도 없다

124. 亦非世 : 세속도 아니고

125. 亦非世所有 : 세속의 소유도 아니며

126. 亦未曾有见者 : 일찍이 본 사람도 있지 않고

127. 亦未曾有知者 : 일찍이 아는 사람도 있지 않다

128. 亦非去 : 가는 것도 아니고

129. 亦非不去 : 가지 않는 것이 아니며

130. 亦非世因缘 : 세속의 인연이 아니고

131. 亦非不世因缘 : 세속의 인연이 아닌 것도 아니다

132. 如是身不可获 : 이와 같은 몸은 얻을 수 없다

133. 亦非有 : 있는 것도 아니고

134. 亦非无 : 없는 것도 아니며

135. 亦无有去 : 가는 것도 없고

136. 亦无有来 : 오는 것도 없으며

137. 亦非心念 : 생각하지도 않고

138. 亦非忧 : 근심하지도 않으며

139. 亦非作 : 지음도 아니고

140. 亦非不作 : 짓지 않는 것도 아니다

141. 亦非浄 : 깨끗한 것도 아니고

142. 亦非不浄 : 깨끗하지 않은 것도 아니며

143. 亦非泥洹 : 열반[泥洹]한 것도 아니며

144. 亦非不泥洹 : 열반하지 아니한 것도 아니며

145. 亦非行 : 행하는 것도 아니고

146. 亦非不行 : 행하지 않는 것도 아니다

부처님 몸에 있다는 162가지를 하나하나 분리시켜 놓고 보니 이처럼 146가지로 정리되었는데, 16가지가 누락된 셈이다. 어떤 내용이 누락되었는지는 정확히 알 수는 없으나 짐작할 수는 있다. 예컨대, 사(事)를 설명함에 있어 대구(對句) 형식으로 '~ 이 아니고, ~ 도 아니다'에서 대비되는 양쪽을 다 부정하는 꼴로 기술된 내용이 많기 때문에, 첫 번째로 '非身'이 나왔으면 그 다음에 이어서 '非不身'이 나와야 한다. 마찬가지로, '無作'이 나왔으면 그 다음에는 '非無作'이 나왔어야 한다. 그런데 보다시피 그렇지 않은 부분들이 있다. 경의 원본 집필자가 잘못 기술했거나 그 숫자를 잘못 헤아렸을 가능성도 없지 않고, 원본은 이상이 없는데 중역하는 과정에서 누락되었을 수도 있을 것이다.

여하튼, 그 숫자보다는 그 내용이 중요할진대, 위에서 정리된 146가지를 살펴보면 '불신(佛身)'이라는 것이 부처님의 인간적 형태와 구조를 지닌 몸이 아니라 그 몸을 존재하게 하는, 다시 말해, 이 세상으로 나오게 한 원형으로서 '법신(法身)'을 전제한 것이 아닌가 싶다.

우주만물을 존재하게 하는 '법(法)', 그것을 '신(神)'이라 해도 좋고, '조물주(造物主)'라 해도 좋으며, 도교에서 말하는 '도(道)'라 해도 상관없다. 이 법은 불교에서 비유어로 가장 흔하게 쓰이고 있는 '허공(虛空)'에서 유추한 것이지만, 한얼교에서 말하는 '한얼님'이자, 예수교에서 말하는 '창조주 하느님'에 해당한다.

말의 백화점 같은 위 146가지를 일별해 보라. 어디선가 많이 들어왔고, 그래서 많이 익숙해진 말들이 아닌가. 엄밀하게 말하면, 허공의 속성에다가 인성을 부여하였다 해도 크게 틀리지 않는다. 있지만 없고 없지만 있는, 하는 일이 없지만 하지 않는 일도 없는 그 허공의 자리에 부처님의 법신을 갖다 놓은 것이라 판단된다. 그 허공은 형태(形態)도 색(色)도 향(香)도 맛도 소리도 없고, 사유(思惟)도 생멸(生滅)도 근심걱정도 없다. 그리고 시비(是非)·선악(善惡)·미추(美醜)를 떠나 초월해 있지만 아주 고요하며 아주 밝다는 것이다. 바로 그 허공의 자리에 부처가 앉아 있고, 도가 앉아 있고, 신이 앉아 있고, 조물주가 앉아 있고, 한얼님이 앉아 있으며, 하느님이 앉아 있는 것이다.

허공! 다른 말로 치면 '하늘'인데 그것의 작용에 인성[뜻·의지·감정 등]을 많이 부여하게 되면 '하느님' 또는 '하나님'이 되고, 그 자체에 초점을 맞추면 만물을 감싸고 있는 허공으로부터 '공즉시색(空卽是色)·색즉시공(色卽是空)'이란 법(法)의 모순어법이 나오는 것이다.

우리의 감각기관으로는 지각할 수 없는, 그 허공의 자리에 놓이는 법과 신(神)을 말함에 있어서 모순어법의 한계를 피하지 못하지만 우리는 자꾸 얘기하려 든다. 하지만 그 얘기는 여기까지이다. 더 이상의 진전이 없다는 뜻이다.

　나는 이 대목에서 노자(老子)의 도(道) 개념을 떠올리지 않을 수 없다. 노자 제1장 體道(체도)에 의하면, ①영원불변하는 도는 인간의 말로써 그 이름을 붙일 수 없고, 도라 하면 이미 도가 아니라[道可道非常道(도가도비상도) 名可名非常名(명가명비상명)]했고, ②무(無)는 하늘과 땅을 존재하게 하는 시원(始原) 또는 근원(根源)이고, 유(有)는 만물을 낳는 어머니[無名天地之始(무명천지지시) 有名萬物之母(유명만물지모)]라고 했다. ③영원불변한 무는 그 묘함을 드러내 보이고자 하며, 영원불변한 유는 그 뚜렷함을 드러내 보이고자[故常無欲以觀其妙(고상무욕이관기묘) 常有欲以觀其徼(요)[상유욕이관기요(교)] 한다 했으며, ④이 둘[無·有]은 나옴이 같지만 그 이름이 다르고, 그윽하다는 점에서는 같다[此兩者同出而異名(차양자동출이이명) 同謂之玄(동위지현)]고 했다. 또한, ⑤그윽하고도 그윽하다. 그것이 모든 묘함[道]의 문[玄之又玄(현지우현) 衆妙之門(중묘지문)]이라 했다. 이를 간단명료하게 설명하자면, 노자의 도는 무와 유의 작용이며 그 작용의 성질은 그윽함[玄]이고, 무는 근원이자 시작이며 묘[妙]하지만, 유는 만물의 어머니로서 밝고 뚜렷하다[徼]는 것이다. 이를 다시 한자로 도식하면 道=無+有의 作用으로 그 성질은 玄이고, 無=始=源으로 그 성질은 妙하고, 有=萬物의 母이며 그 성질은 徼이며, 따라서 玄=妙+徼인 것이다.

　이쯤 되면, 부처님 몸에 있다는 162사가 노자의 도와 다르지 않다는 점을 감지했으리라 본다. 만물을 지었으되 말하지 않고, (만물) 낳았으되 소유하지 않으며, 행하였으되 기다리지 않고, 공을 이루었으되 그에 머물지 않고, 오직 머물지 않음으로써 떠나지도 않는다[萬物 作焉而不辭 生而不有 爲而不恃 功成而不居 夫唯不居 是以不去]는 말이나, 성인은 무위의 일로 임하고, 불언의 가르침을 행한다[是以 聖人 處無爲之事 行不言之敎]는 말 등등이 그대로 불교 경전 곳곳에 녹아들어 있음을 확인할 수 있다.

어느 쪽이 먼저인지는 따져 보아야 하겠지만 정리된 문장의 상태로 보면 노자의 문장이 훨씬 깔끔하며, 불경 속에서는 '있지만 없고 없지만 있는' 것의 존재를 처음 인식할 때에 마른 나무를 비벼 불을 내는 자연적 현상에 대한 관찰을 근거로 한 구체적인 수사가 있는 것으로 보면 부처 쪽에 신뢰가 더 간다.

아무튼, 불교 경전 속에는 '무위(無爲)의 도(道)'라는 말이 심심치 않게 나오고[『불설태자서응본기경(佛說太子瑞應本起經)』에서 '今求无为大道: 이제 함이 없는 무위대도를 구하다'라는 표현이 나옴], 도교의 경전 속에는 무와 유의 작용으로서 도를 설명하고 있다는 사실이 내게는 놀라운 일이 아닐 수 없다. 부처님의 법이 놓이는 자리에 허공이 있었고, 그 곳으로부터 만물이 비롯되기에 '색즉시공(色卽是空)·공즉시색(空卽是色)'이라는 불교 최고·최후의 결어(結語)가 나왔다고 생각하지만 바로 그 자리에 도교의 도가 놓이고 있다는 사실이다. 이런 사실은 「능단금강반야바라밀다경(能斷金剛般若波羅蜜多經)」과 「불설능단금강반야바라밀다경(佛說能斷金剛般若波羅蜜多經)」에서도 확인된다.

이 두 경전에서는 '보살승(菩薩乘)'에 대한 질문을 받고, 부처님이 답변하시는 내용인데 그 내용의 핵심인 즉 허공(虛空)의 무위(無爲)와도 같은 '반야바라밀(般若波羅蜜)'이다. 곧, 구분(區分)·경계(境

界)·집착(執着)·이름[名]·모양[相] 등이 없는 보살도를 행하라 했
는데 이는 중국 도교(道教)의 도(道)의 본질과 사실상 같다. 한 마디
로 말해, 부처님의 공이 노자의 도와 조금도 다르지 않다는 것이
고, 그 도처럼 공처럼 보살로서 살아야 한다는 논리를 펴고 있다.

　이렇듯, 허공의 자리에 부처의 법이 놓이고, 허공의 자리에 노
자의 도가 놓이고, 바로 그 법과 그 도가 놓이는 자리에 부처의 몸
을, 아니, 그 본질을 갖다 놓은 것이 바로 이 162사인 것이다. 부
처의 32가지 대인상(大人相)이나 80가지 특징들은 분명 부처의 남
다른 인간적인 외모에 치중하여 그에 대한 의미를 부여했다면,
이 162사는 몸이 아닌, 모든 현상들을 내어 놓는 근원이자 바탕
으로서 법신(法身), 곧 추상적인 몸에 의미를 부여한 것이다. 그러
니까, 처음에는 부처님의 남다른 외모를 통해서 보통의 사람들과
다른 능력자임을 부각시켜 놓았다면, 나중에는 인간이 아닌, 만
물을 내어놓는 허공과 같은 도이자 신으로까지 그 의미를 격상시
켜 놓은 것이라 말할 수 있다.

- 2017. 05. 18. 수정

허공(虛空)과 부처님

'있지만 없고 없지만 있다'라는 이 말은 있을 수 있으나 실질적으로 그러한 것이 존재하지는 않는다. 사실, 이 말은 '있지만 없어 보이고, 없지만 있어 보인다.'로 바뀌어야 한다.

그럼에도 불구하고, 경전 안에서는 이 모순어법이 많이 쓰이고 있다. 그 예로, 나무속의 불[火]을 들며, 허공(虛空)과 같다고 했다. 물론, 나무를 쪼개어 봐도 그 속에 불은 없지만 마른 나무를 서로 비비면 불이 생긴다. 이런 현상을 목격한 부처는 없지만 있는 것을 보았고, 있지만 없는 것을 보았다고 생각할 수 있고, 또 주장할 수 있었다. 아니, 정확히 말해, 없지만 어떤 조건이 충족되면, 다시 말해, 인과관계가 형성되면 새로운 결과, 새로운 현상이 나타난다. 그래서 없었던 것이 새로 생김으로써 일시적으로나마 존재하게 됨을 지각할 수 있는 것이다.

부처는 여기서 한 걸음 더 나아가, 불은 실체가 없다고 했다. 다만, 그 실체 없는 것에 편의상 '불'이라는 이름을 붙여 표현함으로써 그것을 드러내었다고 했다. 모든 현상의 결과로 나온 것들은 다 그 불과 같다고도 했다. 사람의 마음도, 꿈도, 나무도, 일체의 모든 것이 다 실체가 없다고 주장했다. 심지어는, 인간 존재도 마찬가지다. 그래서 존재하는 것들은 실체가 없다, 자성(自性)이 없다, 무상(無常)하다 등등의 표현을 시종일관 썼던 것이다.

실체 없이 무상한 것들은 다 그림자 같고, 아지랑이 같으며, 환영 같은 헛것이므로 집착하지 말라고도 했다. 심지어, 나 자신도 무아(無我)이고 헛것이어서 곧 사라질 것이기에 욕심 부리지 말고 온갖 욕구나 욕심으로 집착, 추구하지 말라고 했다. 그럼으로써 청정한 마음의 평안을 누리라고 했다. 그래 보았자, 그 청정한 마음이라는 것도 한시적으로 머무는 것이고, 그렇다고 늘 한결같지도 않을 것이다. 뿐만 아니라, '누린다'는 것 역시 마찬가지다. 부처는 '정진하라'는 말을 제자들에게 참 많이 했는데 그 정진이라는 것 역시 마찬가지임에는 틀림없다. 어차피, 변하고 죽어 없어질 것이기에 집착하여 고민하지 말고, 마음의 평안이라도 잠시지만 누리라는 뜻일까? 그렇다면, 부처님의 요구는 방편이고 지혜일 수는 있다. 그러나 그 방편과 지혜조차도 무상할 따름이다.

그렇기 때문이었을까? 부처는 변하지 않고 소멸하지도 않는 영원한 존재를, 바꿔 말해, 생기지도 않고 없어지지도 않는 존재를 늘 염두에 두었다. 그런 것이 과연 있을까마는, 부처는 그 대상으로 '허공(虛空)'을 제일 먼저 떠올렸다. 그 허공은 손으로 만져도 만져지지 않고, 형태도 지각되지 않으며, 어떠한 함[한자로 '爲'와 '欲'에 해당함]도 없다. 그렇지만 ,그 허공 안에 모든 것들이 들어있음을 보면서, 그 허공이 모든 것을 품고[잉태하고] 내어 놓는 것으로 인식했다. 그래서 부처에게 허공은 가장 이상적인, 인간 존재의 의미와 삶의 방식을 가르쳐주는 스승으로까지 생각했던 것이다. 한마디로 말해, 허공은 부처의 우상이 되었고, 가장 믿음직스런 존재가 되었던 것이다.

부처는 그런 허공을 생각하면서 '있지만 없고, 없지만 있는 존재'로 여겼다. 부처가 생기지도 않고 없어지지도 않는, 그러면서도 하는 일이 없지만 하지 않는 일도 없는, 그런 존재의 영원성과 무위성(無爲性)을 나름대로 꿈꾸었던 것이다. 그래서 부처는 그 허공처럼 머물기를 원했고, 그 허공처럼 살라고 강조했다. 심지어는, 보살로서 중생을 위해서 보시를 하더라도 일체의 조건 없이 하라고 제자들에게 끊임없이 요구했던 것이다. 이를 두고 부처는 놀랍게도 노자(老子)의 키워드 중에 키워드인 '無爲(무위)의 道(도)'라 했다. 이런 배경에서 '색즉시공(色即是空) 공즉시색(空即是色)'이라는 「반야바라밀다심경」의 키워드도 나왔다. 여기까지가 부처님이 사유할 수 있었던 세계의 끝이다.

- 2017. 07. 08.

불교의 허공과 도교의 도는 사실상 같은 개념이다

-「능단금강반야바라밀다경」을 읽고

   중국 불경(佛經)의 역자(譯者)들에는 우바새, 사문, 법사, 대사 등의 이름으로 수행승의 수행과 학식의 정도를 구분하는 등급(等級)이 따라다닌다. 사문이라 함은 평범한 수행승이고, 법사라 함은 학승(學僧)에 가까우며, 대사라 함은 큰스님에 해당하는 것 같다. 우리는 원효를 대사라 부르지만 중국에서는 '신라국 사문'으로 기록하고 있으며, 당나라의 현장 스님을 법사라 하고, 의정 스님을 사문이라 기록하였다. 그리고 인도에서 건너온 달마를 대사라 부른다. 그들 나름의 기준이 있었던 모양이다.

   여하튼, 나는 요즈음 「능단금강반야바라밀다경」을 읽고 있는데, 이 경은 당나라의 삼장법사였던 현장 스님이 중역한 것이 있고, 역시 당나라 삼장사문이었던 의정 스님이 번역한 것 등 두 종이 있는데 현재는 이 두 버전이 우리말로 번역되어서 쉽게 비교하면서 읽어 볼 수 있게 되었다. 여기서 삼장(三藏)이란 불경의 경(經)·율(律)·논(論)을 일컫는다.

당나라 삼장사문 의정(義淨 : 635~713)이 번역한 것은「불설능단금 강반야바라밀다경(佛說能斷金剛般若波羅蜜多經)」이라 하고, 당나라 삼 장법사 현장(玄奘 : 602~664)이 번역한 것을「능단금강반야바라밀다 경(能斷金剛般若波羅蜜多經)」이라 한다. 전자는 부처님이 '묘생(妙生)'이 라는 비구들 가운데 연장자의 질문을 받고 답변하면서 질문하기 도 하는 질의응답으로 짜여 있고, 후자는 '선현(善現)'이라는 비구 들 가운데 연장자의 질문을 받고 부처님이 답변하면서 질문하기 도 하는 질의응답 내용으로 짜여 있다. 이들 묘생과 선현이 같은 사람인지 서로 다른 사람인지, 비구인지 비구니인지 알 수 없으 나 - 사실 같아야 한다고 생각하지만 - 전자는 두 차례의 게송을 포함 하여 41회 부처님이 말씀하셨고, 후자는 두 차례의 게송을 포함 하여 57회 말씀하셨다.

두 경전에서의 핵심 질문인 즉 '보살승(菩薩乘)'에 대한 것이며, 부처님의 답변 내용의 핵심인 즉 허공(虛空)의 무위(無爲)와도 같은 '반야바라밀(般若波羅蜜)'이다. 곧, 구분(區分)·경계(境界)·집착(執 着)·이름[명(名)]·모양[상(相)] 등이 없는, 중국 도교(道敎)의 '도(道)' 의 본질과 다르지 않다. 부처님의 공(空)에 대한 개념이 먼저인지 도교의 도(道)의 개념이 먼저인지는 따져 봐야하겠지만 중국에서 는 유불선 삼교를 통합하려는 움직임이 크게 일었었는데 그 과정 에서 새롭게 집필된 경인지도 알 수 없는 일이다. 분명한 사실은 부처님의 공이 도교의 도와 조금도 다르지 않다는 점이다.

그래서 이들 경에서 질문자로 나선 '묘생(妙生)'과 '선현(善現)'이라는 연장자 비구(나)가 제각각 '보살승(菩薩乘)으로 향하는 이가 있다면 어떻게 응하여 머물며, 어떻게 수행하며, 어떻게 그 마음을 포섭하여 항복하오리까?'라고 묻는데, 부처님은 한사코 대상[事]에 머물지 아니하고 보시해야 하며, 장소[處]에 따라 머물지 아니하고 보시를 해야 하며, 빛깔이나 소리·냄새·맛·감촉·법에 머물지 아니하고 보시를 행해야 한다고 강조한다. 한 마디로 말해서, 도교에서 말하는 도(道)처럼 머물고 행하라는 뜻이다. 다시 말해, 분명히 존재하지만 헤아릴 수 없고 만질 수도 없으며, 일하지 않지만 일하지 않음이 없는 허공(虛空)과 같고 도(道)와도 같은 위상에서 모든 중생을 위하여 수행 보시하며 머물러야 한다는 주장이다.

부처님은 바로 이 허공 같은 존재를 변하지 않고 영원한 실체라고 인지했으며, 그 허공에 듦으로써 모든 윤회의 사슬에서 벗어나는 것만이 최고의 열반이라 인지했었다. 그래서 이들 경의 내용을 가장 짧게 응축시킨 마지막 게송에서 '일체의 유위법[화합하여 되는 것]은 별 그림자·등불·허깨비·이슬·물거품·꿈·번개·구름 같다고 읊조렸던 것이다. 그러니까, 부처님의 이상은 허공이며, 만물(萬物)·만상(萬象)을 내어 놓는 그 허공 같은 영원불멸의 존재가 되고 싶었던 것이다. 아니, 부처님의 위상을 후대인들이 그런 허공의 자리에, 도의 자리에 놓았던 것이다. 앞에서 확인한, 「불설혜인삼매경」에서 말한 162사가 그 단적인 증거이다.

- 2016. 11. 18.

'無爲而無不爲(무위이무불위)'라는 말의 진의

'無爲而無不爲(무위이무불위)'라는 이 말은, 노자(老子:기원전 571년~ 기원전 471년 추정)의 『道德經』 제37장 "道常無爲而無不爲(도상무위이 무불위)"에서 나왔다. 노자는 '도(道)'라는 것의 역할 내지는 기능을 설명하기 위해서 이 말을 했지만 오늘날 사람들은 인간이 살아가 야 하는 기본적인 태도 내지는 방법으로서 이 말을 곧잘 인용한 다. 인간이 도를 따라 살면, 다시 말해, 도를 좇아 처신하면 ― 도 가 무엇인지 먼저 설명돼야 하겠지만 ― 큰 문제가 생기지 않기에 가 장 이상적인 삶의 태도이자 방법이라고 판단하기 때문일 것이다.

그럼, 문제의 이 말을 한 노자의 머릿속으로 들어가 보자. 그에 게 있어 '도(道)'란 늘, 언제나, 영원히, 일함이 없음으로써 일하지 않음이 없다'는 것이다. 다시 말해서, 일하지 않음으로써 일을 다 한다는 것이다. 덧붙이자면, 도는 분명히 꾀하지 않지만 꾀하지 않는 게 없고, 일하지 않지만 일하지 않음이 없으며, 행(行)하지 않지만 행하지 않음 또한 없다는 뜻이다. 맙소사! 일을 하면 하는 것이고, 안 하면 안 하는 것이지 무슨 놈의 말이 그러한가. 세상에 모순어법 치고 이런 모순어법은 더는 없을 것이다. 그렇다면, 이 말의 진정한 의미는 무엇인가?

　나의 판단인 즉은 이러하다. 어디까지나 인간이 생각하기에, 도는 일하지 않고 행하지 않으며 꾀하지도 않아 보이지만 실은 일하고 행하고 꾀한다는 것인데, 문제는 도가 인간처럼 말하고 움직이고 갖가지 욕구를 충족시키기 위해서 제반 활동을 해야 하는 주체로서 몸을 지닌 가시적(可視的)인 존재가 아니라는 사실이다. 그래서 인간을 도(道)와 동일선상에 놓고 얘기하는 것은 말이 되지 않는 것이다. 도는 모든 생명과 현상을 나타나게 하는 바탕으로서 그 원리일 뿐이고, 스스로 존재한다는 자연현상까지도 그것의 작용이자 결과일 뿐이라는 점을 오해해서는 안 된다고 본다.

　그러므로 노자는 그 바탕이자 원리를 스스로 존재하는 도라 하여 자연과 동일시하였고, 그것은 형태가 없기에 눈에 띄지 않는 것뿐이고, 눈에 띄지 않기에 보이지도 않지만 부단히 일하고, 행하고, 꾀하여 제 현상과 제 생명들을 내어 놓는다고 판단했던 것으로 보인다. 바로 그렇기 때문에 노자에게 있어 도는 늘 행하지 않지만 늘 행한다는 역설적인 모순어법을 피하지 못했던 것으로 보인다.

　우리 인간은 그 바탕이자 원리인 도가 있기에 존재하는 하나의 현상이자 결과로서 생명체일 따름이다. 그래서 사는 동안 도를 벗어나려하거나 거역하려해도 사실상 벗어나지 못하고 거역하지도 못하는 것처럼, 인간이 어떻게 살든 도 안에서 살고 어떻게 죽든 도 안에서 죽는 것이다.

그런데 노자를 좀 안다는 사람들은 도를 좇아 자연처럼 살라고 요구하며 말하는 것이다. 얼핏, 들으면 그럴 듯한 말이지만 실은 불필요한 말이다. 왜냐하면, 자연 속에서 욕심을 적게 부리며 살아가는 것이나, 도심 속에서 욕심을 많이 부리며 문명적인 생활을 하는 것도 그 본질은 조금도 다를 바 없으며, 있다면 양태와 정도의 차이가 있을 뿐이기 때문이다.

나는 그 도가 놓이는 자리에 '신(神)'이나 '천지(天地)'나 '자연(自然)' 등을 대입시켜도 문제가 되지 않는다고 생각하지만, 그 자리에는 다름 아닌 인간(人間) 자신을 갖다 놓으면 문제가 된다고 생각한다. 왜냐하면, 인간은 신이나 자연이나 천지조화나 도의 피조물에 지나지 않기 때문이다. 그럼에도 불구하고, 일찍이 부처(기원전 563년 ~ 기원전 483년 추정)나 노자나 예수(기원전 4년 ~ 기원후 30년 추정)를 비롯한 수많은 사람들은 가시적인 자연현상을 빗대어서 인간 삶의 태도나 방법을 일깨워 주려 노력했고, 창조주에 해당하는 도나 자연이나 천지조화나 신의 뜻을 이해하고 본 받아 살자고 주장해 왔던 것이다.

실은, 오늘날도 그 연장선상에 있지만 적지 아니한 사람들은 노자의 도를 운운하며 '無爲而無不爲(무위이무불위)' 함으로 자연(自然)

이 무위(無爲)하는 것처럼 우리 인간들도 그렇게 살아야 한다거나 살자고 요망하며 주장한다. 그러나 깊은 의미는 없다. 있다면, 인간사회 속에서 결정되는 상대적인 의미일 뿐이다. 그렇다면, 그 상대적 의미란 무엇인가? 곧, 일하고 행하며 꾀하되 겉보기에는 일하지 않고 행하지 않고 꾀하지 않는 것처럼 하라는 뜻이다. 다시 말해, 일하는 과정에서 ①표 내지 말고, ②문제를 일으키지 않도록 소리 소문 없이 ③적절하게 하라는 뜻이다. 여기서 표 내지 말라는 것은, 그 뜻이나 과정이나 결과 등에 대해서 과대 포장하여 떠벌이지 말고 자랑하지 말며 우쭐대지도 말라는 뜻이고, 일으키는 문제란 시기·질투심을 불러일으키는 것으로부터 능력 밖의 일을 도모하다가 사고·질병·죽음 등을 앞당기거나 초래하는 것을 뜻한다. 그리고 적절하게 하라는 것은 근심걱정 없이 오래오래 살고자 하는 가장 근원적인 욕구충족을 방해하지 않는 테두리 안에서라는 뜻이다.

사람이 산다는 것은 결국 갖가지 욕구를 충족시키기 위한 활동에 지나지 않지만, 어떠한 활동이든지 간에 의도(意圖)하거나 기도(企圖)하지 않는 것처럼 드러나지 않게 조용히 하라는 뜻이며, 설령 겉으로 드러났다 하더라도 겸손하라는 뜻이다. 이를 더 적극적으로 해석하면, 욕심이 없는 것처럼 일하지 않고, 유유자적하면서, 만족하고, 즐거워하는 태도로써 살아가되 늘 무언가를 생각하며, 행하고, 꾀하되, 그것의 결과는 주변(사람들)과 조화를 이루며, 균형을 유지하며, 일신상으로는 안전한 생활을 하라는 뜻이다.

내가 보기에 노자의 눈에는, 스스로 존재하는 자연 곧 도가 아무 일도 하지 않으면서 많은 생명들을 품으며, 많은 현상들을 부리어 놓는다고 판단했던 것 같고, 또한 생명과 현상, 그것들이 언제나 조화롭게 상생하며, 균형을 유지하고, 욕심내지 않아 평화롭게 살아가거나 존재하는 것으로 보였던 모양이다. 하지만 태양도, 지구도, 지구의 자연도 생멸의 사슬에서 벗어나지 못하며, 생멸이 있는 한 늘 욕구가 존재하게 마련이며, 그 욕구가 존재하는 한 늘 충돌하며 대립하는 가운데 협력 상생의 관계가 있을 수 있으며, 바로 그 때에 양자 혹은 다자간의 균형을 유지하는 것이다. 하지만 그것은 큰 틀에서 보면 과정이며 일시적인 현상일 뿐이다.

  마치, 시기와 질투와 폭력이 난무하는 인간 세상조차도 위에서 내려다보면 질서정연한 세상으로 보이듯이 우주 안에는 움직이지 않는 것이 없고, 변하지 않는 것이 없으며, 생로병사 과정을 거치지 않는 것이 없다. 다만, 우리는 그 과정의 어느 한 순간에 머물며 그것을 보는 것뿐이다. 간단히 말해, 노자의 도를 들먹이는 것은, 자연도 문명도 공히 도 안에서 일어나는 현상일 따름이지만, 우리는 자연 속의 질서를 인간사회 속의 질서로 끌어들여서 대립과 갈등의 관계를 균형과 조화의 관계로 바꾸어 상생하자는 의도나 목적이 내재되어 있을 뿐이라는 사실이다.

  - 2015. 01. 19.

'생기지도 않고 없어지지도 않는 것'에 대한 단상

불교(佛敎)의 품에서 태동되어 자라나 천도교(天道敎)와 단군신화 (檀君神話)의 옷을 갈아입고 뒤늦게 나온 우리나라의 민족종교라 불리는 '한얼교' 「무무주」에는 '생기지도 않고 없어지지도 않는 것' 이란 말이 나온다. 과연, 그것이 무엇일까?

'생기지도 않고 없어지지도 않는 것'은 두 가지 조건을 동시에 만족해야 한다. 하나는, 생기지도 않아야 한다는 것이고, 다른 하 나는, 없어지지도 않아야 한다는 것이다. 과연, 그런 것이 있을 까? 여기서 생기지도 않는다는 것은, 두 가지 의미를 지닌다. 하나 는, 생기지 않기 때문에 처음부터 없었다는 뜻이고, 다른 하나는, 생기지 않았지만 처음부터 있었다는 뜻이 된다. 그리고 없어지지 않는 것 역시 두 가지 의미를 지닌다. 하나는, 없어지지 않기 때문 에 처음부터 없었다는 뜻이고, 다른 하나는, 처음부터 생기지 않 고 있었지만 없어지지 않는 것이란 뜻이다. 그렇다면, 생기지도 않고 있을 수 있는가? 만약, 있다면 그것은 우리 인간의 상식적 판단을 초월하는 것이다. 그럼으로 나는 그것에 대해서 설명할 길이 없다.

처음부터 생기지 않아서 없는 것은 없어질 이유도, 없어질 것도 없는 것이겠나, 생기지 않았지만 처음부터 있었던 것이라면 과연 없어지지 않을 수 있겠는가? 만약, 있다면 그것 또한 우리 인간의 상식적 판단을 초월하는 것이다. 그럼으로 나는 그것에 대해서도 설명할 길이 없다.

자, 그렇다면, 생기지도 않고 있을 수 있는 것은 무엇이며, 생기지도 않고 있으면서 없어지지도 않는 것은 과연 무엇인가? 이 두 가지 조건을 동시에 만족시키는 것이 있다면 그것은 진정 무엇이란 말인가?

처음부터 생기지 않아서 없는 것은 있을 수 있다지만 생기지 않았지만 있으면서 없어지지도 않는 것이란 과연 무엇일까? 처음부터 생기지 않아서 없는 것은 '절대적인 무(無)'라고 가정해 볼 수 있고, 생기지 않았지만 있으면서 없어지지도 않는 것은 '절대적인 유(有)'를 가정해 볼 수는 있다.

다시, 그렇다면, 절대적인 무(無)에서 어떤 현상이 나타날 수 있을까? 물론, 나는 없다고 생각한다. 변화나 어떤 현상이 나타난다면 그것은 이미 절대적인 무(無)가 아니라 유(有)로서 사람 눈에 공(空 : 텅 비어있음)할 따름일 것이다. 그렇다면, 절대적 유(有)에서는 어떠한 현상이 나타날 수 있을까? 물론, 그것은 얼마든지 가능하다고 본다. 그러나 그 절대적 유(有)는 없어지지도 변하지도 않기 때문에 무형의 것으로 사람 눈에 보이지는 않아야 한다. 그래서 공(空)한 것이다.

따라서 나는 상상해 본다. 사람이 인지할 수 없는 절대적인 유
(有)가 있는데, 그 자체는 생기지도 않고 변화하지도 않으며 없어
지지도 않지만, 현상들을 낳는, 잠재된 원리·원칙을 품고 있는
것이고, 동시에 그 원리·원칙에 의해서 나오는 현상들을 담아내
는, 보이지 않는, 무형의 '그릇'일 수도 있다고 생각한다. 간단히
말해, 우주의 씨앗이거나 그것을 잉태하고 있는 자궁 같은 그릇
으로서 말이다. 다시 말해, 오늘날의 우주를 존재하게 하는 그 무
엇으로서 알 수 없는, 인간의 눈으로 보면 텅 비어있는, 공(空)한
절대적인 유(有)인 것이다. 오늘날 많은 사람들은 불교(佛敎)에서
말하는 것처럼, 무(無)에서 온갖 유(有=色)가 나오고, 그 유(有)는 다
시 무(無)로 돌아간다고 믿고 있지만 나는 그럴 수 없다고 믿는다.
무(無)는 무(無)일 뿐이고, 유(有)는 유(有)일 뿐이기 때문이다. 다만,
그 무(無)는 무(無)가 아니라 유(有)이며, 인간의 눈에 공(空)할 따름
이다.

그렇다면, 그 공(空)한 유(有)는 어디서 왔으며, 그것은 과연 무
엇일까? 그것은 '우주의 시작이었던 빅뱅을 일으킨 고밀도 고압
의 물질 혹은 에너지가 어디서 왔느냐?'라고 묻는 것과 같다. 그럼
으로 현재로서 나는, 처음부터 우주의 씨앗[種子]이 있었다고 말해
두고 싶다. 한얼교의 '생기지도 않고 없어지지도 않는 것'이란 이
모호한 말이 나오기 전에 불교 경전 가운데에는, 더 모호한, 이해
하기 쉽지 않은 역설적인 모순어법이 적잖이 있어왔다. 예컨대,

'모든 것들이 생기면서도 생기는 것이 없는 것'이란 말도 그렇고, '생각함이 없고 일함이 없으나 일함 아님이 없는 것'이란 말도 그렇다. 뿐만 아니라, '있는 것도 없는 것도 아니요, 없는 것도 없지 않은 것도 아닌 것'이란 말까지 나온다. 그런가 하면, 중국의 유교(儒敎)·불교와 통합과정을 거쳤던 도교(道敎) 경전들 가운데에 핵심 경전인 「노자(老子)」에는 '일함이 없으나 일하지 않음이 없는 것'이란 표현도 나온다. 도대체, 이 알쏭달쏭한, 유사한 말들이 지시하는 것의 정체는 과연 무엇일까? 그것은, 불교에서는 '법(法)'과 '마음[心]'의 바탕이 그렇다는 것이고, 도교에서는 '도(道)'의 바탕이 그렇다는 것이다. 그런데 이들 법(法)과 도(道)와 심(心) 등이 공히 공(空)하다고 하는 것까지 일치한다. 마치, 서로 입을 맞춘 것처럼 말이다. 그리하여 그 공(空)에서 모든 것들이 나온다고 믿었던 것이다. 그러니까, 불교나 도교나 할 것 없이 공히 우주만물의 근원에 대해서는 다 같이 '공(空)'으로서 인식했고, 그 공에서 우주만물이 나오는 현상적인 이치에 대해서는, 불교는 주로 '묘(妙)'하다고 말했고, 도교에서는 '현(玄)'하다고 말했다.

그러나 이 공(空)은 절대적인 무(無)가 아니라 공(空)한 유(有)이라는 사실이다. 그렇다면 처음부터 없었던 것이 아니라 있었던 것이라고 해야 옳다. 그 있음이 처음부터 생겨서 있는 것이라면 반드시 끝이 있겠지만 생기지 않고서 있었던 것이기에 그 끝이 없는 것이다. 나는 그것을 '신(神)'이라 부르고, 그 신을 우주만물의 종자(種子)라 부르며, 그 종자의 발아(發芽)·발현(發顯)이 곧 우주만물의 진화과정이라고 생각한다. 그런데 내가 탐구했던 예수교에서는, 그 절대적인 유(有)의 자리에 '하나님'을 놓은 셈인데, 그 하나님의 존재에 대해서 '알파와 오메가요 처음과 나중이요 시작과 끝이라'고 표현하였다. 그런 하나님은 전능(全能)하기 때문에 오직 '말씀'으로써 우주만물을 창조하셨다고 한다.

예수교의 이 '하느님의 전능과 말씀으로의 천지 창조' 영향을 받은 탓인지 한얼교에서는 그 '생기지도 않고 없어지지도 않는 것'인 '한얼'의 뜻과 말씀을 들은 신정일 창교주가 인간 세상에 전하게 되었다고 주장한다.

- 2016. 04. 02.

하나도 생기는 것이 없지만 모든 것이 있고,
모든 것들이 생기지만 하나도 없는 것의 실체

아직 어떤 상(象)이 나타나기 전에 크게 이루기를 도모하는 것으로서 미언(微言)을 열어서 본체(本體)를 높인 것이다. 그리하여 색(色)에 미혹하여 덕(德)에 어긋남을 깨달아서 6문(門)을 막아 환란(患亂)을 잠재웠으며, 성냄이 본성을 해친다는 것에 통달하여 나와 남을 동일시해서 이것을 마음으로 삼았다. 그리하여 드디어 이족(異族)이 동기(同氣)로 그 형상을 바꾸고 자취를 만들었으며, 깊이 연기(緣起)에 들어가서 생사의 경계를 보았다. 그리하여 곧 9관(關)을 용진(龍津)에다 열어서 3인(忍)을 뛰어넘어 지위가 올라갔으며, 번뇌의 습기(習氣)가 무생(無生)에 엉기고 육체적인 고통들이 신화(神化)에서 그 종결을 보았던 것이다. 그러므로 말하기를, "아무것도 따라서 생기는 것이 없지만 그러나 무엇이든 생기지 않는 것도 없다"고 하는 것이다. 따라서 모든 것들이 생기면서도 생기는 것이 없는 것이다.

위 인용문은 동진(東晉: 317~420) 시기 천축(天竺:고대인도)에 불타발타라(佛陀跋羅:buddhabhadra 359~429)라는 사람이 한역(漢譯)한 「달마 다라선경(达摩多罗禅经)」서문(序文) 가운데 일부인데, 이를 다시 홍 승균이라는 사람이 우리말로 국역한 내용이다. 여기에 해당하는 중국어 경전 원문은 아래와 같으며, 참고하기 바란다.

图大成于未象。开微言而崇体。悟惑色之悖德。杜六门以寝患。达忿竟之伤性。齐彼我以宅心。于是异族同气幻形造迹。入深缘起见生死际。尔乃辟九关于龙津。超三忍以登位。垢习凝于无生。形累毕于神化。故曰无所从生。靡所不生。于诸所生。而无所生。

위 인용문을 읽고 그 내용을 이해했다는 사람이 혹 있을지 모르 겠다. 내가 읽어온 불교 경전들 가운데에서 가장 어려운 부분이 아닌가싶다. 문장의 의미를 해독하기 전에 반드시 그 문장 속으 로 동원된 용어들부터 먼저 풀어야 하는데 그조차 쉽지 않다. 곧, 상(象)·미언(微言)·본체(本體)·색(色)·덕(德)·6문(門)·연기(緣 起)·9관(關)·용진(龍津)·3인(忍)·번뇌(煩惱)의 습기(習氣)·무생 (無生)·신화(神化) 등 일련의 용어의 뜻을 분명히 알아야 하기 때 문이다. 설령, 경전을 많이 읽어서 안다고 해도 어렵기는 마찬가 지이다. 그러나 분명한 사실은, '하나도 생기는 것이 없지만 모든 것이 있고, 모든 것들이 생기지만 하나도 없는 것'에 대한 본질과 그 경위를 설명한 내용이다.

경전의 내용이 얼마나 관념적이며 현학적인지를 보여주는 단 서이다. 불필요한 것들을 싹둑 잘라내 버리고 핵심 내용만을 가 지고 생각해 보자. 곧, '하나도 생기는 것이 없지만 모든 것이 있고, 모든 것들이 생기지만 하나도 없는 것'의 정체는 무엇일까? 대다수의 사람들은 이미 교육을 통해서 일방적으로 주입되어 있기 때문에 고정관념처럼 작용하는 '색즉시공(色卽是空) 공즉시색(空卽是色)'에서 말하는 '공(空)'을 먼저 떠올릴 것이다. 노자(老子)를 좀 공부했다면 '道常無爲而無不爲(도상무위이무불위)'에서 '도(道)'를 떠올릴 것이다. 불교와 도교를 함께 공부한 사람은 불교 경전에서 말하는 공(空)과 도교의 경전 가운데 하나인 노자에서 말하는 도(道)가 사실상 같은 것임을 알아차리고 '공(空)=도(道)'라는 등식을 가정해 볼 것이다.

그런데 재미있는 사실은, 부처님이 이 공(空)을 어디에서 착안했는가 하면은, 고대인(古代人) 내지는 원시인(原始人)답게 마른 나무와 나무를 문질러서 불을 피우는 경험적인 일에서였다는 사실이다. 곧 나무속에는 불이 없는데 그 나무[木]에 다른 나무를 문질러서 열을 내다보면 없던 불[火]이라는 것이 나온다는 현상을 빗대어서 말했다는 점이다. 바로 이런 경험적 사실에서 '없지만 있고 있지만 없는 것'에 대한 존재를 처음 인식했던 것이다. 마찬가지로, 노자(老子) 역시 우리 인간들의 눈앞에 펼쳐지는 온갖 자연적 현상들이 하늘과 땅에 존재하지만, 그것들을 낳는, 보이지 않으면서 그 어떤 이름으로도 설명할 수 없는 '도(道)'란 것의 작용을 인식했다. 그래서 이들은 공히 존재하는 것들을 낳는 근원이자 바탕인 그 무엇에 대하여 '공(空)' 혹은 '도(道)'라고 말해 왔던 것이다. 물론, 노자는 그 '도(道)'의 자리에 '자연(自然)'이라는 것을 놓기도 했고, 부처는 존재하는 것들에게 전제되는 인과관계에 대해서까지 인식했다. 이러한 인식 곧 판단은 역시 고대인으로서는 놀라운 발견이고 깨달음이었음에는 틀림없으리라.

위에서 인용한 「달마다라선경(达摩多罗禅经)」 내용의 핵심이 요약 정리된 서문 속에서 말하는, '하나도 생기는 것이 없지만 모든 것이 있고, 모든 것들이 생기지만 하나도 없는 것'은 공(空)이나 도(道)의 자리에 놓일 수 있는 '마음[心]'과, 그 마음의 작용으로 나오는 온갖 사유 곧 관념을 설명한 것으로 나는 이해한다. 여기서 마음은 그릇이고 바탕이며, 관념은 그 안에서 생기며 담기는 현상들이다. 더 구체적으로 말하면, 인체의 감각기관에서 접수하는 자극들에 대한 해석 판단을 뇌(腦)가 하는데 그 과정의 감각적 인식작용과 사유기능으로 존재하게 되는 관념세계와, 그 관념들을 존재 가능하게 하는 주체이자 곳[場所]으로서 '마음'을 염두에 두고 설명한 것으로 보인다. 다시 말해, 마음의 본질과 그것의 작용으로 인해서 생기는 사유세계로서의 관념을 이리 어렵게 말한 것이다. 만약 나의 이런 판단이 옳다면, '공(空)=도(道)=심(心)'이라는 등식이 성립된다. 하지만 어떤 사람들은 여기 '공(空)=도(道)=심(心)'에 '천(天)' 혹은 '신(神)'이라는 단어를 갖다 놓기도 한다. 그러나 그것이 다 그것일 뿐이다.

바로 이러한 논리적 맥락에서 소위, '선(禪) 수행'을 가깝게 했던 사람들에 의해서 '일체유심조(一切唯心調)'라는 말이 나올 수 있었고 오늘날까지도 신봉되고 있는 것이다. 결국, 선(禪)이란 그릇인 마음을 통제하는 것이고, 그 기술을 연마하는 것이 곧 선(禪) 수행

(修行)이며, 현대말로 바꾸어 말하면 '명상(瞑想)'인 것이다. 여기서 마음을 통제한다는 것은, 형태가 없는 관념 생산을 중지하는 일이며, 그것으로써 온갖 번뇌로부터 해방을 추구하는 것이다. 문제는, 인체의 생명력이 끝이 나면, 다시 말해 죽으면 저절로 다 사라지는 것이지만 살아 있으면서 그것을 이루려고 하기 때문에 특별한 기술이 요구되는 것이고, 어려운 것이다. 생명이란 욕구 그 자체이며, 산다는 것은 그 욕구를 충족시키는 활동에 지나지 않기 때문이다. 이처럼 간단한 것을 가지고 우리는 '관념(觀念)'이란 거미줄 같은 덫에 걸려서 허덕이는 모습을 보이고 있는 것이다.

- 2016. 04. 01.

부처님의 수사법에 숨겨진 비밀스런 뜻

1. 마음의 바탕을 설명하기 위해서 끌어들인 '불[火]'

부처님은 '마음의 바탕'을 설명하기 위해서 '불'을 끌어들였는데, 그 내용인 즉 이러하다.

> 법인도 없고 생김도 없는 마음이란 마음에 형태나 단락(段落)이 없는 것이니, 마치 불의 바탕과 같은 것이니라. 불은 비록 나무속에 있지만 그것은 결정된 바가 없는 바탕에 있는 것이므로 단지 이름만 있을 뿐이요, 바탕은 얻어질 수 없는 것이니라. 이치를 드러내기 위하여 설명을 빌려서 이름으로 삼았지만 이름도 얻을 수 없듯이 마음의 모양도 그러하니라. 그 있는 데를 볼 수가 없는 것이니, 마음이 이러한 것인 줄 알면 이것이 바로 생김이 없는 마음이니라.
>
> - 「금강삼매경」 제3품 가운데에서

위 인용문에서 말하는, '법인[法忍 : 法印의 오기(誤記)가 아닌가 싶음. 물론, 중국 한자경전에서도 '法忍'으로 표기되어 있음] 없는 마음'이란 마음에 형태나 모양새나 색깔이 없기 때문에 어떤 고정된 틀이 없다는 뜻이며, '생김이 없는 마음'이란 마음이 머무르거나 나오는 곳을 볼 수 없고 알 수도 없다는 뜻이다. 그래서 마음이라는 것이 분명히 있긴 있지만 그것의 바탕을 볼 수 없고 붙잡아 놓을 수 없는 것이기에 그 이름만 붙여 놓았을 뿐 그 본질은 허공과 같다는 것이고, 그런 의미에서 같은 성질을 지닌 불을 끌어들여서 빗대어 말했던 것으로 보인다.

사실, 우리가 있다고 인지하는 마음이란 끊임없이 나타나고 사라지는 마음의 현상일 뿐이듯이 불이란 것도 불의 현상일 뿐으로 있다가도 언제든지 사라질 수 있는 것이고, 사라졌다가도 언제든 다시 나타날 수 있는 것이다. 이러한 현상들이 나오는 바탕은 어디에 어떻게 있는지 볼 수 없고 확인할 수 없지만 사라지지 않는다고 생각했던 것 같다. 그래서 겉으로 드러나는 마음과 불을 생각했고, 그것들을 일어나게 하고 사라지게도 하는 근원으로서 바탕인 마음과 불을 생각했던 것이다. 이 둘을 같은 단어인 '마음'과 '불'로써 표현하다보니 심히 헷갈리는 것이다.

추측컨대, 부처님은 나무와 나무를 마찰시켜서 불을 얻던 과거 경험적 사실을 관찰했던 것 같다. 그래서 나무속에 불이 들어있다는 판단을 내렸지만 엄밀한 의미에서 그것은 잘못된 판단이다. 나무속에 불이 들어있어서 불이 나오는 것이라 한다면 어디 나무뿐이겠는가. 나무와 나무를 마찰시킬 때에 생기는 열이 공기 중의 산소와 불에 잘 타는 물질 등 삼자가 만남으로써, 다시 말해, 일정한 조건이 성립되면서 나타나는 자연현상일 뿐이다. 마음이 란 현상도 마찬가지이다. 우리가 느끼고 보는 것은 어디까지나 현상이며, 그 현상을 나타나게 하는 바탕 곧 근원지는 조건이 충족되는 순간의 어느 한 지점의 상황인 것이다. 그 보이지 않는 지점에 대해서 부처님은 한사코 공적하여 있지만 없고 없지만 있다고 말했던 것이다.

따라서 모양이 없는 불이란 가시적인 현상으로서 불이 아니라 그 불을 일으키는 바탕으로서 불이며, 모양 없는 마음이란 시시때때로 일어났다 사라지는 현상으로서 마음이 아니라 그 마음을 일으키고 사라지게 하는 바탕으로서 마음인 것이다. 바로 그런 마음에 모양이 없고, 그런 불에 모양이 없으며, 그런 법에 모양이 없다는 것이 부처님이 깨달은 바이다.

2. 마음의 바탕을 설명하기 위해서 끌어들인 '아마륵과(阿摩勒果)'

부처님은 '마음의 바탕'을 설명하기 위해서 '불' 외에 '아마륵과(阿摩勒果)'라는 열매를 끌어들였는데, 그 내용인 즉 이러하다.

마음의 바탕과 모습은 아마륵과[阿摩勒果]와 같아서 본래 스스로 생긴 것도 아니요, 다른 것을 따라서 생긴 것도 아니며, 함께 생긴 것도 아니요, 원인 [因]에서 생긴 것도 아니고, 생김이 없는 것도 아니니라. 왜냐하면, 끊임없이 새 것과 옛 것이 교체[代謝]하는 것에서 연유하기 때문이다. 인연으로 일어나지만 생기는 것이 아니며, 인연으로 사라지지만 소멸하여지는 것도 아니니, 숨고 나타나는 것은 형상이 없는 것이니라. 근본적인 이치는 적멸하여 있을 수 없는 곳에 있으며, 머무르는 것도 볼 수 없나니, 결정성(決定性)이기 때문이니라.

이 결정된 바탕은 또한 동일한 것도 아니며 다른 것도 아니요, 아주 없어지는 것도 아니며 늘 있는 것도 아니니라. 들어가는 것도 아니며 나오는 것도 아니요, 생기는 것도 아니며 소멸하는 것도 아니니라. 모두 네 가지의 비방[四謗]을 여의었고 말의 길이 끊어졌나니, 생김이 없는 마음의 바탕[心性]도 또한 이와 같으니라. 무엇이 생김과 생기지 않음, 법인의 있음과 법인의 없음을 말하는 것인가?

「금강삼매경」 제3품 가운데에서

이 경전에서 '阿摩勒果아마륵과'로 표기되는 과일은 범어로 'āmalaka'인데, 인도에서 생산되는 과일 가운데 하나이며, 소리 나는 대로 '阿摩洛迦아마락가' 혹은 '阿摩勒果아마륵과', '庵摩勒果암마륵과' 등으로 표기해 왔다 한다. 「대당서역기(大唐西域记)」에서는 인도(印度) 약과(药果)의 이름으로서 '阿摩落迦'가 쓰였고, 「유마힐경(維摩诘经)」에서는 '庵摩勒果'가 쓰였다. 그 모양새는 빙랑[檳榔빈랑] 나무의 열매와 비슷하며, 풍(風)·냉(冷)을 제거하기 위해서 먹는다 한다. 물론, 현재는 인도뿐 아니라 중국의 여러 지역에서도 나온다 한다.

여하튼, 나는 그 과수(果樹)의 생태를 잘 알지 못하는데 부처님은 사시는 동안에 쉽게 보아왔던 터인지 그 과일을 빗대어서 마음의 본질을 설명하였다. 부처님 생각에 마음이란, ①스스로 생긴 것이 아니고 ②다른 것을 따라 생기거나 다른 것과 함께 생긴 것도 아니고 ③원인[인연]으로 일어나지만 생기는 것이 아니고 ④인연으로 사라지지만 소멸하는 것도 아니며 ⑤모양이 없고 머무르는 곳조차 볼 수 없다는 것이다.

이미 불과 관련해서 설명했지만, 현상으로서의 마음과 그 현상이 일어나고 사라지게 하는 바탕으로서의 마음이 구분되어야 하는데, 전자는 인연 따라 생멸을 거듭하지만 후자는 스스로 존재할 뿐이다. 그러나 조건에 해당하는 인연이 닿지 않으면, 다시 말해, 조건이 충족되지 않으면 결코 현상으로서 마음도 일어나지 않으며, 일어나지 않음으로 사라질 것도 없게 된다. 그렇지만 바탕으로서의 마음은 늘 존재하지만 없으며, 없지만 있는 것이다.

인간의 온전한 몸이 있어야 마음이란 현상이 나타나듯이 과수(果樹)가 있어야 '아마륵'이라는 열매가 열린다. 이때 몸과 과수(果樹)가 조건이자 인연이라 한다면 마음과 아마륵은 현상인 것이다. 몸과 과수가 없어서 개별적인 마음과 열매 곧 현상이 없다손 치더라도 그 현상을 일으키는 바탕이 없는 것은 아니다. 현상은 지각 대상으로서 개별적인 것이지만 바탕은 본질인 것이기 때문이다. 위 인용문에서 말하는 '결정된 바탕'이란 것이 바로 현상을 낳는 근원지로서 본질, 바탕을 말하는 것이 아닌가 싶다.

그런데 부처님은 모호하게도 '끊임없이 새 것과 옛 것이 교체[代

謝하는 것'으로 아마륵과의 생김과 사라짐을 말했고, 동시에 마음이 인연 따라 생김과 사라짐을 거듭하지만 생멸이 아니라는 모순 어법을 쓰셨다. 현상과 그것을 낳는 본질을 명확히 구분하지 않은 상태에서 말했기 때문이다. 그러나 '근본적인 이치'라는 부처님의 말이 곧 내가 말하는 마음의 바탕을 말하는 것이 아닌가 생각된다.

- 2014. 11. 28.

'무상정등정각(無上正等正覺)'을
이루기 위한 5가지 수행법

　불교의 어떠한 경전을 읽든지 간에, 경전마다 자주 혹은 뜸하지만 중요하게 사용되고 있는 용어들에 대한 이해가 전제되지 못하면 그 내용을 온전히 파악하기가 쉽지 않다. 그래서 많은 경전들을 탐독하며 그 용어들에 대한 이해가 쌓여 있어야만 경전 읽기가 비로소 자유로워진다. 최근에 읽은 「입정부정인경(入定不定印經)」도 예외는 아니다.

　이 경은, '무상정등정각(無上正等正覺)'에 이르는 길과 그것의 중요성을 설명하고 있는데, 정작 그 키워드에 대한 어떠한 설명도 없다. 뿐만 아니라, 우리에게 설명을 요하는 낯선 용어들도 적지 않다. 예컨대, 필추(苾蒭)=비구 · 성문(聲聞) · 보살 · 마하살 · 박가범=세존=부처님=여래 · 예류과(預流果) · 일래과(一來果) · 불환과(不還果) · 아라한과 · 독각과(獨覺果) · 적정결택(寂靜決擇)삼마지 · 건행(健行)삼마지 · 심심부동해조(甚深不動海潮)삼마지 · 관정(灌頂)다라니 · 무변제불색신(無邊諸佛色身)다라니 · 입정부정인(入定不定印)법문 · 대승법 · 보리 등이 그것이다. 물론, 필자야 여러 경들을 읽으면서 나름대로 개념 정리가 되어 있기에 큰 문제가 되지는 않지만 이 경에서만큼은, 경이 온전한 것이라면, 최소한 무상정등정각(無上正等正覺), 성문승, 대승법 등 이 3개의 키워드에 대해서는 어떠한 형태로든 분명한 설명이 전제되었어야 한다고 생각한다. 하지만 그렇지 않다.

여하튼, 이 「입정부정인경(入定不定印經)」은, 묘길상보살(妙吉祥菩薩)의 무상정등정각에 대한 질문에 따른 부처님의 대답 중심으로 짜여 있는데, 그 핵심 내용인 즉 무상정등정각을 이루기 위한 수행자들이 선택하는 5가지 방법 곧 그 수단에 대한 구체적인 설명이다. 물론, 그 5가지 수행[行]이란 ①양거행(羊車行) ②상거행(象車行) ③일월신력행(日月神力行) ④성문신력행(聲聞神力行) ⑤여래신력행(如來神力行)이란 용어들로 표현되고 있지만, 이런 일련의 용어 자체도 사실상 합리적이지는 못하다.

따라서 이 경전의 핵심 내용을 파악·이해하기 위해서는, 이 5행의 의미를 먼저 이해해야 하고, 이 경전의 최고 키워드인 '무상정등정각(無上正等正覺)'이 무엇인지를 먼저 분명하게 인지(認知)해야만 한다.

문제의 경에서 말하는 5가지 행(行)이란, 무상정등정각(無上正等正覺)의 세계로 나아가기 위한 수단 방법 5가지를 말하는데, 이해하기 쉽게 말하자면, ①양이 끄는 수레 ②코끼리가 끄는 수레 ③일월 신력(神力)이 끄는 수레 ④성문 신력이 끄는 수레 ⑤여래 신력이 끄는 수레 등이다. 수행자 입장에서 어떤 수레를 올라타야 소위, 온갖 번뇌와 욕구로 질척거리는 티끌세계를 무사히 건너서 무욕·청정하면서도 지혜의 바다에 이를 수 있을까를 설명하고 있다 해도 틀리지 않는다. 그렇다면, 양·코끼리·일월·성문·여래 등의 용어가 일정한 논점 곧 기준에 의해서 분류된 합리적인 것이어야 하며, 동시에 이들에게 부여되어 내포하고 있는 각각의 의미가 대단히 중요하다.

그러나 경전의 해당 내용을 면밀히 읽어보면, 이 5가지 수단에는 힘과 능력의 차이에 따른 급수가 정해져 있는 것처럼 보이지만 너무나 일방적인 분류이어서 객관성을 담보하지는 못하고 있다고 생각된다. 양·코끼리·일월신력·성문신력·여래신력 등이 5가지에 일관성이 결여되어 있기 때문이다. 해당 경에서 말하기를, 양과 코끼리는 성문승(聲聞乘)에 전적으로 의지하는 저급 차원의 수행이라 한다면, 일월·성문·여래 신력에 의지하는 수행은 대승법(大乘法)에 의지하는 수행이라는 것이다. (나는 이 대목에서 네 번째 '성문신력'이라는 용어 대신에 '연각승'이라는 용어가 더 적절하다고 생각한다. 왜냐하면, 대승불교에서는 3승법(三乘法)이라 하여, ①성문승[聲聞乘 : 안으로 지혜가 있으며, 부처님 세존을 따라 법을 듣고 믿으며, 부지런히 정진하여 삼계에서 빨리 뛰어나오려고 열반을 구하는 사람 : 초급 단계의 수행자 : 출가 사문] ②연각승[緣覺乘 : 부처님 세존을 따라 법을 듣고 믿으며, 부지런히 정진하여 자연의 지혜를 구하며 혼자 있기를 좋아하고 고요한 데를 즐기며, 모든 법의 인연을 깊이 아는 사람 : 중급 단계의 수행자 : 벽지불] ③보살승[菩薩乘 : 부처님 세존을 따라 법을 듣고 믿으며 부지런히 정진하여 일체지(一切智)와 불지(佛智)와 자연지(自然智)와 무사지(無師智)와 여래의 지견과 두려움 없음을 구하며, 한량없는 중생들을 가엾게 생각하여 안락하게 하며, 천상·인간을 이익 되게 하려고 모든 이를 제도하여 해탈시키려고 하는 사람 : 상급

단계의 수행자 : 보살 또는 마하살] 등으로 구분하여 여래가 되는 과정의
위계(位階)를 구분해 놓았기 때문이다.

　여하튼, '성문승'과 '대승법' 중에서 무엇에 의지하느냐에 따라
5가지 수행법이 파생된다면 이 두 개의 용어가 가지는 함의(含意)
는 대단히 중요한데, 역시 이 둘을 구분하는 기준이나 개념 정리
가 전혀 되어 있지도 않다는 사실이다. 그만큼, 경의 내용과 체제
가 불완전하다는 뜻이다. [이제 이런 허술한 경을 읽고 분석하고 이해해보려
는 일로부터 졸업을 해야 하는데 아직도 미련이 남아있음은 무엇을 의미하는 것일
까? 스스로 반문하면서 잠시 숨을 돌린다. -2017. 04. 11. 11:10]

　경전의 내용을 근거로 설명이 가능한 범위 내에서 말하자면, 결
과적으로 경전의 내용을 요약·정리하는 일에 지나지 않지만, 문
제의 5행에 대한 의미는 이러하다.

　양거행(羊車行)·상거행(象車行)은 무상정등정각을 반드시 얻지
는 못하며[不決定], 무상정등정각을 구하더라도 위없는 지혜의 길
[無上智道]에서 물러날 수도 있다. 반면, 일월신력행(日月神力行)·성
문신력행(聲聞神力行)·여래신력행(如來神力行)은 무상정등정각을
반드시 얻으며[決定], 위없는 지혜의 길에서 퇴전(退轉)하지 않는다
고 전제되어 있다.

　양거행(羊車行)이란, 성문(聲聞)과 함께 머무르며, 받들어 섬기고,
가까이하여 익히고, 담론하되, 만일 동산의 숲속이나 절 안과 같
은 경행처에서 성문승의 가르침을 독송하고 생각하여 그 뜻을 해
석하거나, 다시 다른 사람으로 하여금 성문승의 가르침을 독송

하고 생각하게 하고 그 뜻을 해석하게 하면, 이 성문승의 가르침을 받아 지녀 선근(善根)을 심었기 때문에 아주 작고 하열(下劣)한 지혜를 얻게 되어 위없는 지혜의 길에서 물러나게 된다. 비록, 먼저 보리심의 혜근과 혜안을 닦고 익혔더라도 성문승의 가르침을 받아 지님으로써 선근을 심었기 때문에 그로 인해 선근이 둔해져 곧 위없는 지혜의 길에서 물러나게 된다는 것이다.

상거행(象車行)이란, 성문과 함께 머무르며, 받들어 섬기고, 가까이하며 담론하여서 함께 수용하되, 만일 동산의 숲속이나 절 안과 같은 경행처에서 성문승의 가르침을 독송하고 생각하여 그 이치를 해석하거나, 다시 다른 사람으로 하여금 성문승의 가르침을 독송하고 생각하여 그 이치를 해석하게 하면, 이 성문승의 가르침을 받아 지님으로써 선근을 심었기 때문에 아주 작고 하열한 지혜를 얻게 되어 위없는 지혜의 길에서 물러나게 된다. 비록, 먼저 보리심의 혜근과 혜안을 닦아 익혔더라도 성문승의 가르침을 받아 지님으로써 선근을 심었기 때문에 그로 인해서 근기가 둔해져서 곧 위없는 지혜의 길에서 물러나게 된다는 것이다. [이런 설명대로라면, '양거행과 상거행이 다를 바 무엇이 있겠는가?'라고 의심해 볼만하다. 말 그대로, '양'과 '코끼리'의 차이이고, 그것은 힘의 차이이며, 동시에 부처님의 가르침에 대한 이해도의 차이일 것이다.]

일월신력행(日月神力行)이란, 성문과 함께 머물러, 받들어 섬기거나 가까이하여 익히고, 담론하지 않으며, 또한 그들의 옷과 음식을 받거나 쓰지 않으며, 동산의 숲속이나 절 안과 같은 경행처에서 성문승의 가르침이나, 나아가 한 게송이라도 독송하거나 생각하지 않으며, 또한 다른 사람으로 하여금 성문승의 가르침을 독송하거나 염송하지 않게 하고, 항상 오직 대승법만을 독송하고 대승법만을 연설한다. [바로 이 대목에서 '대승법(大乘法)'이 무엇인지 직접적인 설명이 있어야만 한다. 그런데 없다.]

성문신력행(聲聞神力行)이란, 성문과 함께 머물거나, 받들어 섬기거나 가까이하여 익히고, 담론하지 않으며, 또한 그들과 함께 옷과 음식을 받거나 쓰지 않으며, 동산의 숲속이나 절 안과 같은 경행처에서 성문승의 가르침이나 나아가 한 게송이라도 독송하거나 생각하지 않으며, 또한 다른 사람으로 하여금 성문승의 가르침을 독송하거나 생각하지 않게 하며, 항상 오직 대승법만을 독송하고 연설한다. 대승법을 깊이 믿어 독송하고, 대승법을 섭수하는 이에 대하여 공경하는 마음을 일으킨다. 직접 받들고 귀의하여 함께 머물고, 받들어 섬기며 가까이하여 익히고 담론하여, 항상 대승을 구하고 받아 지녀 독송한다.

또, 공경하는 마음으로 갖가지의 향화(香華)·도향(塗香)·말향(末香)·등명(燈明)·화만(華鬘)을 공양하고 항상 오직 대승경전만을 독송하고 환희로운 마음으로 사람들을 위하여 연설한다. 아직까지 배우지 못한 보살에 대하여 공경하는 마음을 일으켜 웃음을 머금고 먼저 말한다. 거칠거나 어지럽게 말하지 않는다. 말하는 내용이 부드러워, 사람으로 하여금 기꺼이 듣게 한다. 설사, 목숨을 잃을 만한 인연을 만나더라도 또한 대승의 마음을 버리지 아니한다. 만일, 어떤 보살이 대승법에 나아가서 대승법을 독송하고 대승법을 거두어들이면, 항상 이 사람에 대하여 나보다 낫다는 마음[增上心]을 일으켜서 공양한다.

또, 다른 사람과 서로 다투거나 경쟁하지 않는다. 아직까지 대승경전을 듣지 못한 이에 대하여 항상 기꺼이 구하려는 마음을 일으키게 해 준다. 법을 말하는 이에 대하여 공경심을 일으키고 큰 스승이라는 생각을 낸다. 아직까지 배우지 못한 보살에 대해서도 공경심을 일으킨다. 다른 사람의 허물에 대하여 만일 사실이거나 사실이 아니거나 꾸짖지 않아야 한다. 또한, 다른 사람의 과실을 들추어내기를 좋아하지 않아야 하며, 항상 자(慈)・비(悲)・희(喜)・사(捨)를 기꺼이 수행해야 한다. [여전히 '대승법'이 무엇인지 직접적인 설명은 없으나 '성문승'과는 차별이 있음에 틀림없고, 그 대승법에 의지해 수행하는 사람들을 공경해야 하며, 그 방법을 설명하고 있다.]

여래신력행(如來神力行)이란, 성문과 함께 머물거나 받들어 섬기거나 가까이하여 익히고, 담론하지 않고, 또한 그들의 의복과 음식을 받거나 쓰지 않으며, 동산의 숲속이나 절 안과 같은 경행처에서 성문승의 가르침이나 나아가 한 게송이라도 독송하거나 생각하지 아니하며, 또한 다른 사람으로 하여금 성문승의 가르침을 독송하거나 생각하지 않게 한다. 오직 항상 대승법만을 독송하고, 대승법만을 연설하며, 몸[身]과 말[語]과 마음[心]에 대하여 항상 청정하게 하며, 계와 선법[戒善法]에 항상 안주하며, 또한 다른 사람으로 하여금 몸과 말과 마음을 청정하게 하여 계법(戒法)에 편안히 머물게 한다. 만일, 어떤 보살이 대승에 나아가 독송하고 섭수하면 항상 이 사람에 대하여 존경하고 귀의하여 받들어 섬기고 가까이하여 익히고 담론한다.

모든 의복과 음식을 함께 받고 쓰되, 보살과 함께 머물고 같은 경행처에서 항상 대승법을 구하고 섭취하며 받들어 지닌다. 갖가지 향화·도향·말향·등명·화만을 공경하는 마음으로 공양하고, 오로지 항상 대승경전만을 독송하고 환희하는 마음으로 대승법을 연설한다. 아직까지 배우지 못한 보살에 대하여 교만심을 일으키지 않고, 나머지 보살들에 대해서도 편안하게 하여 웃음을 머금고 먼저 말한다. 거칠거나 어지럽게 말하지 않으며, 부드럽게 말해서 사람으로 하여금 기꺼이 듣게 하고, 다른 사람에 대해서도 또한 그렇다. 설혹, 목숨을 잃을 인연을 만나더라도 또한 대승의 마음을 버리지 않는다. 만일, 어떤 보살이 대승에 나아가 독송하고 섭수한다면, 나보다 낫다는 마음[增上心]으로 환희하고 직접 받든다.

또한 다른 사람에게도 공경하고 공양하게 하며, 또한 다른 사람과 서로 다투지도 않는다. 아직까지 대승경전을 듣지 못한 이에 대하여서는 항상 기꺼이 배우기를 바란다. 법을 말하는 이에게는 공경심을 일으키고, 큰 스승이라는 생각을 낸다. 아직까지 배우지 못한 보살에 대하여 교만심을 내지 않는다. 다른 사람의 허물에 대하여 사실이거나 사실이 아니거나 꾸짖고 책망하지 않으며, 또한 다른 사람의 과실을 들추어내기를 좋아하지 않는다. 스스로 행하고 나서 다시 다른 사람으로 하여금 이와 같이 닦아 배우게 한다. 특히, 보살업을 잃은 자·보살도를 잃은 자·보살행을 잃은 자·보살인(菩薩因)을 잃은 자·보살의 선교(善巧)를 잃은 자·보살의 일[菩薩事]을 잃은 자·보살가행력(菩薩加行力)을 잃은 자·

보살행의지처(菩薩行依止處)를 잃은 자 · 4무량심(慈 悲 喜 捨)을 잃은 자 · 평등행(平等行)을 잃은 자 · 삼보(三寶)를 믿지 않는 자 · 선법욕(善法欲)을 잃은 자 · 집착에 얽히고 묶여서 갇혀 있는 자 · 병든 자 · 부처님에 대하여 선근을 심는 것을 잃은 자 · 의지할 곳 없는 자 · 무명에 가려진 자 · 하천(下賤)한 곳에 태어난 자 · 보리심을 잃은 자 · 법족(法足)을 잃은 자 · 복지(福智)의 자량(資粮)을 잃은 자 · 대승의 믿음을 잃은 자 · 계호(戒護)를 잃은 자 · 법수법(法隨法)을 잃은 자 · 화인(和忍)을 잃은 자 · 지관(止觀)을 잃은 자 · 보살의 정진(精進)을 잃은 자 · 보시 조순(調順) 지족(知足)을 잃은 자 · 염(念) 지혜 지(持) 행을 잃은 자 · 피안(彼岸)에 나아가는 길을 잃은 자 · 불가(佛家)에 태어나지 못한 자 · 선우(善友)를 잃은 자 · 유정을 이익 되게 하는 마음을 잃은 자 · 법에 의지함을 잃은 자 · 지혜[智]에 의지함을 잃은 자 · 의(義)에 의지함을 잃은 자 · 요의경(了義經)에 의지하는 것을 잃은 자 · 4정근(正勤)을 잃은 자 · 실어(實語) 법어(法語) 이익어(利益語) 조복어(調伏語)를 잃은 자 · 빈천한 자들의 제반 문제를 해결해 주어야 한다는 것이다.

참으로, 이상적인, 아니, 환상적인 이야기이라 할 만큼 요구사항이 점진적으로 많아지고, 갖추어야 할 능력이 또한 커져야 하며, 그 능력을 오로지 타인(중생=유정)을 위해서 써야 한다는 사실을 우리는 어렵지 않게 지각할 수 있다. 이처럼 '중생(衆生)을 구제해야 한다'는 목적의식을 갖고 수행함으로써, 능력을 구비해야 만이 비로소 여래가 된다는 논리가 깔려 있다. 물론, 이 경에서는 중생 구제를 위한 마음과 목표를 '대선근(大善根)'이라는 용어로 표현했지만 그것의 요체는 역시 대자대비(大慈大悲)에 입각한 보시(普施)·제도(濟度)에 있고, 수행의 결과로 생기는 실천적인 큰 능력을 '용맹하고 빠른 힘'이라는 말로써 표현하고 있지만 결국은 '일체지(一切智)'가 되지 않을까 싶다.

이러한 내용으로 경전의 절반 정도가 할애되어 앞에서 기술되었고, 나머지 절반 정도가 5행순으로 중요도가 달라지는데 그에 따른 보리심 성취와, 그 수행자들에 대한 믿음·존경·보시 등도 차등적으로 이루어져야 한다는 내용으로 채워져 있다.

이렇게 짜인 경의 전문을 다 읽고 나면, 5행(行)과 불법(佛法) 수행 정도와 깊이를 나타내주는 위계(位階)인 5과(果)를 사실상 연계시켜 놓은 것으로 보인다. 곧, 양거행(羊車行)은 예류과(預流果)를 얻고, 상거행(象車行)은 일래과(一來果)를 얻으며, 일월신력행(日月神力行)은 불환과(不還果)를 얻고, 성문신력행(聲聞神力行)은 아라한과(阿羅漢果)를 얻으며, 여래신력행(如來神力行)은 독각과(獨覺果)를 얻는 것처럼 말이다. 직접적인 설명은 없지만 경의 상반부에서 5행을, 하반부에서 5과를 구분 기술한 것으로 보면 그 연계성이 추론되기 때문이다.

문제는, 5행으로써 무상정등정각(無上正等正覺)을 이루면 그 결과로서 '보리심'이 주어지는 것처럼 기술되어 있는데 역시 그 보리심에 대해서조차도 설명이 전혀 없다. 따라서 다른 경들을 통해서 이 두 개의 키워드에 대한 설명[答]을 찾아야만 한다. [이런 점으로 미루어보면 먼저 나온 경이 다른 경을 낳고, 그 다른 경은 또 다른 경을 낳아 왔다는 사실을 유추해 볼 수 있다.]

그렇다면, 문제의 이 경에서 설명 없이 전제(前提)되고 있는 '무상정등정각(無上正等正覺)'이란 무엇이며, 또 '보리심'이란 무엇인가? 이 두 개의 키워드를 시원스럽게 설명해야 하는데 유감스럽게도 지금까지 내가 읽어온 경들을 통합적으로 분석 가능하도록 하나의 컴퓨터 파일 속에 넣어 두지 못했기에 일목요연하게 이들 용어의 출처와 개념을 추출하여 설명할 수는 없다. [이제, 경전 분석도 수동식인 인간보다는 인공지능에 맡기는 편이 훨씬 빠르고 효과적이라고 생각한다. 이런 의미에서도 나의 글쓰기는 그만 두어야 한다고 생각한다.] 하지만 그동안 내가 집필해 온 경전 관련 문장들을 통해서나마 두 개의 키워드 의미에 대해 재정리해 보고자 한다.

지금껏 내가 읽어온 많은 경들에서 '무상정등보리(無上正等菩提)'라는 용어를 만났었다. 확실하게 그 근거 하나를 댄다면, 「칭찬정토불섭수경(稱讚淨土佛攝受經)」에서 극락세계를 설명하는 가운데 이 용어가 나온다. 곧, "온갖 유정들이 이 묘한 소리를 들으면 모든 악과 번뇌가 다 소멸되고 한량없이 많은 선법(善法)이 점차 증장되어 속히 무상정등보리(無上正等菩提)를 증득한다."라고 쓰여 있다. 여기서 말하는 '무상정등보리(無上正等菩提)'란 무엇일까? 글자 그대로 풀이하자면, 무상(無上)은 '위가 없다', '최고'·'최상'이라는 뜻이고, 정등(正等)은 '균일함이 바르다', '차이가 없다', '똑 같다', '동일하다', '바르게 평등하다', '차별을 두지 않는다' 등의 뜻이다. 그리고 보리(菩提)란 깨달음·지혜 등을 뜻하는 범어 Bodhi의 음역이다. 그래서 이 '무상정등보리(無上正等菩提)'를 두고 '무상정등정각(無上正等正覺)'이란 말로 바꾸어 표기하는데(이 문제의 「입정부정인경(入定不定印經)」에서처럼), 이는 위가 없고 차별하지 않는, 변하지 않는

올바른 깨달음, 곧 '최상의 바른 깨달음'이라는 뜻으로 해석하면 큰 무리는 없을 것 같다.

그런데 이 '무상정등보리(無上正等菩提)'나 '무상정등정각(無上正等正覺)'이라는 용어와 같은 의미로 쓰이는 전혀 다른 용어가 있다. 그것은 다름 아닌, '아뇩다라삼먁삼보리(阿耨多羅三藐三菩提)'이다. 이 용어는, 불교 경전 가운데 최고·최후의 종지가 가장 잘 응축 표현되었다는 「마하반야바라밀다심경」의 키워드이기도 하다. 그렇다고, 다른 경들에서 이 용어가 쓰이지 않았다는 것은 결코 아니다. 다른 많은 경들에서도 이 용어는 산발적으로 쓰였기 때문이다.

그렇다면, 이 '아뇩다라삼먁삼보리(阿耨多羅三藐三菩提)'는 무슨 의미일까? 필자가 오래전에 정리해 놓은 바가 있기에 중복되는 감이 있지만 여기에 붙이고자 한다.

불자(佛子)들이 흔히 앵무새처럼 외우다시피 하고 있는, 그 유명한 「마하반야바라밀다심경」에 '아뇩다라삼먁삼보리'라는 용어가 나오는데 이는 「금강삼매경」의 키워드이기도 하다. 두 경전을 읽으면서 필자 역시 이 '아뇩다라삼먁삼보리'라는 용어 앞에서 '도대체 이게 무슨 말인가?' 의심하고, 묻고, 찾아보았어도 그 답을 시원스럽게 알 수가 없었다. 물론, 가장 빠른 방법은 범어나 팔리어에서 이 용어가 무슨 뜻으로 쓰이는지를 확인하는 일이 될 것이지만 그조차 쉽지가 않은 게 현실이다. 도대체, 무슨 뜻이기에 중국어로 경전을 번역할 때에 소리 나는 대로 한자(漢字)의 음을 빌려 표기하고 말았을까?

그런데「좌선삼매경」에 그 단서가 있다. 곧, '아뇩다라(阿耨多羅)'에 대해서는, "진나라 말로는 무상선법(無上善法)이라고 한다. 성인의 지혜로 일체를 다 나타내어 인도하고 큰 덕이 한량없어서 범마중성(梵魔衆聖)도 미칠 수 없거든 더구나 일반 중생으로서야 어떻게 부처님의 높은 덕에 미칠 수 있겠는가. 그러므로 무상(無上)이라고 말한 것이다."라는 대목이 그것이다. 물론, 이「좌선삼매경」에서는 '아뇩다라'를 '아누다라(阿耨多羅)'로 바꾸어 표기했는데, 팔리어 발음이 사전에서처럼 'anuttara'로 표기된다면 '耨(김맬 누)' 자를 '뇩'이 아닌 '누'로 발음해야 옳다고 본다. 어쨌든, 문제의 '아뇩다라'를 '위가 없는 최고의 법'으로 풀이한다는 뜻이다. 이때 법(法)이란 '깨우침' 또는 '가르침' 또는 '진리'가 될 것이다.

　그리고 '삼먁삼보리'에 대해서는, "'삼먁'은 진나라 말로 진실(眞實)이라는 말이고, '삼불타'는 일체를 다 깨달았다는 뜻이니, 괴로움의 원인을 깨달아 열반의 원인을 익혀 바른 견해를 말하고, 네 가지 진실[고집멸도(苦集滅道)를 말함]을 알아 전전하지 않는다. 다 깨달아 남음이 없기 때문에 진실하게 일체를 깨달았다고 말한다."라고 풀이하고 있다. 물론,「좌선삼매경」에서는 '삼먁삼보리'가 '삼먁삼불타(三藐三佛陀)'로 바뀌어 표기되어 있지만 같은 뜻으로 보아도 틀리지 않는다. 어쨌든, 문제의 '삼먁삼보리(三藐三菩提)' ['sammāsambodhi'(팔리어), 'samyak-sabodhi'(범어)]는 '번뇌의 원인과 그것을 소멸시키는 방법 등 일체를 깨달은 진실'이라는 뜻으로 해석된다는 뜻일 것이다.

　따라서 나는, 이 '아뇩다라삼먁삼보리(阿耨多羅三藐三菩提)'를 '번뇌의 근원과 그것을 소멸시키는 방법에 대한 더 이상의 위가 없는

깨달음 곧 최상의 깨달음'이거나 '그 깨달음을 얻은 사람[解脫者]'
이라고 풀이하고 싶다(2014. 01. 09.).

　다시 그렇다면, '최상의, 최고의 바른 깨달음'이란 무엇을 두고
말함인가? 이에 대해서도 나는 지금껏 어떤 경전이나 수행자들로
부터 직접적인 설명을 듣지 못했다. 다만, 내가 읽어온 적지 아니
한 경들을 통해서 종합·유추해 보자면 이러하다. 곧, 근심걱정
[근심+걱정=번뇌]을 일으키는 요인과, 그것들을 소멸시키는 방법과,
그 방법에 따라 실행에 옮기는 실천적인 삶과, 제반 현상이나 관
계에 대한 이해를 가능하게 하는 지혜 등에 대한 부처의 깨달음
으로, 계(戒)·정(定)·혜(慧)라는 세 글자로 요약된다. 이렇게 설명
을 해도 무언가 빠진 듯하다. 그것은 '최상의, 최고의 바른 깨달음'
을 얻었을 때에, 그리고 '그것을 온전히 실행에 옮겼을 때에 그 당
사자는 어떤 상태에 놓이게 되는가? 아니면, 현실생활 속에서 어
떻게 살아가야 하는가?'라는 그 깨달음의 결과에 대한 대답이다.
　누가, 이 부분에 대해서 속 시원히 설명해 줄 수 있는가? 부처가
여러 경들을 통해서 누차 강조했듯이, ①생사(生死)의 굴레로부터
온전히 벗어나 다른 어떠한 곳에서도 다시 태어나지 않음인가?
아니면, ②현실생활 속에서 발생하는 제반 문제들에 대해서 조
금도 걸림 없이 해결할 수 있는 완벽한 능력의 구비인가? 아니면,
③그야말로 무념무상(無念無想)의 상태에서 누리는 무욕(無慾)의 청
정함이며, 마음의 평화인가? 아니면, ④보살승에 입각하여 중생
들을 위해서 대자대비(大慈大悲) 심을 내어 보시·구제함인가? 물
론, 경들은 이들을 두루 다 포함하고 있다.

누가 필자에게 묻는다면, 나는 이렇게 말하는 데에 주저하지 않을 것이다. 아니, 나의 말이 아니라 경들에 산재되어 있는 말들을 종합해 보면 이렇다는 것이다. 곧, 변하지 않는 것이 없고, 사라지지 않는 것이 없는, 존재의 무상함을 깨닫고, 변할 것도 없고 사라질 것도 없는, 그래서 있지도 않고 없지도 않는 궁극의 도[道=法=空]와 눈을 맞추듯이 살아야 한다. 그렇다면, 어떻게 사는 것이 도(道)와의 눈맞춤인가? 그것은 결국, 대인·대물관계에서 대자대비(大慈大悲) 심을 내어 많이 참고, 많이 용서하며, 많이 베풀되 겸손하고, 평소에 대상[현상+관계]에 대한 관찰과 명상[禪定]으로써 지혜를 얻어 온갖 근심걱정으로부터 자유로운 삶을 사는 것이라고 말이다. 이것을 현실생활 속에서 온전히 실천하는 것이야말로 이 문제의 경(經)이 말하는 보살도(菩薩道)요, 무상정등정각(無上正等正覺)이요, 무상정등보리(無上正等菩提)요, 아뇩다라삼먁삼보리(阿耨多羅三藐三菩提)이자 그것을 진정으로 깨달은 자라 할 수 있으리라.

- 2017. 04. 12.

부처의 신통력

불교의 여러 경(經)에는 '신통력(神通力)'이라는 용어가 자주 등장한다. 부처님의 '일체지(一切智)'에서 나오는 초인적 · 초자연적인 능력과, 선(禪) 수행의 효과를 드러내기 위한 방편으로 그 신통력이라는 용어가 곧잘 쓰였던 것이다. 부처님이 지녔다는 '삼통(三通)'에서 '십통(十通)'에 이르기까지 이들은 선 수행을 하면[경전 내의 다른 말로 바꾸어 말하면 도(道)를 구하면] 갖가지 신통력이 생기고, 그것이 겉으로 드러나는[示現(시현)] 것처럼 기록되어 있다.

예를 들자면, 『중아함경』 속 「상가라경(傷歌邏經)」에 의하면, 도(道)를 배움으로써 한량없는 복(福)의 자취를 행한다고 '상가라마납(傷歌邏摩納)'이라는 사람이 부처님의 질문에 대답하자, 부처님께서 세 가지 시현(示現)이 있다고 말하면서 그것들에 대해서 구체적으로 설명하는 내용이 나오는데, 여의족시현(如意足示現) · 점념시현(占念示現) · 교훈시현(敎訓示現) 등 세 가지가 그것이다. 여의족시현(如意足示現)은 신족통(神足通)에 해당하고, 점념시현(占念示現)은 타심통(他心通)에 해당하며, 교훈시현(敎訓示現)은 교계통(敎誡通)에 해당하지만 구체적인 설명은 피하겠다.

　여하튼, 부처님의 신통력을 언급하고 있는 경들은 삼통[①신족통(神足通) ②타심통(他心通) ③교계통(敎誡通)]을 말하기도 하고 오통, 육통[①천안통(天眼通) ②천이통(天耳通) ③타심통(他心通) ④숙명통(宿命通) ⑤신족통(神足通) ⑥누진통(漏盡通)]을 말하기도 하며, 심지어 『대방광불화엄경』 제44권 「십통품(十通品)」에서는 십통(十通)을 말하기도 한다. 이처럼 경전 집필자마다 필요에 의해서 여러 가지로 말했는데 이런 현상은 먼저 나온 경이 다른 경을 낳고, 그 경은 또 다른 경을 낳아온 결과가 아닌가 싶기도 하다.

　『장아함 견고경(長阿含 堅固經)』에서는, 부처님이 나란다 성 바바리암라 동산에서 '견고(堅固)'라고 하는 남자 신도의 청을 받아 직접 말씀하셨다는 내용으로 세 가지 신통력을 가지셨다고 했다. 곧, ①신족통(神足通) ②타심통(他心通) ③교계통(敎誡通) 등이 그것이다. 그런가하면, 『대방광불화엄경』 제44권 「십통품(十通品)」에서는, 부처님의 요청으로 보현보살이 보안보살을 비롯한 여러 보살들에게 열 가지 신통력을 말했는데 그 내용인 즉 이러하다. 곧, ① 남의 속을 잘 아는 지혜의 신통[善知他心智神通] ②걸림 없는 하늘 눈 지혜의 신통[無礙天眼智神通] ③지나간 일을 아는 지혜의 신통[知過去際劫宿住智神通] ④오는 세월이 끝날 때까지의 겁을 아는 지혜의 신통[知盡未來際劫智神通] ⑤걸림없이 청정한 하늘 귀로 듣는 지혜의 신통[無礙淸淨天耳智神通] ⑥자체 성품이 없고 동작이 없고 모든 부처님 세계에 이르는 지혜의 신통[無體性無動作往一切佛刹智神通] ⑦모든 말을 잘 분별하는 지혜의 신통[善分別一切言辭智神通] ⑧무수한 육신을 성취하는 지혜의 신통[無數色身智神通] ⑨온갖 법을 아는 지혜의 신통[一切法智神通] ⑩보살마하살이 온갖 법이 사라져 없어지는 삼매에 들어가는 지혜의 신통[一切法滅盡三昧智神通] 등이 그것이다.

사실, 이들 신통력의 내용을 자세히 들여다보면 퍽 재미있다. 인간으로서 인간의 능력을 초월하는 특별한 능력을 갖고 싶어 하는 욕구를 읽을 수 있기 때문이다. 예컨대, 시공(時空)을 초월하여 아주 멀리 있는 대상이나 현상을 볼 수 있는 능력을 천안통이라 한다면, 그런 소리를 들을 수 있는 능력이 천이통이다. 네팔에 가면 불교 사원의 불탑 위에 사람의 눈을 유난히 크게 그려 놓은 모습을 흔히 볼 수 있다. 경전에 기록된 부처님의 천안통을 상징적으로 그려 놓은 것이다. 한 마디로 말해, 부처님은 다 본다는 뜻이다. 그리고 타심통이란 타인의 마음과 생각을 능히 아는 능력을 말하며, 숙명통이란 타인의 과거와 미래를 능히 아는 능력을 말하고, 신족통이란 시공을 초월하여 언제 어디라도 몸이 날아갈 수 있는 능력을 두고 말한다. 「좌선삼매경」에서는 선 수행을 하면 축지(縮地)·비행(飛行)·변장술(變裝術)이 가능한 것처럼 언급되어 있음도 확인할 수 있다. 그리고 누진통이란 온갖 번뇌를 끊어 없애버리는 능력이다. 나머지 것들에 대해서는 일일이 다 설명할 필요도 없다고 판단되지만 경들을 읽다 보면 이런 신통력이란 말 때문에 부처님이나 특정 보살 등은 눈 깜짝할 사이에 하늘을 날아서 다른 목적지에 이미 당도해 있다는 식의 내용과, 사람들이 말하는 내용을 부처님은 멀리서도 듣고 알아차렸다는 식의 내용들이 적잖이 기술되어 있다. 그래서 나는 중국의 무협지에서 흔히 나오는 축지 비행술이나 변신술 따위가 다 불교 경전으로부터 비롯된 것이 아닐까, 억측을 하기도 했었다.

오늘날 한국 스님들은, 물론, 전부는 아니겠지만, 숙명통이라도 얻은 듯이 남의 사주팔자나 보아주고, 죽은 자의 명복이나 빌어주며, 요리를 연구하고, 악기를 연주하고, 그림을 그리는 등 갖가지 욕구를 적극적으로 충족시키는 활동을 마다하지 않고 있다. 내 눈에는 계(戒)·정(定)·혜(慧) 수행에 정진하라는 부처님의 간곡한 바람과는 멀리 떨어져 있는 것들로 보인다. 부처님은 점술을 비롯하여 신통력을 발휘하지 말라고 강조하였으며, 감각기관의 욕구를 한사코 억제하라고 했기 때문이다. 한 마디로 말해서, 부처님이 하지 말라는 것만 골라서 하고 있다면 지나친 표현일까.

종교의 경전이라 해서 -비단, 불교뿐만이 아니지만- 그 안에 든 모든 내용이 반드시 옳거나 사실이 아닐 수도 있는데 사람들은 전지전능한 하느님이나, 혹은 일체지를 지녔다는 부처님께 무한한 신뢰를 보내면서 경전 안에 기록된 내용들을 무조건적으로 받아들이는 경향이 있다. 인간의 능력으로서는 인간사의 제반 문제를 해결해 줄 수 없다고 믿기 때문인지 그 자리에 초인적·초자연적인 능력을 가졌다는 신(神)이라는 존재를 갖다 놓는 것이다.

- 2014. 08. 11./2017. 04. 27. 수정

예수의 신통력

→

①태어날 때부터 유사 이래 없었던 방식인, 성령으로써 한 약
혼녀의 몸을 빌려 태어났다. 그렇게 태어난 예수는 성장하여 세
례 요한으로부터 요단강에서 물로써 세례를 받고, 그 후, ②성령
에 이끌리어 광야로 나가 사십 일 동안이나 금식으로 주린 채 마
귀의 시험을 받았다. 헐벗은 바위산에서 행해진 사십 일 동안의
금식을 생각한다면 보통 사람으로서는 상상하기조차 어려운 일
이지만 어쨌든, 예수는 금식하면서 마귀시험을 받았다. 하나님
입장에서 보면, 일종의 수련[鍛鍊(단련)]인 셈이지만 말이다. 그런
후부터 그에게는 남다른, 아니, 보통의 사람들이 갖지 못하는 매
우 특별한 능력을 갖게 되었다. 그 특별한 능력이란, 마음만 먹
으면 초인간적·초자연적 현상을 얼마든지 일으키는 힘이었다.
곧, ③거친 풍랑을 말씀만으로 잠재우고, ④온갖 병을 마음과 말
로써 치료함은 물론 귀신들을 축출하고 ⑤하늘을 향하여 축사함
으로써 눈 깜짝할 사이에 수천 명 이상이 먹을 수 있는 양의 음식
(빵과 물고기 등)을 만들어내고, ⑥이미 죽은 자를 살려내고, ⑦자타

(自他)의 운명을 미리 알아차리고, ⑧필요시 자신의 외형을 변형시키고, ⑨대단히 뛰어난 수사력으로 강론을 펼쳤으며, 말한 대로 이루어지지 않는 것이 없는 것처럼 다양한 기현상(물을 포도주로 바꾸고, 사람들의 눈을 어둡고 밝게도 하고…)을 일으켰다. ⑩물고기 입에서 세금 낼 돈을 구하고, ⑪말 한마디로써 무화과나무를 말라죽게 하고, 심지어는 ⑫칼에 베이어 떨어진 대제사장 종의 귀를 손으로 만져 복원시키고 ⑬십자가에 못 박혀 죽은 후 사흘 만에 스스로 부활하고, ⑭제자들이 보는 앞에서 승천하여 하나님 우편에 앉으셨다. 그런 다음에도 끊임없이 자신의 제자들이 천국복음을 세상 끝까지 전파할 수 있도록 ⑮'보혜사'라는 이름의 성령을 하나님으로 하여금 내려 보내도록 하고 있고, 세상 끝 날에는 왕권을 부여받고 산 자와 죽은 자를 심판하러 이 땅에 다시 오실 것이라고 약속해 놓고 있다.(이상은 우리가 말하는 '성경'이라는 경전을 읽고 필자가 임의로 정리한 것이다. 이외에도 더 있다. 본인의 다른 저서『예수교의 실상과 허상』을 참고하기 바란다.)

예수의 이런 신통력은 다 하느님의 '전지전능(全知全能)'에서 비롯되는 것이다. 만약, 하느님의 능력이 예수에게 부여되지 않았다면 오늘날 우리는 예수를 과연 어떻게 받아들일까? 부처님과 그의 제자들에게도 신통력이 있었듯이 예수님과 그의 제자들에게도 신통력이 발휘되었음은 경전의 기록에서 얼마든지 찾아볼 수 있다. 결과적으로 우리는 신의 초인적·초자연적인 능력을 믿고, 신에게 무한한 신뢰를 보내며, 신의 말에 귀를 기울이는 것이라 해도 틀리지 않는다.

- 2017. 04. 27. 수정

하느님의 전지전능(全知全能)과
부처님의 일체지(一切智地)

예수교의 경전인 '성경'을 믿는 사람들은, 우주 만물을 말씀으로써 창조하시고 인간의 생사(生死)를 주관한다는 하나님의 능력에 대해서 '전지전능(全知全能)'이라는 단어로써 표현하기를 좋아한다. 반면, 불교의 경전을 믿는 사람들은, 열 가지 신통력을 지녔다는 부처님의 능력에 대해서 '일체지지(一切智地)'라는 단어로써 표현하기를 좋아한다.

'전지전능(全知全能)'이란, 한자어로서 글자 그대로 풀이하자면, 모든 것을 알고 모든 것을 행할 수 있다는 뜻이다. 그래서 신의 능력을 말할 때에 곧잘 쓰는 대표적인 말이 되었다.

'일체지지(一切智地)'란, 역시 한자어로서 글자 그대로 풀이하자면, 일체 곧 모든 것을 다 아는 지혜를 가진 지위라는 뜻이다. 그래서 부처님이 깨달아서 얻게 된 지혜나 그 능력을 말할 때에 곧잘 쓰는 대표적인 말이 되었다.

결국, 스스로 불완전하다고 인정한 우리 인간은 '신(神)'이라고 하는 완전한 혹은 완벽한 존재를 만들어 자신의 내부로 끌어들임으로써 그에게 기대고 의지하여 여러 가지 문제들을 해결하고 제 현상을 해석하려 한다.

전지전능, 일체지, 말은 다르지만 결국 같은 뜻이자 같은 배경에서 나온 인간의 말일 뿐이라고 나는 생각한다.

- 2015. 04. 24.

수기[受記]

　불교 경전을 읽다보면 '수기(受記)'라는 아주 낯선 용어가 나온
다. 중국에서는 수별(受莂)·수기(授記)라고도 표기해 왔는데, 이
수기(受記)가 제일 많이 나오는 경전을 들라면 「묘법연화경(妙法蓮
華經)」이라 할 수 있다. 이 경전 제2권 '비유품(譬喩品)'에서는 부처
님이 사리불에게 가장 먼저 수기를 주는 내용이 나오고, 같은 경
전 제3권 '수기품(授記品)'에서는 부처님이 마하가섭·수보리·마
하가전연·대목건련 등 4명의 제자들에게 차례로 수기를 주는
내용이 기록·묘사되어 있다. 뿐만 아니라, 같은 경전 제4권 '오
백제자수기품(五百弟子受記品)'에서는 부루나미다라니자(富樓那彌多
羅尼子) 보살['비구'라는 용어도 같이 사용되었음]에게 수기를 주고, 1200
명의 아라한들에게 아뇩다라삼먁삼보리의 수기를 차례대로 주겠
다고 약속하고 있으며, 교진여 비구에게 수기를 주고, 5백 아라한
들에게 수기를 주었다는 단순 기록도 나온다.

　그렇다면, 이 수기란 과연 무엇이며, 어떤 의미가 있는 것일까?

해당 경전 내용을 근거로 살펴보고자 한자. 아래 인용문들은 부처님이 사리불·마하가섭·수보리·대가전연·대목건련·아난·라훌라(부처님의 아들)·제바달다·마하파사파제(摩訶波闍波提=부처님의 이모이자 양모) 비구니·야수다라(耶輸陀羅=라훌라의 어머니=부처의 아내) 비구니 등에게 수기를 주는 상황이자 그 내용이다.

① 사리불에게 준 수기

내(부처님)가 이제 천인·사문·바라문 대중들 가운데서 말하노라. 내가 옛날 2만 억 부처님 계신 데서 위없는 도를 위하여 너(사리불)를 교화하였고, 너도 또한 오랜 세월을 두고 나를 따라 배웠으니, 내가 방편으로써 너를 인도하였으므로 내 법 가운데 나게 되었느니라.

사리불아, 예전에 내가 너를 가르쳐 부처님의 도에 뜻을 두게 하였는데, 네가 지금 잊어버리고 스스로 생각하기를 이미 멸도를 얻었노라 하기에, 내가 이제 너로 하여금 본래 원하고 행하던 도를 기억하게 하기 위하여 성문들에게 이 대승경을 말하노니, 이름이 『묘법연화경』이요, 보살을 교화하는 법이며, 부처님께서 보호하고 생각하시는 바이다.

사리불아, 너는 오는 세상에 한량없고 가없는 불가사의 겁을 지내면서 여러 천만 억 부처님께 공양하고 바른 법을 받들며, 보살이 행할 도를 구족하여 마땅히 부처가 되리니, 명호는 화광(華光) 여래·응공·정변지·명행족·선서·세간해·무상사·조어장부·천인사·불세존이라 할 것이며, 그 세계의 이름은 이구(離垢)이니, 땅이 편편하고 반듯하며 깨끗하고 장엄하며 태평하고 풍성하며, 천인과 사람들이 치성하여 유리로 땅이 되고, 8방으로 뻗어나간 길은 황금으로 줄을 꼬아 드리웠으며, 그 길 옆에는 7보로 된 가로수가 있어 항상 꽃과 열매가 무성하며, 화광여래께서도 또한 3승으로써 중생을 교화하시리라.

사리불아, 그 부처님께서 출현하신 때가 비록 나쁜 세상은 아니지만, 본래부터 원하던 인연으로 3승법을 말씀하시느니라. 그 겁의 이름은 대보장엄(大寶莊嚴)이니, 왜 이렇게 이름하는가 하면, 그 나라는 보살로써 큰 보배를 삼기 때문이니라. 그 많은 보살들은 한량없고 가없고 헤아릴 수 없으며, 숫자로나 비유로도 미칠 수가 없나니, 부처님의 지혜가 아니고는 알 사람이 없느니라. 보행할 적에는 보배로운 꽃이 발을 받드나니, 이 보살들은 처음으로 발심한 사람들이 아니고, 오랜 옛적부터 덕의 근본을 심었으며, 한량없는 백 천만 억 부처님 계신 데서 범행을 깨끗하게 닦았으므로, 여러 부처님들께서 칭찬하시던 바이며, 항상 부처님의 지혜를 닦았고, 큰 신통을 구족하여 모든 법에 들어가는 문을 잘 알았으며, 참되고 거짓이 없었으며, 의지력이 견고하였으니, 이런 보살들이 그 나라에 가득하니라.

사리불아, 화광부처님의 수명은 12소겁이니, 왕자로서 성불하기 전은 제외하느니라. 또 그 나라 백성의 수명은 8소겁이니라. 화광여래께서 12소겁을 지내고는 견만(堅滿) 보살에게 아뇩다라삼먁삼보리의 수기를 주시면서 비구들에게 이렇게 말씀하셨느니라.

'이 견만보살이 다음에 부처를 이룰지니, 그 명호는 화족안행(華足安行) 다타아가도·아라하·삼먁삼불타라 하며, 그 부처님의 국토도 또한 이와 같으리라.'

사리불아, 이 화광부처님께서 멸도하신 뒤에도 정법(正法)이 세상에 머물기는 32소겁이며, 상법(像法)도 또한 32소겁을 머무르리라.

② 마하가섭에게 준 수기

내 제자인 이 마하가섭은 오는 세상에 반드시 3백만 억 여러 부처님들을 친견하고 받들며 공양하고 공경하며 존중하고 찬탄하며, 널리 여러 부처님들의 한량없는 큰 법을 설하고 최후의 몸으로 성불하리니, 그 이름은 광명(光明)여래·응공·

정변지·명행족·선서·세간해·무상사·조어장부·천인사·불세존이라 하리라. 그 나라의 이름은 광덕(光德)이요, 겁의 이름은 대장엄(大莊嚴)이며, 부처님의 수명은 12소겁이요, 정법(正法)이 세상에 머물기는 20소겁이며, 상법(像法)도 20소겁을 머무르리라.

그 나라는 장엄하게 꾸며지고 여러 가지 더럽고 악한 것과 기와·돌·가시덤불이나 부정한 오물이 없으며, 국토는 평정하여 높고 낮은 곳이나 구릉이나 언덕이 없고 유리로 땅이 되었으며, 길에는 보배 나무가 늘어섰고, 황금으로 줄을 꼬아 경계를 하며, 여러 가지 아름다운 꽃을 흩어서 두루 청정하게 하며, 그 나라의 보살은 한량없는 천만 억이며, 여러 성문대중도 무수하고 악마를 섬기는 일도 없으며, 만일 악마나 그런 백성이 있다 할지라도 다 부처님의 법을 보호하리라.

③ 수보리에게 준 수기

수보리는 앞으로 오는 세상에 3백만 억 나유타(那由他) 부처님을 친견하여 받들고 공양하고 공경하며 존중하고 찬탄하며, 항상 범행을 닦아 보살의 도를 갖추어 최후의 몸에 성불을 하면, 그 이름은 명상(名相) 여래·응공·정변지·명행족·선서·세간해·무상사·조어장부·천인사·불세존이며, 겁의 이름은 유보(有寶)요, 나라 이름은 보생(寶生)이리라. 그 국토는 평탄하며 파려로 땅이 되고 보배 나무로 장엄하며, 구릉이나 언덕이나 또 사금파리나 가시덤불이나 대변·소변 같은 더러운 오물이 없으리라. 보배꽃이 땅을 덮어 두루 청정하며, 그 국토의 인민은 다 보배로운 집이나 진귀하고 아름다운 누각에 살며, 성문 제자는 한량없고 가없어 숫자로나 비유로도 능히 알 수 없으며, 또한 여러 보살들도 무수하여 천만 억 나유타이리라. 부처님의 수명은 12소겁이요, 정법이 세상에 머물기는 20소겁이며, 상법도 역시 20소겁이리라. 그 부처님은 항상 허공에 머물러서 중생을 위해 설법하며, 한량없는 보살과 성문들을 제도하리라.

④ 대가전연에게 준 수기

내 이제 너희들에게 말하노라. 이 대가전연은 오는 세상에 8천억 부처님을 여러 가지 공양 기구로써 공양하고 공경하고 존중하며, 그 부처님들이 열반하신 뒤에는 탑을 세우되, 높이가 1천 유순이며 길이나 너비가 똑같이 5백 유순이라, 금·은·유리·차거·마노·진주·매괴(玫瑰)의 7보를 합하여 이루어지고, 여러 꽃과 영락과 도향(塗香)·말향(末香)·소향(燒香)과 증개(繒盖)·당번으로 그 탑묘에 공양하고, 이 일을 마친 후에는 다시 2만억 부처님께 공양하되 전과 같이 하나니, 이 모든 부처님께 공양을 한 뒤 보살의 도를 갖추고 마땅히 성불하리라. 그 이름은 염부나제금광(閻浮那提金光) 여래·응공·정변지·명행족·선서·세간해·무상사·조어장부·천인사·불세존이리라. 그 나라의 땅은 평탄하고 또 유리로 땅이 되며 보배 나무로 장엄되고 황금으로 줄을 꼬아 길을 경계하며, 아름다운 꽃으로 땅을 덮어 두루 청정하니, 보는 사람마다 환희하며, 네 가지 악한 갈래인 지옥·아귀·축생·아수라가 없고, 많은 천상과 인간 그리고 여러 성문과 한량없는 만억의 보살들이 그 나라를 장엄하며, 그 부처님의 수명은 12소겁이고, 정법이 20소겁을 세상에 머무르고, 상법도 또한 20소겁을 머무르리라.

⑤ 대목건련에게 준 수기

내 이제 너희들에게 말하노라. 여기 대목건련은 가지가지 공양 기구로써 8천의 여러 부처님들께 공양하고 공경하고 존중하며, 여러 부처님들이 열반하신 뒤에는 각각 그 탑묘를 세우되, 높이가 1천 유순이나 되고 길이나 너비가 똑같이 5백 유순이 되게 하리라. 금·은·유리·차거·마노·진주·매괴 등 7보를 합하여 만들고, 많은 꽃과 영락과 도향·말향·소향과 증개·당번들로써 탑묘를 공양하며, 이것을 마친 후에는 다시 2백만억 부처님을 그렇게 공양하고 반드시 성불하리라. 그 부처님의 이름은 다마라발전단향(多摩羅跋栴檀香)여래·응공·정변지·명행족·선서·

세간해·무상사·조어장부·천인사·불세존이리라. 그 겁의 이름은 희만(喜滿)이요, 나라 이름은 의락(意樂)이며, 그 나라의 땅은 평평하여 파려로 땅이 되고 보배 나무로 장엄하며 진주로 된 꽃을 흩어 두루 청정하게 하거늘, 보는 사람마다 환희하여 천상 사람들이 많고, 보살과 성문도 그 수가 한량이 없으리라. 그 부처님의 수명은 24소겁이요, 정법이 세상에 머물기는 40소겁이며, 상법도 정법과 같은 기간을 머무르리라.

⑥ 아난의 수기

너는 오는 세상에 반드시 성불하리니, 그 이름은 산해혜자재통왕(山海慧自在通王) 여래·응공·정변지·명행족·선서·세간해·무상사·조어장부·천인사·불세존이리라. 마땅히 62억의 여러 부처님들을 공양하고, 법장을 받들어 가진 뒤에 아뇩다라삼먁삼보리를 얻고, 20천만억 항하의 모래같이 많은 보살들을 교화하여 아뇩다라삼먁삼보리를 얻게 하리라. 그 나라의 이름은 상립승번(常立勝幡)으로 국토가 청정하여 그 땅이 유리로 되며, 겁의 이름은 묘음변만(妙音遍滿)이리라.

그 부처님의 수명은 한량없는 천만억 아승기겁으로, 만일 사람이 천만억 한량없는 아승기겁 동안 수학으로 헤아린대도 그 수를 알 수 없으며, 정법이 세상에 머물기는 그 부처님 수명의 두 배이고, 상법은 정법 수명의 두 배이니라.

아난아, 이 산해혜자재통왕불은 시방세계 한량없는 천만억 항하의 모래 같은 여러 부처님 여래께서 다 함께 그 공덕을 찬탄하시게 되리라.

⑦ 라훌라에게 준 수기

너는 오는 세상에 반드시 성불하리니, 이름은 도칠보화(蹈七寶華) 여래·응공·정변지·명행족·선서·세간해·무상사·조어장부·천인사·불세존이리라. 시방세계의 가는 티끌과 같이 많은 부처님을 공양하며 항상 여러 부처님의 장자(長子)가 되어 지금 같으리라.

이 도칠보화불의 국토는 장엄하고, 그 부처님의 수명 겁수나 교화할 제자나 정법과 상법의 수명도 산해혜자재통왕여래와 다르지 아니하며, 또한 이 부처님의 장자가 되리라. 이와 같이 한 후에 반드시 아뇩다라삼먁삼보리를 얻게 되리라.

⑧ 제바달다에게 준 수기

이 제바달다는 한량없이 오랜 겁을 지나서 반드시 성불하리니, 그 이름은 천왕(天王) 여래·응공·정변지·명행족·선서·세간해·무상사·조어장부·천인사·불세존이며, 그 세계의 이름은 천도(天道)이리라. 그 때 천왕불이 세상에 머물기는 20중겁으로 널리 중생을 위하여 미묘한 법을 설하면, 항하의 모래 같은 많은 중생이 아라한과를 얻고, 또 한량없는 중생은 연각심을 내며, 다시 항하의 모래같이 많은 중생이 위없는 도의 마음을 내어 무생인(無生忍)을 얻고 물러남이 없으리라. 천왕불이 열반한 뒤에는 정법이 20중겁을 세상에 머물 것이며, 전신사리로 7보탑을 세우리니, 높이는 60유순이며 너비는 40유순이다. 모든 하늘과 인간들이 여러 가지 꽃과 말향·소향·도향과 의복·영락·당번·보배의 번개와, 기악과 가무로써 7보의 미묘한 탑에 예배하고 공양하며 한량없는 중생들은 아라한과를 얻고, 또 한량없이 많은 중생들이 벽지불을 깨닫고, 불가사의한 중생이 보리심을 내어 물러나지 아니하리라.

⑨ 마하파사파제(摩訶波闍波提) 비구니에게 준 수기

그대는 장차 오는 세상 6만 8천억의 부처님 법 가운데서 큰 법사가 될 것이며, 아직 배우는 이와 다 배운 6천의 비구니도 모두 함께 법사가 되리라. 그대가 이와 같이 점점 보살도를 갖추어 성불하면, 그 이름은 일체중생희견(一切衆生喜見) 여래·응공·정변지·명행족·선서·세간해·무상사·조어장부·천인사·불세존이리라. 교담

미여, 이 일체중생희견불과 6천의 보살이 차례로 수기를 하여 아뇩다라삼먁삼보리를 얻으리라.

⑩ 야수다라(耶輸陀羅) 비구니에게 준 수기

보살의 행을 닦고 대법사가 되며 점점 부처님의 도를 구족하여 훌륭한 국토에서 성불하리라. 또한 그 이름은 구족천만광상(具足千萬光相) 여래·응공·정변지·명행족·선서·세간해·무상사·조어장부·천인사·불세존이리라. 그 부처님의 수명은 한량없이 긴 아승기겁이니라.

부처님이 위 열 사람에게 준 수기 내용을 보면, 다른 여타의 사람들에게 준 수기 내용을 굳이 보지 않더라도 짐작할 수 있으리라 판단되며, 위 열 사람에게 준 수기 내용을 통해서 우리는 수기의 개념과 형식과 그 의미 등을 유추해 볼 수 있으리라 본다.

수기(受記)란, 글자 그대로 해석하자면, 문장으로써 기록해서 주는 증서나 문서 따위를 주고 받는 행위가 될 터인데, 보다시피, 경전에서는 증서나 문서가 아니며, 부처님이 대중 앞에서 특정인에 대해서 공개적으로 하는 권위가 실린 말이다. 그것도, 특정인에게만 선택적으로 주는 말인데 당사자가 언제 어떤 곳에서 어떤 능력을 지닌 부처가 되어 얼마동안 역할을 한다는 예언적인 성격의 약속과도 같은 증언(證言)이다.

위 열 사람이 받은 수기 내용에서 보면, 공통적으로 언급된 요소들이 있는데, 그것은 각기 다른 ①성불(成佛) 조건[성불하게 되는 이유와 배경 등], ②성불했을 때에 주어지는 그 부처님의 이름[名號], ③

부처님의 수명(壽命), ④겁과 나라의 이름, ⑤그 나라의 국토 상태, ⑥그 나라의 국민 성향과 신분, ⑦그 부처님이 멸도하신 후 정법(正法)과 상법(像法)이 머무는 기간[壽命], ⑧부처님이 주로 하시는 일[役割] 등이다.

그렇다면, 실질적인 수기란, 현재의 부처님이 아주 먼 미래에 부처가 될 사람[제자들 가운데 일부]에게 그의 성불하기 위한 수행 조건과, 부처가 되었을 때의 그의 능력과 역할, 그리고 그가 임재하게 될 불국토[佛國土:불교적 이상이 담긴 가상 세계] 등에 대해서 미리 공개적으로 알려주는, 아니, 단순히 알려준다기보다는 부처님의 권위로써 약속하고 보증해주는 성격의 말이다. 그런데 보다시피, 부처가 되기 위한 전제조건부터 부처가 되어 임재하게 되는 불국토의 수명 등에 이르기까지 하나에서 열까지 모든 요소들이 과장되어 있고, 비현실적이며, 상상 속에서나 존재 가능한 이상세계로서의 꿈이고, 허구이고, 말일 뿐이라는 생각이 든다.

다시 그렇다면, 왜 부처님과 제자들 사이에 이런 '수기'라는 형식이 있었을까? 아니, 필요했었을까? 여기에는 여러 가지 생각과 믿음들이 작용했으리라 판단된다. 우선, 부처님 시각에서 생각해보자.

사람은 사는 동안 얼마든지 변화·발전하여 거듭날 수 있으며, 또 죽어서 환생(還生)하여 업보가 끊이지 않고 되풀이되기 때문에, '이치' 혹은 '진리'를 깨달아 부처가 됨으로써 '신통력'을 갖고 업보에 매이지 않고 번뇌 없이 청정하게 살고자 하는 욕구[꿈, 바람, 목표]가 크다는 현실 인식이 전제되었을 것이다. 그래서 부처님은 불법 수행 정진하는 제자들에게 미래지향적인 꿈과 희망을 심어줌으로써 그들로 하여금 목표의식을 분명히 갖게 하고, 또한 경쟁의식과 의욕을 더 크게 갖게 하고 싶었는지도 모를 일이다.

　만일, 이러한 현실적인 부처님의 계산이 전제되지 않고 경전 집필자에 의해서 일방적으로 꾸며진 이야기라 한다면, 부처님의 제자들도 얼마든지 부처가 될 수 있다는 가능성을 열어두고, 그런 기구를 가짐으로써 불법 수행에 생명력을 부여하고자 하는 의도가 깔려 있을 수도 있다고 볼 수 있다. 만약, 이것도 아니라면, 부처님을 신(神)으로 격상시키고, 그의 제자들을 신격(神格)으로 격상시켜 놓으려는 꼼수로서도 해석이 가능하다고도 본다.

　아래 도표는 사리불·마하가섭·수보리·대가전연·대목건련 등 다섯 사람의 수기 내용을 분석한 것이다. 참고하기 바란다.

수기받은 제자 이름	성불조건	성불 후 부처님 이름	겁 이름	나라 이름	국토 조건	국민 성향성분	부처님 수명	정법(正法) 상법(像法) 수명
사리불	오는 세상에 한량없고 가없는 불가사의 겁을 지내면서 여러 천만 억 부처님께 공양하고 바른 법을 받들며, 보살이 행할 도를 구족함.	화광(華光) 여래·응공·정변지·명행족·선서·세간해·무상사·조어장부·천인사·불세존	대보장엄 (大寶莊嚴)	이구 (離垢)	땅이 편편하고 반듯하며 깨끗하고 장엄하며 태평하고 풍성하며, 천인과 사람들이 치성하여 유리로 땅이 되고, 8방으로 뻗어나간 길은 황금으로 줄을 꼬아 드리웠으며, 그 길 옆에는 7보로 된 가로수가 있어 항상 꽃과 열매가 무성함.	보살로써 큰 보배를 삼음.	12소겁	32소겁
마하가섭	오는 세상에 반드시 3백만 억 여러 부처님들을 친견하고 받들며 공양하고 공경하며 존중하고 찬탄하며, 널리 여러 부처님들의 한량없는 큰 법을 설함.	광명(光明) 여래·응공·정변지·명행족·선서·세간해·무상사·조어장부·천인사·불세존	대장엄 (大莊嚴)	광덕 (光德)	장엄하게 꾸며지고 여러 가지 더럽고 악한 것과 기와·돌·가시덤불이나 부정한 오물이 없음. 평정하여 높고 낮은 곳이나 구릉이나 언덕이 없고 유리로 땅이 되었으며, 길에는 보배 나무가 늘어섰고, 황금으로 줄을 꼬아 경계를 하며, 여러 가지 아름다운 꽃을 흩어서 두루 청정함.	보살은 한량없는 천만 억이며, 여러 성문대중도 무수하고 악마를 섬기는 일도 없으며, 만일 악마나 그런 백성이 있다 할지라도 다 부처님의 법을 보호함.	12소겁	20소겁
수보리	앞으로 오는 세상에 3백만 억 나유타(那由他) 부처님을 친견하여 받들고 공양하고 공경하며 존중하고 찬탄하며, 항상 범행을 닦아 보살의 도를 갖춤.	명상(名相) 여래·응공·정변지·명행족·선서·세간해·무상사·조어장부·천인사·불세존	유보 (有寶)	보생 (寶生)	평탄하며 파려로 땅이 되고 보배 나무로 장엄하며, 구릉이나 언덕이나 또 사금파리나 가시덤불이나 대변·소변 같은 더러운 오물이 없으리라. 보배꽃이 땅을 덮어 두루 청정함.	인민은 다 보배로운 집이나 진귀하고 아름다운 누각에 살며, 성문 제자는 한량없고 가없어 숫자로나 비유로도 능히 알 수 없으며, 또한 여러 보살들도 무수하여 천만 억 나유타임.	12소겁	20소겁

수기받은 제자 이름	성불조건	성불 후 부처님 이름	겁 이름	나라 이름	국토 조건	국민 성향성분	부처님 수명	정법(正法) 상법(像法) 수명
대가전연	오는 세상에 8천억 부처님을 여러 가지 공양 기구로써 공양하고 공경하고 존중하며, 그 부처님들이 열반하신 뒤에는 탑을 세우되, 높이가 1천 유순이며 길이나 너비가 똑같이 5백 유순이라, 금·은·유리·차거·마노·진주·매괴(玫瑰)의 7보를 합하여 이루어지고, 여러 꽃과 영락과 도향(塗香)·말향(末香)·소향(燒香)과 증개(繒盖)·당번으로 그 탑묘에 공양하고, 이 일을 마친 후에는 다시 2만억 부처님께 공양하되 전과 같이 하나니, 이 모든 부처님께 공양을 한 뒤 보살의 도를 갖춤.	염부나제금광(閻浮那提金光)여래·응공·정변지·명행족·선서·세간해·무상사·조어장부·천인사·불세존			평탄하고 또 유리로 땅이 되며 보배 나무로 장엄되고 황금으로 줄을 꼬아 길을 경계하며, 아름다운 꽃으로 땅을 덮어 두루 청정함.	네 가지 악한 갈래인 지옥·아귀·축생·아수라가 없고, 많은 천상과 인간, 여러 성문과 한량없는 만억의 보살들이 그 나라를 장엄하게 함.	12소겁	20소겁
대목건련	가지가지 공양 기구로써 8천의 여러 부처님들께 공양하고 공경하고 존중하며, 여러 부처님들이 열반하신 뒤에는 각각 그 탑묘를 세우되, 높이가 1천 유순이나 되고 길이나 너비가 똑같이 5백 유순이 되게 하리라. 금·은·유리·차거·마노·진주·매괴 등 7보를 합하여 만들고, 많은 꽃과 영락과 도향·말향·소향과 증개·당번들로써 탑묘를 공양하며, 이것을 마친 후에는 다시 2백만 억 부처님을 그렇게 공양.	다마라발전단향(多摩羅跋栴檀香)여래·응공·정변지·명행족·선서·세간해·무상사·조어장부·천인사·불세존	희만(喜滿)	의락(意樂)	평평하여 파려로 땅이 되고 보배 나무로 장엄하며 진주로 된 꽃을 흘어 두루 청정함.	천상 사람들이 많고, 보살과 성문도 그 수가 한량없음.	24소겁	40소겁

전륜왕(轉輪王)과 부처님의 다비

경전을 읽다보면 '전륜왕' 또는 '전륜성왕'이라는 용어와 적잖이 부딪힌다. 도대체, 전륜왕의 정체는 무엇일까? 글자 그대로 해석하자면, 구르는 바퀴를 가진, 소유한, 혹은 부리는 왕이라는 뜻이다. 여기서 구르는 바퀴란 가고 싶은 곳이 있으면 언제 어디서든 어디라도 쉽게 갈 수 있는 능력을 지닌 도구로서 왕이 가고자 하는 길을 안내하고 인도해 주는 구실을 한다. 그런데 그 바퀴는 왕의 백성들 가운데 기술자가 만드는 것이 아니라 '하늘의' 장인(匠人)이 만든 것이라 하며, 하늘에서 지상의 특별한 왕에게 주어지는 것으로 허공중에 떠 있다 한다. 그렇다면, 그 바퀴는 어떤 생김새와 기능을 갖는 것이며, 그것을 굴린다는 것은 과연 무슨 의미일까?

『중아함경』속에 있는 「대천날림경(大天捺林經)」에 전륜왕이라면 의당 가졌다는, 동시에 장차 전륜왕이 되는 특별한 왕에게만 주어진다는 '보배 같은 바퀴' -그래서 '윤보(輪寶)', '금륜(金輪)'의 신보(神

寶)'라 부르기도 한다. - 의 구조가 언급되어 있다. 곧, "1천 개의 바퀴살이 있어 일체를 구족하였으며, 청정하고 자연스러워 사람이 만든 것이 아니요, 빛은 불꽃과 같고 광명은 찬란하게 번쩍인다."라고 기술되어 있다. 또한, 『불설장아함경(佛說長阿含經)』속에 있는 「전륜성왕수행경(轉輪聖王修行經)」에서는 "천 개의 바퀴살이 있고, 광명과 빛깔을 구족하였는데, 그것은 하늘의 장인이 만든 것으로서 세상의 것이 아니니라."고 기술되어 있다.

그렇다면, 이 문제의 바퀴는 분명 지상의 인간이 만든 것이 아니라 하늘의 장인이 만든 것이며, 왕의 소유물도 아니어서 대물림해 줄 수 있는 것도 아니다. 다만, 천 개의 바퀴살이 있으며[엄청 크고, 튼튼하다는 뜻으로 해석된다], 불꽃을 내며[동력을 일으키는 엔진이 장착되었다는 듯으로 해석됨], 광명까지 비추는 청정한 것[단순히 물질적인 도구가 아니라 인간의 정신적인 영역에도 영향을 미치는 것으로 해석됨]이면서, 아주 자연스럽게 디자인이 되었다는 뜻이다. 그런데 이 바퀴는 구르고[轉], 날아서[飛], 동서남북 어느 방향으로도 자유롭게 갈 수 있으며, 동시에 공중에 떠[浮] 있기도 한다. 오늘날의 비행체보다 더 뛰어난 기능을 가진 것 같다는 생각이 든다. 더욱 놀라운 사실은, 지상의 왕이라고 해서 모두에게 주어지는 것이 아니라 성왕(聖王)이 되어 '바른 법'을 행하고, 보름달이 밝을 때를 맞아 향탕(香湯)에 목욕하고 채녀[婇女:궁녀]에게 둘러싸여 정법전(正法殿)에 오르면 '금륜의 신보(神寶)'가 저절로 나타나며, 왕이 죽을 때가 되면 알아서 허공중에서 사라지기도 한다는 것이다. 그러니까, 왕의 운명도 미리 알려주고, 왕이 바른 수행과 바른 법치와 자애로써 국민을 다스리면 하늘에서 주어지는 금(金)으로 된 바퀴 사용을 허락받는 것이다. 참으로, 신기하기 짝이 없는 바퀴인 셈이다.

다시 그렇다면, 무엇이 전륜왕의 '바른 법(法)'인가? 「전륜성왕수행경(轉輪聖王修行經)」 속의 문장을 그대로 옮겨 놓으면 이러하다.

마땅히 법에 의해 법을 세우고 법을 갖추어 그것을 공경하고 존중하라. 법을 관찰하고 법으로써 우두머리로 삼고 바른 법을 지키고 보호하라. 또 마땅히 법으로써 모든 채녀들을 가르치고 또 마땅히 법으로써 보호해 살피라. 그리고 모든 왕자(王子)·대신(大臣)·동료(群寮)·관리(百官)들과 모든 백성·사문(沙門)·바라문(婆羅門)을 가르쳐 경계하도록 하고 아래로는 짐승들에 이르기까지 다 마땅히 보호해 보살피도록 하라.

또 나라 경계(土境)에 살고 있는 사문 바라문으로서 소행이 맑고 참되고 공덕이 구족하며 부지런히 힘써 게으르지 않고 교만을 버리고 인욕하며, 어질고 자애로우며, 또 고요히 홀로 제 자신이 닦으며, 홀로 스스로 그치고 쉬어 혼자 열반에 이르고, 또 자신도 탐욕(貪欲)을 없애고 남도 교화하여 탐욕을 없애게 하며, 스스로 성냄(瞋恚)을 없애고 남을 교화하여 성냄을 없애게 하며, 스스로 어리석음(愚癡)을 없애고 남을 교화하여 어리석음을 없애게 하거나, 또 물들 수 있는 곳에서도 물들지 않고 악(惡)에 처해 있으면서도 악하지 않으며, 어리석음(愚)에 있으면서 어리석지 않고 집착(著)할 만한데도 집착하지 않으며, 머물 수 있는 곳에서도 머물지 않고 살 수(居) 있는 곳에서도 살지 않고, 또 몸으로 행동하는 것(身行)이 올바르고 입으로 하는 말(口言)이 정직하며, 뜻의 생각(意念)이 올곧거나, 또 몸의 행동이 청정하고 입으로 하는 말이 청정하며, 뜻의 생각이 청정하거나, 또 정념(正念)이 청정하고 인혜(仁慧)에 싫증냄이 없으며, 옷과 음식에 대하여 만족할 줄 알고 발우를 가지고 밥을 빌어 중생을 복되게 하는 이런 사람이 있거든 너는 마땅히 자주 찾아가 언제나 물어야 하느니라.

(무릇 수행함에 있어서 어떤 것이 착한 것이며 어떤 것이 악한 것인가? 어떤 것이 범하는 것이고 어떤 것이 범하는 것이 아닌가? 어떤 것을 친해야 하고 어떤 것을 친하지 않아야 하는가? 어떤 것을 해야 하고 어떤 것을 하지 않아야 하는가? 또 어떤 법을 베풀어 행하면 오랫동안 즐거움을 누리겠는가?) 너는 이렇게 물어본 뒤에 마음으로 관찰하여 마땅히 행해야 할 것은 곧 행하고 버려야 할 것은 곧 버려야 한다. 또 나라에 외로운 자와 늙은이가 있거든 마땅히 물건을 주어 구제하고 가난하고 곤궁한 자가 와서 구하는 것이 있거든 절대로 거절하지 말아야 하느니라. 또 나라에 옛 법[舊法]이 있거든 너는 그것을 고치지 말라. 이런 것들이 전륜성왕이 수행해야 할 법이니, 너는 마땅히 받들어 행해야 하느니라.

그야말로, '믿거나 말거나'한 이야기이지만, 대자대비(大慈大悲)와 보시(布施)와 계율(戒律)과 선정(禪定) 등을 시종일관 강조한 부처님 시각에서 본, 아니, 당대 사회의 현실적 정치 시각에서 본 이상적인 국가와 통치자의 이념을 담은, 민중의 꿈이 투사된 내용이라고 판단된다.

이러한 바른 법에 의거해서 왕으로서 수신(修身)·제가(齊家)·치국(治國)하면 하늘에서 특별한 기능과 능력을 지닌, 금으로 된 바퀴 곧 신륜(神輪)의 운용을 허락받는 것이다. 물론, 이 바퀴 사용을 허락받는 전륜왕이 되면 그 바퀴가지 포함해서 모두 일곱 가지 보배까지도 갖게 된다는데 그 일곱 가지 보배란 이러한 것들이다. 곧, ①윤보(輪寶) ②상보(象寶) ③마보(馬寶) ④주보(珠寶) ⑤여보(女寶) ⑥거사보(居士寶) ⑦주병신보(主兵臣寶) 등이 그것이다. 이들이 무엇인지 살펴보면 우습기 짝이 없지만 기원전 고대인으로서 갖는 상상이요 생각이라면 고개가 끄덕여진다.

한 가지 더 재미있는 것은, ①부처님이 바로 한때[전생에] 전륜성왕이었다는 자기증언과 ②부처님 자신의 장례(葬禮)조차도 전륜성왕에 준하여 치르도록 세세하게 말했다는 경전 기록상의 주장과, ③전륜성왕의 특별한 바퀴가 예수교의 경전인 성경 속 구약에도 나온다는 사실이다.

첫째, 부처님의 전생을 기록하고 있는 「불설태자서응본기경(佛說太子瑞應本起經)」에 의하면, 부처님은 '범부'로부터 시작해서 부처가 되어 해야 할 일을 모두 마치고 죽음으로써 더 이상의 윤회를 하지 않는 존재가 되기까지, 보살 · 사천왕 · 전륜성왕 · 범천왕 · 성제유림(儒林)의 종주 · 국사(國師) · 도사(道士) · 도솔천 천인들의 스승 등 할 것 없이 헤아릴 수 없는 화현[化現=윤회]을 거듭하다가 때가 되어 천축(天竺) 가유라위국(迦維羅衛國)에 몸을 의탁하여 태어나 석가모니 부처가 되었다고 기술되어 있다. 이 삼류소설 같은 내용이야 믿거나 말거나이지만 경전에 기록으로 남아 있다는 점은 분명한 사실이다.

둘째, 부처님의 열반[죽음] 관련 내용을 기술한 경전들 가운데 하나인, 동진(東晉) 평양(平陽) 사문 석법현(釋法顯)이 한역한 「대반열반경(大般涅槃經)」이나 「반니원경」에 의하면, 부처님께서 아난에게 말씀하시기를, "아난아, 나의 몸에 공양하는 법은 전륜성왕(轉輪聖王)에게 공양하는 법에 따"르라고 했다. 그러자 아난이 다시 여쭈기를 "전륜성왕에게 공양하는 법은 어떠합니까?" 라고 했고, 그러자 부처님께서 아주 꼼꼼하고도 세세하게 말씀하셨는데 그 내용인 즉 아래 인용문과 같다.

아난아, 전륜성왕에게 공양하는 법은 깨끗하게 새로 짠 무명과 고운 모직물을 합하여 나의 몸을 감싼다. 이와 같이 천 겹을 싸서 금관(金棺)에 넣고, 또 은관(銀棺)을 만들어 금관을 넣고, 또 동관(銅棺)을 만들어 은관을 넣고, 또 철관(鐵棺)을 만들어 동관을 넣은 후에, 많은 미묘한 향유(香油)를 붓고, 또 관의 안쪽에는 향을 바르고 꽃을 뿌리고, 여러 가지 악기를 연주하고, 노래하고 찬패를 읊어 덕(德)을 찬탄한다. 그런 후에 덮개를 덮고, 큰 보배 수레를 만들되 지극히 높고 넓게 하며, 수레의 덮개와 난간은 온갖 미묘한 것으로 장엄하고, 관을 그 위에 안치한다. 또 성(城) 안에 다비[闍維, jhpita]할 장소를 마련하되, 4면에 물을 뿌려 청소하여 지극히 청정하게 하고, 좋은 전단향과 모든 좋은 향을 모아서 큰 향섶을 만들고, 또 향섶 위에 비단과 흰 모포를 깔고, 큰 보배 휘장을 쳐서 그 위를 덮는다. 그런 후에 수레를 마주 들고 다비할 장소에 이르러 향을 사르고 꽃을 뿌리며 음악을 연주하여 공양하고, 향섶 주위를 일곱 번 돈다. 그런 후에 관을 향섶 위에 안치하고 향유를 뿌린다.

불을 사르는 법은 밑에서 불을 붙이고, 다비를 마치면 사리(舍利)를 수습하여 황금 병에 모시고 곧 그곳에다 투파(兜婆, stupa, 탑)를 세우되 표찰(表刹)로 장엄하며 비단 번기와 일산을 걸고, 모든 사람들이 언제나 매일 향을 사르고 꽃을 뿌리고, 가지가지로 공양하게 한다. 아난아, 전륜성왕에게 공양하는 법은 그 일이 이와 같음을 알아야 한다.

나의 몸을 다비하는 것 또한 전륜성왕과 같이 하여라. 그러나 투파를 세우는 것은 성왕과 다름이 있으니 표찰로 장엄하고 아홉 개의 일산을 달아야 한다. 만일 어떤 중생이 비단 번기와 일산을 달고, 향을 사르고 꽃을 뿌리며 또 등불과 촛불을 켜고, 나의 투파에 예배하고 찬탄하면 이 사람은 오랫동안 큰 복과 이익을 얻게 되며, 장래에 머지않아 다른 사람도 또한, 그를 위해 큰 투파를 세우고 그의 몸에 공양하게 될 것이다.

아난아, 마땅히 알아야 한다. 모든 중생에게 모두 투파를 세우는 것이 아니고 오직 네 사람에게만 탑을 세울 수 있으니, 첫째는 여래(如來)·응공(應供)·정변지(正遍知)·명행족(明行足)·선서(善逝)·세간해(世間解)·무상사(無上士)·조어장부(調御丈夫)·천인사(天人師)·불세존(佛世尊)이 중생을 사랑하고 불쌍히 여겨 세간을 위하여 가장 훌륭한 복밭이 되기 때문에 마땅히 투파를 세우는 것이요, 둘째는 벽지불(辟支佛)이 모든 법을 사유하여 스스로 도를 깨달아 알고 또한 세간 사람들을 복되고 이롭게 하니 마땅히 투파를 세우는 것이요, 셋째는 아라한이 들은 법대로 사유하여 번뇌가 다하고 또한 세간 사람을 복되고 이롭게 하니 마땅히 투파를 세우는 것이요, 넷째는 전륜성왕이 전생에 깊은 복의 종자를 심어 큰 위덕이 있고 4천하(天下)의 왕이 되어 7보(寶)를 두루 갖추고 스스로 10선(善)을 행하고, 또 4천하 사람들에게 권하여 또한 10선[善]을 행하게 하니 마땅히 투파를 세워야 한다. 아난아, 마땅히 알아야 한다. 만일 어떤 중생이 모든 공양거리로써 이들 투파에 공양하더라도 그 얻는 복은 차례차례로 점점 작아진다.

부처님의 이러한 유언(遺言)이 있었기에 부처님이 돌아가시자

아난은 낮 7일 밤 7일 동안 시신을 모셔 놓고 공양을 받았으며[요즘 말로 치면 '조문을 받았으며], "만 7일이 되었을 때에 모든 역사들은 새로 짠 깨끗한 무명과 고운 모직으로 여래의 몸을 감싼 후에 금관(金棺) 안에 모셨다. 그 금관 안에 우두전단향 가루와 미묘한 꽃을 뿌리고 곧 금관을 은관에 모시고, 또 은관을 구리관에 모시고, 또 구리관을 철관(鐵棺)에 모셨다. 또 철관을 보배 수레 위에 모시고 모든 악기를 연주하고 노래와 찬패를 읊어 찬탄하고, 모든 천신들은 허공에서 만다라(曼羅)꽃·마하(摩訶)만다라꽃·만수사(曼殊沙)꽃·마하만수사꽃을 뿌리고, 아울러 하늘 음악을 연주하고 가지가지로 공양한 후에 차례로 모든 관의 뚜껑을 덮었다."고 기록되어 있다.

과연, 경전의 기록대로 '부처님이 아난에게 이렇게 자신의 장례를 화려하게 치르라고 말했을까' 심히 의심스럽기 짝이 없다. 왜냐하면, 부처님은 아난에게 먼저 이런 말을 했기 때문이다. 곧, "나에게 공양하여 은혜를 갚고자 하는 이는 반드시 이렇게 향·꽃·기악으로 공양할 필요가 없다. 금계를 청정하게 지키고, 경전을 독송(讀誦)하고, 모든 법의 깊고 미묘한 뜻을 사유하면 이것을 나에게 공양하는 것이라고 한다." 고 말이다. 그런데 어찌하여 180도 바뀌었을까? 부처님 마음이 바뀐 게 아니라 경전 집필자들의 마음이 바뀌었을 것이라고 나는 믿고 싶다. 왜 그런가? 여기에 이유가 있다. 부처님은 한사코 자신의 예정된 죽음에 대해 비통함과 슬픔을 감추지 못했던 사람들에게 같은 말을 되풀이하였는데, 그 말인 즉은 부처님이 간판으로 내걸었던 무아(無我)·무상

(無常)·고(苦)라는 내용과 다를 바 없는 것이기 때문이다.

①모든 유위법은 모두 무상(無常)으로 귀결(歸結)하나니, 은혜와 사랑으로 만난 것은 반드시 이별하기 마련이네. 모든 행(行)과 존재[法]가 이와 같으니, 근심도 괴로움도 일으키지 말아야 하네.

②일체 법은 모두 무상하여 은혜와 사랑으로 만난 것은 이별하지 않는 것이 없다.

③유위법은 모두 다 무상하니 설령 1겁 또는 1겁은 못 되더라도 더 머문다 하여도 역시 무상으로 귀결한다.

④일체 모든 행(行)의 자성과 형상이 이와 같으니 그대는 이제 슬퍼하지도 괴로워하지도 마시오.

⑤그대들은 이렇게 슬퍼하고 괴로워하지 말아야 하오. 왜냐하면 유위법의 자성과 형상이 그와 같기 때문이오. 그대들은 근심하고 슬퍼하는 생각을 버리고 마음을 고요히 하여 내가 마지막으로 말하는 것을 들으시오.

⑥그대는 지금 괴로워하는 마음을 내지 말아야 한다. 일체의 행(行)과 법은 모두 이와 같아 다 무상한 변천으로 이루어진 것이다. 은혜와 사랑으로 만난 것은 모두 이별하게 마련이니, 그러므로 그대는 이제 근심하거나 괴로워하지 말아라.

부처님이 반열반에 든다고 선언하고 그 내용이 알려지자 원근 각처에서 몰려와 슬퍼하는 사람들에게 부처님이 한사코 위와 같거나 유사한 말을 되풀이하셨으며, 심지어는 죽어가면서도 가르침에 대한 질문에 일일이 답변하셨는데 어찌 자신의 장례에 대하여 전륜성왕처럼 화려하게 하라고 지시했겠는가? 경전을 집필하는 사람들의 부처를 존경하는 속된 마음만 노출시킨 것이라 판단된다.

셋째, 예수교 경전인 '성경'에서도 전륜왕의 바퀴처럼 특별한 기능을 갖는 바퀴가 기술되어 있다. 성경 속에서의 바퀴는, 인간이 사용하는 바퀴[병거(兵車)·수레·기계 등의 바퀴]와 천국에서 천사들이 사용하는 바퀴로 나누어지며, 전륜왕이 가졌다는 바퀴와 유사한 것은 후자로서 천국에서 하나님과 함께 산다는 '생물'이나 '그룹'이 부리는 바퀴이다. 곧, 천국의 생물이란 존재는 4개의 얼굴을 가졌는데, 그 얼굴에 따라 각 한 개씩의 바퀴가 있고(에스겔 1:15), 그 바퀴는 빛나는 녹주석 같고, 네 바퀴의 형상이 모두 똑같으며, 그 구조는 마치 바퀴 안에 바퀴가 들어 있는 것(에스겔 1:16, 10:9, 10:10)처럼 생겼다. 그리고 사방 어디로 가든지, 방향을 돌이키지 않고서도 앞으로 나아가는 뛰어난 기능(에스겔 1:17)을 지녔으며, 바퀴의 둘레는 모두 높고, 보기에도 무서우며, 그 네 둘레로 돌아가면서, 눈이 가득하게(에스겔 1:18, 10:12) 달렸다는 것이다.

그런데 그 바퀴들은 생물들이 나아가면, 바퀴들도 생물들의 곁에서 함께 나아가고, 생물들이 땅에서 떠오르면 바퀴들도 함께 떠오르며(에스겔 1:19, 10:16), 그 생물들은 어디든지, 영이 가고자 하면, 그 영이 가고자 하는 곳으로 가고, 바퀴들도 그들과 함께 떠올랐는데, 생물들의 영이 바퀴 속에 들어 있었기 때문이라는 것(에스겔 1:20, 1:21, 10:17)이다. 이처럼 생물이나 그룹 곁에 있는 특별한, 아니 기이한 바퀴는 그 소리가 크고 요란스러우며(에스겔 3:13), 그들은 하나님의 영을 호위하거나 태우거나 하여 이동하는 데에 필요한 도구로서 쓰인다(에스겔 10:17, 10:19, 11:22 외)는 사실이다.

　전륜왕이 힌두사회에서 이상적인 왕으로서 그려졌듯이[만들어졌듯이], 예수교의 천국에 하나님과 함께 있다는 '생물'이나 '그룹'인 천사(天使)가 또한 그러하며, 그 전륜왕과 그 천사들에게 특별한 모양새에 특별한 기능을 갖는 '바퀴'라는 도구를 부여한 것 역시 인간의 꿈이 투사(投射)된 결과물로서 현재는 실재하지 않는 것들임에는 틀림없다. 그럼에도 불구하고, 오늘날 지구 밖 외계인의 존재를 믿는 사람들은, 천문학적 지식의 영향을 받고서, 외계인이 타고 왔을 비행체라고 상상하거나 주장하기도 한다.

- 2014. 08. 25./2017. 07. 05. 수정

부처님의 32가지 대인상(大人相)

나는 본인의 저서인 『주머니 속의 명상법』에서 「좌선삼매경」 속에 나오는 '32대인상(大人相)'을 소개하였고, 설명이 필요한 부분에 대해서 사족을 붙였었다. 그러나 여기에서는 「불설태자서응본기경(佛說太子瑞應本起經)」에 언급된 '32대인상'을 먼저 소개하고, 이어서 그 「좌선삼매경」 속에 나오는 것을 소개하고자 한다. 물론, 이 두 경전 외에서도 관련 내용을 찾아볼 수 있는데 그 한 예가 바로 『불설장아함경』 속 「대본경(大本經)」을 들 수 있다.

「불설태자서응본기경(佛說太子瑞應本起經)」에 따르면, 지식이 많고 관상 보는 법에 밝은, 100살 먹은 '아이(阿夷)'라는 도인(道人)에게 찾아가서 아들의 상을 보게 했는데, 모직천을 펼치고 아이의 모습을 본 도인의 눈에는 어린 아이가 32대인상을 갖추었다고 말했다 한다. 그야말로 '믿거나 말거나'인 것 같은 내용이지만, 그 32 상을 먼저 소개하면 아래와 같다. 한글로 번역된 경전과 중국 한자 경전에 나온 내용을 대조해 봄으로써 경의 내용이 얼마나 허술한지 짐작할 수도 있으리라 본다.

　무엇이 허술한가? 32대인상이라 해놓고, 실재로는 28가지뿐이며(한자 경전에서 누락되었을 가능성이 커 보임), 두 경전의 내용도 상이한 면이 없지 않고, 이제 갓 태어난 아이의 몸에서 아직 나타나지도 않은 것까지 미리 설명한 것으로 받아들인다 해도 참 이상한 점이 많다. 그래서 부처님 몸의 80가지 세부적인 특징은 아예 언급을 하지 않겠다.

「불설태자서응본기경(佛說太子瑞應本起經)」의 32대인상

1. 온몸이 금색으로 되어 있었고, 躯体金色

2. 정수리에 육계[肉髻: 상투 모양의 살 또는 혹]가 있었으며, 顶有肉髻

3. 그 털은 감청색(紺靑色)이었고, 其发绀青

4. 두 눈썹 사이에 흰 털이 나 있었으며, 眉间白毫

5. 목에는 햇빛 같은 빛이 있었고, 项有日光

6. 눈빛은 감색(紺色)이었으며, 目睫绀色

7. 위아래로 다 눈을 깜박거렸고, 上下俱瞬

8. 입에는 마흔 개의 이가 났는데 口四十齿

9. 희고 가지런하고 평평하였으며, 齿白齐平

10. 네모진 뺨이 수레처럼 넓은 것이었다. 方颊车广

11. 혀가 길어 7합(合)이나 되었고, 长舌七合

12. 사자 같은 가슴은 원만하였으며, 满师子膺

13. 몸이 평평하고 반듯하였고, 身平正

14. 팔이 길었으며, 修臂

15. 손가락이 길었고, 指长

16. 발꿈치가 원만하였으며, 足跟满

17. 발바닥이 편안하고 평평하였고, 安平趾

18. 손이 안팎으로 잡을 수 있었으며, 手内外握

19. 손가락과 발가락 사이에 만망(縵網)이 있었고, 合缦掌手

20. 손발에 천 폭의 수레바퀴 같은 무늬가 있었으며, 足轮千辐理

21. 음근[陰]은 말처럼 숨어 있었고, 阴马藏

22. 장딴지가 사슴 같았으며, 鹿腨肠

23. 구쇄골(鉤鎖骨)이었고, 钩锁骨

24. 털은 오른쪽으로 말렸으며, 毛右旋

25. 하나하나의 털구멍마다 하나의 털이 나 있었고, 一一孔一毛生

26. 피부와 털이 가늘고 부드러웠으며, 皮毛细软

27. 먼지와 물이 묻지 않았고, 不受尘水

28. 가슴엔 만(萬)자가 있는 것이었다. 胸有万字

「좌선삼매경」속에 나오는 32대인상

1. 발바닥이 평평하다.

2. 발바닥에 천 개의 바퀴살이 있는 바퀴*가 있다.

*예수교 경전인 성경에는 에덴동산 가운데에 있는 생명나무의 길을 지키게 하기 위해서 하나님이 '그룹'이라는 천사를 내려 보내는데 그 그룹에 바퀴가 달려있다. 하나님은 그런 그룹의 호위를 받기도 하고 타고 다니기도 한다.

3. 손가락이 길고 아름답다.

4. 발뒤꿈치가 넓다.

5. 손가락과 발가락에 모두 명주그물이 있다.

6. 다리를 포개면 높고 평평하며 아름답다.

7. 이니연(伊尼延)*의 무릎과 같다.

*검은 털이 나고 긴 다리를 가진 통통하고 힘센 사슴 왕.

8. 평소에는 손이 무릎을 지난다.

9. 음마장(陰馬藏)*의 모습이다.

*부처의 음경은 말의 음경과 같이 크지만 감추어져 있다는 뜻.

10. 니구로다(尼俱盧陁)*의 몸이다.

*고대 인도 '바나라시'에 '브라흐마닷타' 왕이 통치할 때에 한 보살이 사슴으로 태어났는데, 그 사슴은 날 때부터 황금빛이었다. 사슴은 늘 500마리의 다른 사슴들로부터 둘러싸여 있었다하는데 그 사슴은 부처님의 전생이라 한다. [南傳 자타카 12]

11. 하나하나의 구멍에 하나하나의 털이 나 있다.

12. 털이 위쪽을 향해 나서 오른쪽으로 선회한다.

13. 몸의 빛깔이 상품의 금보다 더 뛰어나다.

14. 신광(身光)이 네 면의 한 길[丈]을 비춘다.

15. 피부가 아름답다.

16. 일곱 곳*이 가득 차 있다.

17. 양쪽 겨드랑이 아래가 평평하고 아름답다.

18. 윗몸이 사자*와 같다.

*'사자'라는 동물에 대해서는 고대로부터 '용맹하다', ' 힘이 세다' 등의 의미로 많이 사용돼 왔다. 그래서 현실세계[정치 스포츠 등]에서는 권력과 힘을 상징하기 하고, 불교나 예수교에서도 유사한 뜻으로 사자를 원용하는 수사(修辭)가 경전에 적지 않다.

19. 몸이 크고 아름다우며 단정하고 반듯하다.

20. 어깨가 둥글고 아름답다.

21. 40개의 치아가 있다.

22. 치아가 희고 고르며 빽빽하고 뿌리가 깊다.

23. 네 개의 어금니가 희고 크다.

24. 뺨이 사자와 같다.

25. 맛 중에서 최상의 맛을 얻는다.

26. 혀가 크고 넓고 길면서 얇다.

27. 범음(梵音)이 깊고 멀리까지 들린다.

28. 가릉빈가의 음성이다.

*극락에 있다는 새[鳥]의 한 가지

29. 눈이 감청색이다.

30. 속눈썹이 우왕(牛王)*과 같다.

*소를 가지고 논밭갈이를 하는 농가(農家)에서 예배드리는 소의 왕을 뜻하는 신(神) 곧 우신(牛神)을 말함. 춘추시대까지 성행했다 함.

31. 정수리의 터럭이 육골(肉骨)을 이룬다.

32. 미간에 흰 터럭이 길고 아름다우며 오른쪽으로 감겨 있다.

-2017. 04. 14.

백호상(白毫相)

주로, 불경(佛經)에서 사용되어 왔는데, 이를 글자 그대로 해석하자면, 흰 백에 가는 털 호, 서로 상 자(字)이므로 희지만 아주 가는 털 모양이라는 뜻이다. 불경에서는 相(상) 자가 모양·상태 등을 뜻하는 글자로 쓰여 왔다.

그렇다면, 이 백호상이란 무엇을 말하는 것일까? 불경 문장 속에서 그 답을 찾자면, 부처님의 양 미간(眉間) 사이에 나 있는 길고 흰 터럭을 말한다. 그런데 그 터럭은 오른쪽으로 감겨 있다는 것이다. 또한, 바로 그곳에서 '광명(光明)'이 나온다는 것이다. 그런데 그 광명이란 것이 어둠을 비추는 빛이되 단순한 빛이 아니라는 데에 문제가 더욱 복잡해진다. 곧, 여래의 자유자재 함을 드러내 보이고, 수없는 보살 대중을 깨우치며, 일체 시방의 세계들을 진동시키며, 모든 나쁜 길의 고통을 없애고, 모든 마군의 궁전을 가리며, 모든 부처님 여래께서 보리좌에 앉아서 바른 깨달음을 이루는 일과 모든 도량에 모인 대중을 나타내시고, 특정 보살의 정수리로 들어가기도 한다. 그런데 그 광명이 정수리로 들어간 사람은 부처님이 된 것처럼 부처님 불법 세계 곧 지혜로 정통하게 된다.

그렇다면, 백호상이란 부처님만이 가진 지혜의 원천이며, 그것으로써 중생을 깨우치게 하는 직접적인 수단이며, 부처님을 부처님답게 하는 내외적 형질이다. 오늘날 한의학이나 단전호흡에서 말하는 '백회(百會)' 혈(穴)과는 전혀 다른 것이다.

-2016. 08. 02.

팔종음

[八種音 : 부처님 음성의 여덟 가지 특색]

불교 경전 가운데에는 부처님이란 존재의 특별함을 드러내려고 너무 과장한 듯한 언급이 많다. 예수교의 하느님은 '전지전능(全知全能)'라는 말이 그 단적인 그 증거라면, 불교의 부처님은 '일체지(一切智)'라는 말이 바로 그 '전지전능(全知全能)'에 해당한다.

하느님의 형상에 대해서는 하느님이 곧 영이시기에 그 형태에 대한 직접적인 묘사는 거의 없으나 있어도 간접적이다. 부처님의 형상 역시 '법신(法身)'이기에 그 외형이 있을 수 없지만 인간 세상에 나타나실 때에는 인간의 모습과 비슷한 모습으로 나타난다. 하지만 그 역시 보통의 인간 모습은 아니다. '부처님의 32가지 특징[32상]과 80가지 세부적인 특징이 잘 말해준다.

만약에 그 32가지나 80가지 특징들을 살려서 그림을 그린다면 그 결과는 오늘날 절의 대웅전에 모셔진 부처상이 아니라 상상하기조차 어려운 괴물과 같은 형상일 것이다. 그런데 이것도 부족하여 부처님의 입으로써 말하는 음성에는 여덟 가지 특징이 있다고 「태자쇄호경(太子刷護經)」에는 기술(記述)되어 있다. 한자말로는, ①극호음(極好音) ②유난음(柔軟音) ③화적음(和適音) ④존혜음(尊慧音) ⑤불녀음(不女音) ⑥불오음(不誤音) ⑦심원음(深遠音) ⑧불갈음(不竭音)이라 하는데 그야말로 찬양일색이다.

보통 사람은 28~32(사랑니 포함)개의 치아가 있지만 부처님에게는 무려 40개의 치아가 있는데 그들이 모두 희고 가지런하다는 것이다. 게다가, 혀가 길어서 7합(合·중국에서 용량의 단위로 쓰여 왔는데 길이의 단위로도 쓰였는지는 나로서는 잘 모름)이나 되었다 한다. 1합이 오늘날 몇 ㎝나 되는지 알 수 없지만 보통 사람보다는 훨씬 길었다는 사실을 강조한 정도로 해석해도 부처님의 입안은 매우 특별했던 것 같다.

「태자쇄호경(太子刷護經)」에서 설명하고 있는 부처님의 팔종음(八種音)에 약간의 설명을 곁들이면 이러하다. 그저 참고하기 바란다.

①극호음(極好音) : 목소리가 맑고 아름다워 듣는 사람이 즐겁고, 모두 도에 들어가게 함.
②유난음(柔軟音) : 대자대비심으로 설법하여 듣는 사람이 기뻐하며 계율을 지키게 함.
③화적음(和適音) : 듣는 이의 마음을 편안하게 하여 이치를 알게 함.
④존혜음(尊慧音) : 듣는 이를 존중하므로 지혜를 얻게 함.

⑤불녀음(不女音) : 악한 사람이 들으면 두려움을 느끼고, 착한 사람은 공경심을 느끼며, 천마·외도를 항복함.

⑥불오음(不誤音) : 잘못된 말을 하지 않고, 듣는 사람들이 바른 견해를 얻어 95종류의 잘못을 없애게 함.

⑦심원음(深遠音) : 말소리가 뱃속에서 울려 나와 멀리까지 들리며, 모두 깊은 이치를 깨달아 청정한 행이 더욱 높게 함.

⑧불갈음(不竭音) : 말소리가 거침없이 힘차게 나와서 듣는 사람들에게 법을 깨닫게 함.

- 2016. 12. 26.

사무소외(四無所畏)

불교 경전을 읽다보면 '사무소외(四無所畏)'란 아주 생소한 단어와 종종 마주치게 된다. 이 네 가지 무소외란 무엇일까? 글자 그대로 해석하자면, 두려워할 바가 없는 네 가지, 다시 말하면 두려움이 없는 네 가지 이유가 바로 그 '사무소외'이다. 누가? 부처님이나 보살이. 이에 대한 설명은, 「順正理論」 卷75와 「俱舍论」 卷27에 나오는데 물론, 중국 한자로 ①正等觉无畏(정등각무외) ②漏永尽无畏(누영진무외) ③说障法无畏(설장법무외) ④说出道无畏(설출도무외) 등으로 정리 설명되어 있다.

내가 지금 읽고 있는 「불설태자서응본기경(佛說太子瑞應本起經)」에서는 이렇게 설명하고 있다. 곧, 부처님은 네 가지 면에서 타의 추종을 불허하는 독보적인 능력을 가지고 있기 때문에 언제 어디에서 누구에게 어떤 내용으로 설법하더라도 두려워해야 할 하등의 이유가 없다는 것이다. 바로 그 두려움을 없애주는 네 가지가 바로 정등(正等)·정각(正覺)을 이루었기 때문이고, 근심걱정을 영원히 소멸시켰기 때문이고, 법(法)을 설하는 데에 장애가 없기 때문이고, 도(道)로써 설명하기 때문이라는 것이다. 다시 말하면 ①'차별을 두지 않는 바른 깨달음 가지셨다'는 점과 ②'모든 번뇌를 끊어버렸다'는 점과 ③'도(道) 곧 법(法)을 설명하는 데에 장애나 걸림이 없다'는 점과 ④'법(法) 곧 도(道)를 내어 설명하기 때문에 두려움이 없고, 온갖 괴로움과 재액으로부터 중생을 제도할 수 있는 능력을 지녔다'는 점 등이다. 이런 큰 능력이 부처에게 있기 때문에 말하고, 행동하고, 설법하고, 중생 제도하는 일에 두려움이 있을 수 없다는 뜻으로 이해된다.

- 2016. 12. 26.

여의족(如意足)

　불교(佛敎) 경전을 읽다보면, '여의족(如意足)'이란 아주 낯선 말과 곧잘 맞닥뜨리게 되는데, 이 여의족이란 것은 과연 무엇일까? 글자 그대로 해석하자면, '내 마음대로 움직이는 발'이라는 뜻이다. 그러니까, 내 뜻대로 움직이고 내 마음 먹는 대로 어디든 갈 수 있는, 특별한 능력을 가진 발인 셈이다. 세상에 그런 발이 어디 있겠는가? 없으니까 '신(神)의 발'이라는 뜻으로 '신족(神足)'이란 말을 먼저 만들어 쓰면서, 그 신의 발처럼 마음대로 움직이고 마음대로 갈 수 있는 능력을 가진 발을 염두에 두고서 '신족통(神足通)'을 얻은 발'이라 하여 상상[마음] 속에서나마 그 의미를 부여해왔던 것이리라.

　부처님의 발은, 발바닥이 평평하고, 발바닥에 천 개의 바퀴살이 있는 바퀴가 있으며, 발뒤꿈치가 넓다. 뿐만 아니라, 발가락에는 명주그물이 있다고 경전에 기술되어 있음을 '부처님 32대인상'에서 이미 확인하였지만 요즈음 중국에서는 '여의족'이라 하여 부처의 발 모양을 도하석(洮河石)으로 만들어 장신구처럼 사용하기도 한다. 단번에 높은 지위에 오르고, 평안을 가져다준다는 기원을 담아서 말이다.

부처님은 선정(禪定) 수행을 통해서 그 여의족을 얻으셨기에 그런 발을 통해서 시공을 초월하여 몸을 움직이셨다고 곳곳에 기록되어 있다. 역사(力士)가 팔을 굽혔다가 펴는 순간에 사라지기도 하고 나타나기도 한다면서 신족통을 부리셨다 한다. 멀리 떨어져 있는 제자들이 머무는 곳으로 돌연 나타나기도 하고 사라지기도 할 뿐 아니라, 과거나 미래의 특정 장소로도 자유자재로 움직이셨다. 마치, 물위를 걷고 투명인간처럼 벽을 통과하는 예수님의 발처럼 말이다[이 지적에 대해서는 본인의 다른 저서『경전분석을 통해서 본 예수교의 실상과 허상』이란 책을 참조하기 바람].

그런 부처님이신지라,『중아함경』속「상가라경(傷歌邏經)」에서는, '상가라마납(傷歌邏摩納)'이라는 사람에게 도(道)를 배움으로써 얻게 되는 한량없는 복(福)에 대해 부처님이 직접 설명해 주면서, 이 여의족이란 것이 어떻게 겉으로 나타나는지 자세하게 말씀하셨다. 곧, "어떤 사문 범지(梵志)는 큰 '여의족'이 있고, 큰 '위덕(威德)'이 있으며, 큰 '복'이 있고, 큰 '위신'이 있어서 마음이 자재함을 얻어 '한량없는 여의족의 공덕'을 행한다. 이를테면, 하나를 나누어 여럿을 만들고 여럿을 합하여 하나를 만들기도 하는데 하나는 곧 하나에 머물러 앎이 있고 봄이 있다. 석벽도 장애되지 않아 마치 허공을 다니는 듯하며, 땅에 빠지는 자에겐 물에서와 같고, 물을 밟는 자에겐 땅에서와 같으며, 가부좌를 하고서 허공에 오르는 것은 마치 새가 나는 것 같다. 이제 이 해와 달에 대해서도, 큰 여의족이 있고 큰 위덕이 있으며 큰 복이 있고 큰 위신이 있어서,

손으로 만지고 몸은 범천에 이른다."는 것이다.

모름지기, 종교의 경전은 문장 해석을 주의 깊게 해야 한다. 대개는 '이중적' 혹은 '모호하게' 기술되어 있고, 또한 비유적인 표현으로 되어 있기에 자칫 오독(誤讀)할 가능성이 높기 때문이다. 예컨대, 예수교 경전인 '성경'에서 죽은 몸이 다시 살아나는 것이 아니고 영(靈)이라 해놓고서 다른 한 쪽에서는 죽은 몸이 다시 살아난다고 주장하는 것과 같이[이 지적에 대해서도 본인의 다른 저서 『경전분석을 통해서 본 예수교의 실상과 허상』이란 책을 참조하기 바람], 불교의 이 '여의족'이란 용어도 마찬가지로, 선정 수행 과정에서 누릴 수 있는 마음속의 생각으로서의 걸림 없는 '자유 자재함'이란 형이상학적 의미와 함께 신체상의 발이 갖는 특별한 능력으로 끌어내려 형이하학적으로 해석하는 이중성과 모호성이 있기 때문이다. 하지만 어디, 이것뿐이겠는가? 경전의 속을 읽으면 읽을수록 신이 없음을 웅변해 주고 있음을 알게 되리라 믿는다.

참고로, 불경들에서는 '여의족'이라는 말과 '신족'이라는 말이 같이 쓰이고 있고, 여의족[神足]에는 4가지가 있다 하는데, ①欲如意足(욕여의족)=欲神足(욕신족) ②精進如意足(정진여의족)=勤神足(근신족) ③心如意足(심여의족)=心神足(심신족) ④思惟如意足(사유여의족)=观神足(쌍신족) 등이 그것이다. 그리고 욕여의족=욕망성취, 정진여의족=정진무간(精进无间), 심여의족=일심정념(一心正念), 사유여의족=심불치산(心不驰散) 등의 의미로 각각 쓰이고 있다.

- 2014. 09. 12.

먹는 것을 가지고
신(神)의 존재를 증언하는 경전들

  사람이 살아가는 데에 있어서 먹는 일보다 더 중요한 게 있을 수 있을까?

  우리가 최소한의 생명현상만을 유지하려고 해도 그에 필요한 에너지를 신체 밖 외부로부터 공급받아야 하는데 그것의 대부분은 다 우리 입으로써 먹는 음식에서 나온다. 그래서일까, 궁핍했던 시절에는 넉넉히 먹는 일에 치중했다면, 오늘날처럼 풍요로운 시절에는 그것의 양보다는 질을 더 중요시 여긴다.

  먹는 문제는 국민이 부여해주는 임무와 권한으로써 공적인 일을 하고자 하는 정치인들에게도 최우선으로 신경을 써야 하는 일 가운데 하나이다. 먹고 사는 일만큼 중요한 일이 별로 없기 때문이다. 심지어는, 신(神)의 존재를 믿고, 신의 의중(意中)을 헤아리고자 하는 종교 집단에서조차도 이 먹는 문제를 가지고 신의 존재와 신의 능력을 직간접으로 입증해 보이려는 듯한, 적잖은 기록들을 경전 안에 남기고 있다. 소위, 세계3대 현대종교라고 하는 예수교 · 불교 · 이슬람교 등의 경전 안에서 얼마든지 확인할 수 있다.

현재 우리 국민들 사이에서는 예수교의 영향력이 크기 때문인지 알 수 없지만, 예수의 '오병이어(五餠二魚) 기적'에 대해서는 거의 모르는 사람이 없을 정도가 되었다. 성경의 해당 구절을 직접 읽었거나 누군가로부터 간접적으로 들어서 막연히 알고 있는 것으로 여겨진다.

그런데 불교 경전에 기록된, 그 오병이어 기적과 유사한, 음식을 신통력으로써 부풀리어 다중(多衆)이 전혀 부족하지 않게 먹고 남음이 있다는, 아주 구체적인 기록에 대해서는 많은 사람이 모르고 있다. 설령, 극히 일부의 사람이 경전을 읽어서 그 내용을 알고 있어도 예수교의 '오병이어(五餠二魚) 기적'처럼 신기하게 생각하지 않고 발설하지도 않는 경향이 있어 보인다. 내가 생각하기엔 믿기지 않을 정도로 지나치게 비현실적으로 과장되어 있기 때문이 아닌가 싶다.

우리가 알고 있는, 보리빵 다섯 개와 물고기 두 마리로써 오천 명 이상의 사람이 배불리 먹고 남게 했다는 '예수'의 기적과, 우리가 잘 모르지만, 오백 명 분의 공양음식을 가지고서 팔만 삼천 명이 배불리 먹고 남게 했다는 '묘길상(妙吉祥) 보살'의 기적에 대해서 나란히 소개하고자 한다. 그 이유인 즉 경전 문장에 집착해서 현실적인 대인관계를 그르치는 가까운 사람들이 많고, 경전 문장 본래의 뜻과 전혀 다르게 해석하면서 온갖 궤변들을 늘어놓는 종교인들의 위선적인 행태와 무지를 믿고 따르는 사람들이 많기 때문이다. 부디, 어떠한 편견이나 고정관념에 사로잡히지 말고, 있는 그대로를 읽어주기 바라고 스스로 판단하기 바란다.

내가 읽은 「불설미증유정법경(佛說未曾有正法經)」 제4권에 이런 기록이 있다.

마가타국 왕이 묘길상 보살 일행에게 약속한 공양 음식을 베풀기 위해서 오백 명 분을 준비하였는데, 갑자기 묘길상 보살이 팔만 명의 대보살과 오백 명의 성문과 함께 온다는 소식을 듣고, 왕은 준비한 음식의 양이나 그릇이나 자리(장소) 등 모든 접대 면에서 뜻밖의 상황을 맞아 걱정하게 된다.

그런데 묘길상 보살은 그의 걱정을 이미 다 알아차리고서[불교에서 말하는 타심통(他心通)이라는 능력이 있기에] 다문천왕(多聞天王)과 공비라대야차주(恭毘羅大夜叉主)에게 지시하여 이들을 순식간에 동자의 모습으로 변화시켜서[불교에서 말하는 '변신술'이라는 능력이 있기에] 왕에게 보내어[축지법(縮地法)이라는 능력이 있기에], '묘길상 보살은 원래 복덕과 지혜가 다함이 없기 때문에 음식 또한 다함이 없게 할 수 있다'라고 전해 아뢰라고 배려한다. [쉽게 말하면, 불교에서 말하는 갖가지 신통력을 부릴 것이다.]

드디어, 묘길상 보살이 왕궁에 도착하자, 그는 보조(普照) 보살에게 "선남자여, 그대는 마땅히 도량을 장엄하게 하라. 지금이 바로 그 때이니라."라고 말하자, 보조 보살은 신통력으로써 궁전을 아주 넓고 정결하게 한 다음, 대도량을 각종 화개(華蓋) 당번(幢幡) 영락(瓔珞)들을 매달아서 아주 장엄하게 꾸몄다. 그러자, 묘길상 보살은 다시 법상(法上) 보살에게 "선남자여, 그대는 나를 위해 좋은 좌석들을 마련해서 대중들이 편히 앉도록 하라."고 지시한다. 그러자 법상 보살이 손가락으로 모양을 지어보이니 순식간에 팔만 삼천 개의 좋은 좌석이 대도량에 나타났는데, 갖가지 진귀한 보석들로 꾸며져 있었으며, 도량 안은 골고루 배치된 좌석으로 조금도 비좁지가 않았다 한다.

이에 묘길상 보살이 먼저 자리를 잡고 나서 모든 보살과 성문들에게 각기 자리에 앉도록 하자, 왕이 앞으로 나와서 묘길상 보살에게 "바라옵건대, 부디 보살과 대중들께서 저를 불쌍히 여기시고 조용히 조금만 기다려 주신다면 음식이 곧 나올 것입니다." 라고 말한다. 이 왕의 말이 떨어지기 무섭게, 사대천왕(四大天王)이 권속들과 함께 도량을 찾아와서 묘길상 보살과 모든 대중들에게 공경하게 예를 올리고 공양을 바쳤으며, 제석천주(帝釋天主)가 권속과 저 아수라(阿修羅)의 권속들과 함께 각각 전단말향(栴檀末香)을 가지고 도량을 찾아와서 대중들에게 공양하였으며, 사바세계의 주인인 대범천왕(大梵天王)이 동자의 형상으로 모습을 바꾸어서 좌우의 시자인 범천의 무리들[梵衆]과 함께 각기 보배털이개[寶拂]를 가지고 도량을 찾아와서 묘길상 보살에게 공경하게 예를 올린 뒤 그 옆에 가서 섰으며, 함께 온 범천의 무리들도 역시 보배털이개를 가지고 여러 보살과 성문들이 있는 오른쪽으로 가서 섰다. 뿐만 아니라, 무열뇌용왕(無熱惱龍王)이 도량을 찾아와서 허공에 머물렀는데, 그 몸은 보이지 않고 영락들만 드리워졌다. 그런데 신기하게도 그 영락에서 여덟 가지 공덕수(功德水)가 나와서 모든 대중들이 이를 마셔도 다함이 없었다 한다.

이때 왕은 '이들 여러 보살들이 모두 발우가 없으니, 어디에다 음식을 담아 먹는단 말인가?' 라고 속으로 걱정을 많이 한다. 그러자 묘길상 보살은 그의 고민을 알아차리고서 "그런 생각은 하지 마십시오. 이들 보살들이 지금 발우를 안 가지고 있지만 필요할 때가 되면 각자 그들의 불국토에 있는 공양 그릇이 저절로 내려오게 될 것입니다." 라고 말한다. 그러자 상성(常聲) 세계의 부처님이 가진 위신력(威神力)과 여러 보살들의 행원력(行願力)으로 팔만 삼천 개의 발우가 공중을 통해 이 사바세계에 와서 무열뇌지(無熱惱池)에 내려왔다. 그러자 팔만 삼천 명의 용녀(龍女)가 나와서 여덟 가지 공덕수로 이들 발우를 씻어서 각각 보살들 앞에 갖다 놓았다.

이때 비로소 묘길상 보살이 왕에게 말한다. "이제 보살들의 공양 그릇이 도착하였으니 왕께서는 음식을 나누어서 고루 대중들에게 공양하여도 되겠습니다." 라고 말이다. 그러자 왕은 준비한 갖가지 음식들을 보살과 대중들에게 올렸다. 이때 이 도량에 모인 대중들이 모두 실컷 먹고 한 사람도 부족한 사람이 없었으나 음식을 보니 아직도 많이 남아 있었다는 것이다. 그러니까, 오백 명 분의 공양 음식으로 팔만 삼천 명이 먹고 남았다는 것이다.

다 묘길상 보살의 다함없는 '복덕(福德)'과 '지혜(智慧)'가 부처님의 '위신력(威神力)'과 보살들의 '행원력(行願力)'을 빌려서 이루어낸, 불가사의한 일[奇蹟]이라는 것이다.

그런데 위 소설 같은 이야기가 현실적으로 불가능하다고 생각하기 때문에 불가사의(不可思議)로 치고, 믿기 어려운 기적이라고 우리는 말하지만 이와 유사한 사건은 예수교 경전인 '성경'에서도 적잖이 나타나 있다.

나는 이미 예수가 생존기간에 보여주었던 기적 같은 현상들을 경전의 문장 분석을 통해서 정리해 놓았었지만『예수교의 실상과 허상』PP.50~51] 오백 명 분의 공양 음식으로써 팔만 삼천 명이 먹고 남았다는 이 얘기에 비하면 정말이지 보잘 것 없지만 그 가운데 하나이면서 가장 유명한 오병이어 기적을 여기에 붙임으로써 대비시키고자 한다.

이 오병이어 기적에 대해서는, 마태[제14장 15~21절], 마가[제6장 35~44절], 누가[제9장 12~17절], 요한[제6장 3~14절] 복음 등에 기록되어 있는데, 이 기록들의 핵심 내용을 잘 종합적으로 정리해 놓으면 이러하다.

유월절이 가까운 때에 예수가 제자들을 데리고 산에 올라 앉아 있자, 큰 무리의 사람들이 몰려오는 것을 보고서, 예수가 제자 가운데 한 사람인 '빌립'에게 "우리가 어디서 떡을 사서 저 사람들로 하여금 먹게 하겠느냐?"라고 시험 삼아 묻는다. 그러자, 빌립이 대답하기를 "각 사람으로 조금씩 받게 할지라도 이백 데나리온의 떡이 부족하리이다."라고 말한다. 그때, 시몬 베드로의 형제 '안드레'가 예수께 묻는다. "여기 한 아이가 보리빵 다섯 개와 물고기 두 마리를 가졌나이다. 그러나 그것이 이 많은 사람에게 얼마나 돌아가겠습니까?"라고 말했다. 그러자, 예수는 제자에게 세 가지를 지시하신다. 곧, ①무리들을 잔디밭에 오십 혹은 백 명씩 무리지어 앉게 하라 하고, ②그 아이가 가지고 있는 빵 다섯 개와 물고기 두 마리를 자신에게 가져오라 한 다음, ③하늘을 향해서 축사를 하시고 제자들로 하여금 그 빵과 물고기를 차례로 떼어 나눠줘라 한다. 그 결과, 모두가 배불리 먹고 남은 것들을 정리해 보니 열두 바구니에 가득했다는 것이다. 그 빵과 물고기를 나눠 먹은 사람들은 여자와 아이들을 제외하고도 오천 명이나 되었다는 것이다. 그러니까, 실제로는 오천 명 이상이 배부르게 먹고 남았다는 것이다.

믿기지 않는 기적을 행사한 예수의 초능력은 오로지 그의 것이 아니라 그가 믿는 하나님 아버지의 것으로서 그 믿음에 대한 결과로 하나님이 그에게 부여해 주는 축복이자 권능으로 해석해야 함이 옳다. 성경 안에는 이 외에도 사람이 먹는 음식의 양을 '기도'나 '축사'로써 눈 깜짝할 사이에 늘리는 초능력이 발휘되는 상황이 더 있다. 이에 대해 궁금하다면 본인의 저서 『예수교의 실상과 허상』 PP468~473에서 확인해 보시라.

아무튼, 위에서 예로 든 예수나 묘길상 보살이나, 그 외에 다른 특정인들의 초능력들은 모두 다 신(神)의 능력으로부터 나온다는 사실이다. 그 신의 능력조차도 인간들의 마음에서 비롯되는 것이지만 말이다.

예수교의 신은 창조주로서 '전지전능'하기에 음식 부풀리기 정도야 어려운 일이 될 수 없다. 그렇듯, 필요해서 부처님을 인간세상 속으로 보낸 허공 같은, 불교의 법신(法神) 또한 '일체지'를 가지고 있기에 음식 부풀리는 일이야 역시 어려운 일이 될 수 없다. 이러한 능력과 권위[權能]를 인간으로부터 부여받고 있는 신을 믿고 의지할 수밖에 없다는 자세와 입장을 취하고 있는 게 예나 지금이나 종교인들인 것이다.

- 2016. 10. 21.

누구에게나 불성(佛性)이 있고
부처가 될 수 있다는 말에 대하여

우리 한국 불가(佛家)에서는 말한다. 모든 사람에게는 다 불성(佛性)이 있다고 하면서, 누구나 노력하면 부처가 될 수 있다고 말이다. 물론, 경전에 유사한 표현이 있기도 하지만, 그 내용이 희망적이기 때문에 귀가 솔깃해지면서 호기심이 생기는 것도 사실이다.

이때 불성이란 무엇일까? 부처를 부처답게 하는 속성 곧 그 본질적 요소이면서 동시에 부처가 될 수 있는 잠재된 능력을 두고 한 말일 것이다. 그렇다면, 그 본질적 요소란 과연 무엇일까? 그것은 '깨달음'과 '지혜'라는 두 개의 단어로 압축된다.

깨달음이 있기에 지혜가 나오는 것이고, 지혜가 있기에 온갖 번뇌로부터 벗어나 평안하게 살 수 있는 능력이 생기는 것이다. 따라서 깨달음이란 지혜를 얻기 위한 방법으로서 전제조건이 되고, 지혜는 깨달음의 결과로서 주어지는 것으로 번뇌를 물리치는 직간접의 수단이 되는 것이다.

그렇다면, 지혜를 얻기 위한 방법은 무엇일까? 그것은 인간의 불완전한 감각기관과 뇌에서 이루어지는 온갖 지각 판단 일체 곧 육식(六識 : 眼·耳·鼻·舌·身·意)의 활동을 다 버리고, 아무것도 없는 백지상태에 머물면서 새롭게 지각되는 현상과 그것들의 인과관계에 대한 내려다 봄 곧 '관조(觀照)'라 한다. 더 간단히 말해서, 살면서 자기중심적으로 축적되고 고착되어 온 관념이나 편견들을 배제한 상태에서 현상을 포함한 대상에 대해 있는 그대로 인지(認知)하는 것이다. 부연하자면, 자신의 지각이나 판단에 영향을 미치는 주관적인 조건[예컨대, 고정관념·편견·관심·욕구 등]들을 배제시킨 가운데 대상을 있는 그대로, 객관적으로 바라보는 시각이요, 태도요, 노력인 것이다.

결과적으로, 자신을 비워 머릿속에 아무것도 없는 상태에서, 있는 그대로의 현상을 내려다봄이 관조(觀照)이고, 그 관조를 통해서 제 현상의 인과관계를 통찰(洞察)하고, 그 결과를 논리 정연하게 말함이 곧 지혜(智慧)인 것이며, 바로 그 과정을 좌선(坐禪)이라 해도 틀리지 않는다.

따라서 불가(佛家)에서는 '관조'라는 방석 위에 앉는 '좌선'을 통해서 '지혜' 얻는 일을 '수행'이라 하며, 그 수행을 통한 지혜로서 충만한 상태에 도달함이 곧 소위, 깨달은 자요, 지혜로운 자라 하는 '부처'가 되는 것이다. 이러한 맥락에서 누구나 노력하면 부처가 될 수 있고, 누구나 다 부처가 될 수 있는 잠재된 능력과 가능성을 가지고 있다는 점에서 그러한 말이 성립된다고 보아진다.

- 2016. 12. 12.

'뱀이 묵은 허물을 벗는 것처럼 이도저도 다 버려라'라는 말의 진의

『숫타니파타Sutta-nipāta』곧『경집(經集)』*의 사품(蛇品) 안에 들어있는 열두 가지 경전 가운데 첫 경인 「사경(蛇経)」은, 17편의 짧은 시 문장으로 되어 있다. 공히, '~하는(혹은 ~해야 하는) 수행승은, 뱀이 묵은 허물을 벗듯이 ~하다(혹은 ~해야 한다)'라는 동일 구조(構造)의 문장으로 되어 있다. 그 내용만 조금씩 바뀔 뿐이지 사실상 같은 말이 열일곱 번이나 되풀이되고 있다 해도 틀리지 않는다. 그 가운데 무작위로 뽑은 예문 하나를 살펴보자.

무화과나무에서 꽃을 찾아도 얻지 못하듯,
존재들 가운데 어떠한 실체도 발견하지 못하는 수행승은,
마치 뱀이 묵은 허물을 벗어버리는 것처럼,
이 세상도 저 세상도 다 버린다.

위 4행의 한글 문장은, 팔리어 경전을 전재성 씨가 우리말로 직역했다는『쿳다까니까야 숫타니파타Sutta-nipāta』에 들어있는 다섯

번째 시 문장이다. 물론, 해당 책에서는 4행으로서 행 구분이 되어 있지는 않으나 필자가 임의로 구분하였을 뿐이다. 왜냐하면, 이 문장은 운문으로서 시(詩)이기 때문이다. 바로 위 문장에 해당하는 중국 한자 경전인『경집(經集)』에서는 이렇게 되어 있다. 곧,

无花果树林 求花不可得 (무화과수림 구화불가득)

三界诸有中 不可得坚实 (삼계제유중 불가득견실)

共舍彼此岸 如蛇蜕旧皮 (공사피차안 여사태구피)

위 중문을 굳이 우리말로 직역(直譯)한다면 이러하다.

무화과 숲에서 그 꽃을 구해 얻을 수 없다.

삼계 그 무엇에서도 단단한 실체를 얻을 수 없다.

뱀이 묵은 허물을 벗는 것과 같이 차안도 피안도 다 버려라.

이를 다시 매끄럽게 의역(意譯)한다면 이러하다.

무화과 숲에서 그 꽃을 구해 얻을 수 없듯이

삼계 그 무엇에서도 단단한 실체를 얻을 수 없나니

뱀이 묵은 허물을 벗는 것처럼 이도저도 다 버려라.

*직역과 의역은 공히 필자가 한 것임.

번역 문장에 따라 다소 느낌[語感]이나 그 분위기[語調]가 달라질 수 있는 것이지만 그 핵심적인 뜻만은 제대로 파악하고 이해할

필요가 있다고 본다. 여기서 불교 전문 용어로서 '삼계(三界)'와 '피안(彼岸)·차안(此岸)' 등이 쓰였는데 이들 용어에 대해서는 물론 설명이 전제되어야 한다. 곧, 삼계(三界)란 ①욕계(欲界) ②색계(色界) ③무색계(无色界)를 뜻하며, 이는 중생이 살며 머무는 세상의 양태를 구분, 설명한 것이다. 그리고 차안·피안이란 '이 언덕·저 언덕'이라는 뜻인데, 온갖 번뇌가 들끓는 인간세상을 이 언덕, 이 세상이라 한다면 그곳으로부터 벗어나서 일체의 번뇌가 사라지고 없는 세상을 저 언덕, 저 세상이라 빗대어 말하면서 사용된 용어이다.

원래, 차안과 피안이라는 용어는 생로병사의 굴레에서 벗어나지 못한 채 온갖 욕심과 어리석음과 성냄 등으로 얼룩지는 현실적인 삶이 펼쳐지는 세계가 이 언덕 차안이라 한다면 그런 것들이 사라지고 없는 이상세계가 저 언덕 피안이다. 다만, 이 언덕 이 세상을 고민·고통의 바다[苦海]라 하였고, 그 바다를 항해하여 저 언덕 저 세상으로 건너가야 하는데 그 방법이 곧 '바라밀'이라는 것이고, 그것이 곧 부처님의 요구사항이자 가르침인 셈이다. 그래서 진정한 피안에 이르게 되면, 오랫동안 머물렀던 차안을 버리고, 피안으로 건너오게 해준 나룻배조차, 다시 말해, 그 수단이나 방법이었던 부처님의 가르침조차도 다 버려야 한다는 뜻에서 차안·피안을 모두 버려야 한다고 했다.

그런데 나는 이 '피안·차안'을 '이도저도'라는 말로 바꾸었는데 그 이유가 있다. 하필, 17편 가운데 무작위로 선택한 이 다섯 번째 시 문장에서는, '버리는' 행위의 주체인 '수행승인 비구(比丘)'라는 주어가 생략되었는데 다른 문장들에서는 다 갖추어져 있다.

그리고 '~ 해야 하는 수행승은 이도저도 다 버려야 한다'는 문장 구조에서 '~해야 하는'에 해당하는 목적어들만을 따로 떼어내어 분석해 보면, 다 인간 세상과 인간의 욕심·욕구·무지 등과 관련된 것들이라는 사실이다. 예컨대, 분노·애욕·탐욕·자만·성냄·어리석음·번뇌·악·속박·장애 등을 극복하고, 나아가서는 선악(善惡)·화복(禍福)조차 초월하고, 이 세상은 실체가 없는 허망한 것이니 모든 것을 버리라는 기본적인 시각과 태도에서 나온 말들임을 알 수 있다.

바로 이러한 내용을 주지시키고 강조하기 위해서 "뱀이 묵은 허물을 벗는 것처럼 이도저도 다 버려라(共舍彼此岸 如蛇蛻旧皮)"는 말이 후렴구가 되어 매 편마다 되풀이되고 있는 것이다. 간단히 말하면, 뱀이 묵은 허물을 버리듯이 인간은 모든 번뇌를 낳는 욕구나 욕심 등은 말할 것 없고, 그것들을 버리는 데에 있어서 방해가 되는 요소들까지도 모조리 극복해야 하고, 그 수단이나 방법(론)조차도 버려야 한다는 것이다.

얼핏 보면, 그럴 듯한, 아니, 대단히 뛰어난 수사법적인 표현 같지만 여기에는 몇 가지 문제가 있다.

첫째, 뱀이 묵은 허물을 벗는 생태적인 현상과 인간의 삼독(三毒)과 오온(五蘊)을 비롯한 번뇌의 근원을 뿌리 채 뽑아 버리는 것과는 사실상 어울리지 않는 관계라는 것이다. 공히, 스스로 버린다는 것은 같지만 그 본질이 다르기 때문이다. 곧, 뱀이 허물을 벗는 것은 제 살기 위한 생태적 본능적 현상으로서 적극적인 삶의 한 방식이지만 인간이 생로병사의 과정에서 피할 수 없는 번뇌로부터 벗어나기 위해서 자기 욕심이나 욕구나 자식 낳고 기르는 제반 활동을 다 버리는 것은 불가능한 일일 뿐더러 제 삶을 포기하는 것과 다를 바 없기 때문이다. 쉽게 말해, 뱀이 허물을 벗는 것은 자기 살겠다고 벗는 것이지 인간처럼 자기 번뇌를 줄이거나 없애기 위해서 자기 욕구나 감각적 활동을 포기하거나 버리는 것이 아니라는 뜻이다.

둘째, 삼계 속에 믿고 의지하고 가질 만한 '단단한 실체[堅實]'가 없다고 판단한 것 자체에도 문제가 있지만, 그런 주장을 강조하기 위해서 빗대어 쓰고 있는 '무화과나무 숲에 무화과나무 꽃이 없다'는 사실과의 연계는 적절하지 않다는 점이다. 왜냐하면, 열매가 우리가 갖고자 하는 궁극적인 목적이라 한다면 그 열매를 맺게 하는 '단단한 실체'가 바로 꽃이라는 뜻인데 열매를 맺는 식물은 거의 다 꽃이 있기 때문이다. 특별히 꽃이 없는 나무를 골라서 '꽃이 없으므로 실체가 없다'고 주장하는 것은 견강부회(牽强附會)에 지나지 않는다.

다만, 기원 전 사람인 부처님이, 뱀이 허물을 벗는다든가, 무화과나무에 꽃이 없다는 자연적 현상에 대한 세심한 관찰을 통해서 익히 알고 있는 지식을 활용하여 번뇌 속에서 살아가는 인간 삶 속에 믿고 의지할 만한, 변하지 않는 실체가 없으니 현실생활에 집착하지 말고 다 버리라는, 자신이 하고 싶은 말을 하고 있다는 기술적 기교에 높은 점수를 주고 싶다는 것이다. 바로 그 자연현상들을 끌어들여서 자신이 하고자 하는 말의 의미에 정당성을 부여하는 기교는 분명한 지혜(智慧)에 해당하기 때문이다.

경전을 읽으면 읽을수록 알게 되겠지만, 부처님이나 예수나 무함마드는 공히 자연적 현상을 빗대어서 혹은 끌어들여서 자신들이 하고자 하는 말, 곧 판단의 당위성을 부여했다는 사실을 얼마든지 어렵지 않게 확인할 수 있다. 다시 말해, 자연이 그들의 스승이 되었던 것이다. 이 점에 대해서는 필자의 다른 책『경전 분석을 통해서 본 예수교의 실상과 허상』을 참고하기 바란다.

- 2014. 06. 16.

---

*『수타니파타Sutta-nipāta, 경집(經集)』:
팔리어로 된 수타니파타Sutta-nipāta를 우리말로 직역했다는「쿳다까니까야 숫타니파타 Sutta-nipāta」[한국빠알리성전협회(역주자:전재성), 2011. 05. 개정판]에서는, 모두 5품으로 구분되어 있는데, 제1품 뱀의 품, 제2품 작은 법문의 품, 제3품 큰 법문의 품, 제4품 여덟 게송의 품, 제5품 피안가는 길의 품 등이 그것이다.
다시, 제1품에는 뱀의 경, 다니야의 경, 무소의 뿔의 경, 까씨바라드와자의 경, 쭌다 경, 파멸의 경, 천한 사람의 경, 자애의 경, 헤마바따의 경, 알라바까의 경, 승리의 경, 성자의 경 등 12가지 경(經)이 수록되어 있고, 제2품에는 보배의 경, 아마간다의 경, 부끄러움의 경, 위대한 축복의 경, 쑤찔로마의 경, 정의로운 삶의 경, 바라문의 삶에 대한 경, 나룻배의 경, 계행이란 무엇의 경, 용맹정진의 경, 라홀라의 경, 방기싸의 경, 올바른 유행의 경, 담미까의 경 등 14개의 경이 수록되어 있다.
그리고 제3품에는 출가의 경, 정진의 경, 잘 설해진 말씀의 경, 쑨다리까 바라드와자의 경, 마가의 경, 싸비야의 경, 쎌라의 경, 화살의 경, 바쎗타의 경, 고깔리까의 경, 날라까의 경, 두 가지 관찰의 경 등 12가지 경이 수록되어 있으며, 제4품에는 감각적 쾌락의 욕망의 경, 동굴에 대한 여덟 게송의 경, 사악한 생각의 여덟 게송의 경, 청정에 대한 여덟 게송의 경, 최상에 대한 여덟 게송의 경, 늙음의 경, 띳싸 메떼이야의 경, 빠쑤라에 대한 설법의 경, 마간디야에 대한 설법의 경, 죽기 전의 경, 투쟁과 논쟁의 경, 작은 전열의 경, 큰 전열의 경, 서두름의 경, 폭력을 휘두르는 자에 대한 경, 싸리뿟다의 경 등 16가지 경이 수록되어 있으며, 제5품에는 서시의 경, 학인 아지따의 질문에 대한 경, 학인 띳싸 멧떼이야의 질문에 대한 경, 학인 뿐나까의 질문에 대한 경, 학인 멧따구의 질문에 대한 경, 학인 도따까의 질문에 대한 경, 학인 우빠씨바의 질문에 대한 경, 학인 난다의 질문에 대한 경, 학인 헤마까의 질문에 대한 경, 학인 또데이야의 질문에 대한 경, 학인 깝빠의 질문에 대한 경, 학인 자뚜깐닌의 질문에 대한 경, 학인 바드라부다의 질문에 대한 경, 학인 우다야의 질문에 대한 경, 학인 뽀쌀라의 질문에 대한 경, 학인 모가라자의 질문에 대한 경, 학인 삥기야의 질문에 대한 경, 피안 가는 길에 대한 마무리의 경 등 18가지 경이 수록되어 있다.

한편, 중국어로 된 한자 경전인 「경집(经集)」에는 사품(蛇品), 소품(小品), 대품(大品), 의품(义品), 피안도품(彼岸道品) 등 5품으로 나뉘어 있고, 사품은 다시 사경(蛇经) 타니야경(陀尼耶经) 서우경(犀牛经) 경전바라수도경(耕田婆罗堕阇经) 순타경(淳陀经) 패망경(败亡经) 천민경(贱民经) 자경(慈经) 설산(야차)경[雪山(夜叉)经] 광야경[旷野(夜叉)经] 정승경(征胜经) 모니경(牟尼经) 등이, 소품에는 보경(宝经) 취예경(臭秽经) 참경(惭经) 대길상경(大吉祥经) 침모야차경(针毛夜叉经) 법행경(法行经) 바라문법경(婆罗门法经) 선경하위계경(船经何谓戒经) 기립경(起立经) 라후라경(罗喉罗经) 붕기사경(鹏耆舍经) 정보행경(正普行经) 현미가경(昙弥迦经) 등이, 대품에는 출가경(出家经) 정근경(精勤经) 선설경(善说经) 손타리가바라수도경(孙陀利迦婆罗堕阇经) 마가경(摩伽经) 살곤야경(萨毘耶经) 시라경(施罗经) 전경(箭经) 파사타경(婆私咤经) 구가리야경(拘迦利耶经) 나라가경(那罗迦经) 이종수관경(二种随观经) 등이, 의품에는 욕경(欲经) 굴팔게경(窟八偈经) 진노팔게경(瞋怒八偈经) 정팔게경(净八偈经) 제일팔게경(第一八偈经) 노경(老经) 제수미륵경(帝须弥勒经) 파수라경(波须罗经) 마건지야경(摩健地耶经) 사전경(死前经) 두쟁경(斗诤经) 소집적경(小集积经) 대집적경(大集积经) 신속경(迅速经) 집장경(执杖经) 사리불경(舍利弗经) 등이, 피안도품에는 서게(序偈) 아치다학동소문(阿耆多学童所问) 재순미륵근학동소문(帝须弥勒学童所问) 부야가학동소문(富那学童所问) 미다구학동소문(弥多求学童所问) 도다가학동소문(度多迦学童所问) 우파사바학동소문(优波私婆学童所问) 난타학동소문(难陀学童所问) 선마가학동소문(酰摩迦学童所问) 도제야학동소문(刀提耶学童所问) 겁파학동소문(劫波学童所问) 도도천이학동소문(阇都干耳学童所问) 발타라부타학동소문(跋陀罗浮陀学童所问) 롱타야학동소문(优陀耶学童所问) 포사라학동소문(布沙罗学童所问) 막가라도학동소문(莫伽罗阇学童所问) 빈지야학동소문(宾祇耶学童所问) 십육학동소문지결어(十六学童所问之结语) 등이 각각 수록되어 있다.

'무소의 뿔처럼 혼자서 가라'는 말의 진의

『숫타니파타Sutta-nipāta』, 곧 『경집(經集)』의 사품(蛇品) 안에 들어있는 열두 가지 경전 가운데 세 번째 경인 「무소뿔의 경」은, 41편의 시 문장으로 되어 있는데, 단 한 개의 문장만 빼고 40편이 공히 "무소의 뿔처럼 혼자서 가라"는 후렴구로써 끝을 맺는다. 열 한 번째인 시만 이 후렴구가 없는 대신에 "그와 함께 가라"는 말로써 끝을 맺고 있다. 대개는 ' ~하고 ~하니, ~하여 무소의 뿔처럼 혼자서 가라'는 구조의 문장으로 되어 있다.

41편의 시 가운데 수사학적으로 가장 돋보이는 37번째의 시(詩)를 소개하고자 한다.

소리에 놀라지 않는 사자같이,
그물에 걸리지 않는 바람같이,
물에 때 묻지 않는 연꽃같이,
무소의 뿔처럼 혼자서 가라.

이는 팔리어 경전을 전재성 씨가 우리말로 번역했다는 것으로
『쿳다까니까야 숫타니파타Sutta-nipāta』에 수록된 것이다. 이에 해당
하는 내용이 중국 한자 경전인『경집(經集)』에서는 아래와 같이 되
어 있다.

狮子不怖骇诸声 (사자불포해제성)
不着罗网如风行 (불착라망여풍행)
水滴莲叶不涂着 (수적연엽불도착)
应如犀牛任独行 (응여서우임독행)

이를 굳이 직역(直譯)하자면 이러하다.

사자는 이런저런 소리에 깜작 놀라지 않는다.
그물에 걸리지 않고 지나가는 바람과 같이
연잎에 물방울이 달라붙지 않는다.
코뿔소처럼 혼자서 가라.

이를 조금 매끄럽게 의역(意譯)하자면 이러하다.

이런저런 소리에 깜작 놀라지 않는 사자처럼,
그물에 걸리지 않고 지나가는 바람처럼,
물방울이 달라붙지 않는 연잎처럼,
코뿔소처럼, 혼자서 가라.
*직역과 의역은 공히 필자가 한 것임.

우리는 중국 한자 경전의 '应如犀牛任独行'이란 말을 '무소의 뿔처럼 혼자서 가라'는 말로 번역해왔기 때문에 의심의 여지없이 그 말에 익숙해져 있다. 팔리어 경전에 코뿔소의 뿔에 해당하는 단어가 들어있는지는 모르겠으나 보다시피 중국 한자 경전에는 '서우(犀牛)'라는 단어로 표기되어 있고, 사자나 바람이나 연잎 등과 같은 위치에서 쓰인 보조관념으로, 소 가운데 한 종인 '코뿔소'일 따름이다. 게다가, 열아홉 번째 시를 보면, 코끼리가 나오는데 그것도 어깨가 쩍 벌어지고 반점이 있는, 쉽게 말해 몸집이 크고 힘이 센 코끼리가 무리에서 이탈하여 자유롭게 혼자서 숲속을 거닐 수 있듯이 '혼자서 가라'는 내용이 나온다. 이런 정황으로 미루어 보면, '코뿔소의 뿔처럼'이 아니라 그냥 '코뿔소처럼'이 옳다고 생각된다. 코뿔소 역시 사냥꾼인 사자 무리를 두려워하지 않고 몸집이 크고 힘이 세기 때문에 독자적으로 행동하는 생태적 특징을 갖고 있기 때문이다.

그러고 보면, 기원 전 사람인 부처님은 상당한 관찰력이 있었던 모양이다. 사자나 코끼리나 코뿔소의 생태를 잘 알고 있었고, 연잎과 물방울과의 관계를 관찰로써 알고 있었기에 그것들의 특징을 끌어들여서 자신이 하고 싶은 말을 유감없이 빗대어 했으니 말이다. 곧 구속받지 말고, 매이지도 말고, 자유롭게, 그리고 의연하게 수행자로서 마땅히 갈 길을 가라 했던 것이다.

그렇다면, 수행자로서 구속받지 않고 매이지도 않으며 홀로 정진하려면 어떻게 해야 하는가. 문장 속에 담긴 부처님 생각은 이러했다. 곧, 결혼하여 자식들을 두지 말고, 친구들과 대인관계조차 갖지 말며, 먹고 입고 잠자는 의식주 따위에 탐착하지 말며, 오락 유희 쾌락 등을 추구하지도 말며, 명상을 통한 선정 삼매에 들어 탐·진·치를 극복하며, 질병·나태·수면·방종·잡념 등을 극복하며, 낳아 길러준 부모하고도 거리를 두며, 어지간하면 출가하여 혼자서 수행 정진하라는 것이었다. 그리하여 고통도 괴로움도 즐거움도 모두 사라지게 한 채 오로지 깨끗한 마음으로 조용히 살라고 했다. 이것이 부처님이 제자들인 수행자들에게 바라던 바였던 것이다. 적어도 『경집(經集)』의 사품(蛇品)에서는 말이다.

- 2014. 06. 16.

'사람의 마음이 아지랑이 같다'는
말의 진의에 대하여

나는 언젠가 동방문학 통권 제69호 특집으로 '마음'에 대하여 우리 문학인들은 어떻게 정의내릴까 궁금하여 묻고 답한 내용을 엮은 적이 있다.

그리고 그동안 내가 읽은 불교 경전들 가운데에서 그와 관련, 언급되어 있는 내용과, 학문적으로 정리된 사전적 개념들을 나름대로 일별해 보는 기회도 가졌었다.

다 지나간 과거사이지만 법구경에 나오는 '사람의 마음이 아지랑이 같다'는 이 말이 자꾸만 눈에 밟히는 이유는 무엇일까? 하여, 나는 잠시 눈을 감고 마음의 본질에 대하여 다시금 스스로에게 물어본다.

나에게 있어 마음이란 무엇일까? 그것은 자기 자신을 들여다보는 '거울'이자 자기 자신을 담아내는 '그릇'이라는 생각이 든다.

마음을 두고 그릇이라 함은, 나의 느낌·감정·욕구·생각 등이 나오는 출처(出處)이고, 동시에 그것들이 생성되어 담기는 곳이란 공간적 의미로 지각되었다는 뜻이다. 그렇다고 해서, 신체의 어딘가에 따로 자리를 차지하고 있는 기관은 아니지만.

그리고 마음을 두고 거울이라 함은, 그것의 겉과 속이 훤히 비치는 투명한 성질을 띠어서 그 속에 담긴 자신을 읽게 한다는 것이고, 심지어는 자신을 기만하거나 속이는 그런 자신조차 다 보여줌으로써 감추지 못하게 한다는 기능적 측면을 두고 한 말이다.

따라서 마음이란, 시시때때로 변하거나, 변하는 것 같아도 변하지 않는, 자기 자신의 욕구(欲求)와 내외적 자극에 대한 반응(反應)을 담아내는 그릇이요, 동시에 그것들을 들여다보게 되비추어 주는 거울인 것이다.

굳이, 빗대어 말하자면, '마실 물이 들어있는 유리컵 같은 것'이라 할 수 있다. 유리컵이 어떠한 이유에서든 흔들리면 그 안에 든 물도 흔들리고, 그 물이 흔들리면서 그 속에 내포되어 있거나 함유되어 있는 다른 물질들도 흔들리게 마련이다. 그 흔들리는 물과 함께 요동치는 부유물이 몸에 이로운 것이라면 그냥 마셔도 되지만 해로운 것이라면 걸러 내거나 가라앉혀야만 할 것이다.

이처럼 없는 듯 보이지만 나타나고, 의례히 있지만 없는 듯 숨어서 잘 보이지 않는, 그래서 시시때때로 변하는, 믿을 수 없는 것이 바로 마음이라는 뜻에서 '아지랑이'라는 관념을 빌려 쓴 것이 아닐까 싶다. 내가 추측하기에 그렇다는 뜻이다.

물을 담고 있는 유리컵은 우리의 신체요, 물속에 내포·함유되어 있는, 먹어서 이로운 성분이나 해로운 불순물들은 출몰을 거듭하며 변하는 갖가지 욕구·감정·생각 등이고, 그것들을 담아내는 것이 물인데 바로 그것이 사람의 마음인 것이다.

따라서 물을 맑게 불순물을 침전시키거나 정화하는 것은 마음속의 근심 걱정을 가라앉혀 차분하고 고요하게 하는 일이요, 유리컵 안에 든 물을 흔들어 함유된 성분이나 내포된 불순물을 요동치게 하는 것은 갖가지 감정·욕구·생각 등을 일으키는 동력으로 생명현상인 것이다.

- 2017. 03. 05.

'세상에 사는 것이 허깨비 같다'는 말의 진의에 대하여

'허깨비'라? 기력 따위가 허하여 눈앞에 있지도 않은 것이 있는 것처럼 보이는 것을 두고 우리는 허깨비라 한다. 그런데 부처님 눈에 비친 인간 삶이 곧 허깨비 같다는 것이다. 정말로, 그럴까?

부처님은 한사코 변하지 않고 영원하지 않는 존재를 무상(無相)·무상(無常)하다면서 인간의 몸이나 그 몸에서 이루어지는 각종 기능인 감각적 인식(認識)이나 마음(心)까지도 믿고 의지할 것이 못되는 '헛것'이나 '그림자' 정도로 여겼다. 그래서 그에게는 생로병사라는 과정을 거치면서 고통뿐인 것이 곧 인간 삶으로 규정되었고, 고통을 안겨주는 생사(生死)의 덧으로부터 온전히 벗어나는 길만이 최상의 삶의 방법이라고 여겨졌다. 그 방법 가운데 방법으로 제시된 것이 바로 '무위(無爲)'이다. 그렇기 때문에 불교의 경전은 그런 목표 달성을 위해서 생각하고 행동하며 살아가는 방법을 가르쳐주는 내용이 대부분을 차지한다.

그러나 나의 눈에는 삶이 곧 허깨비 같을 지라도 허깨비는 결단코 아니며, 끝내는 죽어서 그 형태와 기능이 사라질지라도, 다시 말해, 무상(無相)하고 무상(無常)할지라도 그 자체로서 존재하는 실체로 보인다. 다만, 겉으로 보기에는 꽉 차있는데 막상 그 속을 들여다보면 텅 비어있거나, 힘이 무척 세고 강할 것이라고 믿었는데 기대 이하로 그 허약함이 드러나거나, 목적의식을 갖고 열심히 살면 그 목표가 이루어지리라 믿었는데 애초부터 이루어질 수 없는 경우였다면 결국 우리는 실망하게 되고, 속았다는 생각을 하게 되며, 그나마 존재했던 삶이 일순간 허깨비처럼 인식될 수는 있다고 생각한다. 특히, 사람이 어떠한 이유에서든 돌연사를 당하게 되면 그간의 삶과 노력이 무위(無位)로 돌아가면서 허깨비처럼 여겨질 것이다. 그렇다고 허깨비라고 단정 지어 말할 수 있을까. 허무(虛無)라는 절벽 앞에서 허깨비를 볼 가능성은 있지만 그 또한 허깨비는 아니며, 욕심에서 나오는 순간의 생각일 뿐이다.

따라서 허깨비와 같다는 이유에서 무위(無爲)·무욕(無慾)으로 일관할 것이 아니라 삶의 본질을 제대로 이해하고 자신의 생명력을 적절히 통제하며 자신의 욕구를 충족시켜 나가야 할 것이다. 그래야 언제 죽더라도 원망함이 줄게 되며 스스로 만족하는 행복감이 깃들게 된다.

내가 60년 이상을 살아보니, 생명에 끝이 있기에 삶의 의미가 더욱 깊어지는 것이고, 소중해지는 것임을 온몸으로 체감·체득할 수 있었다. '허깨비'라는 말에 속아서는 안 될 것이다. 그저 너무 욕심을 많이 내고 너무 집착함으로써 몸과 마음을 상하지 않게 살라는 방편으로 한 말 정도로 받아들이면 좋으리라.

- 2017. 03. 06.

'세상 만물이 물거품 같다'는
말의 진의에 대하여

　부처의 눈에는 세상 만물이 물거품 같다는데 내 눈에는 손으로
만질 수 없는 진리의 현현인 그것의 드러남으로 보인다. 물론, 세
상 만물은 다 사라질 뿐이지만 '조건'만 성립되면 언제든 다시 나
타날 수도 있는 것이다. 이 조건이라는 것이 바로 불교에서 말하
는 인(因)과 연(緣)이다.

　그의 말마따나 옹기그릇이 필요해서 만들어졌지만 그것들은
끝내 깨어지고 말듯이, 새로 태어나는 생명체가 성장하고 늙고
병들고 끝내는 죽을 수밖에 없듯이, 세상 만물 또한 다 사라질 수
밖에 없다.

　그것도 갖가지 구조와 빛깔을 지닌 물질들로 이루어져 일정한
형태를 유지하다가도 이내 곧 해체되고 사라져 버리고 마는 허망
한 것이기에 믿고 의지할 만한 것이 결코 못 된다는 부처의 인식
이 이 말 속에는 깔려 있다.

　영원(永遠)하고 불변(不變)해야 믿을 수 있는 실체라고 여긴 부처
는 쉽게 변하고 해체되어 기능이 정지된다는 점에서 생명을 포함

한 세상 만물이 다 물거품 같다고 수사적 표현을 했지만 그렇다고 물거품인 것은 아니다. 물은 물이고 물거품은 물거품인 것이기 때문이다.

인간 존재도 한시적으로 머물 뿐인데 그 머무는 동안에 이미 널려있는 만물이나 새로이 생기는 현상들을 사라져 없어질 것이라 하여 눈을 감아버리듯 해서 그것들을 가볍게 여기거나 지나치면 되겠는가. 오히려, 그것들을 통해서 그 대상이나 그 현상들을 낳고 거두어들이는, 보이지 않는 모체(母體)의 진리를 유추·이해해 나가는 노력이 필요할 뿐 아니라 인간 존재와 만물과의 관계를 이해하고 의미를 부여해 가는 과정이 중요하다고 본다.

부처도 80평생을 살면서 배가 고프면 중생들로부터 음식 공양을 받았듯이, 몸이 아프면 약을 보시 받았고, 몸을 가릴 옷가지조차 보시 받아 생활했듯이, 인간으로서 머무르는 동안에는 그 물거품 같은 물질에 전적으로 의지할 수밖에 없다. 물론, 부처는 영원히 존재하면서 변하지 않을 그 무엇을 이해하려고 끊임없이 사유했고, 그것에 눈을 맞추려는 노력을 줄기차게 기울였다.

그 결과, '있지만 없고 없지만 있는'이라는, 그 모체에 대한 인식 곧 수사적 표현을 얻었지만 그는 다른 사람들과 똑 같이, 아니, 세상의 만물처럼 잠시 머물다가 사라졌던 것이다. 이처럼 그 끝이 존재한다는 점에서 허망하기 짝이 없는 물거품 같다고 말할 수는 있지만 물거품도, 그것이 아닌 물도 다 존재하는 이유가 있다.

문제는, 세상 사람들이 사는 동안 필요한 것들이라 하여 만물에 욕심을 내기 때문에 하나뿐인 자기 목숨을 바치기도 하고 잃기도 한다. 그러니까, 살기 위해서 만물을 취하는 것이 아니라 만물을 취하기 위해서 사는, 전도된 인간 삶의 모순과 그 과정의 고통을 의식하고서 방편 삼아 문제의 이런 말을 하지 않았나 싶다.

　분명한 사실은, 물거품처럼 허망하게 금세 사라져 버리고 마는 세상 만물에도 다 깊은 뜻이 있고, 다 존재 의미와 가치가 있으며, 그 자체로서 실체라는 점이다. 그래서 우리가 사는 동안 물거품 같지만 물거품이 아닌 만물을 무시·외면할 수만도 없는 것이다. 마치, 부처님이 고통의 바다를 헤엄치며 살다가 허망하게 죽을 수밖에 없는 줄을 잘 알면서도 제자들로 하여금 부단히 수행 정진함으로써 깨달아 지혜를 얻고 온갖 근심 걱정으로부터 벗어나 자비로운 마음을 내어 서로 사랑하며 살기를 원했듯이 말이다.

- 2017. 03. 05.

하느님 혹은 하나님과 부처님

인간은 자신이 살고 있는 지상에서와 같이 하늘에서도 사람과 같거나 유사한 존재들이 살고 있을 것이고, 지상에서처럼 국가(國家)나 조직(組織)이 있을 것이라고 상상해 왔다. 그래서 하늘에 있을 것이라는 국가를 '하늘나라', '천국(天國)', '천상(天上)' 등의 용어로 불러왔다.

하지만 그곳에 가본 사람이 없기 때문에 그곳에서 산다고 생각해온 존재에 대해서는 지상의 인간과는 다른 의미를 부여해 왔다. 그 다름의 핵심인 즉 인간 자신들과는 다른 모습 다른 능력을 구비하여 다른 양태로 살아갈 것이라 상상했던 것이다. 한 마디로 말해, 인간의 한계가 극복된 존재를 상상하며 그 의미를 부여해 왔던 것이다.

그래서 인간과는 수명(壽命)이 다르고, 먹는 음식이 다르고, 모양새가 다르며, 기능 내지는 능력이 또한 다르다고 여겨왔다. 그런 그들이 사는 곳에는 하나님 · 하느님 · 한울님 · 한얼님 · 상제(上帝) · 천왕(天王) 등으로 불리는 왕(王) 있고, 천사(天使) · 하늘사

278

람[天신] 등으로 불리는 백성들이 있다고 믿어왔다. 뿐만 아니라, 사람 눈에는 보이지 않지만 지상과 천상에 두루 살고 있는 온갖 신(神)들이 있다고 생각해 왔다. 물론, 마귀·사탄·마군·귀신 등으로 불리는 존재도 다 여기에 포함된다.

이러한 생각 이러한 믿음 위에서 종교의 경전들이 쓰여져 있는데 그것에 집착하고 속박당하면서 사는 것은 이성적인 인간으로서 결코 바람직하지 않다고 나는 생각한다.

성경 속의 하나님 혹은 하느님은, 창조주로서 자신이 만든 것 가운데 하나인 인간을 지극히 사랑하기에 인간 삶의 구석구석을 간섭하고 많은 것을 요구하신다. 그렇듯, 불경 속의 부처님은 인간을 지극히 불쌍하게 여기기에 근심걱정 없이 사는 방법으로써 많은 실천사항을 요구하신다. 문제는 하나님이나 부처님이 요구하시는 내용을 모두 실천에 옮길 수는 없다는 사실이다.

뿐만 아니라, 성경 속의 하나님 혹은 하느님은 자신 스스로가 하나님의 아들이 되어서 인간의 몸으로 인간 세상에 출현하여 '이렇게 살라'고 본을 보이셨고, 천국으로 가서 영생하는 문의 열쇠를 보여 주시었다. 그렇듯, 부처님은 스스로 인간의 모습으로 출현하여 근심걱정 없이 살려면 '이렇게 살라'고 몸소 보살로서의 수행과정을 보여 주시었고, 근심걱정 없는 천상에 다시 태어나거나 아예 태어나지 않는 방법을 가르쳐 주시었다.

뿐만 아니라, 성경 속의 하나님 혹은 하느님은 말을 듣지 않는 사람들에 대해서 심판의 회초리를 들겠으며, 끝내 그들이 가는 곳은 다름 아닌 지옥의 불구덩이 속이라고 으름장을 놓으셨다. 그렇듯, 부처님도 말을 듣지 않는 사람들에 대해서는 심판의 회

초리를 들겠으며, 그들이 가는 곳은 다름 아닌 별의별 지옥의 불 구덩이 속이라고 으름장을 놓으셨다.

뿐만 아니라, 성경 속의 하나님 혹은 하느님은 믿고 순종하면서 찬양하고 존경하는 인간들을 참으로 좋아하셨다. 그렇듯, 부처님 도 믿고 순종하고 찬양하고 존경하는 인간들을 참으로 좋아하셨 다.

이 얼마나 '인간적인', 하나님이시고 부처님이신가? 바로 이점 이 인간에 의해서 하나님과 부처님이 창조되었다는 사실을 반증 해 준다고 나는 생각한다. 솔직히 말하여, 경전을 읽으면 읽을수 록 그 안에서 인간적인, 한계나 모습을 보게 된다. 바꿔 말하면, 하나님의 말씀이 기록되어 있다고 하는 성경의 내용이 인간의 말 일 뿐이고, 부처님의 말씀이 기록되었다고 하는 불경의 내용들이 인간의 말일 뿐이라는 것이다.

따라서 내가 경전을 읽는다는 것은, 하나님 혹은 하느님이나 부 처님의 의중을 읽는 것이 아니라 다름 아닌 인간의 꿈과 희망사 항을 읽는 것이다.

- 2015. 08. 13.

예수교의 하나님(하느님)과
단군의 하늘님(한얼님) 차이

나는 요즈음 『환단고기(桓檀古記)』를 읽으며 새삼스레 놀라움을 금치 못하고 있다. 저자 내지는 편자가 다른 네 가지의 기록, 곧 ①三聖記(安含老·元董仲) ②檀君世記(杏村 李侍中) ③北扶餘記(休崖居士 范樟) ④太白逸史(李陌)를 합쳐서 만든 한 권의 책을 '환단고기(桂延壽, 1911년)'라 하는데, 이를 우리의 정사(正史)로 받아들이든 아니 받아들이든 접해보지 못했던 환인, 환웅, 단군의 통치역사를 구체적으로 읽을 수 있었기 때문이다. 하지만 더욱 놀라운 사실은 '천부경(天符經)'과 '삼일신고(三一神誥)'의 전문을 통해서 우주창조의 원리를 잠시 생각해 볼 수 있었다는 점이다.

이제 흥분된 마음을 가라앉히고 몇 가지 중요한 사항에 대해 지구촌 사람의 약 25퍼센트 이상이 믿고 있다는 예수교의 경전인 '성경'의 창세기와 비교하면서 생각해 보고자 한다.

첫째, '하늘'에 대한 개념의 차이다. 성경에서의 하늘은 이해하기 쉽게 세 가지로 구분하여 말할 수 있다. 곧, 새가 날고 구름이 떠있는 하늘과, 달과 해와 별들이 떠있는 하늘과, 하나님(혹은 하느님)과 천사들이 있는 곳으로서의 하늘이다. 그렇다면, 성경에서의 하늘은 분명 공간 개념으로서의 단순한 것이다.

이에 비해, 「삼일신고」에서의 하늘은, 모든 것을 존재하게 하는 원리로서의, 혹은 배지(培地)로서의 신(神) 그 자체이다. 신, 그것이 무엇이냐 하면은 놀랍게도 불교(佛敎)나 도교(道敎)에서 말하는 '허공(虛空)' 또는 '무(無)'라 불리는 하늘이다. "저 푸른 것이 하늘이 아니며, 저 까마득한 것도 하늘이 아니다. 하늘은 허울도 바탕도 없고, 처음도 끝도 없으며, 위아래 사방도 없고, 겉도 속도 다 비어서 어디나 있지 않은 데가 없으며, 무엇이나 싸지 않는 것이 없느니라."는 삼일신고 제1장의 묘사가 잘 말해 준다.

둘째, 하나님(혹은 하느님)과 하늘님(혹은 한얼님)께서는 우주 만물을 창조하셨다는데 그 때의 정황묘사를 인간들은, 그러니까 모세와 환웅은 어떻게 하였을까? 먼저, 모세가 지었다는 창세기 제1장 2절을 보면, "땅이 혼돈하고 공허하며 흑암이 깊음 위에 있고 하나님의 신은 수면에 운행하시니라."라고 기록되어 있다. 이는 좀 더 정확히 말하여, '지구'라는 행성이 만들어진 상태에서 이미 땅과 물이 구분되어 있지만 만물을 창조하기 전의 정황묘사라고 볼 수 있다. 이에 비해, 「삼신오제본기(三神五帝本記)」에서 '표훈천사(表訓天詞)'의 기록을 인용하여 전하되, "태시에는 위아래 사방도 없이 아직 암흑할 따름 아무 것도 보이지 않았다. 그런데 옛이 가고 오늘이 오며 다만 하나의 광명뿐이었다." 한다. 언뜻 보면, 이들 양자가 대동소이함을 느낄 수 있다. 수면 위에 운행하시는 하나님의 신을 '하나의 광명'으로 보면 그만이고, '흑암'이나 '암흑'이나 그게 그것이고, 혼돈하고 공허한 상태나 상하 사방도 없는 상태가 크게 다를 바 없기 때문이다. 하지만 분명한 차이가 있다면, 하나는 만물이 창조되기 전 땅의 상태이고, 다른 하나는 땅조차 만들어지기 전의 상태라는 점이다.

셋째, 우주 창조의 주체에 대한 호칭과 실상(實像)의 차이는 어떠한가? 성경에서 여호와(야웨 또는 예호와)라는 고유명사를 사용하기도 하지만 일반적으로는 하늘에 계시는 분으로서 하나뿐인 절대자라는 의미를 강조하여 '하나님'이라 부른다. 물론, 하늘에 계시기 때문에 그 주인이라 하여 '천주(天主)님' 또는 '하느님'이라고 부르기도 한다. 이에 비해, 삼일신고에서는 하늘의 가장 높은 곳에 하늘집[天宮]이 있고, 그곳에 계시기 때문에 하느님 혹은 하늘님[신정일이 창시한 한얼교에서는 '한얼님'이라 함]이라 하고, 또 지체 높은 임금과 같은 존재라는 의미에서 '상제(上帝)'라는 말을 쓰기도 한다. 이 때 주의할 점은, 하늘이 곧 전제한 허공(虛空) 또는 무(無)라는 사실이다. 여하튼, 하나님과 하늘님이 오로지 하나뿐이라는 점은 동일하나, 그 하나의 무엇을 강조하느냐에 따라서 인간들에 의한 호칭이 달라지고 있을 뿐이다.

그리고 실상 묘사 부분을 볼 것 같으면, 성경 창세기 제1장 27절에 "하나님이 자기 형상 곧 하나님의 형상대로 사람을 창조하시되 남자와 여자를 창조하시고"라고 기록하고 있다. 뿐만 아니라, 하나님은 자신이 창조한 이브와 아담을 비롯하여 인간들과도 대화를 나누고, 심지어는 뱀과도 대화를 나눈다. 그러나 그 모습을 나타내 보이시진 않는다. 결과적으로, 하나님은 인성(人性)을 지녔으며, 그 모양새도 인간의 그것과 같지만 그 실상을 직접 확인한 사람은 없다. 다만, 경전의 문장 기록상으로 인간의 모습과 같은 천사(天使)의 모습으로 지상에 내려온 적은 있다. 이에 비해, 하늘님은 하늘을 내시고, 수 없는 누리를 주관하시고, 만물을 창조하셨지만 그 음성을 듣고자 해도 들려주시지 않고, 그 모습을 보고자 해도 보여주시지 않는다. 다만, 저마다의 본성에서 하늘의 씨앗을 찾아보면 바로 그곳에 머무르신다는 것이다.

넷째, 그렇다면 하나님과 하늘님은 어떻게 우주 만물을 창조하셨을까? 그 구체적인 방법 내지 수단은 무엇이었는가? 잘 알다시피, 하나님은 처음부터 끝까지 의지가 담긴 '말씀'으로써 만물을 창조하셨다. 그러니까, "가라사대 ~하라, ~하리라, ~하시고, ~하시매" 등의 '말씀'으로써 모든 것을 뜻대로 만드신 전능한 존재다. 이에 비해, 하늘님은 말씀은 없으셨지만 큰 덕과 큰 슬기와 큰 힘을 가지고서 스스로 작용하여, 스스로 움직이어, 스스로 역사하시어 삼신(三神)을 낳고, 삼신은 오제(五帝)와 오령(五靈)을 낳음으로써 만물을 내놓으셨다는 것이다. 그렇다면, 여기서 중요한 것은 스스로 움직이고, 스스로 작용한다는 의미가 무엇이며, '삼신과 오제 및 오령은 또 무엇일까?'일 것이다. 우선, 스스로 이루어지는 하늘님의 작용 내지는 움직임을 판단하게 하는 대목을 확인해 보자.

곧, "속불이 터지고 퍼져 바다로 변하고, 육지가 되어 마침내 모든 형상을 이루었는데 하늘님이 기운을 불어 밑까지 싸시고, 햇빛과 열을 쪼이시어 다니고(行), 날고(飛), 탈바꿈(化)하고, 헤엄치고(浮), 심는(栽) 온갖 동식물이 번성하게 되었느니라." (실로 놀라운 일이다. 전능이라는 말을 앞세워 모든 것을 말씀으로 창조했다는 것보다는 구체적이기 때문이다.)

그리고 삼신이란 하늘님의 작용 내지는 움직임으로서, 상계에는 조화(造化)의 천신(天神)이, 하계에는 교화(敎化)의 지신(地神)이, 중계에는 치화(治化)의 태신(太神)이 작용하여 오제 곧 흑제(黑帝) 적제(赤帝) 청제(靑帝) 백제(白帝) 황제(黃帝) 등과, 오방 곧 北·南·東·西·中 등을 낳아 만물을 숙살(肅殺)·광열(光熱)·생양(生養)·성숙(成熟)·화조(和調) 시킨다는 것이다. (이를 관장하는 존재를 인간들은 상징적으로 이름하여 '천하대장군'이라 한다.) 그리고 이 오제의 이면에서 水·火·木·金·土를 관장하여 만물을 영윤(榮潤)·용전(鎔煎)·영축(榮築)·재단(栽斷)·가종(稼種)하게 하는 오령이 작용하여 만물의 생성 변화를 있게 한다는 것이다.(이를 관장하는 존재를 상징하여 '지하여장군'이라 한다. 따라서 오령은 삼신이 작용하여 나타나는 겉모습이라면 오령은 삼신이 작용하여 나타나는 그 속모습이라 할 수 있다. 겉모습과 속모습으로 구분하는 것은 이해를 돕기 위한 편의상의 말에 지나지 않고, 사실은 동일한 것으로 보아야 한다.)

그렇다면, 우리는 여기서 하나님과 하늘님의 우주 만물 창조의 방법론에 실로 엄청난 차이가 있다는 사실을 확인할 수 있다. 곧, 하나님은 시종 의지가 담긴 말씀으로써 우주 만물을 창조하셨기 때문에 처음부터 목적을 두셨고, 또 그렇기 때문에 모든 피조물은 하나님의 목적하신 바에 충실해야 하는 의무가 주어진다. 또, 그 의무가 주어지기 때문에 의무이행 여부와 정도에 따라 피조물의 잘잘못을 심판한다는 이야기가 나오는 것이다. 물론, 이 모든 것은 하나님이 전능하다는 전제 아래서 가능해진 이야기이지만 말이다.

반면, 하늘님은 하늘, 곧 허공의 한 가운데에 계시는 기운(氣)으로서 하늘과 땅과 중간에 두루 작용하여 조화·교화·치화의 원리(곧, 三神)로 오방과 오색과 오원소(곧, 五帝와 五靈)를 낳아 만물을 생성·변화시켜 간다는 것이다. 따라서 하늘님은 없지 않는 곳이 없으며, 만물 속에도 다 계신다는 것이다. 이런 논리를 전제한다면, 하나님에겐 '전능함'이란 것이 있어 모든 논리적 판단과 궤변을 가능하게 하고, 하늘님은 모든 생명과 모든 현상을 존재하게 하는 근원으로서 허공 그 자체인데, 스스로 움직이고 스스로 작용하는 능력을 가진 존재로서 그것의 근원을 생각하게 하는 한계를 지니고 있다. 게다가, 하늘(님)의 작용으로 나타는 제 현상을 신(神)·제(帝)·영(靈) 등의 용어로 풀이하고 있어 자칫 유일신인 하나님(神·上帝)이라는 상위개념과 혼돈할 우려가 있다.

여하튼, 분명한 사실은 하나님이든 하늘님이든 인간의 뇌에서 이루어지는 사유능력에서 나오는, 바꿔 말하면, 인간이 창조한, 혹은 인간이 인지(認知)한 '사실' 내지는 '존재' 가운데 하나라는 점이다. 그리고 그 하나님이나 하늘님을 믿고 의지하여 현실적 삶을 초극하려는 이도, 혹은 그 하나님이나 하늘님을 자신의 내부로 끌어들여 스스로 구속받는 이도 다름 아닌 인간이란 존재라는 점이다.

금강삼매경[金剛三昧經] 해설

1.

여느 경전처럼 '나는 이와 같이 들었다.'로 시작되는 「금강삼매경(金剛三昧經)」을 누가 처음으로 구술(口述) 또는 기술(記述)했는지 알 수 없고, 또한 그것을 누가 언제 어디서 중국어로 번역했는지 알 수 없으나[1], 불교 대승경전 가운데 하나로서 중국과 우리나라에 한자로 기록된 것이 존재해 왔으며, 근자에 우리말로 번역되어 '동국역경원' 홈페이지에서 열람할 수 있게 되었다. [물론, 제5품인 입실제품(入實際品)에서 마지막 사리불의 게송 번역 일부가 누락되어 있기도 하지만 이는 번역된 경전을 편집하는 과정에서의 단순 실수가 아닌가 싶다.] 따라서 한자(漢字)로 된 경전과 한글로 된 경전을 비교해 가며 읽을 수 있게 되어 퍽 다행스럽기 그지없다.

「금강삼매경(金剛三昧經)」은, ①서품(序品) ②무상법품(無相法品) ③

---

1) 현재 중국에서는 도안법사(道安法師:312~385)가 중국어로 번역한 것으로 정리해 놓고 있다.

무생행품(無生行品) ④본각리품(本覺利品) ⑤입실제품(入實際品) ⑥진성공품(眞性空品) ⑦여래장품(如來藏品) ⑧총지품(摠持品) 등 모두 8품으로 되어 있고, 각 품(品)의 명칭은 핵심 내용이나 그 성격에서 따온 것으로 보면 틀리지 않는다. 그리고 각 품에서는 '부처님' 혹은 '세존' 혹은 '여래'라 불리는 소위 '깨달음을 얻은 사람'의 공덕 곧 그의 가르침에 대해 찬양·찬미하거나, 그 분 말씀 가운데 의문점들에 대해서 연속적으로 질문하는 제자들이 대표적으로 한두 사람씩 등장한다. 예컨대, 서품(序品)에서는 아가타(阿伽佗) 비구가, 무상법품(無相法品)에서는 해탈보살이, 무생행품(無生行品)에서는 심왕(心王)보살이, 본각리품(本覺利品)에서는 무주(無住)보살이, 입실제품(入實際品)에서는 대력(大力)보살과 사리불이, 진성공품(眞性空品)에서는 사리불이, 여래장품(如來藏品)에서는 범행 장자(梵行長子)가, 총지품(摠持品)에서는 지장(地藏)보살과 아난존자가 각각 질문자로 나선다.

문제는, 이들 아홉 명이 질문한 내용이 무엇이며, 그 질문에 대답하는 부처님의 말씀이 무엇인가이다. 따라서 부처님 제자들의 질문과 부처님의 응답 내용이 이 경전의 핵심이 됨은 두말할 필요가 없다.

바로 그것을 판단하기 위해서는 질의응답 내용을 면밀히 분석해야 하는데, 경전 자체가 중국 한자로 되어 있었고[한문을 알아야 하고], 그것을 해독하는 이마다 그 내용에 대한 이해도가 조금씩 다르기도 했으며, 또한 그 질의응답 내용 자체가, 특히 부처님의 응답 내용이 매우 난해하기 때문에 이「금강삼매경」의 핵심 내용을 쉽게 이해하고 설명하지들 못했던 것 같다. 심지어는, 해당 경전의 내용을 자세하게 풀어 설명하는 논(論)이나 소(疏) 자체도 어렵다면 지나친 표현이 될까. 고대 신라의 원효 대사가 집필한 「금강삼매경론」이 그 증거 가운데 하나라 보면 틀리지 않는다.

나는 우리말로 번역된, 동국역경원 홈페이지에서 열람할 수 있는 「금강삼매경(金剛三昧經)」을 중심으로 분석하였으되 필요한 부분에 대해서는 중국 한자 경전을 대조해 가며, 부처님 가르침(說法)의 핵심 내용을 이해하고자 노력했다. 그러나 부처님 화법(話法)에 역설과 모순어법이 많아서 이해하기가 쉽지 않은 것은 사실이며, 이해한 내용에 대해서 발설(發說)하는 것도 여간 조심스러운 게 아니다. 물론, 이 문제 곧 부처님의 화법이나 경전의 수사법(修辭法)에 대해서는 별도의 연구가 필요하다.

2.

서품(序品)은, 부처님이 왕사성의 기사굴산에서 큰 비구[아라한] 1만명과 보살마하살[큰 보살] 2천명과 장자 8만명, 그리고 하늘 용·야차·건달바·아수라·가루라·긴나라·마후라가의 사람인 듯 아닌 듯한 60만억 무리들에게 일미(一味)·진실(眞實)·무상(無相)·무생(無生)·결정(決定)·실제(實際)·본각(本覺)·이행(利行) 등 8개의 키워드로 요약되는 대승경전의 핵심 내용을 설법했다고 전제한 뒤, 아가타(阿伽佗) 비구가 그 내용을 게송(偈頌)으로써 찬양하는 내용이다. 그 게송인 즉 이러하다.

위대한 자비로 가득하신 우리 세존이시여,

지혜에 통달하여 걸림이 없으시고
중생을 널리 다 건지시려고
유일한 진리의 참뜻을 말씀하셨네.
모두 한맛의 도로써 설하시고
끝내 소승으로 설하지 않으시니
말씀하신 의미는
진실하지 않음이 없네.

모든 부처님의 지혜의 경지에 들어가
참다운 실제(實際)를 결정하시어
듣는 사람 모두가 세간에 나와
해탈하지 않음이 없게 하셨네.

헤아릴 수 없는 일체의 보살들이
모두 중생을 제도하려고
대중을 위해 넓고 깊게 물어서
법의 고요한 모습[寂滅相]을 알고
결정된 곳에 들어가시네.

여래의 지혜와 방편으로써
마땅히 실제에 들어가도록 설하시니
모두 일승에 따르게 하시되
갖가지 뒤섞인 맛이 없구나.

마치 한 번 비가 적시면

온갖 풀이 번성하듯이

그 바탕에 따라 각기 다르나

한맛의 진리로 적셔서

두루 일체에 충만케 하시네.

저 한 번의 비로 적시면

모두 보리(菩提)의 싹을 길러내듯이

금강의 맛에 들어가시어

법의 진실한 삼매를 증득하시고

결정코 의심과 뉘우침을 끊으시니

한 법의 표지[印]를 이루시었네.

大慈满足尊, 智慧通无碍, 广度众生故, 说于一谛义。

皆以一味道, 终不以小乘, 所说义味处, 皆悉离不实。

入佛诸智地, 决定真实际, 闻者皆出世, 无有不解脱。

无量诸菩萨, 皆悉度众生, 为众广深问, 知法寂灭相。

入于决定处, 如来智方便, 当为入实说, 随顺皆一乘。

无有诸杂味, 犹如一雨润, 众草皆悉荣, 随其性各异。

一味之法润, 普充于一切, 如彼一雨润, 皆长菩提芽。

入于金刚味, 证法真实定, 决定断疑悔, 一法之印成。

-참고 : 중국 한자 경전 속 아가타(阿伽陀) 비구의 게송 전문임.

이 게송만 읽어도 앞으로 전개될 여덟 명의 제자들 질문과 부처님의 답변 내용을 짐작할 수 있다. 유일한 진리·한맛의 도·참다운 실제(實際)·법의 고요한 모습[寂滅相]·일승·한맛의 진리·금강의 맛·한 법의 표지[印] 등 일련의 용어들이 위에서 나열한 8개의 키워드와 함께 부처님 말씀을 충분히 암시해 주기 때문이다. 사실, 이 서품의 내용은 부처님과 제자들 사이에 있었던 질의응답 내용을 다 듣고 난 연후에야 말할 수 있는 것인데 이것이 경전의 끝 꼬리에 붙지 않고 머리에 놓였다. 머리에 놓였다는 이유로 '서품(序品)'이라 명명되었지만 그 내용인 즉 사실상 '결품(結品)'에 해당한다 하겠다.

3.

제2품인 무상법품(無相法品)은, 부처님이 깨달으셨다는 진리의 본질[바탕]을 설명하는 말 가운데 하나인 '무상법(無相法)'에 대한 해탈보살의 열세 차례에 걸친 질문과 그에 따른 부처님의 답변, 그리고 부처님 답변[說法=가르침]에 대한 해탈보살의 찬미·게송으로써 이루어졌다. 따라서 '무상법'이란 단어가 이 품의 키워드인 셈인데, 그렇다면 '무상법(無相法)'이란 과연 무엇인가?

말 그대로 풀이하자면, '모양[相]이 없는 법(法)'이란 뜻이다. 그러니까, 법에 모양이 없다는 것인데, 모양이 없다는 것은 일정한 형태나 색깔 등이 없다는 뜻이다. 그리고 이때 법이란 넓게는 시공을 초월하여 변하지 않는 '진리[眞理=諦체]'를 뜻하지만 좁게는 부처님이 깨달으셨다는 내용이며, 그에 대한 그의 가르침에 해당한다. 그래서 해당 경전 안에서는 '참다운 법', '유일한 깨달음의 진리', '한맛[一味]의 가르침', '한맛의 결정적인 진실' 등의 수사(修辭)

로써 달리 표현되고 있기도 하다. 따라서 이 경전에서 말하는 법(法)이란 부처님 스스로가 깨달았다는, 혹은 인식했다는 '진리' 곧 그의 입으로써 설명한 '가르침'이 된다. 그의 가르침을 두고 우리는 '불도(佛道)' 혹은 '불법(佛法)'이라 말하지만 그것을 단 한두 개의 단어로 줄여 말하면 '공(空)'이고, '마음(心)'이다.

문제는, 그것(法=空=心)에 일정한 모양새가 없이 그 바탕이 오로지 '공적(空寂)' 혹은 '적멸(寂滅)'하다고 주장한다는 점이다. 이들이 허공처럼 공적하기 때문에 모양도 없지만 생김도 없고 사라짐도 없는 속성을 지녔다 한다. 더 큰 문제는, 법뿐만이 아니라 사람의 마음까지도 공적하여서, 바꿔 말하면 근본이 없어서 생김과 사라짐이 없고 변화도 없다는 주장이다. 따라서 모습 없는 마음은 대상과 주체가 없는 법과 같다는 논리를 펴나 사실상, 논리(論理)라기보다는 주장(主張)이라고 해야 옳을 듯싶다.

그래서 해탈보살의 질문이 다 '모양 없는, 마음과 법의 본질' 곧 부처님이 깨달았다는 비밀스럽고 신비한 진리인 '여래장(如來藏)'[2]을 이해하려는 쪽으로 치우쳐 있다 해도 틀리지 않는다. 그런데 부처님의 답변이 역설(逆說)과 모순어법(矛盾語法)에 의지하고 있어서 이해하기가 쉽지 않다는 문제가 있다. 이점은 독자 여러분들이 직접 해당 경전에서 질문 따로 답변 따로 떼어내어 읽어보면 자연스럽게 판단되리라 본다.

여하튼, 이 무상법품(無相法品)의 요체인 즉 다시 말해, 부처님 주장의 핵심인 즉 법(法)과 마음의 바탕이 허공처럼 모양이 없다는

---

2) 여래장(如來藏)에 대해서는 제7품에서 구체적으로 나오는데, 그에 앞서 이 3품에서도 같은 용어가 쓰이고 있다.

것이고, 그런 법과 마음의 바탕을 알아야[깨달아야] 번뇌 없는 청정함을 얻을 수 있다는 것이다.

4.

제3품인 무생행품(無生行品)은, 부처님이 깨달으셨다는 진리의 본질을 설명하는 말 가운데 또 하나인 '무생행(無生行)'에 대한 심왕(心王)보살의 일곱 차례에 걸친 질문과 그에 따른 부처님의 답변, 그리고 부처님 질문을 두 차례 받은 심왕보살의 답변 내용과 부처님 가르침[說法]에 대한 보살의 찬미·게송 등으로써 이루어졌다. 따라서 '무생행'이란 단어가 이 품의 키워드가 되는 셈인데, '무생행(無生行)'이란 과연 무엇인가?

말 그대로 풀이하자면, '생김이 없는 행'이란 뜻인데 여기서 생김[生]이란 무엇이고, 행(行)이란 또 무엇인가? 생김이란 '태어남'과 '일어남' 등의 의미를 지니며, 행이란 넓게 보면 '해탈을 위한 수행'이란 뜻이 되지만 좁게 보면 '마음 씀'이나 '생각함' 또는 '행동 및 행위' 등의 의미를 내포한다. 해당 경전 안에서는 생김이 없는 법인[無生法忍]·생김이 없는 마음 바탕[無生心性]·생김이 없는 선[無生禪]·생김이 없는 지혜[無生般若]·생김이 없는 마음의 머묾[心無生住] 등의 표현을 쓰는데 생김이 없는, 법·마음·선·지혜·마음 머묾 등이라야 소위, '아뇩다라삼먁삼보리의 지혜'이자 '반야바라밀'을 얻었다 할 수 있다는 것이다. 그렇다면, 여기서 최소한 '아뇩다라삼먁삼보리[3]'를 설명해야 하겠지만 자칫 논점을 흐리게 할

---

3) 불자(佛子)들이 흔히 앵무새처럼 외우다시피 하고 있는, 그 유명한 『마하반야바라밀다심경』에 '아뇩다라삼먁삼보리'라는 용어가 나온다. [물론, 이 이상한 용어가 『마하반야바라밀다심경』에만 나오는 것은 결코 아니다. 『금강삼매경』의 키워드이기도 하다.] 나 역시 여러 차례 이 『마하반야바라밀다심경』을 해독·음미해 보았지만 '아뇩다

수 있기에 주석으로 처리한다.

　어쨌든, 부처님은, 온갖 욕구를 충족시키기 위해서 살아간다 해도 틀리지 않는 우리 인간에게 모양이 없는 법과 생김이 없는 행을 얘기하면서 그것의 바탕인 공(空)과 눈을 맞추라고 요구하는 셈이다. 더 쉽게 말해, 마음[법과 행이 갑자기 마음으로 변함]은 시시때때로 일어나 변하는데 그 모양도 없고 생김도 없으며, 움직이지도 않는다고 주장하니 듣는 사람 입장에서는 쉽게 이해될 리 없고, 그런 말을 하는 부처님 입장에서는 많은 질문을 받을 수밖에 없었던 것이다. 물론, 부처님은 나름대로 그것을 쉽게 설명하여 이해시키려고 '불[火]'과 '아마륵과[阿摩勒果]'를 끌어들여서 비유적인 수사(修辭)[4]를 동원하지만 충분한 효과를 거두지는 못했다고 생각한다. 왜냐하면, 심왕보살이 부처님의 답변 내용[說法]에 대해서 '위없이 좋은 복전(福田)'이고 '최상의 미묘한 약(藥)'이라고까지 게

라삼막삼보리'라는 용어 앞에서 '도대체 이게 무슨 말인가?' 의심하고, 묻고, 찾아보았어도 그 답을 시원스럽게 알 수가 없었다. 물론, 가장 빠른 방법은 범어나 팔리어에서 이 용어가 무슨 뜻으로 쓰이는지를 확인하는 일이 될 것이다. 그러나 그조차 쉽지가 않은 것이 현실이다. 도대체, 무슨 뜻이기에 중국어로 경전을 번역할 때에 소리 나는 대로 한자(漢字)의 음을 빌려 표기하고 말았을까?
　그런데 「좌선삼매경」에 그 단서가 있다. 곧, '아뇩다라(阿耨多羅)'에 대해서는, "진나라 말로는 무상선법(無上善法)이라고 한다. 성인의 지혜로 일체를 다 나타내어 인도하고 큰 덕이 한량없어서 범마중성(梵魔衆聖)도 미칠 수 없거든 더구나 일반 중생으로서야 어떻게 부처님의 높은 덕에 미칠 수 있겠는가. 그러므로 무상(無上)이라고 말한 것이다."라는 대목이 그것이다. 물론, 이 「좌선삼매경」에서는 '아뇩다라'를 '아누다라(阿耨多羅)'로 바꾸어 표기했는데, 팔리어 발음이 사전에서처럼 'anuttara'로 표기된다면 '耨(김맬 누)'자를 '뇩'이 아닌 '누'로 발음해야 옳다고 본다. 어쨌든, 문제의 '아뇩다라'를 '위가 없는 최고의 법'으로 풀이한다는 뜻이다. 이때 법(法)이란 '깨우침' 또는 '가르침' 또는 '진리'가 될 것이다.
　그리고 '삼먁삼보리'에 대해서는, "'삼먁'은 진나라 말로 진실(眞實)이라는 말이고, '삼불타'는 일체를 다 깨달았다는 뜻이니, 괴로움의 원인을 깨달아 열반의 원인을 익혀 바른 견해를 말하고, 네 가지 진실[고집멸도(苦集滅道)를 말함]을 알아 전전하지 않는다. 다 깨달아 남음이 없기 때문에 진실하게 일체를 깨달았다고 말한다."라고 풀이하고 있다. 물론, 「좌선삼매경」에서는 '삼먁삼보리'가 '삼먁삼불타(三藐三佛陀)'로 바뀌어 있지만 같은 뜻으로 보아도 틀리지 않는다. 어쨌든, 문제의 '삼먁삼보리(三藐三菩提)'['sammāsambodhi'(팔리어), 'samyak-sabodhi'(범어)]는 번뇌의 원인과 그것을 소멸시키는 방법 등 일체를 깨달은 진실이라는 뜻으로 해석된다는 뜻일 것이다. 따라서 나는, 이 '아뇩다라삼먁삼보리(阿耨多羅三藐三菩提)'를 '번뇌의 근원과 그것을 소멸시키는 방법에 대한 더 이상의 위가 없는 깨달음 곧 최상의 깨달음'이거나 '그 깨달음을 얻은 사람(解脫者)'이라고 풀이하고 싶다.

4) 부처님의 해당 수사법에 대해서는 「마음의 바탕을 설명하기 위해서 끌어들인 '불[火]'」과 「마음의 바탕을 설명하기 위해서 끌어들인 '아마륵과(阿摩勒果)'」라는 다른 글을 참고하기 바람.

송을 통해서 찬미하지만 동시에 "듣는 것 역시 어렵다"고 실토한, 앞뒤가 맞지 않는 말의 모순이 잘 말해 주기 때문이다.

여하튼, 이 무생행품(無生行品)의 요체인 즉 다시 말해, 부처님 주장의 핵심인 즉 법(法)과 마음의 바탕이 허공처럼 모양이 없을 뿐만 아니라 생기지도 않는다는 것이고, 그런 법과 마음의 바탕을 알아야[깨달아야] 번뇌 없는 청정함 곧 '아뇩다라삼먁삼보리'를 얻을 수 있다는 주장이다. 따라서 이 품에서는 '무생행'이란 생소한 말이 키워드이지만 '마음의 바탕'에 대한 설명이라고 해야 옳을 듯싶다. 그런데 '법(法)=심(心)=공(空)'이라는 전제하에서 설명이 왔다 갔다 하기 때문에 다소 난삽한 감을 주기도 하지만 역시 그 가운데에는 '마음'이 자리하고 있다. 다시 말해, 마음의 본질에 대한 이해를 가장 우선적으로 여겼다는 뜻일 것이다.

5.

제4품인 본각리품(本覺利品)은, 부처님이 무주(無住)보살에게 먼저 던진 한 차례의 질문과 그에 따른 무주보살의 답변, 그리고 본각의 이득[本覺利]에 대한 무주보살의 열다섯 차례에 걸친 질문과 그에 따른 부처님의 답변, 그리고 부처님 답변 내용[說法]에 대한 무주보살의 찬미·게송으로써 이루어졌다. 따라서 이 품에서는 '본각의 이득[本覺利]'이란 생소한 단어가 키워드가 되는 셈인데 과연 '본각(本覺)'이란 무엇이며, 그것의 이로움이란 또 무엇인가?

중생의 일체의 정식(情識)을 변화시켜서 아마라식[奄摩羅識][5]에 들

---

5) 아마라식(阿摩羅識) : 범어로 'amala-vijn~a^na'라 하는데, 흔히 제구식(第九識)이라 하며, 중국 한자로 阿末罗识·庵摩罗识·唵摩罗识·庵摩罗识 등으로 다양하게 표기해 왔다. 단순한 음차이기 때문에 상관없지만 그 뜻으로는, 청정식(清净识)·무구식(无垢识)·진여심(真如心)·자성청정심(自性清净心)·정보리심(净菩提心)·실상심

어가게 함으로써 중생을 이롭게 한다는 '본각'이란 도대체 무엇일까? 해당 경전에서는 '순일한 깨달음(一覺)'이란 말로 표현되고 있기도 하지만 무엇에 대한 순일한 깨달음이란 말인가?

내가 이해한 바를 정리하여 말하자면, 갖가지 식(識)과 물질과 현상을 낳는, 그것들의 바탕 곧 만물의 본질인 '결정된 바탕(本性)'이 본래부터 생김과 사라짐(生滅)이 없는 공적한 것이라 하면서도, "공한 것도 아니요, 공하지 않은 것도 아니며, 공하면서도 공하지 않은 것도 아니라." 한다. 바로 그것에 대한 이해 곧 깨달음이 본각(本覺)인 것이다. 그리고 그런 본성과 눈을 맞추어 머묾(삶)이 번뇌로부터 해방되는 이로움이라는 주장이다. 해당 경전 안에서는 이를 두고 '열반(涅槃)'이나 '깨달음'이나 적멸(寂滅)과 동일시하지만 [본각(本覺)=열반(涅槃)=적멸(寂滅)] 결국에는 열반에 머물지 않아야 한다는 주장을 편다. 열반이나 깨달음은 본래부터 생멸이 없기 때문이라는 것인데 너무나 관념적이고 현학적이라는 생각이 드는 게 사실이다.

부처님은 인간의 몸과 그 몸의 기능인 다섯 가지 감각적 인식능력과 온갖 감정과 의지와 사유기능까지도 그 바탕이 공적한 것이어서 없다고 인지(認知)해야 한다는 주장을 편다. 그 무념(無念) · 무감각(無感覺)의 상태로 머물러야 무욕(無慾)의 청정한 상태인 '아마라식'에 들어간다고 주장한다. 바로 이 아마라식에 들어가는 것이 곧 '결정된 바탕(本性)'과 눈을 맞추는 행위로 보았던 것 같다. 이러한 판단의 저변에는, 생멸을 초월하여 존재하는 공(空)을 염두

(实相心)·불성(佛性) 등으로 풀이된다. 참고로, 9識이란 眼識·耳識·鼻識·舌識·身識·意識·阿陀那識·阿賴耶識·阿摩羅識을 일컫는다.

에 두고, 오음[五陰 : 色・受・想・行・識]을 쉬게 함으로써 일체의 하고자 함[欲]이 없는 상태에서 그 마음이 무사태평해지는 경험적 현실적인 이득을 전제했던 것으로 보인다.

6.

제5품인 입실제품(入實際品)은, 중생 제도를 위해 보살이 갖추어야 할 조건과 역할 ─ 이를 '보살도(菩薩道)'라 함 ─ 에 대한 부처님의 함축적인 전제 말씀과, 그와 관련된 대력(大力)보살의 열아홉 차례의 질문과 그에 따른 부처님의 구체적인 답변, 그리고 부처님의 답변 내용[說法]에 대한 사리불의 찬미・게송 등으로써 이루어졌다. 따라서 이 품의 핵심 내용인 즉 '중생 제도를 위한 보살의 나아갈 길' 바꿔 말해 보살도로서 '실제(實際)'에 들어가는 방법을 제시한 것이라고 말할 수 있다.

그렇다면, '실제'란 무엇인가? 해당 경전 내용에 따르면 '실제'란 '한맛[一味]의 신비로운 젖[神乳]'이 있는 '일체지(一切智)의 바다'이고, '여래선(如來禪)'이며, '아마라식[奄摩羅識]'이며, '공(空)'이다. 부처님은 바로 이것들을 설명하기 위해서 오공(五空)・삼공(三空)・이입(二入)・삼계초월(三界超越)・심법(心法)・법상(法相)・성상(性相)・육행(六行)・여래선(如來禪)・세 가지 해탈법・정각(正覺) 등에 대해서 장황하게 설명했다.

그러나 이 모든 것들의 본질[바탕]은 역시 공(空)이지만 정작, 그 공의 본질 곧 공성(空性)에 대한 설명은 모순어법에서 벗어나지 못하고 있다. 그런 탓인지 질문자도 답변자도 공히 '불가사의하다'

고 동감·동의하지만 모순어법6)은 쉽게 이해되지 않는 게 사실이다. 그러나 이보다 더 중요한 사실은, 그 '실제'라는 것이 결국엔 앞품의 '본각'이며, 그 본각의 대상인 마음이며, 법이며, 그 법의 모양 없음과 생멸을 초월하는 공성(空性)에 있다는 점이다. 그러니까, 몸을 지닌 채 생로병사 과정을 벗어날 수 없는 인간 존재로서 어떻게 하면 모든 법의 바탕인 공성(空性)에 눈을 맞춤으로써 온갖 번뇌로부터 벗어날 수 있는가, 그 실질적인 방법을 설명한 품이라 할 수 있다.

7.

제6품인 진성공품(眞性空品)은, '진성공(眞性空)'에 대한 사리불의 열 차례 질문과 그에 따른 부처님의 답변 내용으로 이루어졌다. 질문의 핵심인 즉 '보살들이 어떻게 하면 중생에게 참다운 진리를 제대로 가르쳐 온갖 번뇌로부터 벗어나게 할 수 있을까?' 이었다. 소위 '보살도'를 물은 것이다. 이에 부처님은 그 답을 설명해주는 과정에서 네 가지 인연·37조도품·일체 법의 본질·중생의 마음이 머물러야 하는 다섯 등급 지위(地位)·공의 진정한 바탕·선

----

6) 부처님 모순어법의 예
①모든 의식의 흐름은 생김이 없는 것이면서도 생김이 없는 의식의 흐름이 아니니라.
②공한 것도 아니요 공하지 않은 것도 아니며, 공하면서도 공하지 않은 것도 아니니라.
③모든 법의 공한 모습과 바탕은 있는 것도 없는 것도 아니요, 없는 것도 없지 않은 것도 아니니라. 없는 것도 아니요 있는 것도 아니므로 결정된 바탕이 없나니, 있다는 것에도 없다는 것에도 머무르지 않기 때문이니라.
④없는 것은 없는 것에 머무르지 아니하고, 있는 것은 있는 것에 머무르지 않으니, 없는 것도 아니고 있는 것도 아니다. 있는 것이 아닌 법은 아니라고 하면 없는 것에 머무르는 것이다. 없는 것이 아닌 모습은, 아니라고 하면 있는 것에 머무는 것이니, 있고 없는 것으로써 이치를 드러낼 수 없는 것이니라.
⑤마음에는 나가고 들어옴이 없고 나가고 들어오는 것이 없는 마음은 들어오되 들어오지 않는 것이므로 들어오는 것이라 부르느니라.
⑥깨달음은 처소가 없기 때문에 청정하나니 청정하므로 깨달음이 없느니라. 사물은 처소가 없기 때문에 청정하나니 청정하므로 물질[色]이라 할 것도 없느니라.
⑦근본 이치인 법은 이치도 아니며 근본도 아니요, 모든 쟁론(爭論)을 떠나 그 모습을 볼 수도 없기 때문이니라.

(禪)의 진정한 의미 · 중생들이 참다운 진리에 들어가게 하는 가장 쉬운 방법인 사구게(四句偈) 등을 말씀하셨다.

그러나 여기서 가장 중요한 것은 역시 모든 법의 바탕인 공(空)의 진정한 성품[眞性空]을 이해하고 받아들이는[믿는] 것이다. 부처님이 인지한 그 성품을 그대로 반영한 사구게 전문(全文)을 소개하자면 이러하다. 곧, "因緣所生義, 是義滅非生;滅諸生滅義, 是義生非滅(중국 한자 경전)."이다. 이를 우리말로 번역한 한글 경전에서는 "인연으로 생긴 뜻은,/이 뜻은 적멸하여 생기는 것이 아니며,/가지가지의 생멸(生滅)을 소멸한 뜻은,/이 뜻은 생함이요, 멸함이 아니니라(한글경전)." 로 되어있다. 다소 혼란스러운 표현이다. 그래서 보통 사람들은 이해하기 어렵다. 이를 보다 쉽게 바꾸어 말하자면 이러하다. 곧, '인(因)과 연(緣)으로 생기는 뜻, 그 존재[사건 · 현상 · 대상 등 일체]들은 끝에 가서 모두 없어지는 것이기 때문에 생기는 것이라고 말할 수 없다. 간단히 말해, 영원히 존재하지 않는다는 뜻이다. 그렇듯, 생기는 모든 것[존재 · 현상]들이 없어진다는 것은, 그것들이 조건[인연]만 갖추어지면 다시 생기기 때문에 없어진다고도 말할 수 없다.'는 뜻이다. 간단히 말해, 생멸[생기고 없어짐]을 거듭하는 것들은 영원한 것이 될 수 없다는 뜻이다.

그런데 반해, 공(空)이란 것은 "생기는 것도 아니고, 없어지는 것도 아니기 때문에 영원히 존재하는 것이다. 아니, 존재하는 것도 아니고 존재하지 않는 것도 아닌, 다시 말해 존재를 초월해 있는 그 무엇"이 될 것이다. 부처님은 중생들을 이해시키기 위해서 그것에 공이라는 이름을 붙였지만 이름이 붙는 순간 그것은 존재하는 것이고, 존재하는 것은 사라지는 것이 되고 만다. 어쨌든, 인간의 능력으로써 인지 표현하기 어려운 절대적인 공의 본질만이 영원하다고 믿고, 생멸을 거듭하는 우리 인간은 그것에 눈을 맞추고서 대자대비(大慈大悲) 심을 내어 중생을 이롭게 하라는 한결같은 주장을 해왔던 것이다.

8.

제7품인 여래장품(如來藏品)은, '여래장'에 대하여 범행 장자가 부처님께 한 여덟 차례 질문과 그에 따른 부처님의 답변, 그리고 부처님의 답변 내용인 가르침[說法]에 대한 범행 장자의 찬미 · 게송으로써 이루어졌다. 따라서 이품의 키워드는 역시 '여래장'인 셈인데 그 여래장이란 과연 무엇인가? 물론, 이품에서 '여래장(범어:tathāgatagarbha)'의 개념을 직접적으로 설명하지는 않는다. 다만, 간접적으로, 그리고 산발적으로 관련된 내용이 기술되고 있을 뿐이다.

글자 그대로 직역하자면, 깨달음을 얻은 자가 머무는 곳이며, 동시에 나오는 곳이다. 그리고 그 깨달음의 대상인 진리가 숨겨진 곳이기도 하다. 그 진리를 이품에서는 '한 맛의 진실한 뜻' 혹은 '영원한 법[常法]'이란 말로 표현하고 있다.

본인이 이 여래장품을 읽고 이해한 내용을 간추려 설명하자면 이러하다. 곧, 법[法 : 개별적인 현상의 원리나 의미]이 수없이 많아도 그것들은 하나의 뜻 하나의 바탕에서 나왔고, 그것으로 귀결된다. 그렇듯, 부처의 모든 가르침이 또한 그렇다고 주장한다.

그 하나의 뜻, 하나의 바탕을 두고 이 품에서는 '한 맛의 진실한 뜻'이라 하며, 모든 법상(法相:법의 모양)이 나오는 근원으로 풀이하고 있다. 그렇듯, 부처님의 모든 가르침은 그것의 근원지인 '여래장'에서 나오고, 그곳으로 들어간다는 것이다. 그래서 모든 부처님이 나오고 들어가는 상주처가 바로 여래장이요, 부처님의 온갖지혜가 나오는 샘으로서 깨달음의 근원지가 바로 여래장이라는 것이다.

따라서 여래장이란 수많은 법과 가르침을 포용하고 있는, 다시말해 그것들을 낳고 있는 근원지로서 하나의 바탕이자 하나의 뜻이고, 그 비밀스럽고 신비한 숨겨진 진리를 일컫는다 하겠다. 간단히 말해, 부처님이 영원하고 변하지 않는다고 믿었던 '공(空)'으로서 공한 것이 아닌 그 무엇이다.

부처님은 바로 그것을 이해하기 쉽게 설명하기 위해서, 동서남북 네 대문으로 들어가는 하나의 '시장[市場 : 원효대사는 자신의 「금강삼매경론」에서 이 '시장(市場)'을 '도시(都市)'라고 표현했다]'을 끌어들였고, 다종다양한 강물들이 모여들어서 한 맛을 내는 '바다'를 끌어들였다. 바로 그 시장처럼 사방에서 모여드는 별의별 사람들을 포용하여 그들의 활동처가 되어주고, 그 바다처럼 사방팔방에서 모여드는 갖가지 강물들을 받아들이지만 한 맛을 내는 것이 여래장이다. 이와 같이 부처님의 모든 가르침과 법이 그 한 맛을 내는 바다와 같고 시장과 같은 곳에서 나왔다는 주장이다. 그 시장 같고 그바다 같은 곳이 바로 깨달은 사람[부처 혹은 여래]이 머무는, 깨달음과 온갖 지혜가 숨겨진 여래장인 것이다.

부처님은 이러한 사실을 이해시키기 위해서 삼행(三行) · 네 종류의 지혜(智慧)와 그 작용 · 대(大) 의(義) 과(科) · 상법(常法) 등을 구분 · 설명하였다. 하지만 그것의 핵심은 역시 여래장이며, 그것은

'하나의 실다운 뜻의 바탕'에서 나오는 실다운 지혜로서 결국엔 '아마라식[奄摩羅識]' 또는 아뢰야식(阿賴耶識)·장식(藏識)·진여(眞如)·상법(常法) 등으로 불리는, 영원히 존재하고[常住], 신묘하며[妙明], 움직이지 않고[不動], 모든 것을 수용하는 원만한 성질을 가지고 있는 공(空)으로 귀결된다.

9.

제8품인 총지품(摠持品)은, '총지(摠持)'에 대한 지장보살의 열다섯 차례의 질문과 아난존자의 여섯 차례의 질문, 그리고 그에 따른 부처님의 답변, 그리고 부처님의 답변인 가르침[說法]에 대한 지장보살의 한 차례 찬미·게송 등으로써 이루어졌다. 따라서 이품의 키워드는 당연히 '총지'가 되는데 그 총지란 과연 무슨 뜻인가?

여기서 말하는 총지[摠持: 모두·총괄적인 총, 가지다·보전하다 지]란, 기본적으로 알아야 하거나 몸에 지녀야 할 정도로 중요한 법(法)을 한데 모아 놓은 종합적인 성격의 부처님 가르침이다. 실제로, 이 품에서는 부처님 답변 가운데 여덟 차례가 게송으로 이루어졌다는 점에서 총지라 할 만하다. 게송(偈頌)이란, 시(詩)의 형식을 빌려서 말하고자 한 바 그 내용의 핵심을 함축적으로 표현하여 암송하는 형식이기 때문에 그 자체가 '다라니' 곧 부처님 가르침의 핵심적인 내용으로 요약된 진언(眞言)으로 간주되어 왔기 때문이다. 그리고 열다섯 차례나 되는 지장보살의 질문 자체가 중생을 대변하는 입장에서 이루어진 종합적인 것이라는 측면에서도 총지라 할 만하다. 이런 두 가지 이유에서 품의 제목을 '총지품'이라 했을 것이다.

그렇다면, 지장보살이 한 질문의 핵심 내용은 무엇이고, 아난존자가 한 그것은 또 무엇인가? 바로 그것들이 이 총지의 실질적인 내용이 될 뿐 아니라 부처님의 답변 내용으로 연계되었다. 물론, 이를 명확히 판단하기 위해서는 해당 경전에서 지장보살과 아난존자의 질문들을 따로 떼어내 보고, 부처님의 답변을 따로 떼어내어 분석하는 작업이 필요하다.

그 분석 작업 과정을 있는 그대로 여기에 붙일 수는 없지만 그것의 결과를 적절하게 풀어 놓자면 이러하다. 곧, 지장보살의 질문은 오로지 부처님이 말씀하신 영원한 법[常法]의 바탕, 그러니까 있는 것도 아니고 없는 것도 아닌, 그래서 생기지도 않고 없어지지도 않는 법에 대한 이해로 질문의 초점이 모아졌다. 물론, 이 때 법은 곧 심성[心性:본래의 마음 바탕]이며, 열반이며, 공이며, 진여라는 등식이 전제되어 있다.

반면, 아난존자의 질문은 부처님의 불가사의한, 이해하기 힘든 주장 곧 그의 가르침의 의미와 그것을 믿고 따랐을 때에 얻어지는 효과와 공덕 등에 대해 초점이 맞추어졌다. 부처님께 앞서 질문했던 여덟 명의 비구·보살·장자의 질문들과는 맥을 같이한다기보다는 다소 거리가 느껴지는 성격의 보충 질문이다. 참고로, 각 제자들과 부처님 간의 질의응답 내용을 품별로 분리시켜 붙여야 명백해지나 많은 지면을 차지해야 함으로 생략하겠다. [별첨해야 하지만 생략되는 내용 : ①'무상법(無相法)'에 대한 해탈보살과 부처님 간의 질의응답 내용 ②'무생행(無生行)'에 대한 심왕(心王)보살과 부처님 간의 질의응답 내용 ③'본각의 이익[本覺利]'에 대한 무주보살과 부처님 간의 질의응답 내용 ④'실제'에 드는 방법에 대한 대력보살과 부처님 간의 질의응답 내용 ⑤'진성공(眞性空)'에 대한 사리불과 부처님 간의 질의응답 내용 ⑥'여래장(如來藏)'에 대한 범행 장자와 부처님 간의 질의응답 내용 ⑦'총지(摠持)'에 대한 지장보살과 부처님 간의 질의응답 내용 등]

아울러, 부처님 가르침의 핵심이 결집된 게송 8편을 한데 옮겨 놓으면 이러하다.

①
만일 법이 인연으로 생기는 바
인연을 떠나 법도 있을 수 없다면
어떻게 법의 고정된 바탕[性]이 없는데
인연으로 법이 생길 수 있겠는가?

②
이것이 마음으로 생겨난 법[所生法]이라면
이 법은 능취(能取 : 주체)와 소취(所取 : 대상)이니
술취한 눈으로 허공의 꽃을 보는 것 같아
이 법도 그러하여 저것이 아니네.

③
법은 본래 있다거나 없다거나 하는 것이 아니라,
나다 남이다 하는 것도 그러하니라.
시작되는 것도 아니고 끝나는 것도 아니며
이루어지고 무너짐에도 머물지 않느니라.

④

일체의 공적(空寂)한 법
이 법은 고요하나 공한 것은 아니다.
저 마음이 공하지 않을 때에
이러한 마음의 얻음은 있지 않으리.

⑤

법은 본래 자성이 없건만
저것으로 말미암아 생겨난 것이니
이와 같은 차별이 있는 곳에서가 아니라
저 그러함[如是]에 있느니라.

⑥

법은 머무르는 곳이 없으며
모습과 수효는 공하므로 없나니
이름[名]과 언설의 두 가지와 법,
이것은 바로 능취와 소취이니라.

⑦

소생과 능생 두 가지는
두 가지인 능연과 소연이라.
본래 각각의 자아가 없나니
있음에 사로잡히는 것은 허공의 꽃 같은 환상이니라.

식의 생김이 아직 없을 적에
경계는 이 때에 생긴 것이 아니니라.
경계가 아직 생기지 않았을 적에
이 때는 식도 역시 사라지느니라.

그것들은 본래 함께 없는 것
또한 있다거나 없다거나가 아닌 있음이니,
생김이 없으면 식 역시 없는 것,
어찌 경계가 있음을 따른다고 하는가?

⑧
일체 모든 법의 모습은
바탕이 공하나 움직이지 않음이 없나니
이 법은 이 때에 있지만
이 때에 일어나는 것도 아니니라.

법에는 때(과거, 미래)를 달리함이 없으나
때를 달리해서 일어남도 아니며
법은 움직임과 움직이지 않음이 없나니
바탕이 공하므로 적멸하니라.

바탕이 공하고 적멸할 때에
이 법은 이 때에 나타나나니
모습을 여원 까닭에 고요히 머물고

고요히 머물기에 연유하지 아니하네.

이 가지가지의 인연으로 일어나는 법,

이 법의 인연은 생김이 아니니

인연은 생하고 없어짐이 없으므로

생하고 없어짐의 바탕은 공적하도다.

인연의 바탕은 능연과 소연이니

이 인연은 본래 인연으로 생기느니라.

그러므로 법의 일어남은 인연이 아니며

인연이 일어나지 않음 또한 그러하니라.

인연으로 생긴 법

이 법이 인연이니

인연의 생기고 없어지는 모습

저것은 바로 생기고 없어짐이 없는 것.

저 진여의 참다운 실상은

본래 나고 사라짐이 아니건만

가지가지의 법은 이 때(현재)에 있으면서

스스로 생기고 사라짐을 만드는구나.

이러므로 지극히 청정한 근본은

본래 여러 힘 때문이 아니니

마지막 얻은 곳[後得處 : 究竟覺]에 나아가

본래의 얻음[本得 : 本覺]에서 그것을 얻는 것일세.

10.

「금강삼매경」은, 형식상으로는 부처님 가르침에 대한 제자 아홉 명의 질문과, 그 질문들에 대한 부처님의 답변, 그리고 부처님의 답변을 들은 질문자나 청취자의 부처님 가르침에 대한 찬미 · 게송 등으로써 이루어졌다. 그리고 내용상으로는 부처님이 깨달으셨다는 진리에 대한 설명이라고 말할 수 있는데, 그 진리에 해당하는 내용이 곧 공(空) · 법(法) · 심(心)으로 요약된다.

그런데 그것들의 본질을 설명하는 과정에서 다른 숱한 용어들을 끌어들이고 있는데 그 개념정리가 명료하게 이루어지지 않은 채 사용되기 때문에 매우 난삽하게 느껴지는 것이 사실이다. 법(法) · 행(行) · 심(心) · 여래장(如來藏) · 본각(本覺) · 실제(實際) · 진여(眞如) · 아마라식[奄摩羅識] · 아뇩다라삼먁삼보리 등등 일련의 용어들이 그들 예 가운데 일부이지만 사실, 이들은 말만 다를 뿐 하나로서 '공(空)=법(法)=심(心)=여래장(如來藏)=본각(本覺)=실제(實際)=진여(眞如)=아마라식[奄摩羅識]=아뇩다라삼먁삼보리' 라는 등식이 성립된다는 사실을 해당 경전을 다 읽고 나서야 비로소 알게 된다.

그럼에도 불구하고, 부처님 말씀이 어렵게 느껴지는 이유는, 이처럼 다종다양한 용어에 대한 혼용에서 오는 혼란스러움도 있지만, 그보다는 부처님이 이해했다는, 깨달았다는 마음[心]의 바탕이나 공(空)의 본질을 설명하는 데에 있어서 '역설적인 모순어법'

에 의존하고 있다는 사실이다. 게다가, 심(心) · 공(空) · 법(法)의 본질을 이해했다 하더라도 온갖 욕구를 충족시켜가며 살아가기 바쁜 보통 사람들에게 그것들이 무슨 의미가 있느냐이다. 다시 말해, 형이상학적인 인식을 어떻게 현실적인 삶과 일치시킬 것인가 하는 문제에 있어서 상당한 거리감을 느끼지 않을 수 없다는 사실이다. 더 직설적으로 말해, '인간의 삶이 무상(無常)한 것인 줄 알았고, 모든 현상이 공하여 실체가 없다는 부처님의 주장을 믿는다 해서 어쩌란 말인가?' 이다. 물론, 부처님은 '무욕(無欲)'과 '대자대비(大慈大悲)'라는, 사실상 대립되는 두 단어로 귀결시켰지만 이는 논리 비약이면서 모순이다. 무욕이나 소욕이 번뇌를 덜어주는 효과는 확실히 있지만 만물(萬物) 만상(萬相)의 공한 성질이 무욕(無欲)이나 대자대비(大慈大悲)와는 아무런 상관관계가 없을 뿐 아니라 대자대비를 실천하고자 하는 것 자체가 또 다른 욕(欲)이기 때문이다.

그런데 부처님은 한사코 무욕(無欲)은 번뇌로부터 해방되게 하는 첩경이고, 대자대비(大慈大悲)는 중생을 구제하는 수단이자 전제조건으로 주장하며, 보살[제자]들에게 요구하셨다.

- 2014. 12. 18.

314

「대방광원각수다라요의경(大方廣圓覺修多羅了義經)」해설

1. 들어가며

국립공원 '북한산'만을 산행하기 시작한지 만 10개월이 되어 간다. 아직 50회 이상은 되지 못했지만 지도를 펴놓고 가보지 못한 길을 찾아다니다시피 하는 상황이다. 그런 와중에 '태고사(太古寺)'를 방문하게 되었고, 그 경내에 있는 원증국사 보우(普愚: 1301~1382)의 행적과 업적을 새긴 비석(보물 제611호)과, 그의 영골(靈骨)을 모셨다는 원증국사탑(보물 제749호)인 '보월승공(寶月昇空)'을 둘러볼 수 있었다. 그런 인연으로 인해서, 원증국사에 대한 기초적인 자료조사를 하게 되었고, 그 과정에서 그가 소위 '원각경'을 읽고서 적지 아니한 영향을 받았다는 사실을 알게 되었다. 나 역시 그런 사실을 뒤늦게 알게 된 연으로 우리가 줄여서 '원각경'이라 부르는 「대방광원각수다라요의경(大方廣圓覺修多羅了義經)」국역본 전문을 동국역경원 홈페이지를 통해서 정독하게 되었고, 오래 전 입수해 놓고도 방치하다시피 한 중국 한자본 경전과 대조해 가며 읽어 볼 수 있는 기회를 갖게 되었다.

나는 이미 「금강삼매경(金剛三昧經)」을 읽고, 경전의 내용과 짜임새 등을 소개하는 원고를 집필했지만 그것은 나의 '명상법'과 관련된 부분이 적지 않기 때문이었다면, 이번에 읽은 「대방광원각수다라요의경(大方廣圓覺修多羅了義經)」에 대한 소갯글 집필은 우리나라 불교계에서 차지하는 이 경전의 비중이 상대적으로 매우 큰 데에 따른 것이다.

아무튼, 나는 나의 능력 범위 내에서, 이 경전을 심독하고 분석한 결과를 약술할 것이다. 관심 있는 분들의 일독을 기대해 마지 않는다.

2. 경전 명칭에 대하여

우리는 줄여서 간단히 '원각경(圓覺經)'이라 부르지만 정식명칭은 「대방광원각수다라요의경(大方廣圓覺修多羅了義經)」이다. 물론, 경전의 내용 끝부분에서 밝히고 있지만 '대방광원각다라니경(大方廣圓覺陀羅尼經)', '수다라요의경(修多羅了義經)', '비밀왕삼매경(秘密王三昧經)', '여래장자성차별경(如來藏自性差別經)' 등의 별칭도 갖고 있다.

그런데 문제는 이 경전의 정식명칭인 「대방광원각수다라요의경(大方廣圓覺修多羅了義經)」을 읽을 때에 '대방 광원 각 수 다라 요의경'으로 읽든가 아니면 '대방광원 각 수다라 요의경'으로 끊어 읽어야 옳다고 생각한다. 왜냐하면, '대방[大方:여러 방향으로 크게 퍼져나가 시원시원한]'이라는 말과 '광원[廣圓:넓고 원만한]'이라는 말이 모두 각[覺:깨달음]을 꾸며주는 수식어에 지나지 않고, 수다라(修多羅)는 경(經)이라는 뜻의 수트라(Sūtra)를 음차한 말이다. 그리고 요의경(了義經)에서 '요의(了義)'는 핵심만 '간추린', 혹은 '요약된', 혹은 '완결

된' 등으로 풀이할 수 있다. 그렇기 때문에 이 경전을 두고 별칭 가운데 하나인 '대방광원각다라니경(大方廣圓覺陀羅尼經)'이라고 할 수 있는 것이다.

참고로, '비밀왕삼매경(秘密王三昧經)'이라 함은, 삼매경 가운데에 는 가장 비밀스럽고 가장 으뜸이라는 의미를 담고 있다고 보아지 며, '여래장자성차별경(如來藏自性差別經)'이라 함은, 부처님이 깨달 으셨다는 진리가 나오는 곳이 곧 여래장인데, 그 여래장의 본질 에 대해서 분별적으로 해설한 경전이라는 뜻으로 풀이할 수 있 다.

그러므로 「대방광원각수다라요의경(大方廣圓覺修多羅了義經)」이라 는 정식명칭을 풀어서 말하자면, 아주 시원시원하고 넓고 두루 원만한 깨달음에 관한 압축된 핵심 경전이라는 뜻이 된다고 나는 생각한다. 여기서 분명히 말해 둘 수 있는 것 한 가지는, '원각(圓 覺)'이라 했을 때에 대방하고(시원시원하고) 광한(넓은) 원에 대한 깨 달음[覺]이 아니라는 사실이다. 만약, 그러한 원에 대한 깨달음이 라고 해석한다거나, 깨달음의 내용을 원으로써 빗대어 말했다거 나 상징화했다면 그것은 이미 '원불교'의 일원상이 되기 때문이 다. 다만, 원불교의 창시자도 이 원각경을 읽고 착안했는지도 모 를 일이다. [그럴 가능성이 높다고 나는 개인적으로 판단한다.]

3. 경전 한역자[중문 번역자]에 대하여

경전의 중문 번역자로 '대당계빈삼장불타다라(大唐罽賓三藏佛陀多 羅)'로 되어 있는데, 물론, 우리나라의 경전도 중국의 것을 그대로 가져다가 사용해 왔기 때문에 글자 한 자 띄어쓰기조차 다르지

않지만 좀 설명이 필요하다. '대당계빈삼장불타다라'라는 단어가
경전의 중문 번역자인 사람의 이름이 아니기 때문이다.

중국 사람들은 중국 역사상 당(唐)나라 때가 정치 · 경제 · 사
회 · 문화 · 외교적으로 가장 융성한 시기로 판단하여 국호였던
당(唐) 자 앞에 대(大) 자를 붙여 '대당(大唐)'이라 부르기를 좋아했
고, 지금도 좋아한다. 실제로, 당나라 때에 역경사업이 가장 왕성
하게 전개되었었고, 동시에 불교가 가장 크게 번창했었음에는 틀
림없어 보인다.

계빈(罽賓)에서, 罽(계)란 물고기 그물 · 융단 · 양탄자 등의 뜻을
지닌 '계'자이고, 賓(빈)이란 손님이란 뜻의 '빈'자이다. 그런데 '계
빈'이란 늠빈국(凜賓国), 거빈국(劫賓国), 갈빈국(羯賓国) 등으로 불리
었던 고대 중국 서역 국가의 한 이름일 따름이다.

삼장(三藏)이란, 당대(唐代) 유명한 고승 현장법사(玄奘法师 :
599~664)가 아니라 불경의 경(經) · 율(律) · 논(論)을 뜻하거나 아니
면 그것들에 아주 능통한 사람에게 붙여지는 법호(法號)이기 때문
에 여기서 '삼장'이란 불경의 경 · 율 · 논에 밝은 사람으로 볼 수
있다.

그리고 불타다라(佛陀多罗)는 부처님의 세계, 다시 말해 불경(佛
經)의 내용에 대해서 밝은, 혹은 깨달은 사람의 지위를 지칭하는
말이라고 판단된다. 왜냐하면, 고대 인도에서 중국으로 건너온
그 유명한 달마대사(達磨大師)의 이름을 중국에서는 '보리다라(菩提
多羅)' 또는 '달마다라(達磨多羅)'로 불렀고, 그 달마대사의 스승인 고
국 인도 승을 '반야다라(般若多羅)'로 기술해 놓고 있는 점이 시사해
주는 바 크기 때문이다. 따라서 나는 이 불타다라(佛陀多羅)를 오랫

동안 불법(佛法) 수행 정진해 온 사람으로서 불경을 탐독하고 연구하여 번역할 만한 능력을 갖춘 법사(法師)로서 널리 알려진 고승(高僧) 정도로 판단한다.

참고로, 「금강삼매경론」을 지은 우리나라 원효대사(元曉大師)에 대해서는 중국 경전에서 '신라국사문원효(新羅国沙门元晓)' 또는 신라국원효사문(新羅国元晓沙门)으로 기록되어 있다. 쉽게 말해, 우리는 원효를 '대사(大師)'로 여기지만 중국인들은 평범한 수행승에 지나지 않는 '사문(沙門)'으로 판단했다는 뜻이다.

따라서 이 경전의 중문 번역자로 등재된 '大唐罽宾三藏佛陀多罗(대당계빈삼장불타다라)'는 당나라 때에 주변 속국 가운데 하나인 계빈국의 사람으로서 경·율·론 등 삼장에 아주 밝은 법사이자 고승의 대표 격으로 '불타다라'라고 불렸던 사람으로 판단하면 크게 틀리지 않을 것으로 믿는다.

4. '인지(因地)'라는 생소한 용어에 대하여

「대방광원각수다라요의경(大方廣圓覺修多羅了義經)」에서 부처님께 첫 질문자로 나선 문수사리보살이 질문에서 '여래께서 본래 일으키셨던 청정한 인지(因地)에서의 법다운 수행'이라는 말을 썼고, 그의 질문에 답변하는 부처님께서 '여래의 인지(因地)의 법에 맞는 수행'이라는 말을 하시었다.

그렇다면, 문수사리보살과 부처님이 말씀하신 그 '인지(因地)'란 과연 무엇인가? 나는 개인적으로 불교 경전을 꽤 읽은 편에 속한다고 생각했으나 이 인지라는 낱말 앞에서 생소하게 느껴졌던 것은 사실이다. 해당 경전에서도 이 용어에 대한 주석이 달려있는데, 누가 달았는지는 알 수 없으나 그 내용인 즉 "수행(修行)이 아직 부처를 이루기 전의 지위(地位)를 말한다."고 되어 있다. 하지만 나의 생각은 좀 다르다. 곧, 인지(因地)란, 인(因)과 연(緣)으로 생기는 현상들로 가득한 세계를 뜻한다. 간단히 말해, '현상계'를 의미하며, 동시에 '인간세상'을 뜻한다고 나는 생각한다. 왜냐하면, 부처님이 계신다는 세상은 인간 세상의 현상계가 아니라 생멸이 없는, 영원한 '여래장' 곧 진공(眞空)에 있기 때문이다.

부처님 시각에서는, 인간의 몸을 구성하는 네 가지 요소[地·水·火·風]인 4대도, 그것의 기능인 안(眼)·이(耳)·비(鼻)·설(舌)·신(身)·의(意) 등 6진도 공히 인과 연으로 생기는 현상으로서 판단하기 때문에 다 소멸되어지는 무상한 헛것, 허공의 꽃, 환(幻)이자 몽(夢)으로 인식한다. 그래서 '나'라는 존재는 처음부터 없는 것이고, 다시 말해 실체가 없고 한낱 몽이자 환이자 허화(虛華)라고 여겼던 것이다. 그러한 인간이 사는 동안 온갖 번뇌로부터 해방되려면 자신에 대한 그런 정체성[本質]을 바로 인식하고, 생멸(生滅)이 없는 세계 곧 '적멸의 바다'로 빗대어지는, 「금강삼매경」에서 언급하고 있는 '여래장(如來藏)'과 '진성공(眞性空)'에 눈을 맞추라는 것이다.

이들 여래장과 진성공에 눈을 맞춘다는 것은, 결국 인간의 몸과 마음이 모두 허공의 꽃이므로 욕심을 버리어[無慾] 오로지 맑고 깨끗한[淸淨] 자비심으로 충만한, 소위 '보리심'을 내어야 한다는 것이다. 사실, 이런 불교계의 종지에 가까운 주장도 모순에서 자유롭지 못하지만 많은 경전 안에서는 이같은 이야기가 되풀이되고 있다. 그렇다면, 이것이 왜 모순인가. 그것은 생명체에게는 무욕도 또 다른 욕심일 뿐이고, 청정한 자비심을 내고자 하는 것 또한 분명한 욕심일 따름이기 때문이다.

부처님은 이같은 사실, 곧 모순을 잘 알고 있었기 때문인지 "알거나 깨닫는 것도 마치 허공과 같은 것이고, 허공인 줄 아는 것도 곧 허공 꽃의 모양이거니와, 알거나 깨닫는 성품이 없다고도 말할 수 없고, 있느니 없느니 하는 것을 다 버려야 이를 곧 청정한 깨달음을 수순하는 것이라"고 덧붙이셨다. 그러니까, 부처님은 '있다, 없다'와 '이다, 아니다'를 초월하는 개념으로서 절대적인 존재를 상정했고, 그것을 끌어들여 믿었던 것이다. 그것이 바로 인간의 개념으로 표현하면 허공이고, 적멸의 바다이고, 여래장이고, 법의 성품이고, 깨달음의 대상이었던 것이다.

5. 경전의 짜임새[構造]

중국 사람들 같으면, '경전의 글자 수가 모두 몇 자인가?' 그 수를 헤아려 밝히는 것이 경전의 양적 질적 판단을 내리는 데에 중요한 척도가 되겠지만 우리에게는 그 양이 그리 중요하지는 않다. 오히려 양보다는 전체적인 내용 전개 방식이나 그 짜임새 곧 구조(構造)가 어떻게 되어 있느냐를 판단하는 일이 경전의 깊이 곧 질적 판단을 내리는 데에 더 중요하다고 생각된다.

이 경전은 크게 보면, ①부처님 설법을 듣기 위하여 제자 혹은 중생들이 모여 있는 장소와 그곳의 상황 설명 ②일정한 절차와 방식에 의한 일부 제자(보살)들의 질문 ③그에 따른 부처님의 일정한 방식에 의한 답변 내용 등으로 짜여 있다. 이러한 구조는 「금강삼매경」을 비롯한 많은 경전들도 대부분 비슷비슷하다. 이에 대해 조금 덧붙여 설명하자면 이러하다.

곧, 부처님 설법을 듣기 위하여 제자들과 중생들이 모여 있는 장소와 그 상황 설명에 있어서는, 부처님의 설법이 행해지는 '곳'의 위상이 먼저 언급되고, 설법을 청하고 듣기 위하여 모여 있는 제자(중생)들의 '신분'과 그 '수'가 언급되며, 그 가운데 대표 격인 인물들의 법명과 직함 등이 거론된다. 예컨대, 이 경전에서 보면, 부처님은 '신통대광명장(神通大光明藏)에 계시고, 그 곳은 일체의 여래께서 빛나고 장엄하게 머무시는 자리이고, 중생들의 청정한 깨달음의 자리이며, 몸과 마음이 적멸하여 평등한 근본 자리'라고 그 의미가 추상적으로 부여되어 있다. 그리고 그 자리에는 대보살마하살(大菩薩摩訶薩) 10만 인과 여러 권속들이 함께 하고 있으며, 그 가운데에 문수사리보살(文殊師利菩薩)·보현(普賢)보살·보안(普眼)보살·금강장(金剛藏)보살·변음(辯音)보살·정제업장(淨諸業障)보살·보각(寶覺)보살·원각(圓覺)보살·현선수(賢善首)보살 등이 있다고 미리 소개된다. 물론, 이들이 부처님께 질문하게 될 자들임을 미리 암시하는 구실을 하기도 한다.

일정한 절차와 방식에 의한 제자들의 질문은, 먼저 질문자로 나선 사람이 질문 전에 부처님 앞에서 갖추는 예절[1]이 언급되고, 질문의 목적과 질문 내용이 분명하게 언급되며, 질문을 마치고 난 직후의 부처님에 대한 예절*이 또한 언급되며, 부처님 말씀이 시작되자 자리에 앉아서 귀를 기울인다는 질문자의 동태(動態)까지도 언급된다.

---

1) 질문 전후 질문자의 부처님에 대한 예의 : 자리에서 일어나 부처님 발아래 이마를 댐. 오른쪽으로 세 번 돌고 나서 두 무릎을 세워 꿇어 앉아 합장함. 그런 다음 정중하게 질문함. 질문 후 오체투지함.

이렇게 모두 12명의 보살²⁾이 - 「금강삼매경」에서는 모두 9명의 질문자가 나옴³⁾ - 차례로 질문을 하게 되는데, 이들의 질문 내용을 전체적으로 보면, 중복되지 않도록 애를 썼으며, 부처님 말씀에 따라 생기는 궁금증에 대한 순차적인 질문으로서 경전에서 말하고자하는 궁극적 주제 곧 부처님이 깨달으셨다는 세계에 대한 설명과, 그 세계를 이해하고 성취하기 위해서 중생이나 보살로서 무엇을 어떻게 해야 하는가 하는 수행 방법과, 절차 그리고 그 수행의 의미 등으로 귀결된다. 바로 이러한 점은 경전의 집필 목적을 달성하기 위하여 경전의 전체적인 짜임새가 전제되었다는 판단을 갖게 하기도 한다.

질문에 따른 부처님의 답변 방식은, 먼저 질문자에 대해서 칭찬한 다음, 동석한 여러분들을 위해서 질문한 내용에 대하여 설명해줄 것이므로 잘 들으라며 주의를 환기시킨다. 그런 연후에 질문 내용에 대한 직간접의 답변을 이어간다. 그리고 답변을 겸한 설법이 다 끝났다 싶으면 답변 내용의 핵심에 대하여 총정리를 하듯 요약해 주는데, 이때는 소리 내어 시를 낭송하듯 게송(偈頌)으로써 한다. 이렇게 한 사람의 질문에 대하여 설법을 마치면 다음 사람의 질문을 받고 동일한 절차와 방법으로써 답변을 계속하는 것이다.

이처럼 경전은 크게 보면 ①모임에 대한 상황설명, ②제자들의 질문, ③부처님의 답변 등 세 부분으로 짜여 있다. 따라서 우리가

---

2) 「대방광원각수다라요의경(大方廣圓覺修多羅了義經)」에서의 질문자 : 문수사리보살·보현보살·보안(普眼)보살·금강장보살·미륵보살·청정혜(淸淨慧)보살·위덕자재(威德自在)보살·변음(辯音)보살·정제업장(淨諸業障)보살·보각(普覺)보살·원각(圓覺)보살·현선수(賢善首)보살 등 12명

3) 「금강삼매경(金剛三昧經)」에서의 질문자 : 아가타(阿伽陀) 비구·해탈보살·심왕(心王)보살·무주(無住)보살·대력(大力)보살·사리불·범행 장자(梵行長子)·지장(地藏)보살·아난존자 등 9명

경전을 읽으며 가장 중요하게 생각해야 할 것은 역시 '질문자의 질문 내용이 무엇이고, 그 질문에 따른 부처님의 답변 내용이 무엇이냐?'가 될 것이다.

6. 보살들의 질문과 부처님 답변 내용 분석

열두 명의 보살들이 나서서 부처님께 차례로 질문했는데, 그 질문 내용의 핵심인 즉 부처님이 돌아가신 뒤에 온다는 '말세(末世)'에서의 '보살'과 '중생'의 수행법으로 모아졌다 해도 틀리지 않는다. 그리고 한두 가지가 더 있다면, 부처님 가르침[主張] 가운데 서로 충돌하여 모순되는 듯 보이는, 그래서 잘 이해되지 않는 문제에 대해서 보현보살·금강장보살·정제업장보살 등이 외면하지 않고 질문했다는 사실 하나와, 해당 경전의 공덕과 효력 그리고 경전을 지니는 자에 대한 보호를 어떻게 할 것인가에 대한 현선수보살(賢善首菩薩)의 상투적인[다른 경전과 마찬가지로] 마지막 질문이 있었다는 사실이다.

나는 질문과 답변 내용을 분석하는 과정에서 몇 가지의 사실들을 유추해낼 수 있었는데 그것들은 대략 이러하다.

첫째는, 부처님이 살아계실 때에는 언제든지 바른 말씀[正法=佛法]을 물어서라도 들을 수 있기 때문에 전혀 문제될 것이 없지만, 부처님이 돌아가시고 나면 그 정법을 묻고 들을 수 없기 때문에 온갖 주의·주장이 난립할 수 있다는 점을 염두에 두었다는 점이고, 둘째는 부처님 제자들이 그러한 세상을 '말세(末世)'라고 표현했으며, 그 말세에 보살이나 중생들이 무엇에 의지하여 어떻게 수행해야 하는가를 집중적으로 질문했다는 사실이다. 그리고 셋째는, 불법 수행 과정상의 성과가 다른, 보살과 중생의 역할이 다름을 확인할 수 있는데, 보살이란 서원(誓願)을 세우고 오랫동안 수행 정진하여 부처님 지위에 오를 분들로서 말세에 중생들을 인도하고 가르치는 지도자들[如來]로 이해되었다는 점이다. 그래서 미륵보살은 보살로서 중생들을 교화시키는 방편을 묻기도 했다. 그리고 넷째는, '인간의 몸과 마음이 헛것으로서 환(幻)에 지나지 않고, 원각(圓覺)에 자성이 없어 깨달을 주체도 대상도 없다면서 무슨 이유로 깨달음을 얻으라고, 혹은 얻겠다고 그 절차와 방편을 물어 노력해야 하는가?'와, '중생이 부처이고 부처가 중생이듯이 다 같은 성품으로서 하나이고 그 하나가 본래부터 청정하다는데 무슨 이유로 크고 원만한 깨달음[圓覺]을 얻기 위해 노력해야 하는가?' 등과 같은 질문이 예나 지금이나 있을 수밖에 없다는 사실이고, 그 다섯째는 부처님께서 열심히 답변하시지만 그 내용이 속 시원히 해결해 주지는 못한다는 사실이다. 그리고 마지막 여섯째로는, '무명(無明)'과 '애욕(愛慾)'이 윤회(輪廻)의 직접적인 이유이며, 그 윤회로부터 벗어나는 것만이 깨달음을 얻는 길이자 온갖 번뇌로부터 해방되는 길이라고 상투적인 논리를 편다는 사실이다. 물론, 윤회의 개념도 주의해서 이해해야 하지만 말이다.

이상과 같은 나의 주관적인 판단의 옳고 그름에 대해서는 여러분 스스로 생각해 볼 수 있도록 보살들의 질문 내용과 부처님의 답변 내용을 가능한 한 이해하기 쉽게 정리하였고, 그것이 바로 아래와 같다.

[보살들의 질문과 부처님의 답변 내용]

질문자	보살들의 질문 내용	부처님의 답변 내용
문수사리보살 文殊师利菩萨	①여래께서 본래 일으키셨던 청정한 인지(因地)에서의 법다운 수행(법)을 말씀해 주시옵소서. ②보살들이 대승법(大乘法)에 대하여 청정한 마음을 내어 모든 병(病)을 멀리 여의는 방법도 말씀하시어 장차 다가올 말법 세계에서 대승을 구하는 중생으로 하여금 사견(邪見)에 빠지지 않게 해주옵소서.	①위없는 법왕[無上法王]의 큰 다라니문(陀羅尼門)=원각(圓覺) ②무명(無明)을 제거하여 부처님의 도(道)에 이름 ③무명(無明)의 개념 ④허공의 성품=법계의 성품=여래장(如來藏) ⑤인지(因地)의 법다운 수행=삿된 소견 제거법
보현보살 普贤菩萨	[중생의 수행법] ①저 중생들이 환(幻)과 같은 것임을 아는 이들이라면 그의 몸과 마음도 환이거니, 어떻게 환으로써 다시 환을 닦으오리까? ②만일 온갖 환의 성질이 다 없어지는 것이라 하면 곧 몸과 마음마저도 없어지리니 누가 수행하는 것이오며, 어찌하여 또 환과 같은 것을 수행하라고 말씀하시옵니까? ③만일 모든 중생이 처음부터 수행하지 않는다면 생사 속에서 항상 환화(幻化)에 묻혀 있어서 일찍이 환과 같은 경계임을 분명하게 알지 못하리니, 망상(妄想)의 마음에서 어떻게 벗어나오리까? ④어떠한 방편과 점차(漸次)를 닦아 익혀야 모든 중생들로 하여금 온갖 환을 영원히 여의도록 하겠나이까?	①여래의 원각묘심(圓覺妙心)에서 갖가지 환화(幻化)가 나옴. *아마도, 경전에서는 '환화(幻化)'라는 말이 쓰이고 있는데 이 환화는 한자로 '幻華'가 아닌가 싶다.[경전에서의 오자라고 생각됨] 그리고 그 갖가지 환화가 여래의 원각묘심에서 나온다는 말도 이해되지 않는다. ②온갖 허깨비인 허망한 경계, 환과 같은 마음, 환을 멀리 여의겠다는 생각, 여의었다는 그 생각까지도 모두 여의면 모든 환이 없어짐. = 깨달음 ③방편과 점차(漸次)의 계위(階位)가 필요 없음.
보안보살 普眼菩萨	[보살 수행법의 순서와 점차(漸次)] ①어떻게 생각하고, 어떻게 머무르며, 중생들이 깨닫지 못하면 어떤 방편을 써야 두루 깨닫게 하겠나이까?	①여래의 사마타(奢摩他) 수행법에 의지하고 계율을 지니며, 대중들과 편안하게 지내고 조용한 방에 단정하게 앉아서 항상 생각함. ②몸과 마음이 환의 때[幻垢]이니, 때의 모습이 사라지면 시방세계가 청정해진다는 것을 알아야 함. ③6진(塵)이 청정하면 4대(大)·12처(處)·18계(界)·25유(有)·10력(力)·4무소외(無所畏)·4무애지(無碍智)·불십팔불공법(佛十八不共法)·37조도품(助道品)·8만 4천 다라니문 등이 두루 청정해짐.

질문자	보살들의 질문 내용	부처님의 답변 내용
금강장보살 金剛藏菩薩	①만일 중생들이 본래부터 부처였다면 무슨 까닭으로 다시 온갖 무명(無明)이 있습니까? ②만일 온갖 무명이 중생들에게 본래부터 있는 것이라면 무슨 까닭으로 여래는 또 본래부터 부처였다고 하옵나이까? ③만일 시방의 다른 중생들이 본래 부처의 도를 이루었다가 나중에 무명을 일으켰다 한다면 일체의 여래는 언제 다시 온갖 번뇌를 일으켰겠습니까?	①윤회의 개념 : 일체 세계의 시작과 마침·나고 없어짐·앞과 뒤·있고 없음·모이고 흩어짐과 일어나고 멈춤 등이 잠깐 사이에도 계속되어, 돌고 돌아 오가는 것이니, 가지가지로 취했다 버렸다 함. *사람이 죽어서 다른 곳 다른 존재로 다시 태어난다는 의미의 윤회를 생각해서는 안 됨. ②'허공'으로 빗대어지는 '여래장' 곧 '원각'을 이해하려면 먼저 윤회의 사슬에서부터 벗어나야 함.
미륵보살 彌勒菩薩	①만일 모든 보살과 말법 세계의 중생들이 여래의 큰 적멸의 바다에 노닐고자 하면, 어떻게 해야 윤회의 근본을 끊고, 윤회에는 몇 가지 성품이 있으며, 부처님의 보리를 닦는 데에는 몇 가지 차별이 있으며, 또 번뇌[塵勞]의 세계에 들어가자면 몇 가지의 교화 방편을 베풀어서 중생들을 제도해야 하겠나이까?	①윤회(輪廻)의 근원 : 갖가지 탐욕(貪欲)과 애욕 ②보살이 세간에 나타나는 이유 : 자비한 마음으로 중생들로 하여금 애욕을 버리게 하기 위하여 거짓으로 온갖 탐욕을 부리면서 생사 속에 들어간 것임. *이 말이야말로 보살에 대한 보살의 궁색한 의미 부여이다. 한 마디로 말해서 견강부회(牽强附會)이다. ③여래의 원각(圓覺) 바다에 노닐고자 하면 먼저 애욕을 끊고 갈애(渴愛)를 없애 윤회의 사슬에서 벗어나야 하며, 이치의 장애[理障]와 사물의 장애[事障] 두 가지를 극복해야 함. ④중생의 다섯 가지 성품의 차별
청정혜보살 清淨慧菩薩	[법왕의 원만하신 깨달음의 성품] ①일체 중생들과 모든 보살들과 여래·세존께서 증득하신 것에 어떤 차별이 있습니까?	①원각(圓覺)의 자성(自性)에 대한 전제 ②깨달음의 성품을 수순하는 것의 의미 ③일체종지(一切種智)를 성취한 사람의 의미 ④범부가 깨달음의 성품에 수순하는 것의 의미 ⑤10지(地)*에 들지 못한 보살이 깨달음의 성품에 수순하는 것의 의미 ⑥10지(地)에 든 보살이 깨달음의 성품을 수순하는 것의 의미 ⑦여래가 깨달음의 성품을 수순하는 것의 의미
위덕자재보살 威德自在菩薩	①일체 방편과 점차와 아울러 수행하는 사람에게는 통틀어 몇 가지나 있사옵니까?	①대전제:원각(圓覺)=부처님의 원음(圓音)=미묘한 깨달음[妙覺]=구경의 열반=하나 ②방편은 수없이 많음. ③성품의 차별에 따른 세 가지 방법 : 사마타(奢摩他), 삼마발제(三摩鉢提), 선나(禪那) 등

질문자	보살들의 질문 내용	부처님의 답변 내용
변음보살 辯音菩薩	①모든 방편은 일체 보살이 원각의 문에 대하여 몇 가지로 닦아 익혀야만 합니까?	①대전제 : 일체 여래의 원각은 청정하여 본래 닦아 익힐 대상도 없고 닦아 익힐 주체도 없다. ②스물다섯 가지의 청정한 선정의 바퀴[淸淨定輪] : 1.사마타만을 닦는 수행 2.삼마발제(三摩鉢提) 만을 닦는 수행 3.선나(禪那)만을 닦는 수행 4.먼저 사마타를 닦고 나중에 삼마발제를 닦는 수행 5.먼저 사마타를 닦고 나중에 선나를 닦는 수행 6.먼저 사마타를 닦고 중간에 삼마발제를 닦고 마지막에 선나를 닦는 수행 7.먼저 사마타를 닦고 중간에 선나를 닦고 마지막에 삼마발제를 닦는 수행 8.먼저 사마타를 닦고 가지런히 삼마발제와 선나를 닦는 수행 9.사마타와 삼마발제를 가지런히 닦고 마지막에 선나를 닦는 수행 10.가지런히 사마타와 선나를 닦고 마지막에 삼마발제를 닦는 수행 11.먼저 삼마발제를 닦고 나중에 사마타를 닦는 수행 12.먼저 삼마발제를 닦고 나중에 선나를 닦는 수행 13.먼저 삼마발제를 닦고 중간에 사마타를 닦고 나중에 선나를 닦는 수행 14.먼저 삼마발제를 닦고 중간에 선나를 닦고 마지막에 사마타를 닦는 수행 15.먼저 삼마발제를 닦고 가지런히 사마타와 선나를 닦는 수행 16.가지런히 삼마발제와 사마타를 닦고 나중에 선나를 닦는 수행 17.가지런히 삼마발제와 선나를 닦고 나중에 사마타를 닦는 수행 18.먼저 선나를 닦고 뒤에 사마타를 닦는 수행 19.먼저 선나를 닦고 뒤에 삼마발제를 닦는 수행 20.먼저 선나를 닦고 중간에 사마타를 닦고 마지막에 삼마발제를 닦는 수행 21.먼저 선나를 닦고 중간에 삼마발제를 닦고 뒤에 사마타를 닦는 수행 22.먼저 선나를 닦고 가지런히 사마타와 삼마발제를 닦는 수행 23.가지런히 선나와 사마타를 닦고 뒤에 삼마발제를 닦는 수행 24.가지런히 선나와 삼마발제를 닦고 뒤에 사마타를 닦는 수행 25.세 가지를 원융하게 닦아서 제 성품의 청정함을 수순하는 수행
정제업장보살 净诸业障菩薩	①만일 이 원각(圓覺)의 마음이 본래 성품이 청정하다 하오면, 무슨 까닭에 더럽혀져서 모든 중생들로 하여금 어리둥절하여 들어가지 못하게 하는 것입니까?	①청정한 깨달음에 들지 못하는 이유 : 망상 → 허망한 것에 대한 집착 → 무명 ②네 가지 상(相) : 아상(我相)·인상(人相)·중생상(衆生相)·수명상(壽命相) ③정법의 말법세계[正法未世] :
보각보살 普觉菩薩	①말법 세계 중생들은 부처님과 거리가 점차로 멀어지매, 성현은 숨고 삿된 법은 더욱 왕성해질 것이오니, 모든 중생들로 하여금 어떤 사람을 따르고, 어떤 법에 의지하며, 어떤 행(行)을 행하고, 어떤 병(病)을 제거하며, 어떻게 발심(發心)하게 하여야, 저 눈먼 자들로 하여금 삿된 소견에 떨어지지 않게 하겠나이까?	①중생은 선지식=바른 지견(知見)을 가진 사람을 구하고 수행 정진하되 그를 섬기며 공양함. ②선지식의 법에는 네 가지 병(病)이 없어야 함 : 조작하는 병[作病]·맡기는 병[任病]·그치는 병[止病]·멸하는 병[滅病] ③중생과 선지식과의 관계

질문자	보살들의 질문 내용	부처님의 답변 내용
원각보살 圓覺菩薩	①만일 부처님께서 멸도하신 뒤에 말법 세계 중생들 가운데 깨달음을 얻지 못한 이는 어떻게 안거(安居)하여 이 원각의 청정한 경계를 닦으며, 이 원각 안의 세 가지 청정한 관법(觀法)은 어떤 것으로 첫머리를 삼아야 되나이까?	①안거의 조건 : –기간 설정 : 120일, 100일, 80일 등 –장소 마련 : 조촐한 거처에 온갖 번기(幡旗)와 꽃장식. –핵심 내용 : 21일 동안 시방 부처님의 명호 앞에 머리 조아려 참회(懺悔)하고 한결같은 마음을 내어 가다듬어야 함. ②보살이 안거를 나타내서 보이는 것 –부처님 앞에서 서원 : 저 비구·비구니·우바새·우바이인 아무개는 보살승에 의지하여 적멸의 행을 닦아 청정한 실상(實相)에 함께 들어가며, 큰 원각으로써 저의 가람을 삼아 몸과 마음이 평등성지(平等性智)에 편안히 머무르려 하오니, 열반(涅槃)의 자성(自性)은 얽매임이 없기 때문입니다. 이제 저는 성문(聲聞)에 의지하지 않고, 시방의 여래와 큰 보살들과 함께 석 달 동안 안거하기를 공경히 청하오니, 보살의 위없는 미묘한 깨달음을 닦으려는 큰 인연 때문에 대중들에 얽매이지 않으려 하나이다. ③중생들로서 보살의 도를 구하기 위한 세 가지 방법: –사마타(奢摩他) 닦는 요령 –삼마발제(三摩鉢提) 닦는 요령 –선나(禪那) 닦는 요령 ④삼 관법으로 깨닫지 못하는 사람 –업장 소멸을 위한 참회 –미움·사랑·질투·아첨을 끊고서 훌륭하고 으뜸가는 마음을 일으켜, 세 가지 청정한 관법(觀法)을 번갈아 가며 익힘.
현선수보살 賢善首菩薩	①이 대승교의 이름은 무어라 부르오며, 어떻게 받들어 지니오리까? ②중생들이 닦아 익히면 어떤 공덕을 얻으며, 이 경을 지니는 사람을 저희들은 어떻게 보호하리까? ③이 가르침을 퍼뜨리면 어떤 경지에 이르나이까?	①경의 의의 : 모든 부처님께서 말씀하신 것, 3세(世)의 여래께서 수호하시는 것, 시방의 보살이 귀의하는 것, 12부(部) 경의 청정한 안목이며, 여래의 경계를 드러낸 것으로 오직 부처님과 여래만이 널리 말씀하실 수 있다. 만일 보살들과 말법세계 중생들이 이것을 의지하여 수행하면 점점 더 나아가서 부처님의 지위에 이르게 됨. ②경의 이름 : 돈교대승(頓敎大乘)으로, 대방광원각다라니경(大方廣圓覺陀羅尼經), 수다라요의경(修多羅了義經), 비밀왕삼매경(祕密王三昧經), 여래장자성차별경(如來藏自性差別經) 등으로 부름. ③경을 지닌 자의 보호 : 악마와 모든 외도(外道)들로부터 몸과 마음이 흘러 물러나는 일이 없도록 함.

*십지(十地) : 대승을 닦는 보살 수행상의 단계를 말하며, '십주(十住)'라고도 함.

-梵文《大事》의 십지(十地)

(1)难登 (2)结慢 (3)华饰 (4)明辉 (5)广心 (6)具色 (7)难胜 (8)生缘 (9)王子位 (10)灌顶位

-大乘初期 十地

(1)初发心 (2)治地 (3)应行 (4)生贵 (5)修成 (6)正心 (7)不退转 (8)童真 (9)法王子 (10)灌顶

(1)干慧地 (2)种姓地 (3)八人地 (4)见地 (5)薄地 (6)离欲地 (7)已办地 (8)辟支佛地 (9)菩萨地 (10)佛地

-华严十地

(1)欢喜地 (2)离垢地 (3)发光地 (4)焰慧地 (5)极难胜地 (6)现前地 (7)远行地 (8)不动地 (9)善慧地 (10)法云地

7. 원각(圓覺)과 본각(本覺)에 대하여

'원각(圓覺)'이라는 말은 「대방광원각수다라요의경(大方廣圓覺修多羅了義經)」의 키워드이고, '본각(本覺)'이라는 말은 「금강삼매경(金剛三昧經)」에 나오는 몇 개의 키워드들 가운데 하나이다. 그렇다면, 원각은 무엇이고, 본각은 또 무엇인가?

두 경전은 원각과 본각의 개념을 각각 알기 쉽게 풀어서 설명하고 있지 않기 때문에 이들 개념을 요약 정리하여 비교해 보는 일이 쉽지는 않다.

「대방광원각수다라요의경(大方廣圓覺修多羅了義經)」 안에는 그 원각의 개념을 직간접으로 설명해 주는 단서들이 있긴 한데 그것들을 그대로 빌려서 설명하자면 이러하다. 곧, 원각이란 '위없는 법왕[無上法王]의 큰 다라니문(陀羅尼門)'이며, '부처님의 도[佛道]'이자 '부처님의 원음(圓音)'이며, '부처님의 미묘한 깨달음[妙覺]'이고, 동시에 '여래의 원각묘심(圓覺妙心)'이라 한다. 해설을 요구하는 말들이다.

그렇다면, 그 원각의 본질은 무엇인가? 그에 대해서는 경전에서 이렇게 설명하고 있다. 곧, "원각(圓覺)의 자성(自性)은 본래 성품이 있는 것이 아니건만, 모든 성품을 따라 일어날 뿐이니, 취(取)할 것도 없고 증(證)할 것도 없어서, 실상 가운데에는 실제로 보살도 일체 중생도 없느니라." 했다. 참으로, 알쏭달쏭한 말이다. 이 말을 알기 쉽게 풀어서 설명하자면, 이렇게 할 수 있을 것 같다. 곧, 우리가 '원각'이라고 말하는 것에는 어떠한 성질도 모양도 없다. 그렇지만 그것을 인지하는 사람의 성품에 따라 의미가 부여될 뿐이다. 그러므로 원각에서 우리가 취할 것도 없고 증명해 보일 것도 없는 것이다. 우리 인간이 한낱 환(幻)이고 몽(夢)이듯이 실재하는 보살이니 중생이니 하는 일체의 것들조차 이름만 있을 뿐이지 그 실체는 없는 것이라는 뜻이 아닌가 싶다.

이렇게 이해한 필자의 시각에서 원각을 더 풀어 설명하자면, 부처님이 깨달았다는 영원불변한 진리 곧 모든 현상을 낳고, 모든 존재하는 것들을 존재 가능하게 하는 '바탕'일 뿐이고, 그것에 대한 인식(認識)으로서 그 이름 곧 허명(虛名)일 뿐이다. 그래서 부처님은 그것을 '허공'이라는 말로 빗대어 말하기를 즐겨했으며, 그런 부처님 눈에는 존재하는 모든 것들이 결국에는 없어지게[滅] 되어 있으며, 그래서 그것들은 모두 다 환(幻)이며, 환화(幻華)이며, 헛것이라는 것이다. 심지어는, 그렇게 인지하는 인간의 몸과 마음이라는 것도 다 헛것이며, 끝내는 사라질 것이기 때문에 '실체가 없다'라는 논리를 펴는 것 같다.

이러한 생각과 믿음 위에서, 부처님은 없어지지 않고, 변하지 않으며, 모양도 없으며, 또한 차별이 없고, 무명(無明)도 윤회(輪廻)도 없는, 영원한 것, 다시 말해 모든 현상과 존재를 낳는 원천적 바탕으로서 보이지 않는, 그래서 있지도 않고 없지도 않는, 청정한, 시작도 끝도 없는 그 무엇을 상정하고, 그 자리에 법(法)을 놓고, 여래의 깨달음[覺]을 놓고, 적멸(寂滅)을 놓고, 열반(涅槃)을 놓고, 허공(虛空)을 대입시켜 놓았던 것이다.

그러나 이러한 부처님의 가르침조차도, 다시 말해, 법(法)도, 깨달음[覺]도, 적멸(寂滅)도, 열반(涅槃)도, 허공(虛空)도 모두가 다 방편으로 말할 것일 뿐 그러한 것을 바로 아는 것만이 대방(大方)하고, 광(廣)하고, 원만(圓滿)한 깨달음[覺]이라는 것이 이 「대방광원각수다라요의경(大方廣圓覺修多羅了義經)」에서 말하는 원각의 본질이라고 나는 생각한다.

그렇다면, 「금강삼매경(金剛三昧經)」에서 말하는 '본각(本覺)'이란 무엇인가? 이 경전 역시 본각의 개념을 충실하게 설명해 주지는 않는다. 다만, 직간접으로 유추해 볼 수 있는 단서들이 흩어져 있을 뿐이다. 예컨대, '중생의 일체의 정식(情識)을 변화시켜서 아마라식[奄摩羅識]에 들어가게 함으로써 중생을 이롭게 한다'는 것이 본각이며, '순일한 깨달음[一覺]'이란 다른 말로 표현되고 있기도 하다. 이렇게만 설명한다면 본각의 개념을 이해하고 받아들일 사람이 거의 없을 줄로 안다.

필자가 해당 경전을 탐독하고 이해한 바, 본각이란 이러한 것이다. 곧, 갖가지 물질과, 인(因)과 연(緣)으로써 생기는 6식(識)과, 인연의 결과로서 현상을 낳는, 일체의 것들을 존재하게 하는 원천으로서 바탕을 상정하고, 그것에 대해 '결정된 바탕[本性]'이라는 말로 표현하고 있는데, 그것은 본래부터 생김[生]과 사라짐[滅]이 없는 공적한 것이라 하면서도, "공한 것도 아니요, 공하지 않은 것도 아니며, 공하면서도 공하지 않은 것도 아니라." 고 설명한다. 바로 이것에 대한 이해 곧 깨달음이 본각(本覺)이라는 것이다. 그래서 이 본각을 두고 '열반(涅槃)'이나 '깨달음'이나 적멸(寂滅) 등과 동일시하지만[본각(本覺)=열반(涅槃)=적멸(寂滅)] 결국에는 열반에도 머물지 않아야 한다는 주장을 편다. 열반이나 깨달음은 본래부터 생멸이 없고 자성이 없기 때문이라는 이유이다.

그렇다면, 「금강삼매경(金剛三昧經)」에서 말하는 '본각(本覺)'이라는 것이나 「대방광원각수다라요의경(大方廣圓覺修多羅了義經)」에서 말하는 '원각(圓覺)'이라는 것은 사실상 동질의 같은 개념으로 이해된다. 그러니까, 「금강삼매경(金剛三昧經)」이 먼저 누군가에 의해서 집필되었고, 그 뒤로 또 누군가에 의해서 업그레이드가 되어서 「대방광원각수다라요의경(大方廣圓覺修多羅了義經)」이 집필되었을 것이라는 게 나의 개인적인 판단이다. 물론, 이들이 더 요약되고 함축되어 최후에 나타난 것이 바로 널리 알려진 「마하반야바라밀다심경」이라고 생각한다. 이처럼 경전들을 읽고 분석하다보면 부처님이 깨달았다는 진리를 설명해 가는, 변화·발전 과정을 읽을 수 있다.

8. 경전을 통해서 새롭게 알게 된 몇 가지 사실들

1) 안거(安居)의 일수(日數)와 장소(場所)에 대하여

"만일 부처님께서 멸도하신 뒤에 말법 세계 중생들 가운데 깨달음을 얻지 못한 이는 어떻게 안거(安居)하여 이 원각의 청정한 경계를 닦으며, 이 원각 안의 세 가지 청정한 관법(觀法)은 어떤 것으로 첫머리를 삼아야 되나이까?"라는 원각보살의 질문을 받고, 부처님께서 답변하신 내용 가운데에 안거의 일수와 장소 등을 말씀하셨는데, 그 내용이 오늘날까지도 계승되어 오는 전통이 되었다. 뿐만 아니라, 앞으로도 불법을 수행하는 자들에게는 직간접으로 지대한 영향을 미치리라 본다. 그래서 부처님 말씀 내용이 대단히 중요하다고 생각되는데 그것인 즉 이러하다. 곧, 안거의 기간은 형편과 상황에 따라서 결정하되, 120일, 100일, 80일로 구분하고, '조촐한' 거처 곧 도량(道場)을 꾸미라 했는데 이렇게 꾸미고, 이렇게 하라는 것이다.

부처님이 살아 계시거든 바르게 생각할 것이요, 부처님이 돌아가
신 뒤면 ①형상을 모셔 놓고 ②마음을 기울이고 눈으로 상상하되
여래가 살아 계시던 때처럼 해야 하며, ③온갖 번기(幡旗:깃발)와
꽃을 달고 ④삼칠일 동안 시방 부처님의 명호 앞에 머리 조아려
애절하게 참회(懺悔)하면, 좋은 경계를 만나 마음이 가볍고 편안해
지리니, 삼칠일을 지난 뒤에도 한결같이 마음을 가다듬어야 할 것
이니라.

若佛現在, 当正思惟。若佛灭后, 施设形像, 心存目想, 生正
忆念, 还同如来常住之日。悬诸幡华, 经三七日, 稽首十方
诸佛名字, 求哀忏悔, 遇善境界得心轻安; 过三七日, 一向摄
念。

위 인용문에서 보듯이, 부처님 형상을 만들어 모셔 놓고, 온갖
깃발과 꽃 등으로 장식하고, 살아계실 때처럼 예의를 갖추며, 21
일 동안은 부처님 이름 앞에 머리를 조아리고 애절하게 참회하라
는 것이다. 참으로, 믿기지 않는 내용이다.
부처님은, 유언(遺言)에서 자신의 주검에 대한 장례 문제조차 제
자들은 일체 신경 쓰지 말고 오로지 정진 수행하라는 당부를 하
셨던 분인데, 게다가 모든 것이 무상하기 짝이 없는 것임을 알고
변하지 않으며 영원한, 공(空)과 같은 무색(無色)·무취(無臭)·무형
(無形)·무욕(無慾)·무위(無爲)의 근원적인 존재[노자(老子)의 도(道)와

사실상 같은 개념임]와 눈을 맞추라고 하셨는데, 다시 말해, 그것에 대해 깨우치라고 하셨는데 무슨 뚱딴지같은 자기 형상을 만들어 놓고, 꽃과 깃발 등으로써 장식하고, 그 앞에서 머리를 조아리라 했겠는가. 평소 부처님 시각에서 본다면 앞뒤가 맞지 않는 소리임에는 틀림없다.

게다가, 무슨 놈의 '회개(悔改)'란 말인가? 그것도 무슨 근거로 '삼칠일'이란 기간을 일방적으로 정해 놓았단 말인가? 부처님이 수행 정진하고자 하는 제자들에게 자신의 설법기간을, 다시 말해 자신의 행적을 기념하라는 듯 21일 동안은 애절하게 참회하라고 주문했겠는가? 결코, 그런 유치한 일은 없었다고 생각한다. 이처럼 밑도 끝도 없는 주장들이 부처님 말씀처럼 경전에 기록됨은 부처님이 직접 하신 말씀으로서가 아니라 부처님이 돌아가신 뒤에 누군가가 나름대로 앞서나온 경전들을 공부하고서 추가 집필하여 내어 놓은 경전이라는 사실을 반증해 준다고 나는 판단한다.

여하튼, 경전 가운데에 안거의 일수와 안거하는 장소에 대한 언급이 이렇게 분명하게 기록되어 있기 때문에 그동안 수없는 절과 암자들이 지어지고, 그 안에 부처와 여러 보살들의 형상물들이 만들어져 장식되고, 그 앞에서 예배를 드리는 일차원적인 신앙행위가 오늘날까지도 지속되는 것임에는 틀림없다.

2) 경전의 효력에 대한 경쟁적인 과대 포장
경전에서 마지막 질문자는 꼭 해당 경전을 지닌다거나 공부하면 어떠한 효과가 있는지에 대해서 묻고, 부처님은 그에 대한 답을 직간접으로 하시는데, 그 내용이 참 기관이다. 「대방광원각수다라요의경(大方廣圓覺修多羅了義經)」에서는, 부처님이 직접 말한 내용이 이러하다. 곧, ①이 경은 여래의 경계를 드러낸 것이니, 오직 부처님과 여래만이 다 널리 말씀하실 수 있다.['부처'와 '여래'가 다르다는 뜻이 암시되어 있다. 어떻게 다를까? 여러분들이 생각해 보시라.] ②보살들과 말법 세계 중생들이 이 경에 의지하여 수행하면 점점 더 나아가서 부처님의 지위에 이르게 된다. ③이 경은 '돈교대승(頓敎大乘)'이라 이름하며, 단번에 깨닫는 근기[頓機]를 지닌 중생은 쉽게 깨달음을 얻을 것이며, 점차로 닦는 일체 중생들도 포섭한다. ④어떤 사람이 삼천대천세계에 온통 7보(寶)를 가득 쌓아 두고 보시하더라도, 이 경의 이름이나 한 구절의 이치를 들은 것만 못하다. ⑤어떤 사람이 백 개나 되는 항하의 모래처럼 많은 중생들을 가르쳐 아라한의 과위(果位)를 얻게 하였다 하더라도, 이 경을 설명하여 반 구절을 분별한 것만 못하다. ⑥어떤 사람이 이 경의 이름을 듣고도 마음속으로 믿어서, 의혹을 일으키지 않으면, 한 부처님이나 두 부처님에게 온갖 복과 지혜를 심었을 뿐만 아니라, 항하의 모래처럼 많은 모든 부처님께 온갖 선근(善根)을 심으면서 이 경의 법을 들은 것과 같다 하였다.

한편, 화수금강(火首金剛)·최쇄(摧碎)금강·니람바(尼藍婆)금강 등 8만 금강과 그 권속들이 부처님께 말하기를, "세존이시여, 만일 이 뒤의 말법 세계 중생들로서 이 결정적인 대승경전(大乘經典)을 지닌 이가 있으면, 저희들은 응당 눈을 보호하듯이 보호할 것이오며, 수행하는 장소인 도량까지도 저희 금강들이 직접 무리를 거느리고 아침저녁으로 수호하여 물러나지 않게 할 것이오며, 그

집안에는 재앙과 장애를 영원히 제거하게 하고 질병을 소멸하게 할 것이오며, 재물과 보배가 풍족하여 항상 모자람이 없게 하겠나이다." 했고, 대범천왕·28천왕·수미산왕(須彌山王)과 호국천왕(護國天王) 등은 "세존이시여, 저희들도 이 경을 지니는 사람들을 수호(守護)하여 언제나 안온하게 하고 물러설 마음이 생기지 않게 하겠나이다." 했으며, 길반다(吉槃茶)라고 하는 귀왕(鬼王)과 함께 10만 귀왕들이 "세존이시여, 저희들도 이 경을 지니는 사람을 수호하되 아침저녁으로 옆에서 지켜주어 물러서지 않게 하겠사오며, 그 사람이 살고 있는 곳에서 1유순(由旬) 이내에 어떤 귀신이 그 경계를 침범하면 저희들은 당연히 그를 먼지처럼 부수어 버릴 것이옵니다."라고 말했다.

이처럼 경전의 공덕 내지는 효과에 대해서 과장하는 대목은 경전 집필자의 잔꾀가 반영된 것으로 보이며, 이러한 것이 하나의 예가 되어 다른 여타의 경전들에서도 습관처럼 되풀이되지 않았나 싶다.

그렇다면, 정말 그러한가를 이 경전보다 먼저 집필되었다고 판단되는「금강삼매경(金剛三昧經)」속을 들여다보자.

「금강삼매경(金剛三昧經)」속의 부처님의 말씀이다. ①이 경전은 과거에 모든 부처님께서 보호하고 생각하신 것이라 여래의 일체지(一切智)의 바다에 들어갈 수 있다. ②이 경전을 지니면 일체의 경전 속에서 바라거나 찾을 것이 없다. 이 경전의 법은 많은 법을 모두 지니고 있으며, 경전들의 핵심요지를 포용하고 있으며, 갖가지의 경전의 가르침[經法]의 핵심을 묶은 것이다. ③이 경전을 받아 지니면 수십만의 갖가지 부처님을 받아들여 모시는 것과 같다. ④이 경전의 공덕은 허공처럼 끝이 없어서 헤아릴 수 없기에 내가 부촉할 것은 오직 이 경전뿐이다. ⑤이 경전을 받아 지니는 사람은 마음에 얻고 잃음이 없으며, 항상 범행(梵行)을 닦으며, 희론(戱論)을 하더라도 항상 청정한 마음을 즐기고, 마을에 들어가더라도 마음은 항상 선정(禪定)에 있으며, 혹은 세속에 살더라도 3유(有)⁴⁾에 집착하지 않는다. 따라서 이런 사람은 현세에 다섯 종류의 복(福)을 받는데, 첫째는 대중들의 존경을 받으며, 둘째는 몸으로는 횡액과 요절하는 일이 없으며, 셋째는 삿된 이론을 잘 변별하여 대답하고, 넷째는 기꺼이 중생을 제도하며, 다섯째는 능히 성스러운 길[聖道]에 들어갈 수 있다 등등 이 외에도 적지 않다. [이하 생략].

보다시피, 이처럼 경마다 경쟁적으로 해당 경전의 공덕과 효력에 대해서 과장하기에 바쁘다. 바로 경의 이러한 점이 또한 이들 경이 부처님의 말씀을 그대로 옮겨 적은 것이 아니라 누군가에 의해서 집필되었다는 반증이기도 하다. 자신의 가르침으로 강을 건넜으면 배를 버리듯이 그 가르침조차도 다 버려야 한다고 말씀하신 부처님이 어찌 상반된 말을 하셨겠는가.

3) 세 가지 관법(觀法)과 스물다섯 가지 관문(觀門)에 대한 부처님 설명
위덕자재(威德自在)보살이 '여래의 큰 적멸 바다'에 들어가 노는 방편과 점차와 방법을 부처님께 묻자, 부처님은 ①사마타(奢摩他)·②삼마발제(三摩拔提)·③선나(禪那) 등 세 가지를 들어 소개하였다. 그 내용인 즉 이러하다.

---

4) 3유(有) : 生有, 本有, 死有

①청정한 원각(圓覺)을 깨닫고 나서 청정한 원각의 마음으로써 고요함을 취하는 것을 수행으로 삼으면, 모든 생각이 맑아지는 까닭에 식심(識心)이 번거롭게 요동했음을 깨닫고 고요한 지혜가 발생하나니, 몸과 마음의 번뇌[客塵]가 이로부터 영원히 소멸하여 안으로 적정(寂靜)하여 가볍고 편안함을 일으키느니라. 적정으로 말미암아 시방세계에 계신 모든 여래의 마음이 그 속에 들어나 나타남이 마치 거울 속에 훤히 나타나는 형상과 같나니, 이런 방편은 그 이름을 사마타(奢摩他)라 하느니라.

②청정한 원각을 깨닫고서 청정한 원각의 마음으로써 마음의 성품[心性]과 6근(根)·6진(塵)이 모두가 허깨비로 인한 것임을 깨달아 알고는, 곧 온갖 환(幻)을 일으켜 환이 되는 것을 없앨 때 모든 환을 변화시켜 환 같은 무리를 깨우쳐 준다. 그러니 환을 일으키는 까닭에 마음속으로 큰 자비의 경안(輕安)함을 일으킨다. 일체 보살이 이로부터 수행을 시작하여 차츰차츰 더해 가나니, 환이 되는 것을 관찰함은 환과 같지 않기 때문이며, 환과 같지 않다고 관하는 것도 모두가 환이기 때문에 환의 모습을 영원히 여의느니라. 이것은 모든 보살들이 원만하게 하는 미묘한 행으로서 흙이 싹을 자라게 하는 것과 같으니, 이 방편의 이름은 삼마발제(三摩鉢提)라 하느니라.

③청정한 원각을 깨닫고서 청정한 원각의 마음으로써 허깨비와 같은 모든 고요한 모습들을 취하지 아니하면, 몸과 마음이 모두 걸림이 되나 지각(知覺)이 없는 깨달음의 밝음은 모든 걸림에 의지하지 아니하는 것인 줄 분명하게 알아, 걸림과 걸림이 없는 경계를 영원히 초월할 것이다. 그러니 세계와 몸과 마음을 수용(受用)하되 모습은 티끌세상[塵域]에 있는 것이 마치 종이나 북소리가 밖으로 울려나오는 것과 같아서, 번뇌와 열반이 서로 구애되지 않고, 미묘한 깨달음이 적멸의 경

계를 수순함에 있어서는 자타(自他) 분별의 몸과 마음으로 미칠 수 없는 것이요, 중생의 수명도 모두 들뜬 생각이 되는 것이니, 이런 방편의 이름을 선나(禪那)라 하느니라.

참으로, 알쏭달쏭한 설명이다. [당신은 충분히 이해되었는지요?]

원각(圓覺)보살은 이 세 가지 수행법을 두고 '원각 안의 세 가지 청정한 관법(觀法)'이라 받아들였고, "원각의 청정한 경계를 어떻게 닦으며, 이 원각 안의 세 가지 청정한 관법(觀法)은 어떤 것으로써 첫머리를 삼아야 되나이까?"라고 부처님께 물었다. 그러자 부처님은 다시 세 가지 관법에 대한 수행법을 설명하셨다. 그 내용인 즉 이러하다.

①중생들이 사마타(奢摩他)를 닦으려거든 먼저 지극히 고요함을 취하여 다른 생각을 일으키지 않으면 고요함이 극진하여 곧 깨달을 것이니라. 이와 같이 처음의 고요함이 한 몸으로부터 한 세계에 이르나니, 깨달음도 그와 같으니라. 선남자야, 만일 깨달음이 한 세계에 두루한다면 한 세계 안에 있는 한 중생이 한 생각 일으키는 것까지를 다 알 수 있는 것이며, 백천의 세계도 그와 같으리니, 이미 들은 일체 경계가 아니거든 마침내 취하지 말지니라.

②중생들이 삼마발제(三摩鉢提)를 닦으려 하거든 먼저 시방 여래와 시방세계의 일체 보살을 기억해 생각하고서, 갖가지 법문에 의지하여 점차로 수행하여 부지런히 삼매를 익히며, 널리 큰 원을 세워 스스로 훈습(薰習)하여 종자를 이룰 것이니, 그들은 일체의 경계가 아니거든 끝내 취하지 말지니라.

③중생들이 선나(禪那)를 닦으려면 먼저 수문(數門)에 의지하여 마음속에서 일어나고 머무르고 없어지는 그 한정과 머릿수를 환히 알며, 이렇게 두루하여 4위의 [威儀·行·坐·住·臥]의 안에서 분별하는 생각의 수효를 잘 알지 못하는 것이 없으며, 점차로 더 나아가서는 백천 세계의 작은 물방울까지도 알되 마치 눈앞에서 훤히 보는 것과 같을 것이니, 이미 들은 경계가 아니거든 끝내 취하지 말지니라.

이 역시 아리송하기는 마찬가지이다. 부처님 말씀대로 '옛날의 업장(業障)' 때문인가? 물론, 아니라고 나는 생각한다.

'사마타(奢摩他)'는 팔리어 samatha의 음차이며, 그 뜻은 정신집중, 평온, 고요, 멈추다·머무르다[止]이다. 그래서 흔히 지(止)·지식(止息)·적정(寂靜)·능멸(能滅) 등으로 번역되어 왔으며, 이는 인간의 다섯 가지 감각기관의 감각적 지각작용을 멈추고, 고요하고 평온한 상태에서 어느 한 가지 대상에 대한 사고력을 집중시키기 위한 준비단계라고 할 수 있다. 이 사마타를 통해서 정신이 집중된 상태인 삼매를 사마디(samadhi)라 한다. 따라서 사마타는 지(止)·적정(寂靜)을 통한 깨달음을 얻고자 하는 돈오[頓悟·뜻밖의, 불현듯, 빠른 깨달음=대승(大乘)] 수행법이라 할 수 있다.

'삼마발제(三摩拔提)'는 삼마발저(三摩鉢底)·삼마발제(三摩跋提)·삼마제(三摩提)라고도 하는데, 이는 팔리어 sama^patti의 음차이며, 그 뜻은 몸과 마음의 상태가 평등(平等)·안화(安和)해진 상태이며, 흔히 등지(等至)로 번역되어 왔다. '등지'란 마음이 온갖 번뇌를 여의어 평등·평정(平靜)해져서 아주 고요한, 그야말로 흔들림이 전혀 없는 평형상태에 머무름을 뜻한다. 그런데 이 삼마제를 성취하기 위해서 '시방 여래와 시방세계의 일체 보살을 기억해 생각하고서, 갖가지 법문에 의지'하기 때문에 점차[漸次:단계를 밟아 수행하는 방법=점수(漸修)=소승(小乘)]수행법이라 할 수 있다.

선나(禪那)는 팔리어 jhàna의 음차로 줄여서 선(禪)이라고도 한다. 그 뜻은 선(禪)·선정(禪定)·명상적 몰입이다. 이 선에 대한 개념과 수행법 등은 경들마다 조금씩 다르게 설명[경전 집필자들이 자기 나름대로 이해하고 깨달은 내용을 기술하고 있기 때문으로 보임]하고 있으나 「좌선삼매경」에서 가장 구체적이고도 직접적으로 설명하고 있다.

문제는, 이 세 가지를 확실하게 이해하지 못하면 그것들의 조합과 그 순위에 따라서 파생되는 스물다섯 가지 수행방법[清淨定輪]을 이해할 수 없다는 사실이다. 이 스물다섯 가지 수행방법은, 독립적이면서도 상호보완적인 관계가 있는 그 세 가지 관법이 어울리어 나오는 것으로, "일체 보살이 원각의 문에 대하여 몇 가지로 닦아 익혀야만 합니까?"라는 변음(辯音)보살의 질문에 대한 부처님의 답변으로 언급된 것인데 그것을 그대로 소개하자면 이러하다.

곧, 오직 지극한 적정[極靜]만을 취하여 적정의 힘[靜力]으로 말미암아 영원히 번뇌를 끊고, 마침내 성취하여 그 성취한 경지에서 동요하지 않고 그대로 열반에 드는 것을 사마타 하나만을 닦는 수행이라 하고, 오직 환과 같음만 관하고 부처님의 힘만을 의지하기 때문에 세계의 갖가지 작용을 변화시켜 보살의 청정하고 미묘한 행을 갖추어 닦고는 다라니(陀羅尼)에서 고요한 생각과 고요한 지혜를 잃지 않는 것을 삼마발제 하나만을 닦는 수행이라 하며, 모든 환(幻)을 멸하여 작용을 취하지 않고, 오직 번뇌만을 끊어 번뇌가 다 끊어지면 그대로 실상을 증득하게 되는 것을 선나

하나만을 닦는 수행이라 한다.

　그렇듯, 먼저 지극히 고요함[至靜]을 취하고, 고요한 지혜[靜慧]의 마음으로 온갖 환(幻)을 비추어서 살피다가 문득 그 가운데에서 보살행을 일으키면 먼저 사마타를 닦고 나중에 삼마발제를 닦는 수행이라 하며, 고요한 지혜를 써서 지극히 고요한 성품[靜性]을 증득하고는 번뇌를 끊고 영원히 생사를 벗어나면 먼저 사마타를 닦고 나중에 선나를 닦는 수행이라 하며, 적정한 지혜로써 다시 환의 힘[幻力]을 나타내고 갖가지로 변화하여 중생들을 제도하다가 나중에 번뇌를 끊고 적멸에 들면 먼저 사마타를 닦고 중간에 삼마발제를 닦고 마지막에 선나를 닦는 수행이라 하며, 지극히 고요한 힘[至靜力]으로써 번뇌를 끊고 뒤에 보살의 청정하고 미묘한 행을 일으키어 중생들을 제도하면 먼저 사마타를 닦고 중간에 선나를 닦고 마지막에 삼마발제를 닦는 수행이라 하며, 지극히 고요한 힘으로써 마음에 번뇌를 끊고 뒤에 중생을 제도하여 세계를 건립하면 먼저 사마타를 닦고 가지런히 삼마발제와 선나를 닦는 수행이라 하며, 지극히 고요한 힘으로써 온갖 변화가 일어나도록 돕고 뒤에 번뇌를 끊으면 사마타와 삼마발제를 가지런히 닦고 마지막에 선나를 닦는 수행이라 하며, 지극히 고요한 힘으로써 적멸을 돕고 나중에 작용을 일으키어 경계를 변화하면 가지런히 사마타와 선나를 닦고 마지막에 삼마발제를 닦는 수행이라 하며, 변화의 힘[變化力]으로써 가지가지로 수순하되 지극히 고요함을 취하면 먼저 삼마발제를 닦고 나중에 사마타를 닦는 수행이라 하며, 변화의 힘으로써 갖가지의 경계에서 적멸을 취하면 먼저 삼마발제를 닦고 나중에 선나를 닦는 수행이라 하며, 변화의 힘으로써 부처님의 일을 하고 적정에 편안히 머물러서 번뇌를 끊으면 먼저 삼마발제를 닦고 중간에 사마타를 닦고 나중에 선나를 닦는 수행이라 하며, 변화의 힘으로써 걸림 없는 작용으로 번뇌를 끊은 까닭에 지극히 고요함에 편안히 머무르면 먼저 삼마발제를 닦고 중간에 선나를 닦고 마지막에 사마타를 닦는 수행이라 하며, 변화의 힘으로써 방편을 써서 지극히 고요함과 적멸의 두 가지를 함께 수순하면 먼저 삼마발제를 닦고 가지런히 사마타와 선나를 닦는 수행이라 하며, 변화의 힘으로써 갖가지로 작용을 일으키어 지극히 고요함을 돕다가 나중에 번뇌를 끊으면 가지런히 삼마발제와 사마타를 닦고 나중에 선나를 닦는 수행이라 하며, 변화의 힘으로써 적멸을 돕다가 나중에 청정하게 지음 없는 선정[靜慮]에 머무르면 가지런히 삼마발제와 선나를 닦고 나중에 사마타를 닦는 수행이라 하며, 적멸의 힘[寂滅力]으로써 지극히 고요함을 일으키어 청정한 경지에 머무르면 먼저 선나를 닦고 뒤에 사마타를 닦는 수행이라 하며, 적멸의 힘으로써 작용을 일으키어 일체 경계에서 고요함[寂]과 작용[用]을 수순하면 먼저 선나를 닦고 뒤에 삼마발제를 닦는 수행이라 하며, 적멸의 힘인 갖가지 제 성품으로써 선정에 안주(安住)하고 변화를 일으키면 먼저 선나를 닦고 중간에 사마타를 닦고 마지막에 삼마발제를 닦는 수행이라 하며, 적멸의 힘인 지음 없는 제 성품으로써 작용을 일으키고 청정한 경계에서 선정에 들어가면 먼저 선나를 닦고 중간에 삼마발제를 닦고 뒤에 사마타를 닦는 수행이라 하며, 적멸의 힘인 갖가지가 청정함으로써 선정에 머물러서 변화를 일으키면 먼저 선나를 닦고 가지런히 사마타와 삼마발제를 닦는 수행이라 하며, 적멸의 힘으로써 지극히 고요함을 도와 변화를 일으키면 가지런히 선나와 사마타를 닦고 뒤에 삼마발제를 닦는 수행이라 하며, 적멸의 힘으로써 변화를 돕고, 지극히 고요하고 깨끗하고 밝은 경지의 지혜를 일으키면 가지런히 선나와 삼마발제를 닦고 뒤에 사마타를 닦는 수행이라 한다.

그렇다면, 위덕자재(威德自在)보살·원각(圓覺)보살·변음(辯音)보살 등 세 사람의 질문에 대한 부처님의 답변 내용을 종합해서 보면, 적정(寂靜)의 힘에 의한 수행이 사마타라면 환(幻)으로써 환의 변화를 일으키는 수행이 삼마발제이며, 적멸의 힘에 의한 수행이 선나인 것이다. 그러니까, 고요함에 의지하면 사마타가 되고, 변화에 의지하면 삼마발제가 되고, 적멸에 의지하면 선나가 된다는 뜻이다. 부처님은 자신의 설법 내용을 총 정리하는 게송에서 위 3가지 수행법의 본질에 대해서 이렇게 함축적으로 읊으시었다.

번뇌 없고 편안한 저 사마타는/거울에 모든 형상이 비침과 같고,//환과 같은 삼마제(三摩提)는/새싹이 차츰차츰 자라남 같으며,//적멸한 경계인 선나는/그릇 속의 종소리와 같도다.

번뇌 없고 편안한 사마타는 모든 형상이 거울에 비침과 같고, 환과 같은 삼마제는 새싹이 흙에서 점차 자라남 같으며, 적멸한 경계인 선나는 그릇 속의 종소리 같다는 것이다. 대단히 뛰어난 시적(詩的) 표현임에 틀림없다.

4) 수행의 최종 목적지인 '아뇩다라삼막삼보리(阿耨多羅三藐三菩提)'에 대하여

불자(佛子)들이 흔히 앵무새처럼 외우다시피 하고 있는, 그 유명한, 대승경전의 꽃이라 하는 「마하반야바라밀다심경」에 '아뇩다라삼막삼보리'라는 용어가 키워드로 등장한다. 물론, 이 이상한 용어가 「마하반야바라밀다심경」에만 나오는 것은 아니다. 「금강삼매경」을 비롯하여 수많은 경들속에서도 수행의 최종 목적지로서, 혹은 그 결과로서 이 용어가 등장하곤 한다.

나 역시 여러 차례 「마하반야바라밀다심경」을 해독·음미해 보았지만 이 문제의 '아뇩다라삼막삼보리'라는 용어 앞에서 '도대체 이게 무슨 말인가?' 하고 의심하고, 또 묻고, 또 찾아보았어도 그 답을 시원스럽게 구할 수가 없었다. 물론, 가장 빠른 방법은 범어나 팔리어에서 이 용어가 무슨 뜻으로 쓰였는지를 확인하는 일이 될 것이다. 그러나 그조차 쉽지가 않은 게 우리의 현실이다.

도대체, 무슨 뜻이기에 중국어로 경전을 번역할 때에 소리 나는 대로 한자(漢字)의 음을 빌려서 표기해 두었을까? 물론, 이 용어만 그런 것은 아니고 적지 아니한 중요한 단어들을 소리 나는 대로 표기해 놓음으로써 우리는 그 원뜻을 일일이 확인하는 절차를 밟아야만 한다. 더욱이, 우리는 중국어로 번역 혹은 집필된 한자 경전을 갖다가 그대로 사용해 왔기 때문에 그들의 용어를 중국어 발음으로 읽은 게 아니라 우리의 음으로 바꾸어서 읽어왔다. 이러한 과정에서 더욱 혼란스럽게 느끼는 것은 두말할 필요가 없으리라. 물론, 근자에는 팔리어나 범어를 전공한 사람들에 의해서 경들 가운데 극히 일부가 우리말로 직접 번역되는 상황을 맞이하고 있기는 하다.

여하튼, 이 '아뇩다라삼막삼보리'의 뜻을 속 시원하게 풀어야겠는데, 범어와 팔리어를 모르고서는 해결되지 않는다. 나 역시 그런 장애를 벗어날 수 없다. 그런데 필요에 의해서 「좌선삼매경」을 분석하다가 그 단서를 찾긴 찾았다. 곧, 「좌선삼매경」에서는, 이렇게 설명한다. 곧, '아뇩다라(阿耨多羅)'는, "진나라 말로는 무상선법(無上善法)이라고 한다. 성인의 지혜로 일체를 다 나타내어 인도하고 큰 덕이 한량없어서 범마중성(梵魔衆聖)도 미칠 수 없거든 더구나 일반 중생으로서야 어떻게 부처님의 높은 덕에 미칠 수 있겠는가. 그러므로 무상(無上)이라고 말한 것이다."라고 풀이되어 있다. 물론, 이 「좌선삼매경」에서는 '아뇩다라'를 '아누다라(阿耨多羅)'로 바꾸어 표기했는데, 팔리어 발음이 사전에서처럼 'anuttara'로 표기된다면 '耨(김맬 누)'자를 '뇩'이 아닌 '누'로 발음해야 옳다고 본다. 어쨌든, 문제의 '아뇩다라'를 '위가 없는[無上] 최고(最高)의 선법'으로 풀이했다. 이때 법(法)이란 '깨우침' 또는 '가르침' 또는 '진리' 또는 '지혜'가 될 것이다.

그리고 '삼막삼보리'에 대해서는 이렇게 설명한다. 곧, "'삼막'은 진나라 말로 진실(眞實)이라는 말이고, '삼불타'는 일체를 다 깨달았다는 뜻이니, 괴로움의 원인을 깨달아 열반의 원인을 익혀 바른 견해를 말하고, 네 가지 진실[苦·集·滅·道를 말함]을 알아 전전하지 않는다. 다 깨달아 남음이 없기 때문에 진실하게 일체를 깨달았다고 말한다."라고 풀이했다. 물론, 「좌선삼매경」에서는 '삼막삼보리'가 '삼막삼불타(三藐三佛陀)'로 바뀌어 있지만 같은 뜻으로 보아도 틀리지는 않는다. 어쨌든, 문제의 '삼막삼보리(三藐三菩提)[sammāsambodhi(팔리어), samyak-sabodhi(범어)]'는 '번뇌의 원인과 그것을 소멸시키는 방법 등 일체를 깨달은 진실 혹은 지혜'라는 뜻으로 해석한다.

참고로, 현재 중국의 백과사전에서는, 이 '아뇩다라삼먁삼보리(阿耨多羅三藐三菩提)'에 대해서 이렇게 정리해 놓고 있다. 곧, 범어 阿(아)는 없음[無]이라는 뜻이고, 耨多羅(누다라)는 위[上]라는 뜻이며, 三藐(삼막)은 위[上]로서 정(正)이라는 뜻이고, 三菩提(삼보리)는 보편적 지혜와 깨달음[普遍的智慧和覺悟]이라는 뜻으로 풀이하고 있다. 그래서 이 '아뇩다라삼먁삼보리(阿耨多羅三藐三菩提)'의 뜻을 '무상정등정각(無上正等正覺)' 곧 최고의 지혜, 최고의 깨달음[最高的智慧覺悟]으로 설명하고 있다. 바로 이것을 우리도 그대로 갖다가 쓰고 있는 상황이다.

따라서 현재의 나는, 이 '아뇩다라삼먁삼보리(阿耨多羅三藐三菩提)'를 '번뇌의 근원과 그것을 소멸시키는 방법 등에 대해 더 이상의 위가 없는, 최고의 깨달음을 얻은 지혜' 이거나 '그런 깨달음과 지혜를 얻은 사람[解脫者]'으로, 그가 살아서 누릴 수 있는 최고·최후의 마음 상태를 일컫는 말이라고 풀이하고 싶다. 참고로, 우리나라 청담스님은 『반야심경(般若心經) 해설(解說)』(1996. 보성문화사)에서 '더 위 없이 높고 바르고 두루한 큰 깨달음'이라고 풀이하였음을 밝혀 둔다.

9. 나오며

다른 여타의 많은 경전들처럼 이 경전도 '나는 이와 같이 들었다[如是我聞]'로 시작하지만 귀로 들어서 기억(記憶)하고 있는 내용을 구술(口述) 또는 기록(記錄)하기에는 꽤나 방대한 양인데다가 일정한, 틀에 박힌 듯한 구조를 갖추고 있다. 이 경전의 이러한 점은 문장 상으로 드러난 부처님의 어색한 화법이나 어조, 그리고 상충되는 주의·주장 등의 요소들과 함께 이 경이 구술에 의한 기록이 아니라 '집필(執筆)'되었을 가능성이 매우 높다는 판단을 가능하게 한다.

그리고 나는 개인적으로 「중아함경」·「좌선삼매경」·「금강삼매경」에 이어서 이 「대방광원각수다라요의경(大方廣圓覺修多羅了義經)」 등등을 분석적으로 읽었지만 경전과 경전들 사이에 기본적으로 중복되는 핵심 내용이 있는데, 그것은 4諦·4大·5蘊·6識·8正道·3가지 닦아야 할 요소[戒·定·慧] 등 부처님의 초기 설법 내용이라는 사실이고, 나머지는 이들에게서 파생되어 나오는 것들에 대한 살붙이기식 해석이라 해도 크게 틀리지 않아 보인다.

특히, 「금강삼매경(金剛三昧經)」에서 말하는 '금강석 같은 깨달음[本覺]'이나 이 「대방광원각수다라요의경(大方廣圓覺修多羅了義經)」에서 말하는 '두루 원만한 깨달음[圓覺]'이 사실상 같은 것임에도 불구하고, 장황한 설명을 통해서 이름이 다른 경전들이 나옴은 부처님이 깨달으셨다는 진리에 대한 경전 집필자들의 이해 과정에서 나온 것임을 반증해 준다고 본다.

필자가 읽은 불교 경전의 수는 그리 많지 않지만, 현재의 나는 이렇게 생각한다. 경전(經典)이라고 하는, 크고 무성한 보리수 한 그루는 크게 보아 세 줄기로 되어 있다. 하나는, '인간은 왜 무엇때문에 번뇌하며 살 수밖에 없는가?'하는 인간의 삶이 고(苦)인 이유를 밝히는 내용이다. 그리고 그 다른 하나는 '인간이 살아가면서 어떻게 하면 그 번뇌를 줄이거나 없앨 수 있는가?'하는 그 방법을 설명하는 내용들이다. 그리고 또 다른 하나는 '인간이나 눈에 보이는 모든 현상들처럼 생멸(生滅)을 거치지 않고, 오히려 그것들을 낳는 영원불변한 근원적인 존재에 대한 탐구'이다. 내가 읽었던 갖가지 경전들은 어느 쪽에 치중했던지 간에 이 세 가지 부류에서 크게 벗어나지 않는다. 이 부분에 대해서는 후기(後記)에서 좀더 구체적으로 밝히겠다.

　본각(本覺)의 개념이나 그것을 얻기 위한 수행 방법을 설명하는 「금강삼매경(金剛三昧經)」이나, 원각(圓覺)의 개념과 그것을 얻기 위한 수행 방법을 설명하는 「대방광원각수다라요의경(大方廣圓覺修多羅了義經)」도 따지고 보면 셋째 둘째 줄기에 해당한다 하겠다. 문제는, 부처님이 인식했던 바대로 인간 삶이 과연 고해(苦海)이며, 번뇌의 근원과 그것을 없애기 위한 방법들이 과연 현실적으로 효과적인 것이며, 영원불변의 존재에 대한 깨달음이 그 무엇보다 우선되고 전제되어야만 하는가이다. 이런 세부적인 문제에 대해서는 앞으로 조목조목 따져볼 필요가 있다고 생각한다. 부처님 말씀에 대해서 동감·동의하는 부분도 많지만 필자의 생각과 전혀 다른 점 또한 적지 않기 때문이다.

　- 2015. 03. 31.

가야산 정상에서 펼친 부처님과 문수사리의 설법 내용

-'보리'와 '보살도'에 대하여

'가야산(伽倻山)'이라 함은, 우리나라에만도 두 곳이나 있다. 하나는 충청남도 예산군 덕산면과 서산시 운산면, 해미면 등에 걸쳐 있는 산이고, 다른 하나는 경상남도 합천군 가야면, 경상북도 성주군 가천면과 수륜면 등에 걸쳐 있는 산이다. 전자는 해발고도 678m이고, 주봉인 가야봉을 중심으로 원효봉(元曉峰), 석문봉(石門峰), 옥양봉(玉洋峰) 등의 봉우리가 있으며, 신라시대에는 '가야산사'를 짓고 중사(中祀)로 제사를 지냈으며, 조선시대까지도 덕산현감이 봄가을로 고을 관원을 시켜 제(祭)를 올렸던 곳으로, 능선을 따라 피어있는 진달래와 억새 등으로 경치가 비교적 수려하다. 오늘날의 수덕사와 그 부속 암자들을 품고 있는 덕숭산(德崇山 : 495m)과 함께 1973년에 덕산도립공원으로 지정되었다. 한편, 후자는 주봉인 상왕봉(象王峯 : 1,430m)과 두리봉·남산(南山)·단지봉·남산 제1봉·매화산 등 1,000m 내외의 연봉과 능선이 둘러 있고, 그 가운데에 우리나라 3대 사찰 가운데 하나인 해인사와 그 부속 암자들이 자리하고 있으며, 1972년에 국립공원으로 지정되었다.

물론, 불교 경전 가운데 하나인 이 「가야산정경(伽倻山頂經)」의 가야산은, 우리나라의 가야산은 아니다. 우리의 '가야산'이라는 명칭이 불교 경전에서 차용되었음을 알 수 있다. 경전상의 가야산은 고대 인도의 산으로, 해당 경전 기록에 의하면, 부처님께서 가야성(伽耶城)의 가야산 꼭대기에서 처음으로 보리(菩提)를 얻고, 족히 천여 명이 되는 큰 비구 대중들과 함께 계시면서 설법함으로써 「가야산정경」을 태동시킨 곳이다. 그러고 보면, 고대 인도의 영취산 부근에 있는 산으로 추정해 볼 수는 있을 것 같다.

여하튼, 그 가야산 정상에서 부처님이 천여 명의 보살마하살들과 함께 있으면서 '아뇩다라삼먁삼보리(阿耨多羅三藐三菩提)' 관련 의중(意中)을 드러내 보임으로써 문수사리와 세 명의 천자(天子:하늘사람)들이 펼치는 질의응답 형식의 강론이 곧 이 경전의 주 내용이 되었는데, 그 핵심인 즉 아뇩다라삼먁삼보리에 대한 발심(發心), 머뭄, 그를 성취하기 위한 간단한 방법[略道], 그리고 보살도(菩薩道)와 보살마하살의 이치(理致), 지혜(知慧) 등이다.

필자는, 2017년 06월 19일부터 22일까지 이 경을 세 번 읽었는데, 이 경은 최소한 부처님이 생각했던 사람의 몸, 마음, 보리(깨달음=도) 등에 대한 본질을 헤아려 볼 수 있게 하고, '법왕자'로 불리기도 했던 문수사리의 강론을 통해서 아뇩다라삼먁삼보리를 성취하기 위한 간단한 방법[略道]과 보살도의 핵심 내용에 대해서 이해할 수 있게 해주고 있다. 물론, 아뇩다라삼먁삼보리에 대한 설법을 담은 경들은 이 「가야산정경」 외에도 각종 삼매경들이 있고, 보살도를 중점적으로 다룬 경도『대방광불화엄경』을 비롯하여 적지 아니하다. 하지만, '보리', '아뇩다라삼먁삼보리', '보살마하살', '보살마하살의 이치와 지혜', '도(道)', '법(法)' 등 일련의 기본적인 용어들에 대한 개념 정리가 먼저 되어 있어야 경의 내용을 이해하는 데에 문제가 되지 않으며, 만약 안 되어 있다면 다음 이야기 전개 자체가 어려워지는 게 사실이다. 그렇다고, 여기서 이들 기본적인 용어들에 대해서 일일이 설명하고 넘어갈 수는 없기에, 평소에 경전을 가깝게 하지 않은 사람들도 가능한 한 쉽게 이해할 수 있도록 경전의 내용과 짜임새 그대로를 따라가듯 설명해 보고자 한다. 인내심을 갖고 천천히 따라오기 바란다.

부처님이 일천여 명의 제자들과 함께 가야산 정상에 계셨는데, 부처님은 '모든 부처님들의 깊고 깊은 삼매, 이를 한자로 제불심심삼매(諸佛甚深三昧)라 하는데 그 삼매에 드시어 홀로 계시면서 법계(法界)를 두루 관찰하고, '누가 무슨 지혜로써 아뇩다라삼먁삼보리를 얻을 것이며, 그 방법을 몸과 마음으로써 깨우칠 것인가?'에 대해 생각하셨다. 이에 부처님의 그런 마음, 그런 생각을 읽은 문수사리가 '보리의 상이 그러하면 어떻게 발심하고, 그에 머물러야 하며, 보리의 상(相)을 어떻게 압니까?'라고 세 가지 질문을 연속으로 부처님께 하게 된다. 그러자, 부처님의 답변이 이어짐으로써 분위기가 아뇩다라삼먁삼보리로 집중되었고, 자연스럽게 보살도와 관련하여 다른 질문들이 가능하게 되었다. 그래서 '월정광덕(月淨光德)'이란 천자가 열여섯 번에 걸쳐서 문수사리에게 질문하게 되고, '정광명주(定光明主)' 천자와 '용수행지(勇修行智)' 보살마하살의 질문이 역시 문수사리에게 이어진다. 이들 세 사람의 질문에 문수사리가 일일이 답변하는 내용이 이 경의 몸통인 셈인데, 먼저 있었던 문수사리의 질문에 대한 부처님의 답변이 총론 격이라 한다면 이들 세 사람의 질문에 대한 문수사리의 답변은 각론이라 할 수도 있을 것 같다. 이러한 경전의 짜임새와 내용을 전제하고서 차례차례 그 내용을 확인해 보도록 하겠다.

그럼, 먼저, 부처님의 의중, 그러니까 겉으로 표현되지 아니한 생각이 무엇이었는지 그 내용만을 경전에서 따로 떼어내어 보자.

> 내가 아뇩다라삼먁보리를 얻고 일체 지혜를 얻어서 할 일을 이미 끝냈으며, 모든 무거운 짐을 벗고 모든 험한 길을 건넜으며, 무명을 없애고서 참된 밝음을 얻었으며, 모든 화살을 뽑아 갈애를 끊었으며, 법의 배[船]를 이룩하고 법의 북[鼓]를 두드리고 법의 소라를 불고 법의 당기를 세워서 생사의 씨앗을 돌려 열반(涅槃)의 성품을 보이며, 삿된 길을 막아 바른 길을 열고, 모든 죄의 밭[罪田]을 여의어 복밭[福田]을 보이리라.
>
> 이제 내가 저 법을 관찰하건대, 누가 아뇩다라삼먁삼보리(阿耨多羅三藐三菩提)를 얻음에 있어서 무슨 지혜로 아뇩다라삼먁삼보리를 얻을 것이며, 또 무엇으로써 이 아뇩다라삼먁삼보리의 법을 증득하는 데에 몸으로써 얻는다 하고 마음으로써 얻는다 하겠는가. 만약에 몸으로써 몸을 얻는다면 몸은 곧 앎[知]이 없고 깨달음이 없어서 풀과 같기도 하고, 나무와 같기도 하고, 흙덩이와 같기도 하고, 그림자와 같기도 하여 알음알이가 없는 것이고, 사대(四大)로 만들어졌고, 부모로부터 태어났기 때문에 그 성질이 무상(無

常)한 것이니, 설령 의복 · 음식 · 와구(臥具) · 목욕[藻浴]으로써 유지할 수 있다 하더라도 이 법은 언젠가는 반드시 허물어지고 사라지게 되기 마련이며, 만약 마음으로써 마음을 얻는다면 마음은 곧 환(幻)과 같이 뭇 인연을 따라 나는 것이어서 처소도 없고 형상도 없고 물체도 없어 아무것도 없기 마련이다. 보리란 다만 명자(名字)가 있어서 세속 때문에 말하는 것일 뿐 소리도 없고 빛깔도 없고 이루어짐도 없고 지어감도 없고 들어감도 없고 볼 수도 없고 의지할 수도 없어서 오고가는 길이 끊기며, 모든 언설(言說)을 뛰어넘고 삼계(三界)에 벗어나서 보는 것도 없고 듣는 것도 없고 깨닫는 것도 없고 집착하는 것도 없고 관(觀)하는 것도 없으며, 희론(戲論)을 여의어 다투는 것도 없고 보이는 것도 없고 관할 수도 없고 볼 수도 없으며, 음향(音響)이 없고 문자(文字)가 없어서 언어의 길을 여의었나니, 이와 같이 보리를 증득해야 하거늘 무슨 지혜로써 보리를 증득하고 보리의 법을 증득하는 것이겠는가.

이러한 모든 법은 다만 명자(名字)가 있을 뿐이어서 단지 거짓 이름으로 말하고 화합된 이름으로 말하고 세속의 이름에 의지해 말할 뿐, 분별하거나 분별하여 말할 것이 없으며, 거짓으로 이루어졌기에 이루어짐이 없고, 물체가 없기에 물체를 여의고, 취할 것[取]이 없기에 말할 수 없고, 저 곳에 집착함이 없기에 증득할 사람도 없고, 무엇으로써 증득할 수도 없고 증득할 만한 법도 없는지라. 이와 같이 통달한다면, 이는 곧 아뇩다라삼먁보리를 증득함이라 하리니, 다름이 없고 다름을 여의니만큼 보리의 상(相)이 없는 것이로다.

가야산 정상에 앉아 삼매에 빠져있는 부처님 생각의 핵심 내용은 무엇일까? 그것은 위 인용문에서 보듯이, 자신이 깨달아 얻었다는, 온갖 지혜가 나오는 '보리(菩提)'의 본질이다. 그렇다면, 부처님이 인지한 보리의 본질은 또 무엇인가? 그것은 삼계를 초월해 있지만 인간의 감각기관으로 지각되지 않는, 언어를 초월해 존재하는 그 무엇 곧 '없음'이다. 이 존재하는 없음은 무(無)가 아니라 공(空)이다. 그래서 어떻게 몸과 마음을 지닌 인간이 그것에 대해 지각할 수 있을까를 깊게 사유했던 것이다. 나는 이런 상황에 대해서, 부처님이 잠시 고민해 보았다는 말을 하고 싶으나 일체지(一切智)를 가지신 분이 고민까지야 하셨겠는가. 그래서 '깊게 사유했다'는 말로 표현했다. 이(부처님의 의중)를 알아차린 문수사리는 부처님께 두 번 질문하고, 부처님은 그에게 답변을 하셨다. 그 질문과 그 답변 내용만을 경전에서 떼어내어 보면 이러하다.

①세존이시여, 만약에 보리가 이러한 상(相)이라면 선남자·선여인이 어떻게 보리에 발심하여 머뭅니까?

➡ 선남자·선여인은 마땅히 저 보리의 상과 같이 하여 발심하여 머물러야 하리라.

②세존이시여, 보리의 상을 어떻게 알아야 합니까?

➡ 보리의 상이란 삼계를 벗어나고 일체 세속의 명자와 언어를 벗어나고 일체의 음향(響)을 벗어난지라, 발심이 없는 발심으로 모든 발심을 없애나니, 이것이 곧 보리심을 내어 머무는 것이니라.

이 때문에 문수사리여, 모든 보살마하살은 일체의 발심을 벗어나느니, 이것을 발심하여 머무는 것이라 한다. 문수사리여, 내는 것이 없는 그것이 바로 보리심을 내어 머무는 것이니라.

　문수사리여, 보리심을 냄이란 내어서 머무는 물체가 없나니 이것이 보리심을 내어 머묾이며, 문수사리여, 보리심을 냄이란 장애가 없는 머묾이니 이것이 보리심을 내어 머묾이며, 문수사리여, 보리심을 냄이란 법의 성품[法性] 그대로 머무는 것이니 이것이 보리심을 내어 머묾이며, 문수사리여, 보리심을 냄이란 일체법에 집착하지 않는 것이니 이것이 보리심을 내어 머묾이며, 문수사리여, 보리심을 냄이란 실제(實際)와 같은 것을 파괴하지 않나니 이것이 보리심을 내어 머묾이며, 문수사리여, 보리심을 냄이란 옮기지도 않고 더하지도 않고 다르지도 않고 같지도 않나니, 이것이 보리심을 내어 머묾이며, 문수사리여, 보리심을 냄이란 거울 속의 형상과 같고 더울 때의 아지랑이와 같고 그림자와 같고 메아리와 같고 허공과 같고 물속의 달과 같나니, 마땅히 이와 같이 보리심을 내어 머무를 것이니라.

　두 번에 걸친, 문수사리의 질문과 부처님의 답변을 통해서 우리는 '보리'라는 것을 어떻게 인지(認知)·지각(知覺)할 수 있을까? 똑 같은 문장이 보는 이마다 다르게 해석될 수도 있듯이 나는 일방적이지만 이렇게 생각한다. 이때 보리는 만물을 생성·소멸시키는 도(道)의 본질이고, 모든 지혜를 낳고 거두어들이는 법(法)의 본질이며, 우주만물을 존재하게 하는 근원이자 바탕이 아닐까 싶다. 그런데 그것은 형태도 없고, 색과 냄새도 없으며, 그렇다고 완벽한 없음 곧 무(無) 그 자체는 아니라고 본다. 따지고 보면, 그 무(無)는 유(有)이고, 그 유(有)는 인간의 눈으로 보기에 공(空)할 뿐이다. 그래서 '있지만 없고 없지만 있는', 혹은 '함이 없지만 하지 않는 것도 없는'이라는 모호한 어법이 수없이 등장하는 것이고, 이 경에서처럼 '거울 속의 형상 같고, 아지랑이와 같으며, 그림자나 메아리와 같으며, 허공과 같고, 물속의 달과 같다'는 비유법이 여러 경에서까지 수없이 되풀이 되어 나오지 않았나 싶다.

부처님과 문수사리 사이에서 이야기가 이렇게 전개되자, 좌중에 있던 '월정광덕(月淨光德)'이란 천자가 무려 열여섯 번에 걸쳐서 문수사리에게 질문을 계속한다. 그 질문과 답변 내용을 경전에서 따로 떼어내면 이러하다. (여러분이 이해하기 쉽게 질문이 많아 일련번호를 매기고, 답변을 ➡로써 구분해 놓았다.)

①보살마하살이 처음으로 무슨 법을 관하기에 보살행을 행하고 무슨 법에 의지하기에 보살행을 행합니까?

➡ 천자여, 모든 보살마하살의 행은 대비로써 근본을 삼나니 모든 중생들을 위해 그러합니다.

②모든 보살마하살의 대비는 무엇으로써 근본을 삼습니까?

➡ 천자여, 모든 보살마하살의 대비는 정직한 마음으로써 근본을 삼습니다.

③모든 보살마하살의 정직한 마음은 무엇으로써 근본을 삼습니까?

➡ 천자여, 모든 보살마하살의 정직한 마음은 일체 중생들에게 평등한 마음으로써 근본을 삼습니다.

④모든 보살마하살의 일체 중생들에게 평등한 마음은 무엇으로써 근본을 삼습니까?

➡ 천자여, 모든 보살마하살의 일체 중생들에게 평등한 마음은 다름이 없고 다

름을 여의는 행으로써 근본을 삼습니다.

⑤모든 보살마하살의 다름이 없고 다름을 여의는 행은 무엇으로써 근본을 삼는 것입니까?

➡ 천자여, 모든 보살마하살의 다름이 없고 다름을 여의는 행은 깊고 깨끗한 마음으로써 근본을 삼습니다.

⑥모든 보살마하살의 깊고 깨끗한 마음은 무엇으로써 근본을 삼는 것입니까?

➡ 천자여, 모든 보살마하살의 깊고 깨끗한 마음은 아뇩다라삼먁삼보리심으로써 근본을 삼습니다.

⑦모든 보살마하살의 아뇩다라삼먁삼보리심은 무엇으로써 근본을 삼습니까?

➡ 아뇩다라삼먁삼보리심은 육바라밀(六波羅蜜)로써 근본을 삼습니다.

⑧모든 보살마하살의 6바라밀은 무엇으로써 근본을 삼는 것입니까.

➡ 천자여, 모든 보살마하살의 6바라밀은 방편과 지혜로써 근본을 삼습니다.

⑨모든 보살마하살의 방편과 지혜는 무엇으로써 근본을 삼는 것입니까?

➡ 천자여, 모든 보살마하살의 방편과 지혜는 방일(放逸)하지 않는 것으로써 근본을 삼습니다.

⑩.모든 보살마하살의 방일하지 않음은 무엇으로써 근본을 삼습니까?

➡ 천자여, 모든 보살마하살이 방일하지 않음은 세 가지 선한 행[三善行]으로써 근본을 삼습니다.

⑪모든 보살마하살의 세 가지 선한 행은 무엇으로써 근본을 삼습니까?

➡ 천자여, 모든 보살마하살의 세 가지 선한 행은 열 가지 선한 업의 도[十善業道]로써 근본을 삼습니다.

⑫모든 보살마하살의 열 가지 선한 업의 도는 무엇으로써 근본을 삼습니까?

➡ 천자여, 모든 보살마하살의 열 가지 선한 업의 도는 계율을 지키는 것으로써 근본을 삼습니다.

⑬모든 보살마하살이 계율 지킴은 무엇으로써 근본을 삼습니까?

➡ 천자여, 모든 보살마하살이 계율을 지킴은 바르게 기억하는 것으로써 근본을 삼습니다.

⑭모든 보살마하살이 바르게 기억함은 무엇으로써 근본을 삼습니까?

➡ 천자여, 모든 보살마하살이 바르게 기억함은 바르게 관(觀)하는 것으로써 근본을 삼습니다.

⑮모든 보살마하살이 바르게 관함은 무엇으로써 근본을 삼습니까?

➡ 천자여, 모든 보살마하살이 바르게 관함은 굳게 기억하여 잊지 않는 것으로써 근본을 삼습니다.

⑯보살마하살이 몇 가지 마음이 있어야 인(因)을 성취하고 과(果)를 성취할 수 있습니까?

➡ 천자여, 모든 보살마하살이 네 가지 마음이 있어서 인을 성취하고 과를 성취할 수 있나니, 네 가지가 무엇인가 하면, 첫째는 처음으로 발심함이요, 둘째는

행하는 발심이요, 셋째는 물러나지 않는 발심이요, 넷째는 일생보처(一生補處)의 발심입니다.

다시 천자여, 처음으로 발심함이란 마치 종자를 심는 것과 같고, 둘째 행하는 발심이란 움(芽)이 돋아 자라나는 것과 같고, 셋째 물러나지 않는 발심이란 줄기·잎·꽃·열매가 처음으로 성취되는 것과 같고, 넷째 일생보처의 발심이란 열매 등이 쓰임이 있는 것과 같습니다.

다시 천자여, 처음으로 발심함이란 마치 수레를 만드는 장인(車匠)이 재목을 모으는 지혜와 같고, 둘째 행하는 발심이란 재목을 잘 다듬는 깨끗한 지혜와 같고, 셋째 물러나지 않는 발심이란 재목을 제자리에 안배하는 지혜와 같고, 넷째 일생보처의 발심이란 수레를 완성하여 운전하는 지혜와 같은 것입니다.

다시 천자여, 처음으로 발심함이란 마치 초생달과 같고, 둘째 행하는 발심이란 초닷새날 달과 같고, 셋째 물러나지 않는 발심이란 초열흘날 달과 같고, 넷째 일생보처의 발심이란 열나흘날 달과 같고, 여래의 지혜는 보름날의 달과 같은 것입니다.

다시 천자여, 처음으로 발심함이란 능히 성문(聲聞)의 지위를 뛰어넘음이고, 둘째 행하는 발심이란 능히 벽지불(辟支佛)의 지위를 뛰어넘음이고, 셋째 물러나지 않는 발심이란 능히 안정되지 않은 지위를 뛰어넘음이고, 넷째 일생보처의 발심이란 이미 안정된 지위에 편히 머무는 것입니다.

다시 천자여, 처음으로 발심함이란 첫 장(初章)을 배우는 지혜와 같고, 둘째 행하는 발심이란 모든 장(章)을 분별하는 지혜와 같고, 셋째 물러나지 않는 발심이란 셈하는(算數) 지혜와 같고, 넷째 일생보처의 발심이란 모든 논(論)을 통달하는 지혜와 같은 것입니다.

다시 천자여, 처음으로 발심함이란 인(因)을 따라 나는 것이고, 둘째 행하는 발심이란 지혜를 따라 나는 것이고, 셋째 물러나지 않는 발심이란 끊음(斷)을 따라

나는 것이고, 넷째 일생보처의 발심이란 과(果)를 따라 나는 것입니다.

　다시 천자여, 처음으로 발심함이란 인(因)에 섭수되는 것이고, 둘째 행하는 발심이란 지혜에 섭수되는 것이고, 셋째 물러나지 않는 발심이란 끊음에 섭수되는 것이고, 넷째 일생보처의 발심이란 과(果)에 섭수되는 것입니다.

　다시 천자여, 처음으로 발심함이란 인(因)에서 나고, 둘째 행하는 발심이란 지혜에서 나고, 셋째 물러나지 않는 발심이란 끊음에서 나고, 넷째 일생보처의 발심이란 과(果)에서 나는 것입니다.

　다시 천자여, 처음으로 발심함이란 인차별분(因差別分)이고, 둘째 행하는 발심이란 지차별분(智差別分)이고, 셋째 물러나지 않는 발심이란 단차별분(斷差別分)이고, 넷째 일생보처의 발심이란 과차별분(果差別分)입니다.

　다시 천자여, 처음으로 발심함이란 약초(藥草)를 취하는 방편과 같은 것이고, 둘째 행하는 발심이란 약초를 분별하는 방편과 같은 것이고, 셋째 물러나지 않는 발심이란 병자가 약을 먹는 방편과 같은 것이고, 넷째 일생보처의 발심이란 병을 낫게 하는 방편과 같은 것입니다.

　다시 천자여, 처음으로 발심함이란 법왕의 집에 태어나는 것이고, 둘째 행하는 발심이란 법왕의 법을 배우는 것이고, 셋째 물러나지 않는 발심이란 법왕의 법을 배워 구족하는 것이고, 넷째 일생보처의 발심이란 법왕의 법을 배워 자재로움을 얻는 것입니다.

　위 열여섯 가지 질문의 핵심은 무엇일까? 여러분은 이해했는지 모르겠지만 내가 볼 때에는 두 가지로 요약된다. 하나는 소위, 보살로서의 수행을 가능하게 하는 보살행의 원리에 대해 설명한 것이고, 다른 하나는 그 원리의 인(因)과 과(果) 곧 인과관계를 보살행의 주체인 보살 마음의 조건과 상태를 설명한 것이다. 위 열여섯 가지의 질문 중에서 열다섯 가지가 전자에 해당하고, 마지막 열여섯 번째 질문이 후자에 해당한다. 이를 굳이 약술하자면, 보살행이 가능한 것은 네 가지의 마음[①발심(發心) ②행심(行心) ③불퇴심(不退心) ④일생보처심(一生補處心)]이 전제되기 때문이고, 그 보살행은 대비심(大悲心)으로부터 출발하여 정직, 평등, 청정, 보리심, 육바라밀, 방편과 지혜, 근면성실, 삼선행, 십선업도, 계율준수, 바른 기억, 바른 관조(觀照), 각인(刻印) 등의 인과관계로 가능해진다는 설명이다.

이야기가 여기까지 전개되자, '정광명주(定光明主)'라는 천자가 문수사리에게 한 가지 질문을 하게 되고, 문수사리가 그에 답변하는데 그 내용인 즉 이러하다.

어떤 것이 이 모든 보살마하살들의 가장 요약된 도[略道]이기에 모든 보살마하살들이 이 요약된 도로써 아뇩다라삼먁삼보리심을 빨리 얻습니까?

➡ 천자여, 모든 보살마하살들의 요약된 도가 두 가지 있으니, 모든 보살마하살이 이 두 가지 도로써 빨리 아뇩다라삼먁삼보리를 얻습니다. 두 가지가 무엇인가 하면, 첫째는 방편의 도이고, 둘째는 지혜의 도이니, 방편이란 선한 법을 포섭할 줄 아는 것이고, 지혜란 모든 법을 여실하게 하는 지혜이며, 또 방편이란 모든 중생을 관찰하는 것이고, 지혜란 모든 법을 여의는 지혜이며, 또 방편이란 모든 법의 서로 응함을 아는 것이고, 지혜란 모든 법의 서로 응하지 않음을 아는 지혜이며, 또 방편이란 인(因)의 도를 관찰하는 것이고, 지혜란 인의 도를 없애는 지혜이며, 또 방편이란 모든 법의 차별을 아는 것이고, 지혜란 모든 법의 차별 없음을 아는 지혜이며, 또 방편이란 불토를 장엄하는 것이고, 지혜란 불토를 장엄하되 평등하여 차별이 없는 지혜이며, 또 방편이란 중생들의 근성에 들어가 행하는 것

이고, 지혜란 중생들을 보지 않는 지혜이며, 또 방편이란 도량에 이르는 것이고, 지혜란 일체 부처님 보리의 법을 증득하는 지혜가 그것입니다.

다시 천자여, 모든 보살마하살은 또 두 가지 요약된 도가 있으니, 모든 보살마하살이 이 두 가지 도로써 빨리 아뇩다라삼먁삼보리를 얻습니다. 두 가지가 무엇인가 하면, 첫째는 돕는 도이고, 둘째는 끊는 도이니, 돕는 도란 5바라밀이요, 끊는 도란 반야바라밀(般若波羅蜜)이며, 또 두 가지 요약된 도가 있으니, 두 가지가 무엇인가 하면, 첫째는 거리낌이 있는 도이고, 둘째는 거리낌이 없는 도이니, 거리낌이 있는 도란 5바라밀이고, 거리낌이 없는 도란 반야바라밀이며, 또 두 가지 요약된 도가 있으니, 두 가지가 무엇인가 하면, 첫째는 번뇌가 있는 도이고, 둘째는 번뇌가 없는 도이니, 번뇌가 있는 도란 5바라밀이고, 번뇌가 없는 도란 반야바라밀이며, 또 두 가지 요약된 도가 있으니, 두 가지가 무엇인가 하면, 첫째는 한량이 있는 도이고, 둘째는 한량이 없는 도이니, 한량이 있는 도란 상(相)의 분별을 취하는 것이고, 한량이 없는 도란 상의 분별을 취하지 않는 것이며, 또 두 가지 요약된 도가 있으니 두 가지가 무엇인가 하면, 첫째는 지혜의 도이고, 둘째는 끊는 도이니 지혜의 도란 초지(初地)로부터 7지(地)에 이르기까지이고, 끊는 도란 8지로부터 10지에 이르기까지입니다.

위에서 보듯이, 정광명주(定光明主) 천자가 아뇩다라삼먁삼보리심을 얻을 수 있는 요약된 도[略道] 곧 지름길을 묻자, 문수사리는 ①지혜와 방편의 도 ②돕는 도와 끊는 도 등에 대하여 각각 설명하였다. 그런데 위 설명으로 충분히 이해가 되었는지는 모르겠다. 그래서 조금 따져 보아야겠다.

먼저, 문수사리는 방편과 지혜를 구분하였는데, 무엇이 방편이고 무엇이 지혜인지가 분별되어야 할 것이다. 문수사리의 설명에 의하면, 방편이란 선한 법을 포섭할 줄 아는 것이고, 모든 중생을 관찰하는 것이고, 모든 법의 서로 응함을 아는 것이고, 인(因)의 도를 관찰하는 것이고, 모든 법의 차별을 아는 것이고, 불토를 장엄하는 것이고, 중생들의 근성에 들어가 행하는 것이고, 도량에 이르는 것인 반면, 지혜란 모든 법을 여실하게 하는 것이며, 모든 법을 여의는 것이며, 모든 법의 서로 응하지 않음을 아는 것이며, 인의 도를 없애는 것이며, 모든 법의 차별 없음을 아는 것이며, 불토를 장엄하되 평등하여 차별이 없는 것이며, 중생들을 보지 않는 것이며, 일체 부처님 보리의 법을 증득하는 것이라 한다. 역시 이해가 되었는지 모르겠다. 대다수의 사람들은 법왕자 문수사리의 설명을 이해하지 못했으리라 생각된다. 여러분은 보살이 아니기에 보살로서 수행하는 삶의 과정에서 방편과 지혜가 가깝게 다가오지 않기 때문이다.

이해하기 쉽게 문수사리의 설명을 내가 감히 다시 풀면 이러하다. 곧, 자비심을 내어 이웃사람들을 살피고, 무엇이 착하고 무엇이 악한 것인지를 분별하고 설명하여 실천하게 하거나, 제 현상의 인과관계를 관찰하고 분석하고 설명하는 등 일체의 현실적인 관심이나 말이나 행위 등은 다 방편이 되는 것이고, 그러한 일련의 과정이나 결과가 다 무상(無常:언제나 똑 같은 모습으로 존재하지 않는)하고, 그 무상한 현상들을 낳고 변화시키고 소멸시키는 근원으로서 유상(有常: 언제나 똑 같은 모습으로 존재하는)한 허공 같은 존재를 인지 지각하고서 그와 눈을 맞추는 일체의 행위는 지혜인 것이다. 이렇게 설명했는데도 이해가 되지 않았다면 어쩔 수 없는 일로 일단은 다음 문제로 넘어가 보자.

또, 문수사리는 '돕는 도'와 '끊는 도'를 구분하여 설명했는데, 그에 의하면 돕는 도란, 거리낌이 있고, 번뇌가 있으며, 한량이 있는 도로서 상(相)의 분별을 취하는 지혜의 도라 하며, 초지(初地)로부터 7지(地)까지가 해당하며, 5바라밀이 해당한다는 것이고, 반면, 끊는 도란, 거리낌이 없고, 번뇌가 없으며, 한량이 없는 도로서 상의 분별을 취하지 않는 도라 하며, 8지로부터 10지까지가 해당하며, 반야바라밀(般若波羅蜜)이 여기에 해당한다는 것이다.

그렇다면, 최소한 우리는 10바라밀, 10지(地)에 대해서만큼은 알고 있어야 문수사리가 설명한 돕는 도와 끊는 도를 이해할 수 있을 것이다. 그런데 바라밀에 대해서는 이미 설명했으나 십지(十地)라는 용어는 많은 사람들에게 상대적으로 생소할 것이다. 물론, 『대방광불화엄경』을 읽어본 사람이라면 제34권 「십지품」에 나오는, 보살마하살의 지혜 십지인 환희지(歡喜地)·이구지(離垢地)·발광지(發光地)·염혜지(焰慧地)·난승지(難勝地)·현전지(現前地)·원행지(遠行地)·부동지(不動地)·선혜지(善慧地)·법운지(法雲地)를 먼저 떠올릴 것이다. 그리고 경전을 두루 섭렵한 사람이라면, 보살마하살이 수행과정에서 얻게 되는 위계(位階)를 만물을 생장시키는 대지(大地)로 빗대어서 표현한 간혜지(干慧地)·종성지(种姓地)·팔인지(八人地)·견지(见地)·박지(薄地)·이욕지(离欲地)·기변지(已办地)·벽지불지(辟支佛地)·보살지(菩薩地)·불지(佛地) 등의 용어를 떠올릴 것이다. 물론, 이들 외에도 범문 대사 10지(难登·结慢·华饰·明辉·广心·具色·难胜·生缘·王子位·灌顶位)와, 대승초기 10지(初发心·治地·应行·生贵·修成·正心·不退转·童真·法王子·灌顶) 등 다른 구분들이 있지만 이들을 안다는 것이 그렇게 중요하지 않다고 생각한다. 어디까지나 여기서는 돕는 도와 끊는 도가 무엇을 의미하는지를 이해하는 것이 우선이기 때문이다.

여하튼, 문수사리는 방편과 지혜를 구분하였듯이, 돕는 도와 끊는 도를 구분했다는 것이고, 이들이 각각 어떻게 구분되는지를 나름대로 설명했다. 방편에 해당하는 것이 바로 돕는 도라 하면 지혜에 해당하는 것이 바로 끊는 도라고 나는 생각한다. 100살까지 산다는 보통사람의 일생으로 빗대어서 말하면, 80살을 먹을 때까지는 방편의 도와 돕는 도로써 살아야 하고, 80살에서 100살까지는 지혜와 끊는 도로써 살아야 한다고 주장하는 나의 말과 유사하다. 보살도에 대해서 이야기가 여기까지 전개되자 '용수행지(勇修行智)'라는 이름의 보살마하살이 문수사리에게 두 가지를 질문하는데, 먼저 보살마하살의 이치와 지혜가 무엇이냐를 물었고, 그 다음으로 서로 응하느냐 응하지 않느냐에 따라서 이치와 지혜가 구분되는 이유를 물었다. 그런데 문수사리의 답변이 엄청나게 유창하고 장황하다. 그 내용인 즉 이러하다.

①어떤 것을 보살마하살의 이치라 하고, 어떤 것을 보살마하살의 지혜라 합니까?

➡ 선남자여, 서로 응하지 않는 것을 이치라 하고, 서로 응하는 것을 지혜라 합니다.

②문수사리여, 어째서 서로 응하지 않는 것을 이치라 하고, 어째서 서로 응하는 것을 지혜라 합니까?

➡ 선남자여, 이치란 이른바 함이 없는 것이라 저 이치가 한 가지 법도 서로 응

하는 것이 없는가 하면, 한 가지 법도 서로 응하지 않는 것이 없나니, 왜냐하면 변함이 없고 상(相)이 없기 때문입니다. 왜 이치가 한 가지 법도 서로 응하는 것이 없고 한 가지 법도 서로 응하지 않는 것이 없는가 하면, 본래 이치를 성취할 수 없기 때문이니, 이 때문에 한 가지 법도 서로 응하는 것이 없고 한 가지 법도 서로 응하지 않는 것이 없으며, 이치란 옮기지도 않고 더하지도 않나니, 한 가지 법도 서로 응하는 것이 없고, 한 가지 법도 서로 응하지 않는 것이 없기 때문입니다.

선남자여, 지혜란 도(道)라 이름합니다. 도는 마음과 서로 응하는 것이어서 서로 응하지 않는 것이 아니니, 선남자여, 이 이치 때문에 지혜는 서로 응하는 것이고 서로 응하지 않는 것이 아니라 이름합니다.

다시 선남자여, 지혜는 끊음[斷]과 서로 응하는 것이라 이름합니다. 이 때문에 선남자여, 지혜는 서로 응하는 법이고 서로 응하지 않는 법이 아니라 이름합니다.

다시 선남자여, 지혜는 5음(陰)과 12입(入)과 18계(界)와 12인연(因緣)의 이치에 부합하는지 그렇지 않은지를 잘 관찰하나니, 선남자여, 이 이치 때문에 지혜는 서로 응하는 것이고 서로 응하지 않는 것이 아니라 이름합니다.

다시 선남자여, 모든 보살마하살은 열 가지 지혜가 있으니, 열 가지가 무엇인가 하면, 첫째는 인(因)의 지혜요, 둘째는 과(果)의 지혜요, 셋째는 이치의 지혜요, 넷째는 방편의 지혜요, 다섯째는 슬기로운 지혜요, 여섯째는 포섭하는 지혜요, 일곱째는 바라밀의 지혜요, 여덟째는 대비의 지혜요, 아홉째는 중생을 교화하는 지혜요, 열째는 일체 법에 집착하지 않는 지혜이니, 선남자여, 이것을 보살마하살의 열 가지 지혜라 합니다.

다시 선남자여, 모든 보살마하살은 열 가지 내는[發] 것이 있으니, 열 가지가 무엇인가 하면, 첫째는 몸으로 내는 것이니 일체 중생들로 하여금 몸의 업[身業]을 청정하게 하려고 하기 때문이며, 둘째는 입으로 내는 것이니 일체 중생들로 하여

금 입의 업[口業]을 청정하게 하려고 하기 때문이며, 셋째는 뜻으로 내는 것이니 일체 중생들로 하여금 뜻의 업[意業]을 청정케 하려고 하기 때문이며, 넷째는 안으로 내는 것이니 일체 모든 중생들에게 허망한 분별을 하지 않기 때문이며, 다섯째는 바깥으로 내는 것이니 일체 중생들에게 평등한 행을 하기 때문이며, 여섯째는 지혜로 내는 것이니 부처님의 지혜 청정함을 구족하기 때문이며, 일곱째는 청정한 불토로 내는 것이니 일체 모든 부처님 국토의 공덕 장엄을 보이기 때문이며, 여덟째는 중생들을 교화함으로써 내는 것이니 일체 번뇌 병에 대한 약을 알기 때문이며, 아홉째는 진실로써 내는 것이니 정정취[正定聚]를 성취하기 때문이며, 열째는 함이 없는 지혜와 만족한 마음으로써 내는 것이니 일체 삼계에 집착하지 않기 때문이라. 선남자여, 이것을 모든 보살마하살의 열 가지 내는 것이라 합니다.

다시 선남자여, 모든 보살마하살은 열 가지 행이 있으니, 열 가지가 무엇인가 하면, 첫째는 바라밀의 행이고, 둘째는 일을 포섭하는 행이고, 셋째는 슬기로운 행이고, 넷째는 방편의 행이고, 다섯째는 대비의 행이고, 여섯째는 혜(慧)를 돕는 법을 구하는 행이고, 일곱째는 지(智)를 돕는 법을 구하는 행이고, 여덟째는 마음이 청정한 행이고, 아홉째는 모든 진리를 관하는 행이고, 열째는 일체 사랑스럽거나 사랑스럽지 않은 일에 탐착하지 않는 행이라. 선남자여, 이것을 모든 보살마하살의 열 가지 행이라 합니다.

다시 선남자여, 모든 보살마하살은 열한 가지 다함이 없는 관(觀)이 있으니, 열한 가지가 무엇인가 하면, 첫째는 몸의 다함이 없는 관이고, 둘째는 일의 다함이 없는 관이고, 셋째는 번뇌의 다함이 없는 관이고, 넷째는 법의 다함이 없는 관이고, 다섯째는 애욕의 다함이 없는 관이고, 여섯째는 소견의 다함이 없는 관이고, 일곱째는 도를 돕는 것의 다함이 없는 관이고, 여덟째는 취함[取]의 다함이 없는 관이고, 아홉째는 집착하지 않는 것의 다함이 없는 관이고, 열째는 서로 응하는 것의 다함이 없는 관이고, 열한째는 도량의 지혜 성질의 다함이 없는 관이라. 선남자여, 이것을 모든 보살마하살의 열한 가지 다함이 없는 관이라 합니다.

다시 선남자여, 모든 보살마하살은 열 가지 대치(對治)하는 법이 있으니, 열 가지가 무엇인가 하면, 첫째는 간탐하는 마음을 대치하는 것이니, 보시의 비를 퍼붓기 때문이며, 둘째는 파계하는 마음을 대치하는 것이니, 몸·입·뜻의 업의 세 가지 법을 청정케 하기 때문이며, 셋째는 성내는 마음을 대치하는 것이니, 청정한 대자대비를 수행하기 때문이며, 넷째는 게으른 마음을 대치하는 것이니, 모든 불법을 구하되 지치거나 게으름이 없기 때문이며, 다섯째는 불선한 각(覺)·관(觀)의 마음을 대치하는 것이니, 선정과 해탈의 빠른 자재를 얻기 때문이며, 여섯째는 어리석은 마음을 대치하는 것이니, 결정된 지혜 를 돕는 방편의 법을 내기 때문이며, 일곱째는 모든 번뇌의 마음을 대치하는 것이니, 도를 돕는 법을 내기 때문이며, 여덟째는 뒤바뀐 도를 대치하여 진실한 법을 모으고 도를 도와서 뒤바뀌지 않는 도를 내기 때문이며, 아홉째는 자재롭지 않는 마음의 법을 대치하는 것이니 때와 때가 아님에 자재함을 얻기 때문이며, 열째는 아상(我相) 지님을 대치하는 것이니, 모든 법의 나 없음을 관하기 때문이라. 선남자여, 이것을 모든 보살마하살의 열 가지 대치하는 법이라 합니다.

다시 선남자여, 모든 보살마하살은 열 가지 고요한 자리[寂靜地]가 있으니, 열 가지가 무엇인가 하면, 첫째는 몸이 고요한 것이니 세 가지 몸의 불선한 업을 여의기 때문이며, 둘째는 입이 고요한 것이니 네 가지 입의 업을 청정하게 하기 때문이며, 셋째는 마음이 고요한 것이니 세 가지 뜻의 나쁜 행을 여의기 때문이며, 넷째는 안이 고요한 것이니 자기 몸에 집착하지 않기 때문이며, 다섯째는 바깥 경계가 고요한 것이니 일체 법에 집착하지 않기 때문이며, 여섯째는 지혜 공덕이 고요한 것이니 도에 집착하지 않기 때문이며, 일곱째는 뛰어나게 고요한 것이니 성스러운 자리[聖地]를 여실히 관하기 때문이며, 여덟째는 미래 경계가 고요한 것이니 저 언덕[彼岸]의 지혜로써 행을 돕기 때문이며, 아홉째는 세간의 일을 행하는 것이 고요한 것이니 일체 중생들을 속이지 않기 때문이며, 열째는 몸과 마음을 아끼지 않는 것이 고요한 것이니 대자대비한 마음으로 일체 중생들을 교화하기 때문이라. 선남자여, 이것을 모든 보살마하살의 열 가지 고요한 자리라 합니다.

다시 선남자여, 모든 보살마하살은 여실히 수행하여 보리를 얻으므로 여실히 수행하여 보리를 얻지 않는 것이 없나니, 선남자여, 어떤 것이 모든 보살마하살이 여실히 수행하는 것이라고 하는가 하면, 선남자여, 여실히 수행함이란 말한 바 그대로를 수행하기 때문이고, 여실히 수행하지 않음이란 다만 말만 있을 뿐 여실히 수행하지 못하기 때문입니다.

다시 선남자여, 모든 보살마하살은 또 두 가지 여실히 수행하는 것이 있으니, 두 가지가 무엇인가 하면, 첫째는 지혜로써 여실히 도를 수행하는 것이고, 둘째는 끊음으로써 여실히 도를 수행하는 것이라. 선남자여, 이것을 모든 보살마하살의 두 가지 여실히 수행하는 것이라 합니다.

다시 선남자여, 모든 보살마하살은 또 두 가지 여실히 수행하는 것이 있으니, 두 가지가 무엇인가 하면, 첫째는 자신을 조복함에 있어서 여실히 수행하는 것이고, 둘째 중생들을 교화함에 있어서 여실히 수행하는 것이라. 선남자여, 이것을 모든 보살마하살의 두 가지 여실히 수행하는 것이라 합니다.

다시 선남자여, 모든 보살마하살은 또 두 가지 여실히 수행하는 것이 있으니, 두 가지가 무엇인가 하면, 첫째는 공용(功用)의 지혜로써 여실히 수행하는 것이고, 둘째는 공용 없는 지혜로써 여실히 수행하는 것이라. 선남자여, 이것을 모든 보살마하살의 두 가지 여실히 수행하는 것이라 합니다.

다시 선남자여, 모든 보살마하살은 또 두 가지 여실히 수행하는 것이 있으니, 두 가지가 무엇인가 하면, 첫째는 모든 자리[地]를 분별하는 것을 잘 알아서 여실히 수행하는 것이고, 둘째는 모든 자리의 차별 없는 방편을 잘 알아서 여실히 수행하는 것이라. 선남자여, 이것을 모든 보살마하살의 두 가지 여실히 수행하는 것이라 합니다.

다시 선남자여, 모든 보살마하살은 또 두 가지 여실히 수행하는 것이 있으니, 두 가지가 무엇인가 하면, 첫째는 모든 자리의 허물을 떠나서 여실히 수행하는 것이고, 둘째는 모든 자리와 자리가 바뀌는 방편을 잘 알아서 여실히 수행하는 것이라. 선남자여, 이것을 모든 보살마하살의 두 가지 여실히 수행하는 것이라 합니다.

다시 선남자여, 모든 보살마하살은 또 두 가지 여실히 수행하는 것이 있으니, 두 가지가 무엇인가 하면, 첫째는 성문·벽지불의 자리를 능히 설하여 여실히 수행하는 것이고, 둘째는 부처님 보리의 퇴전하지 않는 방편을 잘 알아서 여실히 수행하는 것이라. 선남자여, 이것을 모든 보살마하살의 두 가지 여실히 수행하는 것이라 합니다.

선남자여, 모든 보살마하살에게 이러한 한량없고 가없는 여실히 수행할 것이 있으니만큼, 모든 보살마하살은 마땅히 이와 같이 여실히 수행할 것을 배워야 하리니, 모든 보살마하살이 만약 이와 같이 여실히 수행한다면 빨리 아뇩다라삼먁삼보리를 얻는 것이 그다지 어렵지 않으리라.

여기까지 함께 온 여러분들은 모두 이해됐는지 안 됐는지 알 수 없지만 문수사리의 답변을 듣고 있던 부처님은 '훌륭하고 훌륭하도다! 문수사리여, 그대는 막 여러 보살마하살들을 위해 '본업(本業)의 도'를 잘 설명했으니, 진실로 그대가 설한 바와 같으니라.'라고 칭찬을 아끼지 않았다. 하지만 이 글을 쓰고 있는 필자는 수없이 읽고 또 읽어도 명료하게 분별되었다고는 말할 수 없다. 왜일까?

문수사리가 말한 보살마하살의 이치에 관한 내용만을 먼저 떼

어내어 보자. 그가 말한 이치란, 요약하면 서로 응하지 않고, 함
[爲]이 없으며, 변함이 없고, 상(相)이 없으며, 옮기지도 않고, 더하
지도 않는 것이다. 이런 이치는 한 가지 법도 서로 응하는 것이 없
는가 하면, 한 가지 법도 서로 응하지 않는 것이 없다 한다. 과연
이런 말이 가능하기나 한가? 우둔한 나로서는 도무지 이해되지
않는다. 문수사리의 해명(解明)인 즉 이러하다.

> 이치란 이른바 함이 없는 것이라 저 이치가 한 가지 법도 서로 응
> 하는 것이 없는가 하면, 한 가지 법도 서로 응하지 않는 것이 없나
> 니, 왜냐하면 변함이 없고 상(相)이 없기 때문입니다. 왜 이치가 한
> 가지 법도 서로 응하는 것이 없고 한 가지 법도 서로 응하지 않는
> 것이 없는가 하면, 본래 이치를 성취할 수 없기 때문이니, 이 때문
> 에 한 가지 법도 서로 응하는 것이 없고 한 가지 법도 서로 응하지
> 않는 것이 없으며, 이치란 옮기지도 않고 더하지도 않나니, 한 가
> 지 법도 서로 응하는 것이 없고, 한 가지 법도 서로 응하지 않는 것
> 이 없기 때문입니다.

솔직히 말해, 이런 해명에도 불구하고 여전히 이해되지 않는다.
변함이 없고 상이 없기 때문에, 그리고 본래 이치를 성취할 수 없
기 때문에 서로 응하는 것이 없고 서로 응하지 않는 것이 없다는
논리이다. 현재로서는 더 이상 내가 할 말이 없는 것 같다. 부득불
다음 이야기로 넘어가겠다.
다음 문제인, 문수사리가 말한 보살마하살의 지혜란 무엇인가?
그에 의하면, 지혜란 '도(道)'라고도 하는데, 도는 마음과 서로 응

하는 것이고, 동시에 끊음[斷]과도 서로 응하는 것이라 한다. 그리고 5음(陰)과 12입(入)과 18계(界)와 12인연(因緣)의 이치에 부합 여부를 관찰한다고 한다. 이러한 판단을 전제로, 문수사리는 보살의, 열 가지 지혜, 열 가지 내는 것, 열 가지 행, 열 가지 다함없는 관(觀), 열 가지 대치법(對治法), 열 가지 고요한 자리 등을 말하고, 이어서 보살의 수행법[지혜/끊음, 자신 조복/중생 교화, 공용(功用) 지혜/공용 없는 지혜, 자리 분별 수행/ 분별없는 수행, 자리의 허물을 떠난 수행/모든 자리가 바뀌는 방편 수행, 성문 벽지불의 자리를 설함/부처님 보리의 퇴전하지 않는 방편 수행 등]을 설명하였다. 그러면서 한량없이 많은 수행할 것들을 여실히 수행 정진하면 빨리 아뇩다라삼먁삼보리를 얻는 것이 그다지 어렵지 않다고 격려까지 하고 있다.

가야산 정상에 앉아서 문수사리의 설법을 들었던 천여 명의 보살마하살은(갑자기 천여 명에서 일만 명으로 늘어나 있고, 보살마하살이 일체의 하늘·사람·아수라 등으로 그 외연이 확대되었지만) 충분히 이해됐는지 무생법인(無生法忍)*을 얻고, 모두 기뻐서 믿음으로 받들어 행하였다 한다.

- 2017. 06. 22.

---

*무생법인(無生法忍)이란 용어는, 「금강삼매경」, 「대반야바라밀다경」등을 비롯하여 여러 경에 나오는데 우리나라 원효대사가 지었다는 「금강삼매경론」에 의하면, "법이 본래 생겨남이 없다는 사실을 통달하는 것"으로 그 의미를 풀이하였다. 특히, 「금강삼매경」의 '무생행품(無生行品)'에서 심왕보살의 질문을 받고 부처님이 답변하는 내용 가운데 이 '무생법인'에 대한 자세한 설명이 나온다. 참고하기 바란다.

십인(十忍)

[十忍 : 보살마하살의 길로서 열 가지 생각 · 믿음 · 깨우침]

대방광불화엄경(大方廣佛華嚴經)은, 전체 80권 39품으로 되어 있는데, 제44권 제29 '십인품(十忍品)'에서, 보현보살이 여러 보살들에게 열 가지 인(忍)에 대해 장황하게 설명하고 있는 내용이다. 여기서 열 가지 인(忍)이란 무엇이며, 그 인(忍)이라는 것이 구체적으로 무엇인지, 매우 궁금하지 않을 수 없다. 그 열 가지 인을 얻으면 온갖 불법(佛法)에 장애가 없고 다함이 없다고 말하고 있기 때문이다.

부처님이 신(神)이라 한다면 보살마하살은 신격(神格)에 해당하는데, 인(忍)이란 보살마하살의 수행 정진의 '방법[길]'이자 '목표'이고, 그 결과로 주어지는 '위상'이라는 생각이 든다. 따라서 여기서 말하는 인(忍)이란, 보살마하살이 수행 정진하는 과정에서 참고 견뎌내야 하는 어려움이며, 동시에 인식[認]이며, 깨달음[覺]이다. 그러니까, 참을 인(忍)이 알다, 인식하다의 의미인 '인(認)'으로 사용되었으며, 동시에 깨달음[覺]의 뜻을 지녔다. '忍=認=覺'이라는 뜻이다.

그러므로 십인(十忍)이란 보살마하살이 수행 정진하는 방법으로서의 길이자 목표이며 그 결과인데, 더 구체적으로는 보살마하살의 수행 정진하는 태도와 행위요, 또한 존재[=法]와 현상[=世間]을 바라보는 시각이자 믿음[믿음=인식=깨우침]이며, 이들을 전제로 수행했을 때에 얻어지는 결과로서 과보[허공과 같은 존재로서 걸림이 없는 상태]인 셈이다.

문제의 '십인품' 전문을 분석해 보면, 그 열 가지에 대해서는 ① 음성인(音聲忍) ②따라주는 인[順忍] ③죽살이 없는 지혜의 인[無生法忍] ④요술 같은 인[如幻忍] ⑤아지랑이 같은 인[如焰忍] ⑥꿈 같은 인[如夢忍] ⑦메아리 같은 인[如響忍] ⑧그림자 같은 인[如影忍] ⑨허깨비 같은 인[如化忍] ⑩허공 같은 인[如空忍]으로 구분, 설명하였다.

음성인(音聲忍)이란, 부처님께서 말씀하시는 법을 듣고 놀라거나 두려워하지 않으며, 깊이 믿고 깨달아 즐거이 나아가며, 한결같은 마음으로 생각하고 닦아서 편안히 머무는 것이라 한다.

따라주는 인[順忍]이란, 모든 법을 생각하고 관찰하며, 평등하고 어김없이 따라서 알며, 마음을 청정케 하고 바로 머물러 닦으며 나아가 성취함이라 한다.

죽살이 없는 지혜의 인[無生法忍]이란, 나지 않으면 사라짐이 없고, 사라짐이 없으면 다함이 없고, 다함이 없으면 때를 여의고, 때를 여의면 차별이 없고, 차별이 없으면 처소가 없고, 처소가 없으면 고요하고, 고요하면 탐욕을 여의고, 탐욕을 여의면 지을 것이 없고, 지을 것이 없으면 소원이 없고, 소원이 없으면 머물 것이 없고, 머물 것이 없으면 가고 옴이 없기에 조그만 법이 나는 것도 보지 않고 조그만 법이 사라지는 것도 보지 않음이라 한다[無生法忍→無生滅法忍].

요술 같은 인[如幻忍]이란, 온갖 법과 일체의 세간이 요술과 같아서 인연으로 생기는 줄을 알고, 한 법에서 여러 법을 이해하며 여러 법에서 한 법을 이해함이라 한다. 다시 말해, 모든 법이 요술 같음을 알고, 국토·중생·법계를 분명히 알며, 세간·부처님 나타나심·삼세가 평등함을 알고, 가지가지 신통 변화를 성취함이라 한다. 덧붙이자면, 일체 세간이 그러니까, 업·번뇌·국토·법·때·길[趣]·이룩하는 세간과 무너지는 세간과 운동하는 세간과 만드는[造作] 세간들이 다 요술과 같음을 관찰할 때에 중생·국토·법의 생멸을 보지 않으며, 과거가 분별할 수 있음을 보지 않고 미래가 일어남을 보지 않고 현재가 한 생각에 머물렀음을 보지 않으며, 보리를 관찰하지 않고 보리를 분별하지 않으며, 부처님께서 나심을 보지 않고 부처님께서 열반하심을 보지 않으며, 큰 서원에 머무름을 보지 않고 바른 지위에 들어감을 보지 아니하여 평등한 성품에서 벗어나지 않는 것이다. 부처님 국토를 성취하나 국토가 차별 없음을 알며 중생 세계를 성취하나 중생이 차별 없음을 알며, 비록 법계를 두루 관찰하나 법의 성품에 머물러서 고요하고 동하지 않으며, 비록 삼세가 평등함을 통달하나 삼세의 법을 분별하는 데 어기지 않으며, 비록 온(蘊)과 처(處)를 성취하나 의지할 데를 아주 끊었으며, 비록 중생을 제도하나 법계가 평등하여 갖가지 차별이 없음을 알며, 일체 법이 문자를 여의어서 말할 수 없음을 알면서도 항상 법을 말하여 변재가 끊어지지 않으며, 중생 교화하는 일에 집착하지 않으나 자비를 버리지 않고 중생을 제도하기 위하여 법 바퀴를 굴리며, 과거의 인연을 열어 보이지마는 인연의 성품은 흔들리지 않음을 앎이다.

아지랑이 같은 인[如焰忍]이란, 일체 세간이 아지랑이와 같음을 앎이다. 마치 아지랑이가 있는 데가 없어 안도 아니고 바깥도 아니며, 있는 것도 아니고 없는 것도 아니며, 끊어짐도 아니고 항상함도 아니며, 한 빛도 아니고 갖가지 빛도 아니고 빛이 없는 것도 아니니, 오직 세간의 말을 따라서 나타내어 보이는 것과 같다. 하여 실상과 같이 관하여 모든 법을 알고 현재에 모든 것을 증득하여 원만케 함이다.

꿈같은 인[如夢忍]이란, 일체 세간이 꿈과 같음을 앎이다. 마치 꿈은 세간도 아니고 세간을 여읨도 아니며, 욕심 세계도 아니고 형상 세계도 아니고 무형 세계도 아니며, 나는 것도 아니고 없어지는 것도 아니며, 물든 것도 아니고 깨끗한 것도 아니지마는 나타내어 보임이 있는 것과 같다. 그것은 달라짐이 없는 까닭이며, 꿈의 제 성품과 같은 까닭이며, 꿈의 집착과 같은 까닭이며, 꿈의 성품을 여읜 것과 같은 까닭이며, 꿈의 본 성품과 같은 까닭이며,

꿈에 나타나는 것과 같은 까닭이며, 꿈이 차별이 없음과 같은 까닭이며, 꿈이 생각으로 분별함과 같은 까닭이며, 꿈을 깨었을 때와 같은 까닭이다.

메아리 같은 인[如響忍]이란, 부처님의 설법을 듣고 법의 성품을 관찰하고 배워서 성취하여 저 언덕에 이르며, 일체 음성이 메아리 같아서 오는 일도 없고 가는 일도 없음을 알고 분별이 없는 경지에 들어가면 교묘하게 종류를 따르는 음성을 성취하여 그지없는 세계에서 법 바퀴를 항상 굴리어 일체 중생을 잘 살펴보고 넓고 긴 혀로 연설하더라도 그 음성이 걸림 없이 시방세계에 두루 퍼져 듣는 이의 자격을 따라 각각 음성을 달리 널리 나타내며, 말하며, 묘한 소리가 평등하여 종류를 따라 이해하되 모두 지혜로써 분명히 앎이다.

그림자 같은 인[如影忍]이란, 세간에 나는 것도 아니고 세간에서 사라지는 것도 아니며, 세간 안에 있는 것도 아니고 세간 밖에 있는 것도 아니며, 세간에 다니는 것도 아니고 세간에 다니지 않는 것도 아니며, 세간과 같지도 않고 세간과 다르지도 않으며, 세간에 가지도 않고 세간에 가지 않음도 아니며, 세간도 아니고 출세간도 아니며, 보살의 행을 닦음도 아니고 진실하지 않음도 아니며, 모든 부처님을 항상 행하면서도 모든 세간 일을 행하며, 세간 무리를 따르지도 않고 법의 흐름에 머물지도 않음이다. 내 몸이나 다른 이의 몸이나 모든 것이 다 지혜의 경계임을 알아서 두 가지 해석을 하여 나와 남이 다르다고 하지 않지마는 자기의 국토와 다른 이의 국토에 각각 다르게 일시에 나타남이다. 시방세계에 가지 않더라도 모든 세계에 나타나되 여기를 떠나지 않고 저기에 이르지도 않나니, 그림자가 두루 나타나듯이 간 데마다 걸림이 없으며, 중생들로 하여금 차별한 몸을 보되 세간의 굳고 진실한 모양과 같게 하지마는 이 차별도 차별이 아니니, 차별과 차별 아닌 것이 장애가 없다. 여래의 종성으로부터 나서 몸과 말과 뜻이 청정하여 걸림이 없으므로 능히 그지없는 몸매와 청정한 몸을 얻는다.

허깨비 같은 인[如化忍]이란, 세간과 출세간이 모두 허깨비 같음을 앎이다. 세간에 다니면서 보살의 도를 닦으며 세간법을 분명히 알고 몸을 나누어 변화하여 가지마는 세간에 집착하지도 않고 자기의 몸을 취하지도 않으며, 세간과 몸에 대하여 분별이 없으며, 세간에 머물지도 않고 세간을 떠나지도 않으며, 법에 머물지도 않고 법을 여의지도 않음이다. 하나의 중생 세계도 버리지 않고 중생 세계를 조복하지 않음도 없으며, 법을 분별하지도 않고 분별하지 않음도 아니며, 법의 성품이 오는 일도 없고 가는 일도 없음을 아나니, 비록 있는 것이 없으나 불법을 만족하며, 법이 허깨비와 같아서 있는 것도 아니고 없는 것도 아님을 앎이다. 모든 부처님의 보리도(菩提道)를 만족하여 중생을 이롭게 함이다.

허공 같은 인[如空忍]이란, 일체 법계가 허공과 같음을 앎이다. 모양·일어남이 없고, 둘이 없고 행할 바가 없으며, 분별과 차별이 없으며, 이제(二際)가 평등하고, 일체 법을 말할 수 없으며, 집착 걸림도 없기 때문이다. 허공과 같은 인의 지혜로 일체 법을 알 때에 허공 같은 몸과 몸으로 짓는 업을 얻으며, 허공 같은 말과 말로 짓는 업을 얻으며, 허공 같은 뜻과 뜻으로 짓는 업을 얻는다.

이상으로, 열 가지 인에 대해 해당 경전의 본문 내용을 요약하다시피 설명했지만 무언가 개운치 않는 구석이 있음을 느낄 것이다. 수행자의 태도요 시각이요, 믿음이자 깨달음으로 강조하고자 한 바를 설명하기 위해서 보현보살은, 아니 그가 아니라 이 경전을 집필한 이는 부처님의 음성[法音]·믿고 따름[順]·요술[幻]·아지랑이[焰]·꿈[夢]·메아리[響]·그림자[影]·허깨비[化]·허공[空] 등의 비유어를 끌어들이고 있다는 사실이다. 쉽게 말해서, 부처님의 말씀은 진리이고 그래서 법이 되는데[부처님 말씀=眞理=法] 그것의 핵심인 즉 존재하는 모든 현상이나 대상들이 다 환영[그림자]으로서 아지랑이나 꿈이나 메아리와 같으며, 따라서 있지만 없는 것이며, 없지만 있어 보이는 허깨비에 지나지 않다고 여긴다는 사실이다. 나아가, 보살마하살은 모름지기 만물과 만상을 존재하게 하면서 감싸고 있는 '허공'과 같은 위상으로 머물고 처신하고 살아가야 한다고 주장한다. 그리고 보면 불교에서는 최고의 단어가 '허공(虛空)' 혹은 '공(空)'인 셈이다. [불교의 이 허공에 해당하는 단어가 중국 도교에서는 도(道)이다.] 더 줄여서 말한다면, 모든 존재는 공(空)이므로 공처럼 머물고, 공처럼 처신해야 한다는 뜻이다.

불교에서는 흔히 인간 육체의 더러움과 허망함을 분명히 알고서 탐욕을 허물어내고, 무욕 내지는 소욕으로써 온갖 번뇌를 없애거나 줄이어 청정하게 살자 하면서도 끊임없는 수행 정진을 강조하며, 자비와 보시를 베풀라고 외친다. 이것은 만물과 만상을 담아내고 있는 허공이란 그릇을 최상=존재의 근원]으로 여기면서 그 허공의 위상에 인간을 대입시키는 무리수를 두고 있는 것과 무관하지 않다. 그 무리수는 인간이 살아가는 태도나 행동양식이나 모든 현상을 바라보는 시각 등 일체의 것들이 그 허공과 같아야 하며, 그 허공처럼 머물라고 요구하는 것으로 나타난다. 다시 말해, 허공이란 그릇 속에서 나와 그 안에 담겨있는 만물 가운데 하나인 우리 인간에게 그 그릇을 닮으라고 요구하는 것이다. 마치, 중국 도교에서 자연의 품에서 나와 자연의 품에서 살다가 가는 인간에게 자연이 되라고 요구하는 것과 같다.

　불교의 기둥이며 거울이며 최종 목적지인 '허공(虛空)'이나, 도교의 기둥이며 거울이며 최종 목적지인 '무위자연의 도(道)'나 그것이 그것일 뿐임을 알 필요가 있고, 인간이 어떻게 살아가야 하는지에 대해서는, 사실 어떻게 살든 그 허공을 벗어나지 못하며, 그 자연의 도를 벗어나지 못하지만, 스스로 판단할 일이라고 생각한다.

　- 2016. 08. 31.

제
VII
부

수행자가 지녀야 할
여덟 가지 생각[念]과 실천사항[行]

『중아함경』속 「팔념경(八念經)」에는, 진리(眞理)를 깨우치기 위해서 도(道)를 닦는 수행자들이 마땅히 가져야 할 마음가짐으로 여덟 가지를 제시하고 있다. 이를 '8념(八念)'이라는 한자어로 표기했는데, 이는 아니율타[阿尼(那)律陀: Aniruddha(범어), Anuruddha(팔리어)]라는 제자를 위하여 부처님이 특별히 설법하신 내용으로서 아래와 같다.

①도는 욕심이 없는 데에서 생겨나는 것이지, 욕심이 있는 데서 얻어지는 것이 아니며,

②도는 만족할 줄 아는 데에서 생겨나는 것이지, 만족할 줄 모르는 데에서 얻어지는 것이 아니다.

③도는 멀리 여의는 데에서 생겨나는 것이지, 모임을 좋아하거나 모임에 머무르거나 모임에 어울리는 데에서 얻어지는 것이 아니다.

④도는 정근(正勤)하는 데에서 생겨나는 것이지, 게으름에서 얻어지는 것이 아니다.

⑤도는 바른 생각에서 생겨나는 것이지, 삿된 생각에서 얻어지는 것이 아니다.

⑥도는 안정된 마음에서 생겨나는 것이지, 혼란스러운 마음에서 얻어지는 것이 아니다.

⑦도는 지혜에서 생겨나는 것이지, 어리석음에서 얻어지는 것이 아니다.

⑧도는 희론(戱論)하지 않고, 희론 하지 않는 것을 좋아하며, 희론하지 않음을 실천하는 것에서 생기는 것이지, 희론하는 것도 아니고, 희론을 좋아하는 것도 아니며, 희론하여 얻어지는 것도 아니니라.

너무나 평범한 내용이지만 깊은 의미를 담고 있기에, 필자도 오래오래 묵상하며 새겼던 내용이다. 수행자가 유념해 둬야 할 이 여덟 가지 내용에서 키워드를 가려내면, ①욕심(慾心) ②만족(滿足) ③모임[會] ④정근(正勤) ⑤정념(正念) ⑥평정심(平靜心) ⑦지혜(知慧) ⑧희론(戱論) 등이 될 것이다. 이들 여덟 가지 키워드 중에서 배제(排除)되어야 할 것은 욕심 · 모임 · 희론 등 세 가지이고, 권장되어야 할 것은 만족 · 정근 · 정념 · 평정심 · 지혜 등 다섯 가지이다.

이들 키워드 가운데에 설명이 필요한 것은, 게으름의 반대말로 '정근'이라는 말이 쓰였기 때문에 '精勤(정근)'이라고 표기해야 하나, 근(勤)에도 바른 것이 있고 바르지 못한 것이 있기에 필자가 임의로 '正勤(정근)'으로 바꿔 놓았다. 마찬가지로, '지혜'를 통상 '智慧(지혜)'로 표기하나 부처님의 가르침의 내용을 고려하여 '知慧(지혜)'로 바꾸어 놓았다. 그리고 '희론'에 대해서는 정확한 개념 규정이 필요하나, 여기서는 말 그대로 사리를 분별하고 이치를 따지는 등 말하고 기술하는 일[論]을 우선시하거나 즐기는 것을 뜻한다고 봄이 좋다. 쉽게 말해서, 어느 것 하나 제대로 실천하지 못하면서 앎[知識]으로써 말만 앞세우는 태도나 양태를 멀리 하라는 뜻으로 해석해도 크게 틀리지 않는다. 더 쉽게 말해서, '말장난'하지 말라는 뜻이다.

부처님이 특별히 자신을 위해서 설법해 주신데 대해 깨닫고 아라한(阿羅漢)이 되었다는 아니율타(阿尼律陀), 이 경에서는 '아나율타(阿那律陀)'라고 표기되었지만, 그는 다음과 같은 시(詩)를 지어 부처님의 공덕을 찬양·찬미하였다. 불경에서는 흔히 이를 두고 '게송(偈頌)'이라 한다.

멀리서 나의 생각 아신
위없는 세간의 스승님께서는
곧 몸과 마음이 선정[定]에 드시어
허공을 타고 홀연히 오셨네.

내가 마음으로 생각한 그대로를
날 위해 말씀하시고 그 다음 일러주시니
모든 부처님 희론하지 않음을 좋아하시어
일체의 희론을 멀리 여읜다 하셨네.

그분으로 인해 법을 알았고
바른 법 가운데 즐거이 머물렀네.
삼매(三昧)를 체득하여 깨달았고

불법에서 할 일을 이미 마쳤네.

나는 죽음도 즐거워하지 않고
또 사는 것도 원하지 않네.
때를 따르고 가는 대로 맡겨둔 채
바른 생각과 바른 지혜 세웠네.
병야리(鞞耶离)의 대숲
내 목숨 그곳에서 마치리.
마땅히 그 대숲 밑에서
남음이 없는 반열반에 들리라.

遥知我思念　无上世间师
正身心入定　乘虚忽来到
如我心所念　为说而复过
诸佛乐不戏　远离一切戏
既从彼知法　乐住正法中
逮得三昧达　佛法作已办
我不乐於死　亦不愿於生
随时任所适　立正念正智
鞞耶离竹林　我寿在彼尽
当在竹林下　无馀般涅盘

경전에서는 '鞞耶离'를 '비야리'로 번역했으나 필자는 '鞞'을 우
리 음인 '병'으로 읽었다. 아래는 중국 한자 경전 원문이다. 참고

하기 바라며, 이 게송에서 "나는 죽음도 즐거워하지 않고/또 사는 것도 원하지 않네./때를 따르고 가는 대로 맡겨둔 채/바른 생각과 바른 지혜 세웠네."라는 시구에 마음을 묶어 두고 오래 오래 생각했었다. 요즘 사람들을 기준으로 삼아 말한다면, 최소한 나이 90세 정도는 되어야 이런 생각 이런 마음을 내지 않을까 싶기도 하다마는 하루라도 더 오래 살고, 조금이라도 더 욕구 욕심을 채우려는, 생명의 본질에 충실히 따르는 형이하학적 시대의 세태를 고려하면 이조차 요원한 말이 되지 않을까 싶다.

여하튼, 부처님 설법 중에 졸았다고 혼이 난 뒤로 잠을 자지 않아 실명까지 하게 됨으로써 심안이 열려 천안통(天眼通)의 일인자가 된 아니율타가 좋아하고, 그의 스승인 부처님이 좋아하는, 그 바름[正]이란 것이 과연 무엇인지, 명료하게 설명되지 않았기에 무엇을 두고 바르다고 말하는지 따져 볼 일이 하나 생겼다. 물론, 팔정도의 정(正)이 표본으로 부족함이 없지만 이 문제는 별도로 연구해 볼 필요가 있다고 생각한다.

한편, 「반니원경」에서는 부처님이 비구(수행자)들에게 요구한 여덟 가지 실천사항이 나오는데 이를 '팔행(八行)'이라는 한자어로 명명하였다. 그 내용인 즉 이러하다.

①마음을 다하여 부처의 경법(經法)을 받는다.
②애욕을 버리고 세상과 다툼이 없어야 한다.
③살생·도둑질·음행 따위를 하지 않는다.

④속이고 참소하고 아첨하며 나쁜 말로 꾸짖는 짓을 하지 않는다.

⑤질투하고 탐욕 내고 불신(不信)하지 않는다.

⑥항상 하지 않음[非常 : 無常]·고(苦)·공(空)·자신이 아님[非我 : 無我] 곧 '삼법인'을 믿고 생각한다.

⑦몸의 냄새나고 더럽고 깨끗하지 않음을 생각한다.

⑧몸을 탐내지 않고 마땅히 흙에 돌아갈 것이라고 알아야 한다.

어찌 보면, 가장 기본적인 내용이라 아니 말할 수 없다. 그러나 인간으로서 출가한 수행자들이라 해도 이 기본적인 것들을 온전히 지키지 못하는데 하물며, 속세의 속인들이야 말한들 무슨 의미가 있겠는가. 또한, 부처님의 말씀이라 해서 모두가 다 옳은 것도 아니고, 부처님의 요구사항이라 해서 모두 다 실천에 옮길 수 있는 것들도 아니다. 그래서 사람들은 적당히 계율을 지키고, 적당히 경전의 내용을 재해석하며, 아전인수 격으로 의미를 부여하면서 부처를 논하고 예수를 논하는 것이다.

- 2014. 08. 27./2017. 06. 08. 수정.

---

*아니율타(阿尼律陀) :

범어로는 Aniruddha, 팔리어로는 Anuruddha라고 표기되며, 경전에서는 아나율타(阿那律陀)라고도 표기되어 있는데, 阿尼卢陀·阿楼馱, 阿难律·阿楼陀 등의 다른 이름으로도 불렸다 한다. 그 뜻으로는, 无灭·如意·无障·无贪·随顺义人·不争有无 등이 되며, 부처님의 10대 제자 가운데 한 사람으로 고대인도 카필라 성 사람이다. 그에게 재미있는 일화가 있는데 그것은, 부처님 설법 중에 깊이 잠들었다고 혼이 난 뒤부터는 결단코 잠을 자지 않겠다고 굳게 약속하여 잠을 자지 않음으로써 끝내는 실명(失明)하게 되었지만 점차로 심안(心眼)이 열려서 천상(天上) 지하(地下) 육도중생을 능히 다 보는 능력이 생겨 제자들 가운데 천안(天眼)의 최고 일인자가 되었다 한다.

부처님이 좋아하는 정(正)·선(善)이란 말의 의미

부처님이 참으로 좋아하는 단어가 바로 '정(正:바른)'과 '선(善:착한)'이라는 수식어라 해도 틀리지 않는다. 그만큼 불경에서는 이 정과 선이 명사로서가 아니라 관형사로서 많이 쓰이고 있다는 뜻이다. 그 실례를 들어보자.

부처님이 도를 깨우친 후 녹야원에서 다섯 명의 수행자들에게 설법한 중도(中道)로서 팔정도(八正道)라는 것이 있다. 곧, ①정견(正見:바른 견해) ②정사유(正思惟:바른 생각) ③정어(正語:바른 말) ④정업(正業:바른 직업) ⑤정명(正命:바른 행위) ⑥정정진(正精進:바른 노력) ⑦정념(正念:바른 기억) ⑧정정(正定:바른 명상) 등이 그것인데, '바른'이라는 의미의 정(正) 자를 중요하게 썼지만 그 의미를 분명하게 밝히지는 않았다. 물론, 이들 외에도 바른 법[正法]이니 바른 지혜[正知慧]니 바른 행[正行]이니 하여 이 正(정) 자를 즐겨 사용했던 것만은 틀림없다.

뿐만 아니라, '착한'의 의미를 지닌 善(선) 자도 즐겨 사용했는데, '칠선법(七善法)'을 예로 들 수 있다. 이 칠선법은, 「성유경(城喩經)」에 나오는데, 마왕이 틈을 노릴 대상이 되지 않고, 또 악하고 착하지 않은 법을 따르지 않으며, 더러움에 물들지도 않고, 다시는 뒷세상의 생명을 받지 않게 되기 위해서 일곱 가지 착한 법인 칠선법(七善法)을 실천해야 한다고 주장했다. 그 내용인 즉 이러하다.

①견고한 믿음을 얻어 여래에게 깊이 의지하며, 믿음의 뿌리가 이미 확립되어 끝내 다른 사문(沙門) 범지(梵志) 혹은 천(天)이나 마군[魔]이나 범(梵)이나 다른 세간을 따르지 않는다. → 부처님에 대한 믿음 강조

②항상 스스로 부끄러워할 줄 알아, 악하고 착하지 않은 법은 더러운 번뇌로서 그것은 모든 악한 과보를 받고 생사의 근본을 만드는 것이므로 스스로 부끄러워 해야 할 것인 줄 안다. → 자치심(自恥心)

③항상 남에게 부끄러워할 줄 알아 악하고 착하지 않은 법은 더러운 번뇌로서 그것은 모든 악한 과보를 받고 생사의 근본을 만드는 것이므로 남에게 부끄러워 해야 할 것인 줄 안다. → 타치심(他恥心)

④항상 정진(精進)을 실천하여 악하고 착하지 않은 법을 끊고 모든 선법(善法)을 닦으며, 항상 스스로 뜻을 일으켜 전일(專一)하고 견고하게 하여 모든 선의 근본을 위해서 방편을 버리지 않는다. → 선(善)을 향한 정진(精進)

⑤모든 법*을 널리 배우고 많이 들어 익히기를 천 번에까지 이르고, 마음이 생각하고 관(觀)하는 바대로 밝게 보고 깊게 사무친다. 널리 배우고 많이 들은 것을 받아 지녀 잊지 않으며 쌓고 모으며 널리 듣는다. → 수습(修習)·기억(記憶)·불망(不忘) *법(法)이란 처음도 좋고 중간도 좋고 마지막도 또한 좋으며, 이치도 있고 문채도 있으며 청정함을 구족하여 범행을 나타내는 것임.

⑥항상 기억[念]을 행하되 바른 생각[正念]을 성취하고, 오래 전부터 익혀온 바와 오래 전부터 들은 바를 항상 기억[憶]하여 잊지 않는다. → 정사(正思)·정념(正念)·불망(不忘)·실천(實踐)

⑦지혜를 닦고 행하여 흥하고 쇠하는 법을 관하고, 이와 같은 지혜를 얻어서는 거룩한 지혜로 밝게 통달하여 분별하고 밝게 깨달아 그로써 진정 괴로움을 없앤다. → 지혜(智慧)·해탈(解脫)

위 인용문에서 보듯이 '악하고 착하지 않은'이라는 말이 선(善)의 반대말로 사용되고 있음을 어렵지 않게 눈치 챌 수 있다. 한편, 『중아함경』 속에 「선법경(善法經)」이 포함되어 있는데, 이 경에서는 수행자가 일곱 가지 법을 성취하면 '성현(聖賢)의 도'에 환희를 얻어서 '누진(漏盡)의 경지'에 나아가게 된다고 하면서, 그 일곱 가지를 언급했는데 ①지법(知法) ②지의(知義) ③지시(知時) ④지절(知節) ⑤지기(知己) ⑥지중(知衆) ⑦지인승(知人勝) 등이 그것이다. 그러니까, 부처님이 생각하는 '법(法)'이란 것도 바르고[正] 착해야[善] 한다는 것으로써 정법(正法)이니 선법(善法)이니 하는 말을 만들어 쓴 것으로 보면, 도(道)나 법(法)의 성격·양태·본질 등을 정과 선으로 파악했음을 알 수 있다.

그러나 그 바르고 착하다는 것이 구체적으로 무엇인지는 명료하게 설명하지 않고 있다. 부처님은 논설(論說)하는 철학자가 아니고 실천하는 사람이었기 때문으로 보이지만 사람들이 일반적으로 생각하고 있는 정이고 선일 것이라는 점만은 분명해 보인다. 선의 반대말로서 '악(惡)'과 '착하지 않음[不善]'이라는 말이 쓰이는 것으로 보면 말이다.

선이 무엇인지에 대해서는 단서가 전무하지는 않다. 선의 반대
말로 불선(不善)이란 말을 쓰고 있고, 그에 대한 개념이 언급된 경
이 분명히 존재하기 때문이다. 곧, 「대구치라경(大拘絺羅经)」에서
보면, 존자 대구치라(大拘絺羅)가 존자 사리자(舍梨子)에게 설명한
내용으로, '불선'과 '불선근'을 구분하였는데, 그의 불선(不善)이라
함은, 인간의 몸과 입과 뜻이 짓는 악행 일체이며, 그의 불선근이
란 번뇌의 근원인 탐(貪)·진(瞋)·치(痴)를 일컫는다고 하였다.

그러고 보면, 우리는 여기서 한 가지 사실을 확인할 수 있다. 그
것은 선하지 아니한 것은 불선(不善)이고, 그 불선은 곧 악(惡)이며,
그 악은 인간의 몸과 마음에서 비롯되는 것으로, 몸은 행위로 나
타내고, 입은 말로써 나타내고, 마음은 의도나 뜻인 욕구로써 나
타내는데, 그는 부처님의 가르침대로 신(身)·구(口)·의(意)라고
구분하였을 뿐이다. 그리고 삼독(三毒)을 악의 뿌리 곧 근원으로
본 데에는 그것이 모든 번뇌를 일으키는 인자(因子)로 보았기 때문
일 것이다.

그렇다면, 정(正)에 대한 단서는 없는가? 그 반대말은 부정(不正)
이 되지만 이 부정에 해당하는 속성으로 여러 가지가 경전 곳곳
에서 산발적으로 언급될 뿐이다. 예컨대, 부정(不淨)·오탁(汚濁)·
악(惡)·암(暗) 등이 그것이다. 다시 그렇다면, 우리는 유추해 볼
수가 있다. 정(正)이란 밝고[明], 깨끗하며[淨], 착하며[善], 악하지 않

은 것으로서 지혜로운 속성을 가진다는 것으로 해석할 수 있다. 그래서 그 결과는 항시 자타의 생명에게 피해를 끼치지 아니하며, 자비심으로 널리 베푸는 삶의 양태로 나타난다는 것이다.

- 2014. 07. 24./2014. 07. 26./2017. 06. 09.

---

*칠선법 : 경전의 내용[法]을 알고, 사람의 말뜻[義]을 알며, 자기 수준에 맞추어 수행 덕목을 결정하는 때[時]를 알고, 욕구를 통제 절제[節]할 줄 알며, 자기 자신의 위상[己]을 알고, 무리의 속성[衆]을 분별할 줄 알며, 수행자들의 수행 정도와 진실[人勝]을 아는 것이다.

여기서 말하는 법이란 정경(正經)·가영(歌詠)·기설(記說)·게타(偈)·인연(因緣)·찬록(撰錄)·본기(本起)·차설(此說)·생처(生處)·광해(廣解)·미증유법(未曾有法)·설의(說義) 등을 뜻하고, 뜻이란 말[言語]의 의미를 뜻하며, 때란 하상(下相)·고상(高相)·사상(捨相) 등을 닦을 시기이며, 절제란 온갖 욕구의 통제를 뜻하며, 자기라는 것은 수행 과정상의 자기 실상과 현 위치이며, 무리란 찰리(刹利)·범지(梵志)·거사(居士)·사문(沙門) 등 사람 됨됨이나 수행상의 신분이며, 사람의 잘나고 못남이란 사람의 장단점이 아니라 수행자의 수행 정도와 진실을 가늠하게 하는 요소들로 믿음·교류·존숭·경전에 대한 탐구욕·가르침 실천·홍익 등의 유무(有無)이다.

이 칠선법은 수행자들이 속한 조직이나 단체사회에서 스스로 닦아야 할 덕목으로 말해진 것이지만 이것을 착한 법인 선법(善法)으로 그 의미를 부여하였다.

육바라밀(六波羅蜜)

불교 경전들을 읽다보면 '바라밀(波羅蜜)'이라는 생소한 용어를 자주 접하게 되는데, 그것도 '육바라밀', '십바라밀'이라 하여 그것에 여섯 가지 혹은 열 가지가 있다 한다. 도대체, 바라밀이란 무엇이며, 그 여섯 혹은 열 가지 바라밀이란 무엇인가? 누가 알기 쉽게 설명해 줄 수는 없을까?

'바라밀(波羅蜜)'이란 고대인도 말 '파르미parami'에 대한 음차라는데, 이는 이쪽에서 저쪽 언덕[彼岸]에 이르고자 건너가야 하는 길이라는 뜻이라 한다. 그래서 경전에서는 부처님의 가르침을 배우고 깨우치기 위해서 수행하는 사람 곧 보살들이 그 목적을 달성하기 위해서 실천해야 한다고 하는 방법론으로서의 덕목을 일컫는다.

나는 이를 더 쉽게 설명하고 싶다. 이쪽에서 저쪽으로 가야 하는데 중간에 거친 물살의 강물이 가로막고 있다. 이때 강물을 건너게 도와주는 결정적인 역할을 하는 배 같은 것이 바로 바라밀이다. 부처님 시각에서 말하자면, 생로병사의 고통이 있는 세상에서 그것이 없는 세상으로, 어두운 무명의 세계에서 밝은 지혜의 세계로, 죄악과 욕심이 가득한 혼탁한 세상에서 그것이 없는 청정한 세상으로 건너가는 데에 결정적인 도움을 줄 수 있는 수단 또는 도구가 바라밀인 것이다.

바라밀에 대한 구체적인 설명은 「화엄경(華嚴經)」과 「금강삼매경」 등 여러 경전에 나오는데, 여섯 가지 바라밀[六波羅蜜]이란, ① 보시바라밀[布施波羅蜜] ②지계바라밀[持戒波羅蜜] ③인욕바라밀[忍辱波羅蜜] ④정진바라밀[精進波羅蜜] ⑤선정바라밀[禅定波羅蜜] ⑥지혜바라밀[智慧波羅蜜] 등을 일컫는다.

①보시바라밀[布施波羅蜜 : da^na -pa^ramita^]이란 '시바라밀', '다나바라밀'이라 하기도 하며, 물질과 가르침과 평안한 마음을 베풂이다. 곧 불교용어로 말하면 재시[財施] 법시[法施] 무외시[无畏施] 등을 솔선수범하듯 실천해야 한다는 뜻이다. 한 마디로 말해, 중생을 위해서 베풀어야 한다는 것이다. 이 보시바라밀에 대해서 「금강삼매경」에서는 욕심을 다 버려 청정한 마음과 깨달은 진실을 방편 삼아 말함으로써 중생을 이롭게 함이라고 설명한다.

②지계바라밀[持戒波羅蜜 : s/i^la -pa^ramita^]이란 '계바라밀', '시라바라밀'이라 하기도 하며, 나쁜 일을 하지 않고 나쁜 관계조차 맺지 않도록 늘 자기 성찰을 하면서 부처님이 주신 계율을 지키는 일이다. 이를 「금강삼매경」에서는 마음에 집착하거나 머묾이 없이 청정하게 하여 물듦이 없으며, 삼계에 집착하지 않음이라 설명한다.

③인욕바라밀[忍辱波羅蜜 : ks!a^nti -pa^ramita^]이란 '인바라밀', '찬리바라밀'이라 하기도 하며, 모욕이나 박해 등을 받더라도 참아내고 평소에 성냄이나 화를 잘 다스려야 한다는 것이다. 이를 「금강삼매경」에서는 공(空)한 법을 닦아 번뇌를 끊어서 일체의 존재[諸有]에 의지하지 아니하고 3업[業·身業·口業·意業]을 적정(寂靜)하게 하여 몸과 마음에 머무르지 않음이라 설명한다.

④정진바라밀[精進波羅蜜 : vi^rya -pa^ramita^]이란 '진바라밀', '비리야바라밀'이라고도 하며, 휘지도 굽히지도 않는 자세로 게으름을 피우지 말고 노력하는 태도를 말한다. 이를 「금강삼매경」에서는 이름과 수량을 멀리하고, 공(空)과 유(有)의 견해를 끊어서 5음[五蘊: 色, 受, 想, 行, 識 등]이 공함에 들어감이라고 설명한다.

⑤선정바라밀[禪定波羅蜜 : dhya^na -pa^ramita^]이란 '선바라밀', '선나바라밀'이라고도 하며, 온갖 번뇌로부터 벗어나 몸과 마음이 청정한 상태를 말한다. 한 마디로 말해서, 명상을 해야 한다는 것이다. 이를 「금강삼매경」에서는 공적(空寂)함조차 다 버리고, 일체의 공함(空)에도 머무르지 아니하며, 머묾 없는 데에 마음이 있는 상태라고 설명한다.

⑥지혜바라밀[智慧波羅蜜 : prajn~a^ -pa^ramita^]이란 '혜바라밀', '반야바라밀'이라고도 하며, 어리석음이나 우매함을 물리치고 진정한 진리를 깨달아 앎이다. 이를 「금강삼매경」에서는 마음의 모습[相]이 없기에 허공처럼 비움도 없으며, 모든 의지적 작용이 생기지도 않지만 적멸을 느끼지도 않는 상태라 한다. 다시 말해, 마음에 나가고 들어옴이 없이 바탕이 항상 평등하므로 가지가지 법의 실제(實際)는 모두 결정성(決定性)이므로 일체의 경지에 의지하지 않고 지혜에도 머무르지 아니함이라고 설명한다.

보살이 고통의 바다[苦海]를 건너기 위한 방법으로서 이 여섯 가지 도구를 지녀야 한다는 뜻인데, 일리가 있는 말이라고 생각한다. 먼저, 욕심을 버리고 가진 것으로써 베풀며, 부처님이 주신 계율을 잘 지키고, 타인의 모욕이나 박해 등을 받더라도 화내지 않고 잘 참아내며, 명상을 통한 무념무상의 청정한 세계로 자주 들며, 지혜로써 번뇌를 물리치는 수행에 전력투구해야 한다는 것이니 말이다.

그런데 「금강삼매경」에서는 이 육바라밀을 선(禪) 수행과 관련지어 설명하고 있지만 너무 관념적이어서 쉽게 동감·동의되지 않는 면이 없지 않다.

어쨌든, 이 여섯 가지 덕목에 방편바라밀[方便波羅蜜: 烏波野], 원바라밀[願波羅蜜: 波羅尼陀那], 역바라밀[力波羅蜜: 波羅], 지바라밀[智波羅蜜: 惹孃曩야양녕] 등 네 가지를 더해 십바라밀(十波羅蜜)이라 한다.

이 바라밀에 대해서 구체적으로 설명을 하고 있는 경이 「보리자량론(菩提資糧論)」이다. 내가 이 글을 쓸 때까지도 이 「보리자량론(菩提資糧論)」을 읽지 못했었다. 그러나 나는 2017년 06월에 일독할 수 있었다.

- 2014. 05. 28.

수행자를 왕의 위상으로
격상시켜 놓은 부처님 화법

  오늘날 절대다수의 사람들에게도 물질·권력·명예 등에 대한 욕망은 매우 크지만 이들 삼대 욕망이 실현된 왕(王)에 대한 선망이 고대인들에게는 유별나게 컸던 것 같다. 특히, 불교 경전 상에는 왕들이 아주 많이 나오는데 그 왕들 가운데에는 지상의 여러 부족국가 왕들도 있고, 우리가 확인할 수 없는 저승세계의 왕들도 있으며, 미래 불국토의 왕들까지도 언급되어 있다. 그래서일까, 부처님이 왕에게 설법하는 경우가 적지 않았고, 왕과 관련된 비유적인 수사(修辭)도 적지 않다.

  이 같은 현상에는, 부처가 왕자 출신이기에 왕과 왕실에 대해서 비교적 많이 알고 있다는 점과, 실제로 왕들의 요청으로 설법 강론함으로써 자문 역할을 해준 현실적인 이유도 작용했을 것으로 보인다. 뿐만 아니라, 그 지체 높은 왕들에게까지 설법을 하고 자문해 주었다는 사실을 통해서 부처님의 위상과 그의 가르침이 실로 위대하다는 점을 직간접적으로 시사해 주기 위함도 작용했을 것이다. 혹, 이런 배경 탓인지, 우리나라 역사 속에서도 불교가 융성할 때에는 최고의 원로스님에게 '왕사(王師)' 또는 '국사(國師)'라는 직위·직함을 주어 국정에 대한 자문 역할을 하게 했었다.

부처님이 왕자 출신이라는 것은 널리 알려져 있지만 그의 가르침에 귀를 기울여 큰 스님이나 큰 보살이 된 후대의 사람들 가운데에도 왕자 내지는 왕족 출신이 적지 않다는 사실은 아마도 잘 모를 것이다. 예컨대, 중국으로 건너가 중국 초대 선종의 조사가 된 고대인도 승 달마다로도 부처님처럼 왕자 출신이고, 중국에서 지장보살의 화신이 된 신라인 김교각이란 사람도 왕족 출신으로 기록되어 있다. 뿐만 아니라, 중국에서 경·율·론 등을 모두 합쳐 94부(部), 425(卷)을 번역하여 중국 불교 팔종지조(八宗之祖)로 널리 알려진 구마라즙(鳩摩羅什:Kumārajīva, 344~413)도 왕족 출신이다. 그의 아버지는 인도 바라문의 재상이었고, 어머니는 공주였다. 또한, 부처님의 10대 제자 가운데 한 사람인 아니율타(阿尼律陀)도 왕족 출신이다. 이처럼 왕자 내지는 왕족 출신이 아니면 불가(佛家)의 큰 인물이 될 수 없다는 말은 아니겠으나 왕족 출신이라는 사실이 강조되고 있는 점만은 틀림없다. 그만큼 왕족으로서 물질적 풍요와 권위로써 유복하게 살 수 있었음에도 불구하고, 그들은 그 좋은 조건들을 다 물리치고 부처님의 제자가 되었다고 강조하는데, 이는 부처님 세계에는 정치권력과 물질적 풍요 이상의 무엇인가가 있다는 점을 은연중 재확인시켜 주는 효과가 있기 때문이다.

『중아함경』속 「삼십유경(三十喩經)」에는, 왕이 서른 가지를 가지고서 화려하게 의식주 생활은 물론 국정을 살피는데, 수행자들도 마찬가지로 그 내용은 다르지만 서른 가지를 가지고서 산다는 비유적인 부처님 말씀이 기록되어 있다. 그 서른 가지만을 뽑아 놓으면 아래와 같다.

1. **계덕**(戒德)으로써 장엄하게 장식하는 도구를 삼느니라.

2. **금계**(禁戒)를 가지는 것으로써 범행의 으뜸으로 삼느니라.

3. **6근**(根)을 보호하는 것으로써 합문(閤門)을 지키는 사람으로 삼느니라.

4. **바른 생각**으로써 문을 지키는 장군을 삼느니라.

5. 자기 **마음**을 욕지(浴池)로 삼느니라.

6. 착한 **벗**을 목욕시키는 사람으로 삼느니라.

7. **계덕**으로 바르는 향을 삼느니라.

8. **부끄러워함**으로 의복을 삼느니라.

9. **4선**(禪)으로써 평상을 삼느니라.

10. **바른 생각**을 이발사로 삼느니라.

11. **기쁨**으로 음식을 삼느니라.

12. **법미**(法味)로써 음료수를 삼느니라.

13. **공**(空) **무원**(無願) **무상**(無相)의 세 가지 선정[定]으로써 꽃다발을 삼느니라.

14. **천실**(天室) **범실**(梵室) **성실**(聖室)의 세 가지 집으로 집을 삼느니라.

15. **지혜**로써 집을 지키는 사람을 삼느니라.

16. **4념처**(念處)로써 조세(租稅)를 삼느니라.

17. **4정단**(正斷)으로써 네 종류의 군사(軍士)를 삼느니라.

18. **4여의족**(如意足)으로 수레를 삼느니라.

19. **지관**(止觀)으로써 수레를 삼느니라.

20. **바른 생각**으로써 차 부리는 사람을 삼느니라.

21. 자기 **마음**으로써 높은 기[幢]를 삼느니라.

22. 편편하고 바른 **8지성도**(支聖道)로써 길을 삼아 평탄한 길을 따라 열반으로 나아가느니라.

23. **지혜**로써 주병신(主兵臣)을 삼느니라.

24. **지혜**로써 큰 정전(正殿)을 삼느니라.

25. 위없는 **지혜의 높은 궁전**에 올라, 자기 마음이 두루 하고 바르며, 부드럽고 연하며, 기뻐하고 악을 멀리 여읜 것을 관찰하느니라.

26. **4종성**(種聖)으로써 종정경(宗正卿)을 삼느니라.

27. **바른 생각**으로써 좋은 의사(醫師)를 삼느니라.

28. 걸림이 없는 **선정**으로써 정어상(正御床)을 삼느니라.

29. 움직이지 않는 마음의 **해탈**로써 명주보(名珠寶)를 삼느니라.

30. 자기 **마음을 관찰함**으로써 몸의 지극한 깨끗함으로 삼느니라.

이 짧은 문장들에 동원된 용어들이 오늘날의 사람들에게는 매우 낯설어 보이겠지만 수행자들에게는 귀가 솔깃해지면서 관심이 가는 화법임에는 틀림없다. 수행자가 왕처럼 산다거나, 왕처럼 살아야 한다고 말하면 이 말을 듣는 순간 자부심이 생기면서 귀담아 들을 것이기 때문이다.

그러나 그 구체적인 내용에 들어가서 하나하나 따지듯 새기어 보면, 수행자는 온갖 계율을 지키고, 선정 수행으로 정진하며, 몸과 마음을 늘 청정하게 하고, 마음과 현상을 대상으로 삼아 관찰로써 지혜를 얻어 번뇌 없이 겸손하게 살아야 한다는 부처님 가르침을 실현시켜 주는 요소들로 가득하다. 사실, 이들은 현실세계에서 사람들이 추구하는 복락과는 정반대되는 덕목들로서 실천에 옮기기가 쉽지 않은 것들이다.

　그럼에도 불구하고, 부처님은 수행자들의 시선을 끌고, 관심을 불러일으키면서, 자부심을 갖도록 왕의 일상적인 생활수단에 빗대어서 수행자가 갖추어야 할 덕목들을 일목요연하게 부각시켜 놓은 것이다. 물론, 부처님은 바다를 좋아하는 사람들에게는 바다를 좋아하는 이유가 있듯이 자신의 불법세계에도 그 바다와 같은 특성들을 두루 갖추고 있기에 사람들이 모여들어 바다 좋아하듯이 좋아한다는 멋진 수사적인 화법을 구사하셨지만 많은 사람들이 선망의 대상으로 여기는 왕과 수행자를 동격으로 여기는 듯한 이 화법 역시 탁월한 지혜의 능력에서 나온 것이라 생각된다.

　부처님이 제자들에게 원하는 바가 거의 다 종합되어 있는 위 서른 가지를 음미할 때마다 나는 우리 주변에 있는 불교 사원들에서 수행중인 '현실적인' 스님들을 떠올리곤 했었다. 오늘날, 우리의 사원들은, 한사코 죽은 자의 명복이나 빌어주고, 산 사람의 소원이나 비는 기도처나 하숙집 구실을 하고, 경전 속 어쭙잖은 지식 나부랭이를 팔며, 이런저런 명목으로 돈이나 구걸하거나 벌어들이는 사업장이 된지 오래되었고, 오히려 속가(俗家)의 사람들보다 더 감각적인 욕구를 즐기면서 추구하는 생활을 하는 곳이 되어 있다면 지나친 표현일까. 언제부턴가, 내 마음 속에는 이런 부정적인 생각들로 가득 차 있음을 알아차렸으니 아무래도 내가 먼저 눈을 씻고 귀를 막아야 할 것만 같다.

　- 2014. 08. 27./2017. 05. 12. 수정

청정한 깨달음을 방해하는 네 가지 요인

『중아함경』 속 「수정범지경(水淨梵志經)」에는 수행을 하는 데에 있어서 방해가 되는 잡초 같은 21가지 요인들*을 부처님이 수정 범지(梵志)에게 설명해 주었는데, 「대방광원각수다라요의경(大方廣圓覺修多羅了義經)」에서는 청정한 깨달음[圓覺]을 방해하는 인자들로 네 가지를 들고 있다. 그 네 가지란 ①망상(妄想), ②무명(無明), ③애증(愛憎:사랑하고 미워하는 마음), ④4상(相)에 대한 무지(無知) 등이다.

그렇다면, 이들 네 가지 인자들에 대한 기본적인 의미에 대해서는 잘 이해되도록 설명되었어야 하는데 해당 경전은 난해(難解)하기 짝이 없다. 그 난해성은 논리의 부재나 표현의 부적절성에서 오는 것과 나의 무지에서 오는 것이라 판단되지만 면밀한 분석이 요구된다.

그리고 청정한 깨달음을 방해하는 요인으로 망상·무명·애증 등 3가지는 다른 여타의 많은 경전들에서도 흔하게 언급되지만

'4상(相)'에 대한 언급은 상당히 낯설게 느껴진다.

　망상(妄想)이라 함은 나[我], 남[人], 중생(衆生), 수명(壽命) 등이 없는데 있다고 집착하는 태도와 마음의 작용을 말한다 하며, 무명(無明)이라 함은 지혜로운 눈이 없기에 생기는 온갖 그릇된 판단을 말함이다. 그리고 애증(愛憎)이라 함은 말 그대로 사랑하고 미워하는 마음이며, 4상(相)이란 아상(我相)·인상(人相)·중생상(衆生相)·수명상(壽命相)을 말한다 한다.

　- 2015. 03. 13.

---

*21가지 수행을 방해하는 잡초 같은 요인들 : 삿된 견해[邪見(사견)]/법 아닌 것에 대한 욕심[非法欲(비법욕)]/나쁜 탐욕[惡貪(악탐)]/삿된 법[邪法(사법)]/지나친 욕심[貪(탐)]/성내는 마음[恚(진)]/수면(睡眠(수면)/들뜨는 마음[掉悔(도회)]/의혹 또는 의심[疑惑(의혹)]/분노에 얽매인 마음[瞋纏(진전)]/말하지 않는 원한[不語結(부어결)]/인색함[慳(간)]/질투[嫉]/속임수[欺誑(사광)]/아첨[諛諂(유첨)]/자기에게 부끄러움을 느끼지 못하는 것[無慚(무참)]/남에게 부끄러움을 느끼지 못하는 것[無愧(무괴)]/거만함[慢(만)]/큰 거만함[大慢(대만)]/업신여김[憍慠(교오)(傲)]/방일(放逸)

4상(相)

'청정한 깨달음'을 방해하는 4가지 인자(因子)들 가운데 한 가지
가 바로 이 4상(相)에 대한 무지(無知)이다. 그렇다면, 이 4상이란
무엇인가? 경전에서는 이 네 가지 모습이 다 중생들의 망령된 마
음이 일으키는 것이라는데 구체적으로 어떠한 모습인가를 확인
하기 위해서 경전의 설명을 분석하자면 그만 이해하는 데에 한계
에 부딪치고 만다.

게다가, 이 4상을 분명히 알지 못하면, 아무리 애를 써서 도를
닦는다 해도 '유위(有爲)'일 뿐이며, 성인의 과(果)도 이루지 못한다
는 것이다. 도대체, 4상이란 무엇인가?

① **아상**(我相) : 집착으로 내 몸이 없는데 있다고 잘못 여기는
것으로, 스스로 깨달았다거나 열반했다고 말하는 것조차 다 아상
(我相)이라는 것이다. 내가 없는 데 무슨 깨달음이 있으며, 열반이
있느냐는 식이다. 이 아상의 개념을 설명하는 국역본과 중역본의

경전 내용은 아래와 같다.

어떤 것이 아상(我相)인가? 이른바 중생들이 (망령된) 마음으로 일
으킨 것이니라. 선남자야, 비유하건대 어떤 사람이 온몸[百骸]이 조
화롭고 건강할 때는 내 몸을 잊고 있다가, 사지(四支)에 문제가 생
겨 아프거나 몸조리를 잘못하여 병이 났을 때에 침을 놓거나 뜸
[艾]을 뜨면, 비로소 내가 있다는 것을 아는 것과 같나니, 그러므로
망령된 마음을 일으켜 취착(取着)하여서 내 몸이 있다고 잘못 여기
는 것이니라. 선남자야, 그 망령된 마음으로부터 여래에 이르기까
지 뚜렷이 안[了知] 청정한 열반까지를 증득하였다 하더라도 이는
모두 아상(我相)일 뿐이니라.
- 「대방광원각수다라요의경(大方廣圓覺修多羅了義經)」 국역본

云何我相? 谓诸众生心所证者。善男子， 譬如有人百骸调适,
忽忘我身， 四肢弦缓， 摄养乖方， 微加针艾则知有我， 是故证
取方现我体。善男子， 其心乃至证于如来、毕竟了知清净涅
盘， 皆是我相。
- 「대방광원각수다라요의경(大方廣圓覺修多羅了義經)」 漢譯本

② **인상**(人相) : 중생들의 망령된 마음이 일으킨 것을 깨닫는
것. 예컨대, 나[我]가 있다고 스스로 생각하면 아상(我相)이고, 나[我]
가 있다고 생각한 것이 망령된 것이므로 그에 집착하지 않는 것
이 인상(人相)이다. 심지어 진리를 깨우쳤다고 여기면 아상이고,
진리를 깨우쳤다는 생각 자체를 없앴다고 하면 인상(人相)이라는

것이다.

어떤 것이 인상(人相)인가? 이른바 중생들이 (망령된) 마음으로 일
으킨 것을 깨닫는 것이니라. 선남자야, 나[我]가 있다고 깨달은 이
는 다시는 나를 인정하여 집착하지 않거니와, 나가 아니라고 깨
달았을 때의 깨달음도 그와 같으니라. 깨달음이 일체 증득한 것을
초월했다 하더라도 모두가 인상일 뿐이니라. 선남자야, 그 마음이
내지 열반을 원만하게 깨쳤다 하더라도 그것은 다 아상(我相)이요,
조금이라도 깨달았다는 생각이 마음속에 남아있으면, 진리를 증
득했다는 생각을 모두 없앴다 하더라도 인상(人相)이라 하느니라.

云何人相? 谓诸众生心悟证者。善男子, 悟有我者, 不复认
我；所悟非我, 悟亦如是；悟已超过一切证者, 悉为人相。善
男子, 其心乃至圆悟涅盘, 俱是我者；心存少悟, 备殚证理,
皆名人相。

③ **중생상(衆生相) :** 중생들의 마음에 스스로 증득(證得)하거나
깨달음으로 미치지 못하는 것이라는데 쉬이 이해되지 않는다. 중
생들의 증득함과 깨달음은 모두 아상(我相)이고 인상(人相)이므로,
아상과 인상이 미치지 못하는 곳에 조금이라도 알았다는 생각이
있으면 중생상(衆生相)이라 한다. 실로 이해하기 어렵다.

어떤 것이 중생상(衆生相)인가? 이른바 중생들의 마음에 스스로 증
득하거나 깨달음으로 미치지 못하는 것이니라. 선남자야, 비유하

면 어떤 사람이 말하기를 '나는 중생이다'라고 한다면 곧 그 사람
이 중생이라 말한 것은 나[我]도 아니요, 남도 아니라는 것을 알 수
있나니, 어째서 나가 아니냐 하면 '나는 중생이다'라고 했기 때문
에 곧 나가 아니요, 어째서 남이 아닌가 하면, '나는 중생이다'라고
했기 때문에 남의 대상인 나가 아니니라. 선남자야, 다만 중생들
의 증득함과 깨달음은 모두 아상(我相)이요 인상(人相)이니, 아상
과 인상이 미치지 못하는 곳에 조금이라도 알았다는 생각이 있으
면 중생상(衆生相)이니라.

云何众生相? 谓诸众生心自证悟所不及者。善男子, 譬如有人
作如是言 '我是众生', 则知彼人说众生者, 非我非彼。云
何非我? 我是众生, 则非是我。云何非彼? 我是众生, 非彼我
故。善男子, 但诸众生了证了悟, 皆为我人, 而我人相所不及
者, 存有所了, 名众生相。

④ **수명상**(壽命相) : 중생들 마음의 비춤이 청정해졌을 때 각(覺)
으로써 알게 된 것.

어떤 것이 수명상(壽命相)인가? 이른바 중생들 마음의 비춤이 청정
해졌을 때 각(覺)으로써 알게 된 것이니, 일체 업의 지혜[業知]로는
볼 수 없는 것이 마치 목숨과 같으니라. 선남자야, 만일 마음으로
일체 깨달음을 비추어 보는 것은 모두가 번뇌[塵垢]일 뿐이니, 깨
달은 이와 깨달은 것이 번뇌를 여의지 못하였기 때문이니라. 마치
끓는 물로 얼음을 녹였을 적에 얼음이 다 녹은 줄로 알 만한 얼음

이 따로 있지 않은 것과 같나니, 나를 남겨 두고서 나를 깨닫는 것도 그와 같으니라.

云何寿命相？ 谓诸众生心照清净觉所了者，一切业智所不自见，犹如命根。善男子，若心照见一切觉者皆为尘垢，觉所觉者不离尘故。如汤销冰，无别有冰知冰销者；存我觉我，亦复如是。

- 2015. 03. 13.

범행(梵行)

　불교 경전을 읽다가 보면, '범행(梵行)'이란 단어가 곧잘 눈에 띈
다. 하지만 그 말의 의미가 무엇인지는 경전이 구체적으로 설명
해 주지는 않는다. 글자 그대로 해석하면, '깨끗한 수행'을 뜻한다.
하지만 너무나 포괄적으로 사용되고 있는 단어이기에 이렇게 풀
이해 왔다. 곧, 불교에서 깨달음을 얻기 위한 수행의 중요하고도
효과적인 방법으로서 인간이 갖는 온갖 욕구를 억누르고, 계율을
지키며, 자주 선정에 들어서 지혜를 구하는 일련의 과정이라고
말이다.

　그런데 근자에 내가 읽은 「법구경」 자인품(慈仁品)에서는, 이렇
게 설명하고 있다. 곧, ① "성나는 일 있어도 잘 참으면 그것을 범
행(梵行)이라 하느니라." 와 ②"지극히 성실하고 편안하고 고요하
며 입으로는 거칠거나 추한 말 하지 않고 남에게 성내지 않으면
그것을 범행이라 하느니라."가 그것이다. 이처럼 단정적으로 범
행의 의미를 설명하는 문장을 나는 기억하지 못하지만 이는 분명

좁은 의미의 해석으로 보인다.

　나는 이 시점에서 재정리해 두는 바이다. 범행이란, 온갖 번뇌의 근원지인 탐·진·치 삼독(三毒)을 제거하고, 계·정·혜를 구하는 수행상의 과정이라고.

- 2017. 03. 02.

하늘세상 = 천상 = 천국 = 극락

경전들을 읽다보면 귀에 익은 '극락(極樂)'이나 '천상(天上)'이라는 용어 말고, '하늘세상'이라는 용어와도 맞닥뜨리게 된다. 물론, 사람이 죽으면 선택된 자들만이 갈 수 있다는, 즐거움만 있다는 곳에 대한 비유적인 표현이다. 예수교 경전에서 말하는, 소위, '천국(天國)'인 셈이다.

물론, 요즘 사람들은 '하늘호수'니 '하늘정원'이니 하는 말들까지 만들어 쓰고 있지만 내 눈에는 즐거움만 가득하다는 그 하늘세상이나 천국이나 극락이나 할 것 없이 모두가 입에 넣어 맛볼 수 없는 뜬구름 같은 과자일 뿐이다. 그럼에도 불구하고, 많은 사람들은 스스로 그것에 결박된 채 살아간다.

예수는, 지상의 인간세상을 위해서 '사랑'이라는 큰 간판을 내걸었고, 그 사랑을 실천하기 위해서 겸손·인내·용서·각종 계율 지키기·묵상·기도 등을 요구하였다. 반면, 부처는, 지상의 인간세상을 위해서 '자비'라는 큰 간판을 내걸었고, 그 자비를 실천하기 위해서 겸손·인내·베풂[보시]·각종 계율 지키기·선정

[명상]·서원(誓願) 등을 요구하였다.

예수나 부처는 공히 천상이 아닌 지상의 인간세상을 위해서 사랑과 자비를 외쳤고, 그것을 실현시키기 위한 궁여지책으로 심판·부활(환생)·하늘세상[천국=극락]이라는 뜬구름 같은 과자를 만들어 주셨다.

그런데 오늘날 사람들은 지상에서의 삶보다 천상[하늘세상·천국·극락]에서의 삶에 더 큰 비중을 두고 살아간다 해도 틀리지 않는다. 한 마디로 말해, 현재보다는 미래에 더 큰 의미를 부여하며, 존재한다고 확신할 수 없는, 그래서 맛볼 수도 없는 뜬구름 같은 과자에 정신이 팔려있는 것이다. 다 욕심이 판단을 흐리게 한 탓이리라.

- 2017. 03. 02.

증상심(增上心) · 출리심(出離心) · 보리심(菩提心) 등에 대하여

불교 경전들을 읽다 보면, '보리심(菩提心)'이란 비교적 귀에 익은 용어가 곧잘 눈에 띈다. 그런가 하면, '증상심(增上心)'과 '출리심(出離心)'이란 아주 생소한 용어와도 맞닥뜨리게 되는데, 이들에 대한 개념 정리가 안 되어 있다면 이들이 무슨 말인지 의아스럽게 생각되기도 한다. 따라서 정리하고 넘어갈 필요가 있다고 나는 생각하는데, 그것들이 무엇인지를 아는 것은 하나도 중요하지 않다고 일축하는 사람도 있다. 그러나 이들은 공히 부처님의 불법세계를 이해하고 수행하는 목적이자 방법이기 때문에 그것들의 의미가 구체적으로 어떻게 부여되었는지를 알면 알수록 경전을 읽는 사람의 눈과 귀가 밝아지는 것은 사실이다.

우선, 쉬운 것부터 확인해 보자. '증상심(增上心)'이란 글자 그대로 해석하자면, 위로 더해지면 더해질수록, 위로 쌓이면 쌓일수록 좋은 결과를 낳는 마음이다. 쌓일수록 좋고 더해질수록 좋은 마음으로 무엇이 있겠는가? 이해하기 쉽게 예를 들자면, 선정 수행을 하고자 하는 의욕이나 능력이 그러하고, 계율을 지키려는 의지나 마음 등을 들 수 있다. 경전에 기술된 내용에 근거하여 구체적으로 말하자면, 네 가지 증상심이라 하여 선정 수행 4단계를 여러 경전에서 설명하는데, ①탐욕과 착하지 않은 법을 여의는 데에서 생기는 기쁨과 즐거움이 있되 감각기관의 각(覺)과 관(觀)이 있는 선정 수행 단계를 초선(初禪)이라 하고, ②각과 관이 이미 그쳐 안으로 고요히 한 마음[一心]이 된 상태에서 생기는 기쁨과 즐거움이 있는 단계를 제2선(第二禪)이라 하며, ③기쁨의 탐욕(貪欲)을 여의고, 평정하여 구함이 없으며, 바른 생각과 바른 지혜로써 몸에 즐거움을 깨닫는, 이른바 성인의 평정[捨]·기억[念]·즐거움에 머묾[樂住]·공(空)을 갖춘 단계를 제3선이라 하고, ④즐거움과 괴로움이 멸하고, 기쁨과 걱정의 뿌리까지도 이미 멸한 상태로서 괴로움도 즐거움도 없는[不苦不樂], 평정[捨]·기억[念]·청정(淸淨)만이 있는 단계를 제4선이라 하면서 이를 네 가지 증상심이라 했다.

마찬가지로,『중아함경』속「우바새경(優婆塞經)」에서는 백의성제자(白衣聖弟子) 곧 평신도가 얻는 네 가지 증상심을 설명했는데, 제1증상심으로는 '여래' 생각하기, 제2증상심으로는 '법(法)' 생각하기, 제3증상심으로는 '승가대중' 생각하기, 제4증상심으로는 '계[戒(계율)가 아니라 階(단계)임' 생각하기로 각각 정하고, 이를 평신도의 네 가지 증상심이라 했다. 유치한 얘기지만 조금 더 구체적으로 설명하자면, 여래는 무소착(無所著)·등정각(等正覺)·명행성위(明行成爲)·선서(善逝)·세간해(世間解)·무상사(無上士)·도법어(道

法御)·천인사(天人師)·불중우(佛衆祐)라 여기며 믿고, 세존께서는 법을 잘 말씀하시어 반드시 구경(究竟)에 이르러 번거로움도 없고 열(熱)도 없으며, 항상 있어서 이동하지 않는다고 여기고 믿는다. 그렇듯, 여래의 성중(聖衆·승가대중)은 잘 바르게 나아가며, 법을 향해 나아가며, 법답게 순행(順行)하며, 저 대중에는 진실로 아라하(阿羅訶)와 아라하로 나아가는 이가 있고, 아나함[阿那舍]과 아나함으로 나아가는 이가 있으며, 사다함(斯陀舍)과 사다함으로 나아가는 이가 있고, 수다원(須陀洹)과 수다원으로 나아가는 이가 있으니, 여래의 대중은 계[階(단계)·중국 한자 경전은 尸賴(시뢰)로 표기되었음. 잘못된 표기가 아닌가 싶음.]를 성취하고 삼매를 성취하였으며, 반야(般若)를 성취하고 해탈(解脫)을 성취하였으며, 해탈지견(解脫知見)을 성취하였으니, 공경할 만하고 소중히 할 만하며, 받들 만하고 공양할 만한 세상의 좋은 복전이라고 여기고, 또한 이 계(階)는 이지러지지도 훼손되지도 않으며, 더러움도 흐려짐도 없으며, 진실한 자리에 머물러 허망하지 않고, 성인께서 칭찬하는 것이니, 완전히 잘 받아 지니자고 생각하며 믿는다. 이렇게 네 가지에 대해서 믿고 생각하면 나쁜 욕심이 있어도 멸할 수 있고, 마음 가운데 착하지 않은 더러움과 시름 괴로움 걱정 슬픔 등이 있어도 소멸시킬 수 있게 된다고 말하면서 이를 평신도가 가져야 하는 네 가지 증상심으로 풀이하고 있다. 이처럼 평신도가 여래와 법과 승가대중과 계에 대해 각각의 의미를 부여하면서 선정 수행 4단계처럼 노력하면 노력할수록, 쌓아가면 쌓아갈수록, 많아지면 많아질수록, 깊어지면 깊어질수록, 올라가면 올라갈수록 정각(正覺)이라는 목표를 달성할 수 있으며 그에 효과적인, 좋은 방법이 된다는 것이 바로 이 증상심이다.

　'출리심(出離心)'이란, 글자 그대로 해석하자면, '떨어져 나오려는 욕구이자 그런 마음' 혹은 '밖으로 나와서 멀리 달아나려는 욕구이자 그런 마음'으로 풀이할 수 있다. 그렇다면, 무엇으로부터 떨어져 나오는 것일까? 그것은 다름 아닌 무명(無明)·번뇌(煩惱)·고통(苦痛) 등이다. 이 세 가지가 생기고 나오는 배경과 이유와 과정 등을 설명하기로 하면 또 길어지기 때문에 간단히 줄여서 말한다면, 생사를 거듭하는 윤회의 덫에 갇히는 것은 곧 고통이기 때문에 그로부터 벗어나기 위해서는 무명에서 먼저 벗어나야 하고, 그를 위해서는 지혜를 구해야 하며, 동시에 몸과 마음이 만들어내는 온갖 욕구 욕심으로부터 비롯되는 근심걱정 따위를 버려야 하는데, 그런 욕구·마음자세·노력 등 일체가 출리심인 것이다.

　그렇다면, 보리심이란 무엇일까? 글자 그대로 해석하자면, 보리(菩提) 곧 지혜를 얻고자 하는 마음과 그 마음을 실천에 옮기고자 하는 일체의 노력이 곧 보리심이다. 이처럼 상식적 수준에서의 의미 규정은 쉬우나 온갖 지혜(智慧:一切智)나 법(法:방법 또는 길)이 나오는 바탕으로서 보리심을 공(空)·진여(眞如)·실제(實際)라고 의미를 부여하게 되면 아주 복잡해지고 만다. 그러니까, 보리심이란 일체지를 깨달은 부처의 마음이라고도 풀이할 수 있는데 이쯤 되면 문제가 너무 복잡해진다. 그렇기 때문에 보리심의 의미를 풀이하는 경들이 따로 있을 정도이다. 그 실례를 들자면,「보리심관석(菩提心觀釋)」·「보리심리상론(菩提心離相論)」·「보리행경(菩

提行經)」·「보리자량론(菩提資糧論)」 등이 그것들이다.

　이미 이들을 일독한 사람으로서 간단히 소개하자면,「보리자량론(菩提資糧論)」에서는, 부처란 '지혜가 없음을 여읜 것'이라 했고, 보리란 '일체지지(一切智智)'라 했다. 바꿔 말해, 부처란 지혜를 깨달은 자이며, 동시에 일체지지 곧 보리를 얻은 자라는 뜻이다.「보리심관석(菩提心觀釋)」에서는, 보리를 일체지지의 근본으로서 이익심(利益心)·안락심(安樂心)·최상심(最上心)·법계선각심(法界善覺心) 등으로 불리며, 성품도 아니고 모양도 아니며, 나지도 않고 멸하지도 아니하고, 깨달음도 아니며 깨달음이 없는 것도 아니라고 규정하면서, 이를 명료하게 아는 것을 '보리심'이라고 했다. 한편,「보리심리상론(菩提心離相論)」에서는, 모든 중생들에게 윤회의 고통을 그치게 하고, 구제 받지 못한 자를 빠짐없이 구제케 하고, 해탈하지 못한 자들을 해탈케 하고, 편안함을 얻지 못한 자들에게 편안함을 얻게 하고, 열반을 얻지 못한 자들에게 열반을 얻게 하고자 '보리심'을 강조한다면서, 그것의 의미를 이렇게 부여하고 있다. 곧, 보리심이란 일체의 성품을 여읜 것으로 무생(無生:생기지 않음)하고 무상(無常:언제나 존재하는 것이 아님. 영원하지 않다는 뜻임)하기 때문에 그 자성이 허깨비 같으며, 깨닫는 주체[能覺]도 없고 깨달을 경계[所覺]도 없으며, 말로써 표현할 수 없지만[非語言道] 허공과 같은 최상의 진실이라고 했다. 이쯤 되면, 보리심이란 단순히 지혜를 얻고자 하는 마음과 그 노력이 아니라 이미 일체지지(一切智智)를 얻은 자의 마음이고 그것의 움직임 곧 작용이다. 도교(道敎)에서 말하는 도(道)이고, 불교에서 말하는 허공 같은 무(無)이며,

생사(生滅)를 초월하여 존재하는 그 무엇인 셈이다.

 이상의 설명에서 확인할 수 있듯이 증상심과 출리심은, 불법 수
행의 최종목표인 생사를 거듭하는 윤회의 덫으로부터 벗어나 불
고불락호청정념을 갖거나 내기 위한 방편으로서 그 수단이자 방
법인 것이고, 보리심이란 불법 수행의 최종 목적지로서 허공과
같은 자리이며, 함(爲)이 없지만 하지 않는 일이 없는, 상(相:모양 · 형
태라는 뜻임)을 초월한 위상(位相)의 마음 작용이다.

 - 2017. 06. 28.

「춘다경」에서 말하는 네 부류의 수행자

경집(经集) 사품(蛇品) 안에 들어있는 다섯 번째 경인 「춘다경[淳陀
经순타경]」에 아주 재미있는 이야기가 나온다. 대장장이 아들 춘다
가 부처님께 "세상에는 어떤 수행자들이 있습니까?"라고 묻자, 부
처님이 그에게 대답하기를 '네 부류의 수행자가 있지만 다섯 번째
는 없느니라'라고 말씀하신다.

그 네 부류의 수행자란, 중국 한자 경전에서는 ①승도자(胜道者)
②입도자(入道者) ③도중생활자(道中生活者) ④오도자(污道者)로 번역
표현되었는데, 조금 설명해야 이해될 수 있는 말들이다. 물론, 바
로 이어서 춘다가 다시 부처님께 그 네 부류의 수행자에 대해서
설명을 요구하는데 다행스럽게도 부처님께서 구체적으로 설명해
주신다. (사실, 이 경이 집필된 목적이라고 생각되지만) 곧, 승도자(胜道者)
란, 의혹을 뛰어넘고 번뇌의 화살로부터 벗어나 탐욕 없이 열반
을 즐기며, 천인세계로 인도하는 전도사[离烦恼箭度疑惑 乐趣涅槃无随
贪 天人世界为导师 佛说斯人胜道者]라 한다. 여기서 천인세계가 신의 세

계라 한다면 그 세계를 훤히 알고 있는 그래서 신과 거의 비슷하거나 대등한 품격을 갖춘 소위 '신격'이 여기에 해당한다고 보면 틀리지 않을 것이다. 그리고 입도자(入道者)란, 최상의 도를 알고서 그 도를 가르치되 의혹을 끊고, 흔들리지 않으며, 분별 있게 도를 설명하는[教中第一知第一 教中说法有分別 断疑不动之牟尼 第二比丘说入道] 사람이다. '보살'에 해당하지 않을까 싶기도 하다. 그리고 도중생활자(道中生活者)란, 생활을 하면서 허물이 없고 생각을 신중히 하되, 좋은 법문을 즐겨 들으면서 도에 의지하며 사는 사람[有自制念无罪句 亲闻法句诸善说 此是道中生活者 第三比丘为依道]이다. 믿음이 충실한 '거사(居士)'에 해당한다고 보면 틀리지 않을 것 같다. 그리고 오도자(污道者)란 좋은 일을 하는 것처럼 뒤집어 위장하고 사람들 속에서는 오만하며, 집의 명예를 더럽히며 신중하지 못하여 빈 소리로 아첨하고 무례한 사람[覆盖伪装行善务 众中傲慢污在家 虚谈谄谩不自制 非胜行者污道者]이다.

그런데 팔리어 경전을 직접 우리말로 번역했다는『숫타니파타 Sutta-nipāta』에는 ①길을 아는 자 ②길을 가리키는 자 ③길 위에 사는 자 ④길을 더럽히는 자 등으로 표현되고 있다. 아주 재미있는 표현이라고 생각한다. 하지만 얼핏 보아도 문제가 있어 보인다. '길을 가리키는 자'는 방향지시를 뜻하는 말[指]이지 그 내용을 가르치는[教] 말이 아니기 때문이다. 아마도, 이는 '가리키다'와 '가르치다'를 구분하지 못함에서 야기된 단순 실수인 듯싶다.

- 2014. 06. 19.

제 VIII 부

범지(梵志)

불교 경전 가운데에는 '범지(梵志)'란 생소한 용어가 곧잘 눈에 띄는데, 현재 내가 읽고 있는 『중아함경』에는 '범지품(梵志品)'이 있고, 그 안에는 '범지'에 해당하는 많은 사람들의 이름이 나온다. 예컨대, 비란야(毘蘭若), 두나(頭那), 바사타(婆私吒), 바라바(婆羅婆), 아섭화라연다나마납(阿攝邏延多那摩納), 울수가라(鬱瘦歌邏), 생문(生聞) 등이 그들이고, 그 외에도 많다.

경우에 따라서는, 범지(梵志)뿐만 아니고 이학(異學)·거사(居士) 등에 해당하는 특정인의 이름들을 따서 경전의 이름이 붙기도 했지만, 범지란 석가모니 부처님이 사시던 당시 고대 인도의 출신 성분을 뜻하는 사종성[四種姓 : ①범지(梵志) ②찰리(刹利) ③거사(居士) ④공사(工師)] 가운데 하나임에 틀림없고, 해당 경전에 기술된 내용에 의하면, 부모가 천거한 바로서 생(生)을 받음이 청정하며, 7대 동안 부모의 종족이 끊어지지 않았으며, 대대로 악이 없었고, 널리 듣고 모두 기억해 네 가지 경전을 환히 외우고, 인(因)·연(緣)·정(正)·문(文)·희(戱)의 5구설(句說)을 깊이 통달한 사람을 말한다.

이를 두고 범천의 아들로서 그 입에서 나왔으며, 범천(梵天)의 변화로 된 것으로 당대인들이 이해하였음을 알 수 있다. 오늘날 우리 시각에서 보면 그저 웃고 넘겨야 하는 이야기에 지나지 않지만 말이다.

그리고 이러한 범지에는 다시 다섯 종류가 있다는데, 그 다섯 종류의 범지란 ①범(梵)과 같은 범지 ②하늘과 같은 범지 ③범지의 경계를 넘지 않는 범지 ④범지의 경계를 넘는 범지 ⑤전다라(旃茶羅) 범지 등이 그것이다. 이 다섯 가지 범지에 대한 부처님의 구체적인 설명은 『중아함경』 속 「두나경(頭那經)」에서 확인할 수 있다.

그러나 이것은 어디까지나 썩은 지식에 지나지 않으며, 수행하는 데에 별 도움이 되지 않는다. 그저 참고하면 되는 이기에 이곳에 소개하지는 않겠다.

- 2014. 09. 16.

누(漏)

- 유루(有漏)・무루(無漏)・유루법(有漏法)・무루법(無漏法)・유루도(有漏道)・무루도(無漏道)・누진통(漏盡通)

경에서는 유루(有漏)니 무루(無漏)니, 유루도(有漏道)니 무루도(無漏道)니 하여 이 '누(漏)'가 자주 쓰이는데, 도대체 '누(漏)'라는 것은 무엇일까? 무엇 하나 시원스럽게 알려주지 못하는 내 마음이 답답할 뿐이다.

글자 그대로 해석하자면, 누(漏)는 '새어나오다', '새어나오는 구멍' 정도로 보면 틀림없다. 그렇다면, 새어나옴이 '있다', '없다'의 차이이고, 그 새어나옴이 있는 법・도냐 없는 법・도이냐의 차이인데 무엇이 새어나오며, 무엇이 새오는 구멍이라는 말인가?

『중아함경』속 「대구치라경(大拘絺羅經)」에서는 이 루(漏)에는 ① 욕루(欲漏) ②유루(有漏) ③무명루(無明漏) 등 세 가지가 있다 하였고, 「大毗婆沙論」에서는 이 세 가지 구멍에서 108번뇌가 나온다고 설명한다. 곧, 욕루(欲漏)에서 41종의 번뇌가, 유루(有漏)에서 52종의 번뇌가, 그리고 무명루(無明漏)에서 15종의 번뇌가 각각 나온다 한다. 그렇다면, 새어나오는 것은 분명 '번뇌'일 것이다.

내가 일독한 「좌선삼매경」에서는 뜬금없는 '무루(無漏)의 도(道)'라는 용어가 나온다. 줄여서 '무루도(無漏道)'라고도 하는데 물론, '유루도(有漏道)'의 상대적인 말로 쓰이고 있다. 그렇다면, 무루도는 무엇이고, 유루도는 또 무엇인가? 해당 경전에는 개념 정리가 되어 있지 않으므로 앞뒤 문맥을 따져서 풀이해야 하고, 또한 다른 여러 경전에서의 쓰임새를 따져 보아야 온전한 해석이 가능한데 경전 읽기와 이해에 개인차가 있기 때문에 이 용어에 대한 풀이도 제각각인 것이다.

누(漏)에 대해서는 이미 풀었음으로 번뇌가 새어나오는 도가 유루도이고, 그것이 온전히 차단되었거나 소멸되어 새어나오지 못하는 도가 무루도임에는 틀림없어 보인다. 여기서 도(道)란 수행법을 말한다.

재미있는 사실은, 이 '누(漏)'는 부처님이 인식한 인간의 '몸'과 관련되어 있다는 점이다. 부처님은, 인간의 몸이 지(地)·수(水)·화(火)·풍(風) 등 네 가지 원소로 구성되어 있다 했고, 색(色)·수(受)·상(想)·행(行)·식(識) 다섯 가지 기능이 있다고 했다. 뿐만 아니라, 몸과 마음을 깨끗이 하기 위해서 모든 번뇌의 근원인 탐·진·치 삼독을 없애고, 온갖 번뇌나 잡념으로부터 해방되어 현상을 관찰함으로써 지혜를 얻으려면 신(身)·수(受)·심(心)·법(法) 등 사념처(四念處) 수행을 하라 했으며[四念處觀], 인간의 몸은 온갖 더러운 것들로 가득 차 있는 '가죽 주머니' 정도로 여기면서 몸을 두고 '더러운 그릇이라 아홉 구멍에서 항상 더러운 것이 흐른다'라고 강조하였던 것이다.

이런 부처님의 가르침을 구체화시켜 「좌선삼매경」에서는 그런 몸으로부터 비롯되는 번뇌[탐·진·치·정신작용(思覺)·등분(等分) 등]를 물리치기 위해서 계율을 지키고[戒], 선정에 들고[定], 지혜를 구해야 한다[慧]면서 '부정관(不淨觀)'과 '무상관(無常觀)'을 많이 강조하였다.

이러한 내용을 전제한다면, '무루법' 혹은 '무루도'란, 인간의 몸을 부정(不淨)한 것으로 여기고, 나[我]라고 하는 실체가 없다고 여겨 몸과 마음의 욕구를 없앰으로써 온갖 번뇌로부터 자유로워지고 심신의 청정을 유지하는, 소위 '불고불락호청정념'의 상태로 들기 위함을 목표로 하는 수행법이라고 풀이할 수 있다. 따라서 '유루법' 혹은 '유루도'란 그 무루도를 성취하지 못한 단계에서의 수행과정이라고 말할 수 있다.

모든 번뇌를 소멸시켜서 새어나옴이 다한, 아니 그것이 없는, 끊어진 상태를 마음대로 누리는 능력을 '누진통(漏盡通)'이라 하여 부처가 된 자만이 가질 수 있는 여섯 가지 신통력 가운데 하나로 말들을 하는 이유를 알 것 같다.

- 2014. 01. 15./2014. 08. 06./2017. 05. 20. 수정

미증유(未曾有)

불경(佛經)을 읽다 보면 '미증유(未曾有)'라는 생소한 말과 자주 마주치게 된다. 이때 미증유라는 말은 수식어로서 '전에 있지 아니한'이라는 뜻으로 어떤 명사 앞에 붙는다. 예컨대, 미증유인연경(未曾有因緣經)이나 미증유법(未曾有法) 등이 그 예이다. 특히,『중아함경』속「욱가장자경(郁伽長者經)」과「수장자경(手長者經)」에서 부처님이 직접 이들 두[욱가·수] 장자에게 여덟 가지 미증유법이 있다고 말한 데에서 쉽게 찾을 수 있는데, 이때의 의미는 '예전에 없던 희귀한' 이라는 뜻으로 쓰였다.

부처님이 수행자들에게 말한, 수 장자에게 있다는 8가지 미증유법이란 ①욕심이 적고[少欲] ②믿음이 있으며[信] ③제 자신에 대한 부끄러움[慚(참)]이 있고 ④다른 사람에 대한 부끄러움[愧(괴)]이 있으며 ⑤정진(精進)이 있고 ⑥생각[念]이 있으며 ⑦선정[定]이 있고 ⑧지혜[慧] 등이라 했고,

욱가 장자가 자신의 집을 방문한 아난[부처님의 侍子(시자)]에게 스스로 가지고 있다는 8가지 미증유법은 ①출가(出家) 구도(求道)하여 깨달음을 얻고, 범행을 마쳐 후세의 생명을 받지 않는다는 참 뜻을 이해하고자 하는 함[불법(佛法)에 대한 이해(理解)와 실천(實踐)] ②수행자[비구(比丘)]들에게 예를 갖추어 대하되 설법을 듣거나 하며, 동시에 질문을 하거나 답하기도 함[예(禮)로써 수행자들과 교류함] ③베풀[보시(布施)] 때에는 차별하지 않음 ④깨끗한 지혜로써 사람들이 원하고 즐기고 바라는 바를 따르지 아니하며 오로지 부처님의 가르침을 믿고 따름 ⑤욕심을 버림 ⑥모든 악법을 버리고 선법을 좇음 ⑦제4선을 성취하여 불고불락호청정념에서 자유를 누림 ⑧정성껏 공양함 등이라 했다.

- 2014. 08. 13~14.

주도수(晝度樹)

불경(佛經) 가운데에는 한자로 '晝度樹(주도수)'라는 생소한 나무 이름이 나오며, 그 이름을 따서 '주도수경(經)'이란 것까지도 있다. 이 주도수경에서는, 새싹이 돋아나고, 그것이 자라 무성해지고, 자그만 꽃 봉우리가 맺히고, 그 꽃 봉우리가 활짝 피어나고, 드디어 나무 전체에 그 꽃들이 만발함으로써 빛과 향기가 온 세상에 드리운다는 대 전제 아래에서 선 수행의 4단계를 빗대어서 말하고 있다. 초선 · 2선 · 3선 · 4선을 설명하고 있다. 이 선정 수행 단계에 대해서는 언급할 기회가 많음으로 여기서는 생략하기로 하고, '주도수'라는 나무에 대하여 소개하고자 한다.

'晝度樹'라 함은, '낮처럼 밝게 하는 나무'라는 뜻으로 파리질다〔波利質多, parijata〕라고 하는 나무 이름의 의역(意譯)이다. 쉽게 말해, 산스크리트어 'pārijāta'의 뜻을 중국 한자로 '晝度樹'로 바꾸었고, 그 소리로는 '波利質多'로 바꾸었다는 것이다.

이 파리질다는, 그 뜻으로는 '晝度樹(주도수)' 외에 圓生樹(원생수
: 원만하게 돌아가며 환생하여 영생한다는 뜻) · 香遍樹(향편수 : 꽃이 만발하면
그 향기가 온 세상에 두루 퍼진다는 뜻) · 天樹王(천수왕: 나무 가운데 왕이라는
뜻) 등으로도 번역되기도 했다.

그리고 보면, '주도수 = 원생수 = 향편수 = 천수왕 = 파리질다'
라는 등식이 성립한다.

파리질다(波利质多)는 산스크리트어로 pārijāta, pārijātaka,
pāriyātraka이고, 팔리어로는pāricchattaka라 한다. 경전[불교
세계]에서는 도리천(忉利天)의 선견성(善见城) 동북 모서리에 있다
는, 상상 속에서 인간의 이상이 부여된 나무 이름이며, 한자 경전
에서는 '婆利质多罗树' 외에 여러 가지 다른 이름들[波利耶怛罗拘陀罗
树 · 波利耶多树 · 婆疑质垢树 · 婆利耶怛罗拘陀罗树 · 婆唎耶呾罗拘毗陀罗树 · 婆
利阇多迦树]로 언급되어 있다. 어디까지나 믿거나 말거나이지만, 잡
란원(杂乱园)과 환희원(欢喜园) 사이에 있으며, 그 나무둘레가 7유순
(由旬), 높이가 100유순, 가지와 잎이 사방으로 50유순이고, 그 나
무 · 뿌리 · 줄기 · 가지 · 잎 · 꽃 등에서 향기가 나며, 그것은 도리
천궁을 두루 감싼다 하며, 이 나무에게는 신령이 깃들어 있어 '漫
陀'라 하며, 삼십삼천을 즐겁게 한다고 한다. [별도로 풀어주어야 하는
용어들이 적잖이 사용되고 있기 때문에 이렇게 정리 설명해도 일반 독자들에게는
역시 '귀신 씨 나락 까먹는 소리'로 들릴 것이다.]

과학적으로는, 학명이 Erythrina indica이며, 콩과식물이다. 잎

은 우상(羽狀)이고, 꽃은 긴 이삭 모양의 다홍색 또는 붉은 빛깔이며, 전체적인 나무 모양새는 책호(珊瑚)모양이어서 일명 '책호수(coral tree)'라 한다.

『중아함경』속 「주도수경(晝度樹經)」에서는, 삼십삼천(三十三天)에 있다는 주도수(晝度樹)가 새싹을 틔워 자라다가 시들어 떨어지고, 다시 새잎이 돋나나고, 가지가 뻗고, 꽃봉오리가 맺히고, 활짝 피어나는 과정을 '엽황(葉黃)-엽락(葉落)-엽환생(葉還生)-생망(生網)-생여조훼(生如鳥喙)-진부개(盡敷開)'란 이름으로 표현하면서 사람이 불가(佛家)에 입문하여 선정 수행을 닦아 4선을 이룸으로써 번뇌가 다한 상태로 변화·발전하는 과정으로 빗대어 놓았다. 그러니까, 주도수를 부처님으로, 주도수꽃을 부처님 그늘 밑으로 모여 뜻을 이룬 중생들로 빗대었고, 그 주도수가 자라 꽃을 만개시키는 과정을 입문한 중생들이 단계별 선정수행을 함으로써 비로소 모든 번뇌로부터 벗어나 자유로워진 해탈의 경지로 빗대어 설명하였다. 물론, 불교 교리나 수행 자세나 그 결과 관련 비유어로서 언급되고 있는 꽃들은 연꽃을 비롯하여 수없이 많다.

- 2017. 05. 01. 수정

삼법인(三法印)

'삼법인'이라는 말을 누가 언제 어디에서 처음 사용했는지 아직 확인을 못했지만 나는 이 용어에 대하여 이렇게 이해하고 있다. 세 가지 법은 법이로되 도장을 찍어서 보증하는 법이라는 뜻이다. 그러므로 삼법인이란 불교의 종지 중에 종지가 되며, 그 불교의 모든 가르침의 바탕이자 대 전제인 것이다.

그렇다면, 그것이 무엇일까? 우리나라는 중국에서의 그것[①諸行无常 ②諸法无我 ③涅槃寂静]을 그대로 받아들여 제행무상인(諸行無常印)·제법무아인(諸法無我印)·열반적정인(涅槃寂靜印)이라 말한다.

그런데 미얀마 스님의 말이 기록된 『수행과 지혜』라는 책에서는 ①무상(無常) ②고(苦) ③무아(無我)라고 한다. 삼법인을 불교의 모든 가르침의 바탕이자 대 전제라고 생각한다면 열반적정이 아니라 고(苦)가 맞다. 무상·무아와 열반이 동일 선상에 놓여서는 안 되기 때문이다.

여하튼, 경전에 기록된 부처님의 말씀을 전제한다면, '무상(無常)하고, 무아(無我)이며, 고(苦)'라고 인간세상을 인식한 것만은 틀림없는 사실이다. 솔직히 말해, 나는 이 삼법인 자체를 그대로 받아들이지 않고 있지만 말이다. 내가 왜 이를 받아들이지 않는지에 대해서는 별도의 글이 필요하다. 시시때때로 변하고 무상하여 종국에는 사라지고 마는 (인간) 존재라 할지라도 그 자체로서 실체이며 실재하는 것일 뿐만 아니라, 고(苦)만 있는 게 아니라 낙(樂)과 희(喜)도 함께 있기 때문이다.

- 2014. 07. 05.

사사섭(四事攝)

『중아함경』속「수장자경(手長者經)」에 '사사섭(四事攝)'이란 말이 나온다. 네 가지 섭[攝:굳게 지켜야 할]해야 할 일[事]이 있다는 뜻인데, 굳게 지켜서 지녀야 할 네 가지 일이란 ①은혜롭게 베푸는 것[惠施(혜시)], ②부드럽고 고운 말을 사용하는 것[愛言(애언)], ③이익 되게 행동하는 것[利行(이행)], ④행동을 같이 하는 일[等利(등리)]이라고 풀이하고 있다. 부처님이 수 장자에게 어떻게 해서 오백여 명이나 되는 많은 대중들을 거느리게 되었느냐고 물었을 때에 수 장자가 위 네 가지를 통해서였다고 대답하는 내용에서였다.

그러나 중국에서는 이를 '사섭법(四攝法)'이라 하여 ①布施(보시) ②愛语(애어) ③利行(이행) ④同事(동사)라고 표현한다. 그리하여 布施攝·愛語攝·利行攝·同事攝 등을 四攝法이라 한다. 물론, 보시에는 재시(財施)·법시(法施)·무외시(無畏施) 등 세 가지가 있고, 애어(愛語)라고 하는 것은 온화하고 유연한 말로써 기쁨을 주는 말이라 하며, 신(身)·구(口)·의(意) 삼업(三業)으로 짓는 선행(善行)으로써 중생에게 이익이 되는 일을 이행(利行)이라 하며, 법안(法眼)으로써 중생의 근성(根性)을 바르게 보고 그들로 하여금 도에 의지하여 진리를 얻게 하는 일로써 중생과 함께 하는 것을 동사(同事)라 한다.

현실적으로 간단히 말하면, 수 장자처럼 많은 사람[제자]들이 믿고 따르도록 하려면[그들을 거느리거나 지휘·통솔하려면] 네 가지 조건을 갖추어야 하는데, 그것이 바로 베풂과 부드러운 말씨와 모두에게 이로운 행동과 동고동락하는 기본적인 자세가 되어 있어야한다는 뜻으로 이해하면 될 것 같다. 이는 오늘날의 크고 작은 단체나 조직의 리더가 갖추어야 하는 리더십의 요건 가운데 일부가된다는 점에서도 깊이 새겨 볼 만하다.

- 2014. 08. 12.

사식(四食) 혹은 구식(九食)에 대하여

→

「대구치라경(大拘絺羅經)」에 '사식(四食)'이라는 용어가 나온다. 하루에 네 번 식사를 한다는 뜻이 아니라 존자 사리자의 질문을 받고서 존자 대구치라가 대답한 내용이지만, ①식(食)의 참뜻과, ②원인과, ③없어짐[滅]과, ④그 방법 등을 알아야 한다고 하면서 한 말이다. 곧, 식(食)의 참뜻을 아는 것에 대해서는 그 식의 종류 4가지를 아는 것이라 했고, 식의 원인에 대해서는 사람이 먼저 존재함으로써 식이 있다고 아는 것이고, 식의 없어짐에 대해서는 사람이 죽으면 자연히 식도 그친다는 것을 앎이며, 식이 멸하는 도에 대해서는 8지성도(支聖道)를 아는 것이라' 했다. 다소 이해하기 어려운, 아니, 어렵다기보다는 의외에 답변을 늘어놓은 격인데, 여기서 주목할 만한 것은 네 종류의 식사 내용이다. 곧, 단식(搏食)·갱락식(更樂食)·사식(思食)·식식(識食)이란 용어 자체가 아주 생소할 뿐 아니라 이것들이 구체적으로 무엇인지에 대해서 매우 궁금한데 문제는 일체의 설명이 없다는 데에 있다. 그래서 「아비달마구사론(阿毘達磨俱舍論)」 같은 논설이 나오는 것이지만 나는 아직도 충분히 이해하지 못하고 있다.

문제의 이 '사식'을 이해하려면 먼저, 경전의 수사학적 표현에 대한 기본적인 이해가 전제되어야 할 것 같다. 예컨대, 생로병사(生老病死)의 길을 가는 보통 사람들의 생물학적인 몸을 '색신(色身)'이라 하고, 그러한 삶이 이루어지는 세상을 '세간(世間)'이라 한다면, 그 생로병사를 초월하고자 도(道)의 길을 가는 수행자 마음이 지향하는 몸을 '법신(法身)'이라 하고, 그러한 삶이 이루어지는 세상을 '출세간(出世間)'이라 한다는 식의 비유적인 어법이다.

이러한 어법을 전제로 세간의 색신을 위한 식사와 출세간의 법신을 위한 식사가 구분되어 흔히, 세간의 식사로는 그 사식(四食)을 말하고, 출세간의 식사로는 오식(五食) 곧 禪悅食(선열식) · 法喜食(법희식) · 願食(원식) · 念食(염식) · 解脫食(해탈식) 등을 말하는데, 이를 합쳐서 '구식(九食)'이란 용어까지도 등장한다. 마치, 선정 수행 단계를 4단계 혹은 8단계로 구분했듯이 먹는 문제를 가지고도 이렇게 나누어 말하고 있는 것이다. 참으로, 번뇌를 유발시키기에 경계해야 한다는 '등분(等分)하기'를 좋아하는 것 같다는 생각이 들며, 지나칠 정도로 현학적이고 관념적인 말장난을 즐기는 것 같은 의구심마저 드는 것이 사실이다.

도대체, 무엇을 두고 사식(思食) · 식식(識食)이라 하며, 선열식(禪悅食) 법희식(法喜食) 원식(願食) 염식(念食) 해탈식(解脫食)이라 하는가? 내 딴에 여러 경전들을 섭렵했지만 역시 역부족으로 나는 이들에 대해 명료하게 설명할 수가 없다.

그럼에도 불구하고, 현재까지의 내 능력으로써 굳이 유추해 보
건대, 다소 위험부담은 있으나 이렇게 설명하고 싶다. 곧, 단식[搏
食(뭉칠 단)]이라 함은, 단식(段食) · 조식[抓食(움켜쥘 조)] · 췌식[揣食(젤
췌, 미루어 생각할 췌)]이라고도 하는데, 글자 그대로 풀이하자면 지은
밥을 손으로써 작고 둥글게 뭉쳐서 먹는, 최소한의 물질적인 식
사를 말한다. 그 맛과 향과 감촉 등 감각적 욕구를 어느 정도 충족
시키는 식사로서 몸 안으로 들어간 그것은 인간의 6근[眼 · 耳 · 鼻 ·
舌 · 身 · 意]이 작용하는 데에 이롭게 하는 동력원이 된다. 간단히
말해서, 세간의 사람들이 심신을 위해서 먹어야하는 최소한의 열
악한 식사라고 보면 틀리지 않는다. 이런 유습은 지금도 동남아
불교국가들에 남아 있다.

그리고 갱락식(更樂食)이라 함은, 촉식(觸食)이라고도 하는데, 육
근의 욕구를 충족시켜 주기 위한 보다 적극적인 식사로서, 뜨겁
고 차가운 것, 부드럽고 거친 것, 기름지고 건조한 것 등 다종다양
한 음식을 즐기는[食食], 육감[六感=六根=六識 : 眼識 · 耳識 · 鼻識 · 舌識 ·
身識 · 意識] 만족을 위한 식사라고 볼 수 있다. 오늘날 대다수의 사
람들이 즐기는 심신을 위한 적극적인 식사인 셈이다. 따라서 단
식과 촉식은 몸과 마음을 위한 물질적인 식사라 할 수 있다.

사식(思食)이라 함은, 사념식(思念食)이라고도 하는데, 물질이 아
닌 정신적인 식사로서 마음속의 생각으로써 하는(먹는) 비물질적
인 식사 가운데 하나로, 자신의 식욕을 입으로써 물질적 음식을
먹어 충족시키지 아니하고 사유하는 것으로써 대신함을 말하지

않을까 싶다. 그리고 식식(識食)이라 함은, 역시 물질이 아닌 정신적인 식사로서 육근의 기능을 생각함으로써 물질적 식사를 대신하는 추상적인 식사 가운데 하나로, 자신의 인지기능 곧 앎[知慧]을 추구하는 노력으로서의 식사를 말하지 않나 싶다. 따라서 사식과 식식은 몸과 마음을 위한 비물질적인 식사라고 할 수 있다.

　그렇다면, 출세간의 식사라고 하는 오식은 또 무엇인가? 선열식(禅悦食)이라 함은, 선 수행자가 선근(善根)과 혜명(慧命)을 증장(增長)시켜 물질적 식사보다도 선정(禪定)의 즐거움을 우선시 하고 누리는 것을 말한다. 그리고 법희식(法喜食)이라 함은, 선근(善根)과 혜명(慧命)을 증장시켜 가며 불법(佛法)을 듣고 이해함으로써 생기는 기쁨을 우선시 하고 누리는 것을 말한다. 그리고 원식(願食)이라 함은, 수행자가 번뇌를 끊고 중생도에서 벗어나 '보리심'을 얻기 위해 크게 서원(誓願)을 세우고 정진하는 수행자 삶의 즐거움을 우선시 하고 누리는 것을 말한다. 그리고 염식(念食)이라 함은, 선근(善根)과 혜명(慧命)을 증장시키고 '출세선법(出世善法)'을 얻어 청정한 마음을 한결같이 유지하고 지키는 즐거움을 우선시 하고 누리는 것을 말한다. 그리고 해탈식(解脱食)이라 함은, 선근(善根)과 혜명(慧命)을 증장시키고 생사(生死)의 속박으로부터 벗어나 '출세성도(出世聖道)'를 이루는 즐거움을 우선시 하고 누리는 것을 말한다. 이들은 공히 입으로써 먹는 물질적인 식사가 아니라 마음으로써 추구하는 수행의 목표를 단계적으로 성취하여 누리는 과정에서 오는 즐거움을 먹는 정신적인 식사인 것이다.

　'무슨 놈의 식사에 이런 해괴한 종류가 있단 말인가?' 하고 의아스럽게 생각해 볼 수도 있으나 큰 틀에서 보면, 도를 추구하는 수행자 기준에서 보아 발전적인 단계에 맞추어진 즐거움이나 성취감을 누리는 것을 먹는 식사로 빗대어 말한 것이 아닌가 싶다. 흔히 종교 경전에서는 이런 유형의 비유법이 차지하는 비중이 높을 뿐 아니라 문학적 수사(修辭) 없이는 경전 집필자의 이상(理想)이 기록될 수 없다고 본다. 간단명료하게 말해서, 몸을 위해서는 '빵[물질=음식]'을 먹어야 하지만 정신을 위해서는 그 물질 대신에 정신적인 깨우침의 즐거움을 구하여 먹는다는 뜻으로 받아들이면 무리가 없을 듯 보인다.

- 2014. 07. 31./2017. 06. 13.

---

*이 글은 불교 경전에 대한 이해 부족으로 필자의 일방적인 해석이 될 수 있음을 부인하지 않는다.

수미산(須彌山 : Sumeru)

「아비달마구사론」(존자 세친 지음, 삼장법사 한역, 권오민 국역) 제8권 '분별세품'에 의하면, 세상 곧 우주가 어떻게 짜여있는가를 상세하게 기술하고 있는데, 그것에 의하면 '기세간(器世間) 3계(界)'론으로 요약된다. 기세간이 일종의 하드웨어라면, 3계는 소프트웨어인 셈인데, 기세간은 세상을 떠받치고 있는 기둥 위로 9산(山)·8해(海)·4대주(大洲)가 있고, 3계는 밑에서부터 욕계(欲界)·색계(色界)·무색계(無色界)로 되어 있다 한다.

기둥은 원통형이며, 밑으로부터 풍륜·수륜·금륜으로 연결되어 있고, 금륜 위 중앙으로 수미산이 솟아 있다. 이 수미산은 '묘고산'이라고도 하며, 금·은·패유리·수정 등 4가지 보배로 되어 있으며, 신이 머무는 궁전이 있다 한다.

그리고 이 수미산은 8산·8해·4대주로 둘러싸여 있는데, 8산이란 유건달라·이사타라·걸지낙가·소달려사나·알습박갈라·비나달가·니민달라·천륜위 등으로, 유건달라에서 니민달라까지를 '내산(內山)'이라 하며 모두 금(金)으로 되어 있다 한다. 그리고 천륜위를 외산(外山)이라 한다.

8해(海)란 여덟 가지 공덕수(달고, 차가우며, 부드럽고, 가벼우며, 맑고 깨끗하며, 냄새나지 않고, 마셔도 목구멍에 손상되지 않으며, 배가 아프지 않음)로 되어 있는 7해 곧 '내해(內海)'와 짠물로 차있는 1해 곧 '외해(外海)'로 되어 있다.

4대주란 남쪽의 섬부주, 동쪽의 승신주, 서쪽의 우화주, 북쪽의 구로주 등이며, 섬주부 밑에 8한(寒) 8열(熱) 지옥이 있다 한다.

욕계란 6욕천, 8대지옥, 4대주, 방생과 아귀의 처소 등을 합쳐 20처(處)로 되어 있는데, 6욕천이란 사대왕중천 · 삼십삼천 · 야마천 · 도사다천 · 낙변화천 · 타화자재천 등이며, 8대지옥이란 등활지옥 · 흑승지옥 · 중합지옥 · 호규지옥 · 대규지옥 · 염열지옥 · 대열지옥 · 무간지옥 등이다.

그리고 욕계 위에 있는 색계란 4정려로 되어 있는데, 제1정려로부터 제3정려까지는 각각 3처가 딸려 있으며(3×3=9), 제4정려만 8처가 딸려 있다. 곧, 무운천 · 복생천 · 광과천 · 무번천 · 무열천 · 선현천 · 선견천 · 색구경천 등이 그것이다. 그리고 제1정려에 딸린 3처란 범중천 · 범보천 · 대범천 등이고, 제2정려에 딸린 3처란 소광천 · 무량광천 · 극광청천 등이고, 제3정려에 딸린 3처란 소정천 · 무량정천 · 변정천 등으로 모두 합하여(3×3 +8) 17처(處)가 된다. 이 색계의 17처와 그 아래에 있는 욕계 20처를 합쳐서 '유색계'라 한다.

그리고 가장 위에 있는 무색계는 4처로 되어 있는데, 곧 공무변처 · 식무변처 · 무소유처 · 비상비비상처 등이 그것이다.

따라서 수미산이란 석가모니 부처님의 말씀에 근거하여 후대의 종교이론가들(대승불교에서는 이들조차 부처님의 말씀을 설명하기 위해 오신 '보살' 또는 '존자'로 말하지만)이 구축해 놓은 상상의 산으로, 우주의 중심이라는 상징적 의미가 있을 뿐이다. 그런데 일부의 사람들은 티베트 서북쪽에 있는 카일라시 산을 수미산으로 여기기도 하는데 이는 분명 이치상 맞지 않는 일이다.

그리고 불교의 많은 경전을 읽다보면 이 '수미산'을 비롯하여 '삼계[三界:욕계 · 색계 · 무색계]', '33천(天)' 등의 중요한 용어들이 자주 등장해도 이들에 대한 설명은 거의 없다. 그렇기 때문에 경(經)을 해설한 론(論)이 따로 나오는 것이고, 이 수미산에 대한 해설 역시 그 론을 정독하고서 이해하기 쉽게 간단히 정리한 것에 지나지 않는다. 그만큼 경을 읽기가 쉽지 않다는 뜻이다. 뿐만 아니라, 하루하루 살아가는 데에 있어서 이런 썩은 지식이 요긴한 것이 아니라 부처님이 원했던 바대로 대자대비심을 내어 널리 보시하며 자신의 욕구 욕망을 먼저 제어하며 겸손하게, 그리고 깨끗하게 사는 일이다.

- 2007. 08. 12./2017. 05. 04. 수정

---

* 본인의 저서 『시간의 수레를 타고』 PP.59~62에 주석(註釋)으로 소개했던 글에다가 약간 가필했음을 밝혀 둔다.

3계(界) · 41처(處) · 27천(天)

'수미산'에 대한 용어 풀이에서 언급했지만, 그리고 부처님이 인식 · 통찰한 우주의 크기 · 구조를 포함하여 유정계의 영역에 대해서 온전히 이해 · 납득할 수도 없지만, 「아비달마구사론」에 의하면, 아래로부터 위로 욕계(欲界) · 색계(色界) · 무색계(無色界)가 있다고 한다. 여기서 욕계란 6욕천, 8대지옥, 4대주, 방생과 아귀의 처소 등을 합쳐서 20처(處)로 되어 있고, 6욕천(天)이란 사대왕중천 · 삼십삼천 · 야마천 · 도사다천 · 낙변화천 · 타화자재천 등이라 한다. 그리고 색계란 4정려로 되어 있는데, 제1정려로부터 제3정려까지는 각각 3처가 딸려 있으며(3×3=9), 제4정려만 8처가 딸려 있다 한다. 곧, 무운천 · 복생천 · 광과천 · 무번천 · 무열천 · 선현천 · 선견천 · 색구경천 등이 그것이다. 그리고 제1정려에 딸린 3처란 범중천 · 범보천 · 대범천 등이고, 제2정려에 딸린 3처란 소광천 · 무량광천 · 극광정천 등이고, 제3정려에 딸린 3처란 소정천 · 무량정천 · 변정천 등으로 모두 합하여(3×3+8=17) 17처(處)가 된다. 이 색계의 17처와 그 아래에 있는 욕계 20처를 합쳐서 '유색계'라 하고, 가장 위에 있는 무색계는 4처로 되어 있는데, 공무변처·식무변처·무소유처·비상비비상처 등이라 한다. 결과적으로, 욕계 20처, 색계 17처, 무색계 4처, 도합 41처가 3계에 있다는 것이다.

다시 말해서, 부처님이 인지한 하나의 세계는 유색계와 무색계로 나뉘어 있고, 유색계에는 욕계와 색계가 구분되어 있으며, 욕계에는 6욕천을 포함 20처가 있고, 색계에는 4정려 안에 17천이 있으며, 무색계에는 4처 곧 4천이 있다는 것이다. 그렇다면, 천(天)이란 곧 처(處)이며, 우리가 생각하는 '하늘[天]'이 아니라는 뜻이다. 만일, 특정 장소이면서 동시에 그곳에 드리워진 하늘이라면 인간이 살아가는 지상인지 아니면 천상의 그 어떤 곳인지 분별하기가 쉽지 않다. 솔직히 말해, 나는 방대한 「아비달마구사론」도 일독했지만 내 능력 밖인 것 같다.

재미있는 사실은, 선정 수행 단계별로 이 천(天)을 나누어 놓았을 뿐 아니라 각 단계별 선을 성취하였을 때에 태어나는 곳[天]이 달라진다고 경전 곳곳에 기록되어 있는데 이것은 무엇을 의미하는 것일까? 곧, 초선에는 범중천·범보천·대범천(색계 제1정려에 속하는 하늘=중생) 등이 있고, 2선에는 소광천·무량광천·광음천(색계 제2정려에 속하는 하늘=중생) 등이 있으며, 3선에는 소정천·무량정천·변정천(색계 제3정려에 속하는 하늘=중생) 등이 있고, 4선에는 무운천·복생천·광과천·무상천·무번천·무열천·선견천·선현천·색구경천(색계 제4정려) 등이 있다하여 18천을 각각 배치하였다[무상천이 추가되었음]. 그리고 초선을 성취하면 범신천(梵身天)에, 제2선을 성취하면 황욱천(晃昱天)에, 제3선을 성취하면 변정천(遍淨天)에, 제4선을 성취하면 과실천(果實天)에, 제5선을 성취하면 무량공처천(無量空處天)에, 제6선을 성취하면 무량식처천(無量識處天)에, 제7선을 성취하면 무소유처천(無所有處天)에, 제8선을 성취하면 비유상비무상처천(非有想非無想處天)에 각각 태어난다고 했다. 물론, 이는『중아함경』속「분별관법경(分別觀法經)」이나「의행경(意行經)」등에 직간접으로 기록되어 있다.

게다가, 제1선으로부터 제8선까지 단계별로 성취했을 때에 태어난다는 곳들이 범신천(梵身天)・황욱천(晃昱天)・변정천(遍淨天)・과실천(果實天)・무량공처천(無量空處天)・무량식처천(無量識處天)・무소유처천(無所有處天)・비유상비무상처천(非有想非無想處天) 등이고 보면, 그 천의 이름이 조금씩 바뀌었지만 색계와 무색계에 딸린 곳[지]이라는 점만은 분명해 보인다. 참으로, 알쏭달쏭한 이름들로 천상의 어딘가에 드리워진 하늘 이름인지 아니면 단순히 사람이 다시 태어나 살아가는 장소의 이름인지, 아니면 중생의 이름인지 명료하지가 않다. 뿐만 아니라, 욕계(欲界)에는 12종류[지옥, 축생, 아귀, 사람, 아수륜, 사천왕, 도리천, 염마천, 도솔천, 화자재천, 타화자재천, 마천(魔天)]의 중생이, 색계(色界)에는 22종류[범신천(梵身天), 범보천(梵輔天), 범중천(梵衆天), 대범천(大梵天), 광천(光天), 소광천(少光天), 무량광천(無量光天), 광음천(光音天), 정천(淨天), 소정천(少淨天), 무량정천(無量淨天), 변정천(遍淨天), 엄식천(嚴飾天), 소엄식천(小嚴飾天), 무량엄식천(無量嚴飾天), 엄식과실천(嚴飾果實天), 무상천(無想天), 무조천(無造天), 무열천(無熱天), 선견천(善見天),

대선견천(大善見天), 아가니타천(阿迦尼吒天)]의 중생이, 무색계에는 4종류[공지천(空智天), 식지천(識智天), 무소유지천(無所有智天), 유상무상지천(有想無想智天)]의 중생이 있다고 말하는 것으로 보면 천이 곧 사람을 포함한 생명이 살아가는 장소이자 중생[有情]의 한 부류라는 생각도 든다.

한편, 중국 바이두[百度] 백과사전에서는, 「法苑珠林」과 「婆沙论」에 근거하여 불교의 하늘은 '욕계 10천, 색계 18천, 무색계 4천, 도합 32천으로 설명하고 있기도 하다. 그러면서 자신들의 도교(道敎)에서는 욕계 6천(太皇黃曾天 · 太明玉完天 · 清明何重天 · 玄胎平育天 · 元明文举天 · 七曜摩夷天), 색계 18천(虚无越衡天 · 八极蒙翳天 · 赤明和阳天 · 玄明恭华天 · 耀明宗飘天 · 竺落皇笳天 · 虚明堂曜天 · 观明端靖天 · 玄明恭庆天 · 太焕极瑶天 · 元载孔升天 · 太安皇崖天 · 显定极风天 · 始黄孝芒天 · 太黄翁重天 · 无思江由天 · 上撲阮乐天 · 无极昙誓天), 무색계 4천(皓庭霄度天 · 渊通元洞天 · 翰宠妙成天 · 秀乐禁上天) 외에 4범천(四梵天: 无上常融天 · 玉隆腾胜天 · 龙变梵度天 · 平育贾奕天), 삼청천(三清天: 太清境大赤天 · 上清境禹余天 · 玉清境清微天)과 대라천(大罗天) 등이 있다 하여 도합 36천으로 설명하고 있다.

문제는, 각기 다른 이름을 가진 하늘[중생=장소]의 종류가 우주 공간을 어떠한 성질이나 특징으로 구획 · 설정된 것이 아니고, 사람들이 살고 있는 지구 밖 공간을 뜻하는 것도 아니며, 신(神)이나 신선(神仙)이나 하늘사람[天人]이 등이 사는 곳이면서 지상의 인간이 살고 있거나 죽어서 다시 태어날 수도 있는 곳으로서 관념적이면서 추상적인 공간이라는 사실이다. 우주의 크기나 구조를 고려하여 인간을 포함한 생명체가 살아가는, 실재하는 공간이 아니고, 인간의 정신적 지향이나 욕구나 마음의 상태 등을 고려하여 삼계[욕계·색계·무색계]를 설정하고, 그에 딸린, 혹은 그에 드리워진 공간으로서 하늘을 세분한 것이 아닌가 싶기도 하다. 한 마디로 말해서, 상상의 세계이되 현실세계에서의 인간 능력이나 품격에 차이가 위계(位階)를 만들듯이 수행 결과에 따라서 다른 등급이 주어져 다른 과보를 받고 그 등급·과보에 맞는 곳에서 다시 태어난다고 믿는 관념적인 공간이라는 뜻이다.

부처님의 하늘이란 '허공(虛空)'이라는 낱말 하나로 귀결된다고 나는 판단한다. 왜냐하면, 부처님은 그 어디에서 그 무엇으로도 다시 태어나지 않는 것이, 다시 말해, 윤회의 사슬에서 벗어나는 길만이 유일한 희망이고 꿈이고, 또 그런 소원을 비로소 이루었다고 말했으며, 없지만 있고 있지만 없는, 그 허공의 자리에 도교에서 도(道)를 놓았듯이 부처님은 법(法)을 갖다 놓았고, 그 법의 자리로 돌아갔으며, 중생의 요구로 그곳으로부터 나왔다고 말했기 때문이다. 그럼에도 불구하고, 알쏭달쏭한 숱한 하늘들이 언급되어지고 있는 것은 수행 정진하는 과정에서 방편 삼아 한 말들이 아닐까 싶기도 하다. 분명한 사실은 계니 처니 천이니 지옥이니 극락이나 하는 것들이 다 인간의 사유세계에서 나온 관념적인 것들로 썩은 지식에 지나지 않는다는 점이다.

- 2017. 05. 04.

62계(界) · 12처(處)

『중아함경』속 「다계경(多界經)」에 기록된 부처님 주장에 의하면, 인간의 모든 두려움은 어리석음에서 생기며, 모든 사고와 재앙과 걱정과 슬픔 또한 그 어리석음에서 생긴다 한다. 그리고 그 어리석음이란 계(界)를 알지 못하고, 처(處)를 알지 못하며, 인연(因緣)을 알지 못하고, 옳은 것과 그른 것을 알지 못하는 것이라 한다. 그러면서 계(界)에는 62계(界)가 있고, 처(處)에는 12처(處)가 있다고 소개하였다.

그렇다면, '계(界)'란 무엇일까? 말 그대로 풀이하자면, 어떤 대상을 분류하거나 어떤 영역을 구분 짓는 일정한 기준(基準)이며, 동시에 그 결과인 영역(領域) · 층(層) · 부류(部類) 등을 뜻한다고 나는 생각한다.

부처님의 세계관을 엿볼 수 있는 62계와 12처를 여기에서 소개한다. 솔직히 말해서, 나는 이를 인정하고 싶지 않지만 여러분의 눈으로써 그 진위를 헤아려보기 바란다. 그러나 기원전 사람이 관찰과 사유를 핵심으로 하는 명상을 통해서 이런 영역까지 사유를 했다고 생각하면 가히 놀랄 만한 일이 아닐 수 없다.

18계(界):

안계(眼界)·색계(色界)·안식계(眼識界)·이계(耳界)·성계(聲界)·이식계(耳識界)·비계(鼻界)·향계(香界)·비식계(鼻識界)·설계(舌界)·미계(味界)·설식계(舌識界)·신계(身界)·촉계(觸界)·신촉계(身觸界)·의계(意界)·법계(法界)·의식계(意識界)

6계: 땅의 경계[地界]·물의 경계[水界]·불의 경계[火界]·바람의 경계[風界]·허공의 경계[空界]·의식의 경계[識界]

6계: 탐욕의 경계[欲界]·성냄의 경계[恚界]·해침의 경계[害界]·탐욕이 없는 경계[無欲界]·성냄이 없는 경계[無恚界]·해침이 없는 경계[無害界]

6계: 즐거움의 경계[樂界]·괴로움의 경계[苦界]·기쁨의 경계[喜界]·근심의 경계[憂界]·평정의 경계[捨界]·무명의 경계[無明界]

4계: 느낌의 경계[覺界]·생각의 경계[想界]·지어감의 경계[行界]·의식의 경계[識界]

3계: 욕계(欲界)·색계(色界)·무색계(無色界)

3계: 색계(色界)·무색계(無色界)·멸계(滅界)

3계: 과거의 경계[過去界]·미래의 경계[未來界]·현재의 경계[現在界]

3계: 묘한 경계[妙界]·묘하지 않은 경계[不妙界]·중간의 경계[中界]

3계 : 착한 경계[善界] · 착하지 않은 경계[不善界] · 무기(無記)의 경계

3계 : 유학(有學)의 경계 · 무학(無學)의 경계 · 유학도 무학도 아닌 경계[非學非無學界]

2계 : 유루계(有漏界) · 무루계(無漏界)

2계 : 유위계(有爲界) · 무위계(無爲界)

12처 : 안처(眼處) · 색처(色處) · 이처(耳處) · 성처(聲處) · 비처(鼻處) · 향처(香處) · 설처(舌處) · 미처(味處) · 신처(身處) · 촉처(觸處) · 의처(意處) · 법처(法處)

- 2014. 09. 22.

37도품(道品)

37도품(道品)이란 도(道)를 깨닫기 위한 37가지 수행 대상을 말한다. '도품'이란 용어는 범어 bodhi-pakṣaka를 의역한 것이라는데 보리분(菩提分)·각지(覚支)라고도 하며, 지혜를 추구하여 열반의 경지로 들어가기 위한 37가지의 수행 방법이자 그 대상으로서의 내용을 일컫는다.

37가지 도품은, 크게 보아 사념처(四念処), 사정근(四正勤), 사여의족(四如意足), 오근(五根), 오력(五力), 칠각지(七覚支), 팔정도(八正道) 등을 합쳐 말한 것[4+4+4+5+5+7+8=37]인데, 이들 일련의 용어들에 대해서는 구체적인 설명이 요구되나 이들을 설명하기로 하면 숲속에 들어가 길을 헤매는 꼴이 되므로 여기서는 생략하기로 하고, 그 숲의 전체적인 모습만이라도 볼 수 있도록 그 외형을 소개하고자 한다.

4념처란 수행자의 생각이 머물러야 할 명상의 대상으로서 ①신

(身) ②수(受) ③심(心) ④법(法)을 말하고, 사정근이란 바르게 노력
해야 할 대상으로서 ①이미 생긴 악(惡)을 제거하고 차단하는 일
(除斷已生之惡 而勤精進) ②아직 생기지 아니한 악이 생기지 않도록
하는 일(使未生之惡不生 而勤精進) ③아직 생기지 아니한 선(善)을 생
기도록 하는 일(使未生之善能生 而勤精進) ④이미 생긴 선을 더 증대시
키는 일(使已生之善能更增长 而勤精進) 등을 말한다.

그리고 사여의족이란 내 마음 내 뜻대로 할 수 있는 자유자재한
능력 곧 신통력과도 같은 능력을 발휘해야 할 네 가지 대상으로
서, ①무엇인가를 하고자 함(欲) ②지속적이면서도 집중적인 노력
(精進) ③마음을 내고 집중하는 일(心) ④대상에 대하여 사유하는
일(思惟) 등을 말하고, 오근(①眼根 ②耳根 ③鼻根 ④舌根 ⑤身根)이란 모
든 욕구와 번뇌를 일으키는 뿌리로서 안(眼)·이(耳)·비(鼻)·설
(舌)·신(身) 등 다섯 감각기관을 통제함이고, 오력이란 ①믿음을
키워 의혹을 불식시키는 신력(信力) ②심신의 나태함을 물리치어
목표를 이루고자하는 지속적이면서 집중적인 노력을 기울이는
정진력(精進力) ③나쁜 마음을 제거하여 바른 마음의 공덕을 성취
하는 염력(念力) ④산란한 마음을 부수어 물리치고 청정한 선정에
드는 능력인 정력(定力) ⑤삼계(욕계·색계·무색계) 삼독(탐·진·치)에
대한 생각이나 분별심을 그치어 차단하고 일체의 번뇌로부터 벗
어남으로써 생기는 지혜의 힘인 혜력(慧力) 등을 말한다.

그리고 칠각지란 마땅히 깨달아야 할 일곱 가지 대상으로서, 지
혜로써 옳고 그르거나 선하고 악한 법을 가려내어 취하고 버릴

줄 아는 깨달음인 ①택법각지(擇法覺支), 법의 맛이 기쁘면 기쁜 대로 느끼고 받아들이는 깨달음인 ②희각지(喜覺支), 열반을 위해서 선택한 법에 의거 부단히 노력해야 한다는 깨달음인 ③정진각지(精進覺支), 그릇된 생각을 버리고 바른 생각을 내는 깨달음인 ④염각지(念覺支), 선정으로써 몸과 마음을 가볍고 편안하게 하는 깨달음인 ⑤경안각지(輕安覺支 = 除覺支), 선정을 통한 지혜를 얻는다는 깨달음인 ⑥정각지(定覺支), 분별과 차별을 버림으로써 얻는 마음의 평정에 대한 깨달음인 ⑦사각지(捨覺支) 등을 말하고, 팔정도란 깨달음을 얻기 위한 여덟 가지 바른 길인 ①정견(正见) ②정사유(正思維) ③정어(正语) ④정업(正业) ⑤정명(正命) ⑥정정진(正精進) ⑦정념(正念) ⑧정정(正定) 등을 말한다.

- 2017. 05. 10.

십이감로문(十二甘露門)

사람들은 대체로 달콤한 맛을 좋아한다. 그래서 우리가 흔하게 먹는 수박 참외 딸기 복숭아 자두 할 것 없이 거의 모든 과일이 단맛을 더 내는 쪽으로 품종이 개량되어 왔다. 뿐만 아니라, 마시는 각종 음료나 먹는 요리에도 단맛을 내도록 설탕이나 꿀 양파 물엿 등을 적절히 활용한다. 오늘날은 이 단맛을 느낄 수 있는 것들이 넘쳐나지만 고대사회에서는 너무나 귀했기에 그저 단것이라면 더욱 각별하게 받아들였을 것이다.

그런 시기에 그런 사람들 앞에 나서서 '여기로 오면, 이 문을 열고 들어오면, 그 단것을 마음껏 먹고 누릴 수 있다'고 누가 외친다면 많은 사람들은 주저하지 않고 몰려들 것이다. 마치, 꿀 바른 옷을 입고 산에 들어가면 벌들이 윙윙거리며 따라오는 것처럼 말이다.

그런데 부처님은 자신의 교단에 들어오면 단 것이 열두 가지나 있는데 이를 마시면 장수하게 된다고 선전·홍보하셨다. 여기에서 착안하여 오늘날 사람들도 '감로수'·'감로주'·'감로문' 등의 말들을 빌려 쓰고 있는 것이다. 쉽게 말하면, 사람들이 좋아하는 단맛에 빗대어서 자신들이 팔고자 하는 물품이나 정신적인 가르침을 포함한 주의·주장까지도 선전·홍보하는 것이다.

『중아함경』 속 「팔성경(八城經)」에 '열두 개의 감로법문'이라는 용어가 나온다. 하지만 이 열두 가지 단맛을 내는 것들을 마시거나 먹기가 쉽지가 않다. 부처의 말을 믿고 온 사람들에게 감로수로 색계(色界)의 4가지 선(禪)과, 무색계(無色界)의 4가지 선(禪)을 내놓았고, 모름지기 사람은 무한히 지니고 살아야 한다며 4가지 덕목을 제시하였다. 곧, ①초선(Vitakka), ②이선(Piti), ③삼선(Sukha), ④사선(samadhi)/①비상비비상처(非想非非想处), ②무소유처(无所有处), ③식무변처(识无边处), ④공무변처(空无边处)/①자(慈:metta), ②비(悲:karuna), ③희(喜:mudita), ④사(舍:upekkha)가 그것이다.

이 12가지 단맛을 내는 것들을 하나하나 맛보고 제대로 음미하려면, 아니 이해하고 체득하려면 이들을 설명하고 있는 수많은 경전들을 탐독해야 하고, 동시에 실천적인 수행이 뒷받침되어야만 한다. 그러지 않으면 한낱 썩은 지식에 불과할 것이다.

- 2014. 09. 30./2017. 04. 20. 수정

오개(五蓋) · 오하분결(五下分結)

'오개'란 다섯 가지 덮개, 곧 수행 정진하고자 하는 마음을 덮어 짓누르는 다섯 가지 방해요소를 오개라 하는데 '오장(五障)'이라고도 한다. 「좌선삼매경」과 「반주삼매경(般舟三昧經)」 등에 나오는 용어인데 탐욕개(貪欲蓋) · 진에개(瞋恚蓋) · 수면개(睡眠蓋) · 조희개(調戲蓋) · 의개(疑蓋) 등을 말하는데 이들은 수행하는 마음을 어지럽히고 산란케 하며, 수행 의지를 꺾는 인자(因子)들이다.

이 오개(五蓋)와 유사한 '오하분결(五下分結)'이란 용어도 있다. 『중아함경』속 「오하분결경(五下分結經)」에 나오는 내용으로, 부처님이 만동자(鬘童子, Malunkyaputta)를 나무란 뒤 설법한 내용 가운데 ①貪結貪者, ②瞋結瞋者, ③身見結身見者, ④戒取結戒取者, ⑤疑結疑者 등 다섯 가지 스스로를 얽매이게 하는 인자들에 대해서 설명하셨다. 이 다섯 가지가 자신을 얽고 매이게 함으로써 도를 향한 '편안하고 고요한 마음'을 갖지 못하게 한다는 것이다. 해당 경전의 설명에 의하면 아래와 같다. 그저 상식적 수준에서 판단해도 무리가 없으리라 본다.

①탐욕에 얽매여 욕심이 생기고 나면 평정[捨]을 사실 그대로 알지 못하고 평정에 대하여 사실 그대로 알지 못한 뒤에는 욕심[欲]이 갈수록 불꽃처럼 왕성해져 그것을 없애버리지 못함.

②성냄[恚]에 얽매여 성내는 마음이 생기고 나면 평정에 대하여 사실 그대로를 알지 못하고 평정에 대하여 사실 그대로를 알지 못한 뒤에는 성냄이 갈수록 불꽃처럼 왕성해져 그것을 없애 버리지 못함.

③내 몸이 있다는 소견[有身]에 얽매여 내 몸이 있다는 소견이 생기고 나면 평정에 대하여 사실 그대로 알지 못하고 평정에 대하여 사실 그대로 알지 못한 뒤에는 내 몸이 있다는 소견이 갈수록 불꽃처럼 왕성해져 그것을 없애 버리지 못함.

④그릇된 계율의 집착[戒取]에 얽매여 그릇된 계율에 집착하는 마음이 생기고 나면 평정에 대하여 사실 그대로 알지 못하고 평정에 대하여 사실 그대로 알지 못한 뒤에는 그릇된 계율에 집착이 갈수록 불꽃처럼 왕성해져 그것을 없애 버리지 못함.

⑤의심[疑]에 얽매여 의심이 생기고 나면 평정에 대하여 사실 그대로 알지 못하고 평정에 대하여 사실 그대로 알지 못한 뒤에는 의심이 갈수록 불꽃처럼 왕성해져 그것을 없애 버리지 못함.

- 2017. 05. 02. 수정

오탁악세(五濁惡世) · 오탁악시(五濁惡時)

내가 읽은 「칭찬정토불섭수경(稱讚淨土佛攝受經)」에는 '오탁악시
(五濁惡時)'라는 용어가 나오고, 「묘법연화경(妙法蓮華經)」에는 오탁
악세(五濁惡世)라는 용어가 나오는데, 같은 의미의 말이지만 글자
그대로 풀이하자면, '다섯 가지가 흐리고 악한 시기 또는 세상'라
는 뜻이다. 그렇다면, 무엇이 다섯 가지인가? ①겁탁(劫濁) ②번뇌
탁(烦恼濁) ③중생탁(众生濁=有情濁) ④견탁(见濁) ⑤명탁(命濁) 등이 그
것이다. 다시 그렇다면, 이 다섯 가지가 흐리고 악하다는 것은 무
슨 뜻일까? 구체적인 설명이 있어야 하지만 해당 경전에서는 너
무나 가볍게 지나쳤다.

물론, '오탁악세(五濁惡世)'라는 용어는 그 외 경에서도 적잖이 사
용되었는데, 구사론(俱舍论) · 법화현찬(法华玄赞) · 법화문구(法华文
句) · 법화현론(法华玄论) 기타 십지론(十地论) · 대살차니간자소설경
(大萨遮尼干子所说经) · 법원주림(法苑珠林) 등 중국의 여러 경들이 그
것이고, 이들 문맥을 일일이 확인하지 않고는 이 오탁에 대한 정

확한 개념 정리가 불가하다. 늘 말하지만, 경은 자신들이 담고 있는 키워드의 개념들을 일목요연하게 설명해 주지는 않기 때문이다.

참고로, 지금 당장 제시 가능한 「묘법연화경(妙法蓮華經)」과 「아비달마구사론」에서의 오탁 관련 언급만을 소개하고자 한다.

舍利弗！ 诸佛出于五浊恶世， 所谓劫浊、烦恼浊、众生浊、见浊、命浊。如是舍利弗！ 劫浊乱时， 众生垢重， 悭贪嫉妒(간탐질투)， 成就诸不善根故， 诸佛以方便力， 于一佛乘分别说三。

- 중문 「묘법연화경(妙法蓮華經)」의 「方便品」 중에서

사리불아, 부처님께서 오탁악세(濁惡世)에 나셨으니, 그것은 겁(劫)이 흐리고, 번뇌가 흐리고, 중생이 흐리고, 소견이 흐리고, 수명이 흐림이니라. 그렇다, 사리불아. 겁이 흐려 어지러울 적에는 중생들이 번뇌가 많고 간탐하고 질투하여 여러 가지 나쁜 근성을 이루므로, 여러 부처님들이 방편의 힘으로 1불승에서 분별하여 3승을 말하는 것이니라. - 위 인용구에 대한 우리말 번역

言五浊者， (一)寿浊、 (二)劫浊、 (三)烦恼浊、 (四)见浊、(五)有情浊。劫减将末，寿等鄙下如滓秽故，说名为浊。由前二浊，如其次第，寿命资具极被衰损。由次二浊，善品衰损，以耽欲乐，自苦行故，或损在家出家善

故。由后一浊，衰损自身，谓坏自身身量、色力、念智、勤勇，及无病故。

- 중문「아비달마구사론(阿毘達磨俱舍論)」卷十二 중에서

오탁이라 말한 것은 첫 번째는 수탁(壽濁)이며, 두 번째는 겁탁(劫濁)이며, 세 번째는 번뇌탁(煩惱濁)이며, 네 번째는 견탁(見濁)이며, 다섯 번째는 유정탁(有情濁)이다. 즉 겁이 감소하여 장차 그 종말에 이르게 되면 목숨 등이 천박하여 찌꺼기의 더러움과 같아지기 때문에 '탁'이라 일컬은 것이다. 여기서 앞의 두 가지 탁에 의해 순서대로 수명과 자구(資具:생활의 도구)가 쇠퇴 손상되며, 다음의 두 가지 탁으로 말미암아 선품(善品)이 쇠퇴 손상되니, 욕락과 스스로의 고행에 탐닉하기 때문이다. 혹은 순서대로 재가(在家)와 출가(出家)의 선을 손상시키기 때문이다. 그리고 마지막 한 가지 탁으로 말미암아 자신을 쇠퇴 손상시키니, 이를테면 자신의 신체의 크기나 색·힘, 기억[念], 지혜, 부지런함과 용기, 그리고 무병(無病)을 허물어뜨리기 때문이다. -위 인용구에 대한 우리말 번역

이 두 인용문에서 보면 오탁(五濁)의 개념은 물론이고, 이들 용어가 왜 나왔는지조차 더욱 혼란스럽게 한다.「묘법연화경(妙法蓮華經)」에서는 오탁악세에 부처님이 출현하시었다는 언급이 있고,「아비달마구사론(阿毘達磨俱舍論)」에서는 부처님 출현과 관련하여 이 오탁을 말했는데 이 인용문에서는 빠져 없지만 앞의 문맥을 덧붙여 확인하면 이러하다. 곧,

남섬부주의 인간들 수명이 8만 세에서 점차 감소하여 마침내 수명이 최대 백세에 이르게 되는 그 중간에 모든 부처님께서는 출현하신다. 어떠한 연유에서 수명이 증가하는 상태에서는 부처님께서 출현하는 일이 없는 것인가? 이때는 유정의 즐거움이 증가하여 세상에 대한 싫어함[厭]을 가르치기가 어렵기 때문이다. 그렇다면 어떠한 이유에서 백 세 이하로 감소할 때에도 부처님께서 출현하는 일이 없는 것인가? 5탁(濁)이 지극히 증대하여 교화하기가 어렵기 때문이다.

- 「아비달마구사론(阿毘達磨俱舍論)」제12권 분별세품⑤ 중에서

그러니까, 오탁이 지극히 커지면 중생을 가르쳐서 교화하기가 어렵기 때문에 부처님이 출현하지 않는다는 것이다. 그래서 인간의 수명이 8만세에서 100세가 되는 사이에 과거 일곱 부처님[①비바시불(毘婆尸佛) ②시기불(尸棄佛) ③비사부불(毘舍浮佛) ④구루손불(拘屢孫佛) ⑤구나함모니불(拘那含牟尼佛) ⑥가섭불(迦葉佛) ⑦석가불]이 출현하였다는 것인데[그야말로, 믿거나 말거나이지만], 이 오탁이 구체적으로 무엇인지는 역시 설명이 부족하다.

우리의 불교용어사전을 빌리면, 겁탁(劫濁)을 시대의 더러움으로, 견탁(見濁)을 사상·견해가 사악한 것으로, 번뇌탁(煩惱濁)을 삼독으로 인한 마음이 더러운 것으로, 중생탁(衆生濁)을 함께 사는 이들의 몸과 마음의 더러움으로, 명탁(命濁)을 인간의 수명이 짧아지는 것으로 설명하고 있다.

「아비달마구사론(阿毘達磨俱舍論)」에 의하면, 겁이란 시간의 단위이고, 괴(壞)·성(成)·중(中)·대(大)로 나누어 그 시간의 길이를 추상적으로 설명하고 있지만 이를 다 무시하고, 다음의 말에서 답을 찾을 필요가 있다고 본다. 곧, ①'겁이 감소하여 장차 그 종말에 이르게 되면 목숨 등이 천박하여 찌꺼기의 더러움[분비물]과 같아지기 때문에 탁이라' 했다는 말과, ②욕락과 스스로 고행에 탐닉하고, 재가(在家)와 출가(出家)의 선을 손상시키기 때문에 수탁(壽濁=命濁)과 겁탁(劫濁)으로 인해서 수명과 자구(資具, 생활의 도구=文明)가 쇠퇴 손상되며, ③자신의 신체의 크기나 색·힘, 기억[念], 지혜, 부지런함과 용기, 그리고 무병(無病)을 허물어뜨려 자신을 쇠퇴 손상시키는 번뇌탁(煩惱浊)과 견탁(見浊)으로 인해서 선품(善品)이 쇠퇴 손상 된다'는 언급 등에서 이들 오탁의 개념을 유추해 낼 수 있다.

곧, 겁탁이란 시간의 붕괴[짧아짐]로 인해서 생기는 문명의 쇠퇴 손상을 말하며, 명탁이란 인간의 욕구·쾌락 추구와 번뇌 증가로 인한 수명의 짧아짐이며, 번뇌탁이란 인간의 번뇌로 인해서 심신의 병을 일으킴이며, 견탁(見濁)이란 지혜롭지 못한 의견으로 불선근(不善根)이 자라나 선한 품성을 쇠퇴 손상시킴을 말한다고 말이다. 여기서 말하는 선한 품성이란, 경 안에서 별도로 정리된 것은 아니나 부처님이 우리 인간에게 요구한 내용들을 근거로 심신의 청정(淸淨), 지혜(智慧), 자비심(慈悲心), 무욕(無慾)과 무위(無爲)[필자는 이를 욕구 통제 및 소욕으로 바꾸고 싶음], 이타적인 보시(普施)와 겸손(謙遜) 등으로 간추려 말할 수 있다.

중요한 것은, 오탁악세가 되어서 부처님이 2500여 년 전에 출현하셨다는 것이고, 「아비달마구사론(阿毘達磨俱舍論)」의 논리에 의하면, 인간의 수명이 더 짧아지면 － 예컨대 최고수명이 100세에서 50세 혹은 10세 등으로 줄어들면 －　부처님이 출현하시지 않는다는 것이다. 물론, 현재는 최고수명이 100세에 나타나셨다는 석가모니 부처님 시대이지만 앞으로 어떻게 될지 모르겠다. 분명한 사실은, 현재 최고수명이 120세에 가깝기 때문에 오히려 느는 국면인데 이런 상황이 얼마나 어떻게 지속되어 다음에는 어떤 이름의 부처님이 출현하실지 궁금하기 짝이 없다. 그야말로, '믿거나 말거나'로 다 입증할 수 없는 썩은 지식에 지나지 않으며, 당장 필요한 것은 '자신의 삶에 충실하면서 이웃들과 더불어 상생하는 이타심을 내는 일' 외에 아무것도 없다는 사실이다.

　- 2017. 05. 19. 수정

육선주처(六善住處)

　　『중아함경』속「화파경(和破經)」에 '육선주처(六善住處)'라는 용어가 나오는데, '육'이란 것은 육근(六根)·육처(六處)·육입(六入)·육진(六塵)이라고 불리는, 소위, 안(眼)·이(耳)·비(鼻)·설(舌)·신(身: 皮膚의 觸)·의(意) 등을 말하며, '선주(善住)'란 선이 머문다는 뜻이다. 여기서 선이란 착함[善]·바름[正]의 뜻으로 이해하면 되기에 육선주처란 육근에 대한 바른 생각을 함으로써 얻게 되는, 번뇌 없는 마음이 머무는 자리를 뜻한다. 그렇다면, 육근에 대해서 어떻게 이해하고 생각해야 번뇌 없는 마음이 머무는 여섯 곳이 되는가?

　　해당 경전에서는 이렇게 설명하고 있다. 곧, "비구는 눈으로 형태와 빛깔을 보고도 기뻐하지 않고, 걱정하지도 않으며, 구함을 버리고, 아무런 작위가 없으면, 바른 생각[正念]과 바른 지혜[正智]가 된다. 이와 같이 귀 코 혀 몸도 마찬가지이며, 뜻[意]도 마찬가지여서 대상경계인 법(法)에 대하여 알고도 기뻐하지 않고 걱정하지도 않으며 구함을 버리고 아무런 작위가 없으면, 바른 생각과 바른 지혜가 된다."

결과적으로, 부처님은 이 육근이 있기 때문에 온갖 욕구와 번뇌가 나온다고 믿었기 때문에 육근으로써 지각되는 일체의 대상에 대하여 인지(認知)는 하되 일일이 반응하지 말라는 것이나 다름없다. 다시 말해, 이 육근으로써 지각되면 지각된 대로 알고 있으면 되고, 그 지각된 내용에 대하여 감정적인 반응이나 인위적인 욕구를 내어서는 안 된다는 것이다. 그래야 만이 육근에 대하여 바른 생각 바른 지혜로써 보는 것이고, 그럼으로써 욕구나 번뇌가 생기지 않으며, 있던 번뇌조차 사라지는, 번뇌 없는 마음이 머무르는 '선주처'를 얻는다고 부처님이 화파에게 설명해 주었던 것이다. 이 요체가 바로 「사념처경」에서 말하는 '법념처(法念處) 수행법'이다.

「사념처경」에서 말하는 '사념처수행법'에 대해서는 별도의 설명이 있어야 하겠지만, 육근이 번뇌의 온상이므로 이 육근의 활동을 있는 그대로 바라보기만 하면[認知 · 知覺하기만 하면] 번뇌로부터 벗어날 수 있다는 논리인데, 사실상 여기에는 문제가 없지 않다. 살아있어도 죽은 척하라는 뜻이나 다를 바 없기 때문이다. 오늘날 대다수의 사람들은 바로 이 육근의 왕성한 활동에 의해서 온갖 희로애락을 느끼며 삶의 의미를 추구한다 해도 틀리지 않는다. 뿐만 아니라, 이 육근의 활동이 쇠퇴하고 정지되는 과정이 곧 노화(老化)요, 죽음이라는 사실을 누구도 부정할 수는 없을 것이다.

- 2014. 07. 30.

사념처(四念處)

경전을 조금 읽은 사람이라면 신(身)·수(受=覺)·심(心)·법(法)을 '사념처(四念處)'라 하여 그저 앵무새처럼 외우고 있고, 소승불교 수행자들은 '사념처 수행법'이라 하여 명상의 중요한 한 가지 방법으로 실습하며, 오늘날까지도 널리 가르쳐오고 있다.

이 '사념처'라는 용어는 팔리어 경전『중부(中部)』제10경인「사념처경(四念処経)」에 나오는데, 오늘날 우리는『중아함경』제24권 안에 있는「염처경(念処経)」에서 확인할 수 있다. 같은 내용이지만 이를 보면 부처님이 '중생을 깨끗하게 하고, 걱정과 두려움에서 제도하며, 고뇌를 없애고 슬픔을 끊고, 바른 법을 얻게 하는 도(道)'로서, 구루수(拘樓瘦)를 유행하실 적에 도읍인 검마슬담(檢磨瑟曇)에 머무셨을 때[一时佛游拘搂族[瘦], 在剑摩瑟昙那都邑中]에 비구들에게 직접 강론을 펼친 내용의 키워드였음을 확인할 수 있다.

그런데 그 내용을 읽어보면 알게 되겠지만, 염처(念處)란 생각이 머물러 있는 곳, 혹은 생각이 머물러 있어야 하는 곳이라는 뜻이다. 바꿔 말해, 생각을 해야 하는 대상이라는 뜻이다. 따라서 사념처란 생각을 해야 하는 네 가지 대상이며, 생각이 머물러 있어야 하는 곳 네 가지가 곧 사념처라는 뜻이다.

그렇다면, 부처님이 말한 그 네 가지는 무엇일까? 몸[身]·몸의 감각적 느낌 혹은 지각[受]·마음[心]·마음이 움직이는 이치인 법[法]이 그것이다. 물론, 오늘날은 수(受)를 각(覺)으로 바꾸어 번역하고 있다. 그래서 신(身)·각(覺)·심(心)·법(法)을 사념처라 한다. 이를 현대 과학적 시각에서 해석한다면, 몸과 마음의 문제로서 ①감각기관의 지각 작용과 ②감정과 사유기능이 일어나는 인체 곧 감각기관과 뇌 사이에서 일어나는 지각·사유의 메커니즘과, ③지각·사유의 결과인 현상들을 있는 그대로 인지하라는 뜻이다.

쉽게 말하면, 나의 감정이고 나의 생각이고 나의 행동이지만 거리를 두고 바라보는 대상처럼 제3자 시각에서 자신의 느낌·감정·생각·의지·동작·마음 등을 인지하라는 뜻이다. 결과적으로, 관찰(觀察)만 하라는 뜻이다. 오늘날 소승불교에서 말하는 소위, '위빠사나(vipassana) 수행법'과 '사띠빳타나(satipatthāna) 수행법'의 근간인 셈이다.

- 2014. 07. 12.

사띠빳타나(satipatthāna)와 위빠사나(vipassana)

팔리어 '사띠빳타나(satipatthāna)'는 「염처경」에서 말하는 몸[身]·느낌[受=覺]·마음[心]·현상[法] 등 사념처에 대해서 관찰과 성찰을 통해서, 다시 말해 선 수행의 위빠사나[관(觀)·통찰(洞察)]와 사띠[sati: 알아차림·마음가짐·주시·기억·관찰·마음기울임]를 통해서 그 진실을 이해함으로써 지혜를 얻고, 그 지혜로써 번뇌를 물리치는 수행법이다.

실제로, 동남아시아 권의 소승불교에서 행하는 선 수행법이 위 '사띠빳타나(satipatthāna)' 수행법인데 그것의 핵심인 즉 자신의 몸과 마음이 시시때때로 변하고 움직이는데 그것들을 있는 그대로, 스스로, 내려다보고, 들여다보며, 꿰뚫어보는 과정이다.

그런데 문제는 이 바쁜 세상에 가만히 앉아서 그런 일에만 매달릴 수 없다는 점이다. 물론, 먹고 사는 일[생계]를 팽개치고 부처나 출가한 수행자들처럼 선 수행만 하면 상당히 마음도 편해질 수 있고, 번뇌도 줄일 수 있으며, 심한 감정기복도 잠잠하게 평정하여 번뇌의 고통으로부터 벗어날 수는 있다. 그러나 그들 역시 결국 중생으로부터 먹을 것과 입을 것과 약품까지도 보시 받아 생활했으며, 그들과 똑같이 생로병사 과정으로부터 벗어날 수도 없었다는 사실이 중요하다.

내가 지금 말하고 싶은 것은, 수행의 방법과 소요되는 시간과 그것의 효과를 생각한다면 나의 명상법에서 제시한 '자기관조방법'이 훨씬 낫다는 점이다. 나는 이미 베트남 미얀마 등에서 유명하다는 스님이 쓴 저서 내지는 수행법을 탐독했으며, 내가 스스로 해온 명상과 연관 지어 무엇이 어떻게 다르고, 무엇이 현실적으로 유익한지를 점검해 보기도 했었지만 이 점은 여러분들이 직접 실험적 수행을 통해서만이 확인할 수 있다고 본다. 그리고 한 가지 간과해서는 안 될 것이 있다면, 그것은 '사띠빳타나(satipaṭṭhāna)' 수행법도 불교 경전 가운데 하나인 「염처경」에 근거를 두고 있음으로 여러분들이 해당 경전 전문을 면밀히 읽고서 여러분 나름대로의 수행법을 실천·계발해 보는 것도 의미 있는 일이라는 점이다.

팔리어 '위빠사나(vipassana)'는 중국 한자 경전에서 흔히 관(觀)·통찰(洞察) 등으로 번역되었는데, 관(觀)은 '전체를 훤히 내려다봄'에 가깝고, 통찰(洞察)은 '속을 꿰뚫어 봄'에 가깝다고 나는 판단한다.

- 2017. 04. 27. 수정

『법구경(法句經)』을 읽고

2017년 03월 08일부 한역(漢譯) 『법구경(法句經)』을 우리말로 재번역한 것을 심독 완료하였다. 이 경은 상·하권으로 구분되어 있고, 「무상품」으로부터 「길상품」까지 전체 39품으로 나뉘어 있는데, 그 주된 내용에 따라 각기 다른 이름이 붙여져 있지만 그것은 그리 중요해 보이지는 않는다. 내용 또한 그렇게 어려운 것도 없으며, 단순한 문학적 수사(修辭)가 동원된 운문(韻文)이기에 평생 시를 써온 나로서는 두툼한 시집 한 권 읽은 것이나 다름없다. 물론, 경우에 따라서는 한역 경전을 대조해 보기도 했지만 전체 758장으로 된 한역 법구경의 한글본을, 그러니까, 4행~6행으로 짜이어진 정형시 758수를 읽은 것이나 다름이 없다.

그 핵심 내용이야 초기 경전에서 주로 강조해 온, 사대(四大)·오온(五蘊)·팔정도(八正道)·육식(六識)·계(戒)정(定)혜(慧) 수행(修行)·삼독(三毒) 경계(警戒)·육바라밀 등과 관련된 것들이 대부분이다. 그것들을 다시 이해하기 쉽게 풀어서 말하면, 선(善)과 악

(惡)을 구분하고, 모든 번뇌와 고통의 근원으로 여기는 탐욕(그 가
운데에서도 애욕)과 성냄과 어리석음 등을 퇴치하기 위해서 계율을
지키고, 선정에 들며[명상하며], 대상이나 현상에 대해 관찰하고, 인
간존재를 비롯한 세상 만물에 대한 본질을 오로지 헛것[그림자 · 허
깨비 · 물거품 · 아지랑이 · 환영(幻影) 등의 단어로도 표현됨]으로 알고 믿으
며, 무위(無爲)의 도(道)를 따라 실천[行]하는 삶을 주장하고 있다.
특히, 대인관계에서는 자비심을 내고, 부끄러움을 알며, 멸시와
모욕 등을 참아내는 인내심을 발휘하며, 가진 것을 베풀고, 부드
러운 말로써 겸손해야 하며, 작위적인 행동을 삼가며, 계율을 지
키는 금욕적인 삶을 요구하고 있다. 이런 부처님의 가르침을 법
(法) 또는 도(道)라 하여 그 법과 도에 부합되는 말[言] · 행동[行] · 수
행(修行)을 강조하였다 해도 크게 틀리지 않는다.

개인적으로 나는, 이 법구경의 내용이 너무나 장황하게 늘어지
고 반복되어 지루하다고 생각되었으며, 또한 그 내용이 모두 옳
고 바르다고 생각지도 않는다. 그러나 이 경에 상당한 시간을 투
자하여 공들여서 심독(心讀)했기에 몇 편의 짧은 글들을 지을 수
있었고, 동시에 사유의 영역을 확대 · 심화시킬 수도 있었다. 나
에게 일독의 기회를 준 인(因)과 연(緣)에 스스로 감사하게 생각하
면서 소회를 밝혔나이다.

- 2017. 03. 08.

후기

불교 경전 안에서 내가 읽어온 적지 아니한 경들을 되새겨보면, 그 내용들은 크게 몇 갈래로 갈라진다.

첫째는, 인간 존재와 삶에 대해 관찰과 사색을 통해서 성찰(省察)한 내용을 다루고 있는 경들이다. 부처는 인간 몸의 구조인 겉과 기능인 속을 관찰하였고, 온갖 번뇌의 근원이라고 판단되는 감각 기관과 '욕구'에 대하여 깊은 사유를 거듭했다. 그 결과인 즉 인간이란 존재는 생로병사 과정을 거치게 되는데 그 과정 자체가 근심 걱정으로 점철되는 '고(苦)'이며, 무상(無相 → 영원불변하는 실체가 없다 → 無我이다)하고, 무상(無常 → 변하고 사라진다 → 덧없다 → 허무하다)하다는 것이며, 더욱이 환생(還生)을 거듭하기 때문에 그런 고통이 끝나지 않고 계속된다는 것이다. 그래서 얻은 결론이, 다시 태어나지 않도록 수행 정진하되 인간의 욕구를 통제해야 한다는 것이다.

둘째는, 인간의 근심걱정을 줄여서 갖거나 소멸시키기 위해서 무엇을 어떻게 해야 하는지에 대한 나름의 탐구를 담아낸 경들이다. 그것들의 핵심 내용인 즉 적극적으로 해야 할 일과 하지 말아야 할 일들을 구분하였는데, 해야 할 일이란 선(善:착함)과 정(正:바름)에 해당하며, 하지 말아야 할 일은 악(惡)과 추(醜)에 해당하는 일들이다. 무엇이 선이고 악인지, 무엇이 정이고 추인지는 철학적으로 구분해 놓지는 않았으나 인간이 가지는 통념에서 크게 벗어나지 않는다. 평생토록 정진해야 할 일로는, 부처 스스로가 마련한 온갖 계율을 지키고, 선정(禪定:명상)에 들고, 관찰과 명상으로써 지혜를 얻어 쌓아 생활에 적용하는 일이라 했다. 이를 흔히 '계(戒)·정(定)·혜(慧) 수행'이라 한다.

셋째는, 선정(禪定)에 드는 구체적인 방법론들을 제시·설명하는 경들이다. 여기에는 크게 두 가지 방향의 갈래가 있는데, 하나는 특정 목적 달성을 위해서 해당 삼매에 드는 방법으로 가는 명상법이고, 다른 하나는 일신상의 근심걱정을 덜고 마음의 평정상태를 유지하면서 지혜를 깨우쳐 가는 방향으로 가는 명상법이다. 전자는 각종 삼매경들이 해당하고, 후자는 사념처 수행법에 근거하고 있다. 그리고 전자는 선정수행 4 혹은 8단계를 거치면서 최후·최고의 경지인 '아뇩다라삼막삼보리'를 얻기 위한 것이라고 한다면 후자는 오늘날 동남아시아 권의 소승불교에서 명상법으로 즐겨 활용하고 있는 경향이 짙다.

넷째는, 부처가 육신의 죽음인 적멸(寂滅)에 들고난 뒤 제자들이 보살로서 무엇을 어떻게 수행 정진하며 중생들을 위해서 보시해야 하는지, 다시 말해, 중생을 어떻게 제도(濟度)해야 하는지를 설명하는, 소위 '보살도(菩薩道)'를 설명하는 경들이다. 이 경들은 대체로 보살들의 서원(誓願)과 수행 정진 노력과 그 결과 등이 과장되어 기술되어 있고, 마치 부처를 신(神)으로 고정시켜 놓고 자신들을 신격(神格)으로 격상시켜 놓은 듯한 인상을 강하게 풍긴다. 그래서 사원의 주불(主佛)이 부처가 아닌, 다른 보살들인 경우가 있는 것이다.

다섯째는, 우주 만물을 존재하게 하는 근원이자 바탕으로서 영원히 변하지 않고 존재하는, 있지만 없고 없지만 있는 그 무엇과, 인간의 마음에 대하여 사색 탐구한 경들이다. '본각(本覺)'이나 '원각(圓覺)'이니 하는 용어들이 더러 쓰였지만 결국에는 '아뇩다라삼막삼보리'로 귀결되어 있다.

여섯째는, 부처 개인과 보살들의 과거 전생과, 현재의 활동과, 열반 및 미래 활동상 등에 대하여 일방적으로 설명하는 경들이다. 이런 경들은, 솔직히 말해, 내 눈에는 픽션처럼 느껴져 그저 한 번 읽고 지나치는 정도로 여겨왔다.

일곱째는, 특정 경에 언급된 용어나 핵심 내용을 설명하고 논하는 이론적인 경들이다. 읽기에는 경보다 더 쉬워야 할진대 어렵기는 마찬가지여서 상당히 부담스럽다는 느낌을 받았던 게 사실이다.

여덟째는, 산 자나 죽은 자의 현실적 복락이나 개인적 소원을 들어준다는 갖가지 '다라니', '진언' 등 샤머니즘적 요소가 다분한 경들이다. 내 눈에는, 과연 부처님이 계실 때에 그런 말씀들을 하셨을까 의심스럽고, 그런 신앙적 행위들을 권장·용납하셨을까 심히 의심스럽기도 하다. 불교가 여러 나라로 전파되면서 다른 토속 신앙들과 융화되면서 샤머니즘적인 요소들이 경으로 집필되어 합세했을 가능성이 매우 크며, 또한 세월이 흐르면서 경이 또 다른 경을 낳는 과정에서 수행의 방법이나 개념들이 구체화되어 가는 점을 엿볼 수도 있는 것으로 보면, 불교 경전은 몇 차례의 결집(結集)만으로 이루어진 것으로 보기에는 무리가 있다고 판단된다.

단적으로 말해서, 환생(還生)은 힌두교에서 나온 당대 사회적 통념으로서 불평등한 것이기에 부처는 그 고정관념을 깨부수려고 노력했지만 결국에는 자신만 벗어났다고 선언하는 식이 되었는데 입증할 수 없고 입증되지도 않는 것이기에 나는 픽션이라고 여긴다. 그처럼 수행 정진한다고 해서 그 환생의 덫으로부터 온전히 벗어날 수 있다고 믿는 것도 픽션이고, 적지 아니한 보살들처럼 서원(誓願)을 세우고 평생 기도하며 수행 정진한다 해서 그 서원이 실현된다고 믿는 것 또한 픽션이고, 부처가 가르쳐 준 인체의 겉과 속에 대한 이해[앎]의 내용도 오늘날 의학에서 규명해 놓음으로써 대다수 사람들이 알고 있는 상식적 수준에 비하면 터무니없이 미약한 것이다. 그래서 실질적으로 배울 것은 크게 없으나 2,000년 이상의 세월이 흐른 오늘날에도 분명 유효한 것이 있다면, 모든 존재하는 것들은 변하며, 변하기에 덧없는 것이고, 덧없기에 무상하다는 판단의 종지이며, 하나가 더 있다면 인간 삶의 욕구 통제 및 제어로 정신적 신체적 피로를 덜고, 자신의 정체성을 통찰하여 받아들이기[깨달음]를 요구하는 선정 수행이다.

이러한 맥락에서, 나는 솔직하게 이런 생각을 한다. 곧, 좋은 곳에 다시 태어나기 위해서 사는 동안 선업(善業)을 쌓는다거나, 죽어서 심판을 받고 지옥과 천상 혹은 극락 등으로 구분되어 간다는 믿음들이 다 대자대비 심으로 살아가라는 방편으로 끌어들여진 것에 지나지 않는데 오늘날 욕심 많은 사람들에겐 오히려 그 방편 삼아 한 말들에 스스로 매이고 스스로 구속당하여 주객이 전도된 양태를 보이는 것이라고 말이다. 따라서 나는 경전 내용을 많이 읽어 많이 아는, 썩은 지식의 부자가 되기보다는 내가 가진 것을 즐거운 마음으로 베풀고, 가능한 한 이타심을 많이 내며 많이 참고, 마음 편안하게 사는 일을 통해서 이웃사랑을 실천하는 것이 더 중요하고 더 요긴하다는 것을 말하고 싶으며, 이에 에너지를 적잖이 소모하는 '경전읽기'를 중지하고자 하는 것이다. 동시에 나는, 인간이 스스로 만들어 가지는 온갖 관념의 덫으로부터 구속받지 않고, 타인들에게 정신적 물질적 피해를 끼치지 않는 삶으로써 내 인생을 '진정한 자유인'으로서 마감하고 싶다. 그러려면 얼마나 많은 보시를 베풀며, 그 과정에서 얼마나 많이 참고 자신을 희생시켜야 할지 모르겠지만 아무튼, 현재의 내 마음은 그러하다. 옴!

- 2017. 11. 06.

이시환

부록

2가지의 감로문(甘露門)/3승법(三乘法)/3업(業)/3종 시현(示現)/3중겁(中劫)/4가지 결정설(決定說:sihanda, 師子吼)/4가지 연(緣)/4등심(等心)/4무량(無量)/4무소외(無所畏)/4무애변(無礙辯)/4성제(聖諦)/4정단(正斷)/4주처(住處)/4취(取)/5가지 나쁜 말/5가지 단지(斷支)/5가지 인(因)/5근(根)/5력(力)/5무간업(無間業)/5역(逆)/5온(蘊)/5행(行)/6계취(界聚)/6촉처(觸處)/7가지 법/7가지 법의 행(行)/7가지 재물/7각지(覺支)/8개 지옥/8성도(聖道)/8승처(勝處)/10력(力)/10무학법(無學法)/10악(惡)/10일체처(一切處)/12처(處)/18계(界)/18의행(意行)/37조도품/공삼매(空三昧)/과보를 받는 4가지 방법[受法]/구름 4종/극락의 칠보(七寶)/금강삼매경 제6품인 진성공품(眞性空品)에서 말하는 네 가지 인연/금강삼매경 제6품인 진성공품(眞性空品)에서 말하는 다섯 등급의 지위/금강삼매경 제7품인 여래장품(如來藏品)에서 말하는 네 가지 지혜/금강삼매경 제7품인 여래장품(如來藏品)에서 말하는 세 가지 행[三行]/네 종류의 사문/다섯 가지 공[五空]/대지를 흔들리게 하는 여덟 가지 인연/두 가지의 들어감[二入]/모든 부처님을 환희하게 하는 열 가지 법/무색계 중생 4종/반주삼매(般舟三昧:pratyutpanna-samādhi)/백의성제자[평신도]가 실천해야 할 5법/번개4종/법혜보살이 정진혜보살에게 답변한 보살의 열 가지 도/벽지불(辟支佛)/보살마하살의 십행/보살의 3가지 인(忍)/보살의 십무진장(十無盡藏)/보살이 머무는 곳 열 가지[십종주]/보살이 방일하지 않는 데 머무른 열 가지 청정/보살이 삼매를 빨리 얻는 방법/부처님과 세계의 가지가지/부처님의 10대 제자/부처님의 80가지 작은 특징들/부처님이 말씀하신 '사리자' 비구의 슬기/비구가 수행해야 할 7가지 법/비구에게 다시 일곱 가지 법/비구에게 일곱 가지 법/비구에게 일곱 가지 법/비구에게 일곱 가지 법/비구의 7가지 각의(覺意)법/사대(四大)/사바세계의 시방세계[열 가지 세계]/사부대중/삼계/상(想) 지옥에 딸린 16개 작은 지옥/색계(色界)의 중생 22종/선(禪)을 닦는 4종류의 사람/성상(性相)과 법상(法相)/세 가지 공[三空]/세 부처[三佛]/셋을 보존하고 하나를 지키는 것[存三守一]/심상(心相)과 심행(心行)/'아승기'에 대한 심왕보살의 질문을 받고 부처님이 하신 답변/여래선(如來禪)에 들어간다는 것/열 개의 지옥/오근(五根)/오온(五蘊)/욕계(欲界)의 중생 12종[種]/육행(六行)/의성신차별상(意成身差別相)/일체실견삼매(一切悉見三昧)/작은 지옥의 크기/재가인(在家人)의 4가지 법/재가인들이 좋아해야 하는 4가지 법[四樂法]/적삼매(寂三昧)/점수[漸修:점진적인 수행으로 깨달음에 이르는 과정]의 핵심/정삼매(淨三昧)/'족성자(族姓子)·족성녀(族姓女)' 혹은 '선남자(善男子)·선녀인(善女人)'/죽은 자를 심판하는 염라대왕의 희망사항/지옥에 관한 게송, 범왕 作/지옥에 관한 게송, 부처님 作/지옥의 위치/천신(天神)4종/큰 지옥 크기/팔부대중/팔행(八行)/혜해탈(慧解脫)과 공해탈(共解脫)

기타 유지진언/만다라/얀트라/탄트라/라마교/문수보살/보현보살/비로자나불/관세음보살/대세지보살/아미타불/보현십원가/아미타불48대원/밀린다왕문경/법화경/금강정경/무량수경/대일경/강가강/목사/보시/육도윤회/다라니/주문/화산/대인/심판/지옥/오계/팔관재계/나유타/겁/아승기/호법신중/여래10호/결집(結集)/금강승/구족계/사미십계/아잔타석굴/엘로라석굴/힌두교/힌두사원/힌두성서/본교/밀교수행법 등 일련의 용어들에 대해서는 필자의 다른 저서 『시간의 수레를 타고』(신세림출판사. 서울. 2008) 주석을 참고하기 바라며, 선정수행법에 해당하는 명상법에 대해서는 『주머니 속의 명상법』(신세림출판사. 서울. 2014)를 참고하기 바란다.

▶▶ 그동안 내 홀로 경전 속 숱한 경들을 읽으며 공부했던 내용들을 토대로 내가 사유할 수 있었던 영역의 내용들을 정리하고 나니 정말 아쉽기 그지없다. '고작 이것인가?'하는 생각이 들기 때문이다. 솔직히 말해, 전제되어야 할 불교의 숱한 키워드들에 대한 개념 정리가 일목요연하게 되어있지 않고, 또한 너무 많아서 오히려 번뇌를 증가시켜주는 듯했었는데 한 바퀴 먼 길을 걸어서 돌아 나오니 그래도 제법 익숙해진 길처럼 가깝게 느껴진다.

이제 나는 다 털어버리고 홀가분한 마음으로 남아있는 내 생명의 불꽃을 응시하며 조심스럽게 살아가겠지만 이 책속에서 본문으로 끌어들이지 못하고 메모로만 남아 있는 용어들에 대한 뜻풀이를 부록으로나마 정리해 놓고자 한다. 불경을 공부하는 이들에게 다소라도 도움이 되었으면 하는 바람에서이다.

나의 작은 전제 :

불교의 모든 경들을 잘게 부순 다음, 원심분리기 속에 넣고 돌리면 더 이상 부서지지 않고 남아있는 키워드들을 가려낸다면 아마도 이런 것들이라고 나는 생각한다. 곧, 도(道)·법(法)·공(空)·허공(虛空)·무상(無相)·무위(無爲)·무아(無我)·고(苦)·무상(無常)·인연(因緣)·정(正)·선(善)·자비(慈悲)·보시(布施)·바라밀·선정(禪定)·삼매(三昧)·무념무상(無念無想)·적멸(寂滅)·해탈(解脫)·아누다라삼먁삼보리·지혜(智慧)·계율(戒律) 등이다. 단, 심판(審判)·지옥(地獄)·천상(天上)·극락(極樂)·환생(還生) 등 사후세계와 관련된 한 축의 키워드들을 배제시켰을 경우이다. 이들과 관련된 내용은 거의 다 이 책의 본문 속에서 직간접으로 헤아려 볼 수 있으리라 본다. 따라서 이들 외에 경들에 기록으로 남아있는 내용들을 가능한 범위 내에서 정리하고자 한다.

-2017. 11. 17.

이시환

486

2가지의 감로문(甘露門)

①방편도(方便道) ②승도(勝道)

3승법(三乘法)

①성문승(聲聞乘) ②연각승(緣覺乘) ③보살승(菩薩乘)

3업(業)

신업(身業)·구업(口業)·의업(意業).

3종 시현(示現)

『중아함경』속 「상가라경(傷歌邏經)」에 의하면, 도(道)를 배움으로써 한량없는 복(福)의 자취를 행한다고 '상가라마납(傷歌邏摩納)'이라는 사람이 부처님의 질문에 대답하자, 부처님께서 세 가지 시현(示現)이 있다고 말하면서 그것들에 대해서 구체적으로 설명한 내용이 이래와 같다. 곧 여의족(如意足), 점념(占念), 교훈(敎訓) 등 세 가지에 대한 시현(示現)이 그것이다. 아래 부처님의 설명을 읽어보면 알게 되겠지만 여의족시현(如意足示現)은 신족통(神足通)에 해당하고, 점념시현(占念示現)은 타심통(他心通)에 해당하며, 교훈시현(敎訓示現)은 교계통(敎誡通)에 각각 해당한다.

불교에서 말하는 다섯 가지 신통력이 원천적으로 과장되어 있듯이, 이 세 가지 시현에 대한 부처님의 설명 또한 과장되어 있음을 확인할 수 있다.

①**여의족시현(如意足示現)** : 어떤 사문 범지(梵志)는 큰 '여의족'이 있고 큰 '위덕(威德)'이 있으며, 큰 '복'이 있고 큰 '위신'이 있어서 마음이 자재함을 얻어 한량없는 여의족의 공덕을 행한다. 이를테면, 하나를 나누어 여럿을 만들고 여럿을 합하여 하나를 만들기도 하는데 하나는 곧 하나에 머물러 앎이 있고 봄이 있다. 석벽도 장애되지 않아 마치 허공을 다니는 듯하며, 땅에 빠지는 자에겐 물에서와 같고, 물을 밟는 자에겐 땅에서와 같으며, 가부좌를 하고서 허공에 오르는 것은 마치 새가 나는 것 같다. 이제 이 해와 달에 대해서도, 큰 여의족이 있고 큰 위덕이 있으며 큰 복이 있고 큰 위신이 있어서, 손으로 만지고 몸은 범천에 이른다.

②**점념시현(占念示現)** : 어떤 사문 범지는 남의 상(相)을 보아 그의 뜻을 점치기를, 이런 뜻이 있고 이런 뜻과 같다고 하면, 진실로 이런 뜻이 있다. 이렇게 한량없는 점(占)과 적지 않은 점은 모두 진실하여, 허망하게 말하는 것이 없다. 남의 상을 보아 그의 뜻을 점치지 않을 경우에는 오직 하늘 소리나 비인(非人)의 소리를 들어, 이런 뜻이 있고 이런 뜻과 같다고 하면, 진실로 이런 뜻이 있다. 이렇게 한량없는 점과 적지 않은 점은 모두 진실하여, 허망하게 말하는 것이 없다. 남의 상(相)을 보아 그의 뜻을 점치지도 않고, 또한 하늘 소리나 귀신 소리를 들어 그의 뜻을 점치지도 않고, 다만 남의 생각과 남의 헤아림과 남의 말과 그 소리를 들어 남의 뜻을 점쳐 이런 뜻이 있고 이런 뜻과 같다고 하면, 진실로 이런 뜻이 있다. 이렇게 한량없는 점과 적지 않은 점은 모두 진실

하여 허망하게 말하는 것이 없다.

다시 남의 상을 보아 남의 뜻을 점치지도 않고, 또한 하늘 소리나 귀신 소리를 들어 남의 뜻을 점치지도 않으며, 또한 남의 생각과 남의 헤아림과 남의 말과 소리를 들은 뒤에 남의 뜻을 점치지도 않고, 다만 다른 사람이 각(覺)도 없고 관(觀)도 없는 선정에 든 것을 보면 그것을 보고는 이렇게 생각한다. '이 현자(賢者)는 생각하지도[念] 않고 헤아리지도[思] 않으면서 원하는 대로 된다. 저 현자는 이 선정에서 깨어나면 이렇게 생각할 것이다.'

그러면 과연 그는 그 선정에서 깨어나 이러이러하게 생각을 한다. 그는 또한 과거를 점치고 미래도 점치며, 또한 현재도 점치나니, 오래전에 했던 일과 오래전에 했던 말도 점치고, 또한 편하고 고요한 곳과 편하고 고요한 곳에 머문 것도 점치며, 또한 그의 마음[心]과 마음이 가진 무수한 법[心所有法]에 이르기까지도 점친다.

③교훈시현(敎訓示現): 어떤 사문 범지가 스스로 이러한 도와 이러한 자취를 행하고, 이 도를 행하고 이 자취를 행한 뒤에는 모든 누(漏)가 이미 다하여 누가 없게 되었다. 그리고 그는 심해탈(心解脫) 혜해탈(慧解脫)을 하여, 스스로 알고 스스로 깨닫고, 스스로 증험을 성취하여 노닐며, 생(生)이 이미 다하고 범행(梵行)은 이미 섰으며, 해야 할 일은 이미 마쳐, 다시는 후세의 몸을 받지 않는다는 사실을 알았다. 그래서 그는 남을 위하여 '나는 스스로 이러한 도와 이러한 자취를 행하고, 이 도를 행하고 이 자취를 행한 뒤에는 모든 누(漏)가 다하여 누가 없게 되었다. 그리고 나는 심해탈(心解脫) 혜해탈(慧解脫)을 하여, 스스로 알고 스스로 깨닫고, 스스로 증험을 성취하여 노닐었으며, 생이 이미 다하고 범행은 이미 섰으며, 해야 할 일은 이미 마쳐, 다시는 후세의 몸을 받지 않는다는 사실을 알았다. 만일 너희들도 또한 다같이 와서 스스로 이러한 도와 이러한 자취를 행하고 이 도를 행하고, 이 자취를 행하여 마치다면, 모든 누(漏)가 이미 다하여 누가 없게 되고, 심해탈(心解脫) 혜해탈(慧解脫)을 하여, 스스로 알고 스스로 깨닫고 스스로 증험을 성취하여 노닐 것이다. 그래서 생이 이미 다하고 범행은 이미 섰으며, 해야 할 일은 이미 마쳐, 다시는 후세의 몸을 받지 않는다는 사실을 알 것이다'라고 말한다.

그래서 그도 또 스스로 이러한 도와 이러한 자취를 행하고, 이 도를 행하고 이 자취를 행한 뒤에는 모든 누가 이미 다하여 누가 없게 되었다. 그리고 그는 심해탈(心解脫) 혜해탈(慧解脫)을 하여, 스스로 알고 스스로 깨닫고, 스스로 증험을 성취하여 노닐었으며, 생이 이미 다하고 범행은 이미 섰으며, 해야 할 일은 이미 마쳐, 다시는 후세의 목숨을 받지 않는다는 사실을 알았다. 그래서 그는 남을 위하여 설명하고, 남은 또 남을 위하여 설명하고, 이렇게 계속하여 한량없는 백 천에까지 이른다.

3중겁(中劫)
①도병겁(刀兵劫) ②곡귀겁(穀貴劫) ③질역겁(疾疫劫)

4가지 결정설(決定說:sihanda, 師子吼)
①만일 어떤 비구가 설법하기를 좋아하여 다음과 같이 말하되, '내가 직접 부처님께 이와 같은

법을 듣고, 그 뜻을 잘 이해하고 받아 지녀 읽고 외우며 모든 것을 통달하여 걸림이 없다[通利]'라고 말하면 그대들은 반드시 그를 청하여 법을 말하게 하고 들은 것에 따라 수다라(修多羅)인가, 비니(毗尼:vinaya, 律藏)인가, 법상(法相)에 이러한 법이 있는지 잘 생각하여 만일 수다라·비니·법상에 이러한 법이 있다면, 마땅히 받아 지니고 '훌륭하다'라고 칭찬하며, 만일 수다라·비니·법상에 이러한 법이 없으면 마땅히 받아 지니지 말고 또한 칭찬하지도 말아야 하니, 이 법은 내가 말한 것이 아님을 알아야 한다.

②만일 어떤 비구가 법을 말하기를 좋아하여 다음과 같이 말하되 '내가 어느 곳에서 비구 스님들에게 이와 같은 법을 듣고, 그 뜻을 잘 이해하고 받아 지녀 읽고 외우며 모든 것을 통달하여 걸림이 없다'라고 하면 그대들은 반드시 그를 청하여 법을 말하게 하고 그 들은 법에 따라 수다라인가, 비니인가, 법상에 이러한 법이 있는지를 잘 생각하여 만일 수다라·비니·법상에 이러한 법이 있으면 마땅히 받아 지니고 '훌륭하다'라고 칭찬하며, 만일 수다라·비니·법상에 이러한 법이 없으면 마땅히 받아 지니지 말고 또한 칭찬하지도 말아야 하니, 이 법은 내가 말한 것이 아니고, 또한 저 비구 대중들이 말한 것도 아님을 알아야 한다. ③만일 어떤 비구가 법을 말하기 좋아하여 다음과 같이 말하되, '내가 직접 저 어느 승가람(僧伽藍), 어느 아련야(阿練若)에 머무는 법문을 많이 듣고, 총명하고, 지혜로운 많은 상좌 비구들에게 이와 같은 법을 듣고, 그 뜻을 잘 이해하고 받아 지녀 읽고 외우며 모든 것을 통달하여 걸림이 없다'라고 하면, 그대들은 마땅히 그를 청하여 법을 말하게 하고 그 들은 것에 따라 수다라인가, 비니인가, 법상에 이러한 법이 있는지 잘 생각하여 만일 수다라·비니·법상에 이러한 법이 있으면 마땅히 받아 지니고 '훌륭하다'라고 칭찬하며, 만일 수다라·비니·법상에 이러한 법이 없으면 마땅히 받아 지니지 말고, 또한 칭찬하지도 말아야 하니, 이 법은 내가 말한 것이 아님을 알아야 한다.

④만일 어떤 비구가 법을 말하기 좋아하여 다음과 같이 말하되, '내가 직접 저 어느 승가람, 어느 아련야에 머무는 지혜롭고 법문을 많이 들은 어느 한 상좌 비구에게 이와 같은 법을 듣고 그 뜻을 잘 이해하고, 받아 지니고 읽고 외우며 모든 것을 통달하여 걸림이 없다'라고 하면, 그대들은 마땅히 그를 청하여 법을 말하게 하고, 그 들은 것에 따라 수다라인가, 비니인가, 법상에 이러한 법이 있는지 잘 생각하여 만일 수다라·비니·법상에 이러한 법이 있으면 마땅히 받아 지니고 '훌륭하다'라고 칭찬하며, 만일 수다라·비니·법상에 이런 법이 없으면 받아 지니지 말고, 또한 칭찬하지도 말아야 하니, 이 법은 내가 말한 것이 아님을 알아야 한다.

네 가지 결정설을 잘 분별해야 하며, 이러한 방법으로 설법을 분별하여 그 밖의 사람들에게 전해 주어야 한다. 설령 내가 세상에 있거나 또는 반열반에 들었더라도 허위와 진실을 이러한 방법으로 알아야 한다.

4가지 연(緣)
①인연(因緣) ②차제연(次第緣) ③연연(緣緣) ④증상연(增上緣)

4등심(等心)
4무량심(無量心), 4등종심(等從心), 4등종경(等從境)이라 하기도 하는데 慈·悲·喜·護를 말한다.

4무량(無量)

①자(慈) ②비(悲) ③희(喜) ④사(捨)

4무소외(無所畏)

① 정등각무외(正等覺無畏) : 온갖 현상에 대해 알고 있다고 분명히 말하는 것에 두려움 없는 것
② 누영진무외(漏永盡無畏) : 번뇌를 모두 끊었다고 분명히 말하는 것에 두려움이 없는 것
③ 설장법무외(說障法無畏) : 끊어야 할 번뇌에 대해 남에게 설하는 일에 두려움 없는 것
④ 설출도무외(說出道無畏) : 번뇌를 끊는 도에 관해 설하는 일에 두려움이 없는 것

4무애변(無礙辯)

①법무애(法無礙) ②의무애(義無礙) ③사무애(辭無礙) ④요설무애(樂說無礙)

4성제(聖諦)

①고제(苦諦) : 여덟 가지 괴로움[八苦] : 태어나는 괴로움[生苦], 늙는 괴로움[老苦], 병드는 괴로움[病苦], 죽는 괴로움[死苦], 바라는 것을 얻지 못하는 괴로움[求不得苦], 미워하는 사람을 만나는 괴로움[怨憎會苦], 사랑하는 사람과 이별하는 괴로움[愛別離苦], 5음(陰)으로 인하여 괴로움을 받는 괴로움[五受陰苦]
②집제(集諦) : 무명(無明)과 애욕이 여덟 가지 괴로움을 이루는 원인과 근본이 되니 이 집제가 괴로움의 원인이 됨.
③멸제(滅諦) : 무명과 애욕이 없어지면[滅] 괴로움의 원인이 끊어지니 이 멸제의 실체는 괴로움이 사라지는 것임.
④도제(道諦) : 8정도(正道) : 올바른 소견[正見], 올바른 기억[正念], 올바른 사유[正思惟], 올바른 행위[正業], 올바른 정진[正精進], 올바른 말[正語], 올바른 생활[正命], 올바른 선정[正定]

4정단(正斷)

①이미 생긴 악하고 착하지 않은 법 ②아직 생기지 않은 악하고 착하지 않은 법
③아직 생기지 않은 착한 법 ④이미 생긴 착한 법

4주처(住處)

참된 진리의 주처[眞諦住處]·지혜의 주처[慧住處]·보시의 주처[施住處]·쉼의 주처[息住處]

4취(取)

욕취(欲取)·견취(見取)·계금취(戒禁取)·아어취(我語取).

5가지 나쁜 말

①때에 맞지 않는 말 ②진실하지 않은 말 ③이롭지 않은 말 ④인자하지 않은 말 ⑤부드럽지 않은 말

5가지 단지(斷支)

『중아함경』 속 「일체지경(一切智經)」에 나오는 얘기로, 찰리 범지 거사 공사 등 네 종족이 5가지 단지(斷支)를 성취하면 반드시 좋은 스승인 여래 무소착 정진각을 증득하게 되며 반드시 만족하여 불만이 없을 것이며, 또한 긴 밤 동안에 진리와 이익과 안온과 쾌락을 얻을 것이라고 전제하면서 부처님이 구살라(拘薩羅)의 왕 바사닉(波斯匿)의 방문을 받고 설법한 내용이다.

제1단지 : 많이 아는 거룩한 제자가 여래를 믿어 그 뿌리가 생기고 완전히 서서, 이른바 사문 범지 하늘 악마 및 그 밖의 세간 어느 누구도 그것을 빼앗을 자가 없게 됨.

제2단지 : 많이 아는 거룩한 제자가 병이 적고 병이 없으며 알맞게 먹는 도를 성취하여, 뜨겁지도 않고 차갑지도 않고 공정하여 다투지 않아서, 이른바 먹고 마신 것을 소화시키되 바르고 안온하게 소화시킴.

제3단지 : 많이 아는 거룩한 제자가 아첨도 없으며 속임도 없고 소박하고 정직하여, 세존과 모든 범행자들에게 참된 모습을 보임.

제4단지 : 많이 아는 거룩한 제자가 언제나 꾸준히 정진하고, 악하고 착하지 않은 법을 끊으며, 모든 착한 법을 닦고, 항상 스스로 뜻을 일으켜 오로지 하고 굳건히 하며, 모든 착함의 근본을 위하여 방편 쓰기를 버리지 않음.

제5단지 : 많이 아는 거룩한 제자가 지혜를 닦아 흥하고 쇠하는 법을 관찰하고 이러한 지혜를 얻어 거룩한 지혜가 밝게 트이고, 분별하고 환히 알아 그로써 바로 괴로움을 다함.

5가지 인(因)

①생인(生因) ②의인(依因) ③입인(立因) ④지인(持因) ⑤양인(養因)

5근(根)

①믿음의 뿌리[信根] ②정진의 뿌리[精進根] ③생각의 뿌리[念根] ④선정의 뿌리[定根] ⑤지혜의 뿌리[慧根]

5력(力)

①믿음의 힘[信力] ②정진의 힘[精進力] ③생각의 힘[念力] ④선정의 힘[定力] ⑤지혜의 힘[慧力]

5무간업(無間業)

①어머니를 죽임[殺母] : 중생을 사랑으로 이끌어 탐하여 기뻐함과 함께 함이 어머니가 자식을 양육하듯이 하는 것

②아버지를 죽임[殺父] : 무명(無明)이 6처(處)의 취락(눈·귀·코·혀·몸·뜻) 중에 태어나게 하므로 두 근본을 끊음을 말하여 부모를 죽임이라고 한다.

③아라한을 죽임[殺阿羅漢] : 수면(隨眠:번뇌)을 원수로 삼아 쥐의 독[鼠毒]이 발한 것과 같이하여 끝내 그것을 끊는 것

④화합승을 깨트림[破和合僧] : 모든 온(蘊)은 다른 모양이 화합하면 모인 것으로 끝내는 끊는 것

⑤악역(惡逆:극악무도함)의 마음을 품고 부처님 몸에 피를 내는 행위: 8식(識)의 몸이 허망하게 생각을 내어 자기 마음 밖에 자상(自相)과 공상(公相)이 있는 것으로 본다. 삼해탈(三解脫)의 무루(無漏) 악심(惡心)으로 끝내는 팔식신 부처[八識身佛]를 끊는 것

5역(逆)

아버지를 살해하는 것, 어머니를 살해하는 것, 아라한을 살해하는 것, 부처님의 몸에 피를 나게 하는 것, 승단을 파괴하는 것

5온(蘊)

색온(色蘊)·수온(受蘊)·상온(想蘊)·행온(行蘊)·식온(識蘊).

5행(行)

①양거행(羊車行) ②상거행(象車行) ③일월신력행(日月神力行) ④성문신력행(聲聞神力行) ⑤여래신력행(如來神力行)

6계취(界聚)

지계(地界)·수계(水界)·화계(火界)·풍계(風界)·공계(空界)·식계(識界)

6촉처(觸處)

안촉(眼觸)·이촉(耳觸)·비촉(鼻觸)·설촉(舌觸)·신촉(身觸)·의촉(意觸)

7가지 법

사람의 위덕이 날로 증진되고, 국토가 번창하고, 백성이 풍요롭고 안락하게 하는 7가지 법
①기쁨으로 서로가 화합하여 서로 어기거나 거스르지 않는 것
②서로서로 깨우쳐 주고 선업(善業)을 강론하는 것
③금계를 보호하고 지키며 또 예의를 지키는 것
④부모와 다른 어른을 공경하는 것
⑤친척끼리 화목하여 각각 서로 받들고 순종하는 것
⑥나라에 있는 지제(支提)를 수리하고 공양하는 것
⑦불법(佛法)을 받들어 지키고 비구·비구니를 가까이 공경하며 우바새·우바이를 애호하는 것

7가지 법의 행(行)

공덕과 지혜가 날로 더욱 증진시켜 줄 7가지 법의 행
①기쁘게 화합하는 것이 마치 물과 우유가 섞이는 것처럼 하는 것
②항상 함께 모여 경과 법을 강론하는 것
③금계를 보호하고 지키며 범할 생각을 내지 않는 것

④스승과 상좌(上座)를 공경하는 것

⑤아련(阿練) 비구를 헤아려 다스리고, 사랑하며 공경하는 것

⑥단월(檀越)에게 권유하고 교화하여 삼보가 계실 곳을 수리하고 짓도록 하는 것

⑦부지런히 더욱 정진하여 불법을 수호하는 것

7가지 재물

부처님의 가르침을 믿고 따르는 사람들이 지녀야 하는 7가지 재물 곧 욕심을 내어서 꼭 갖추어야 할 7가지 삶의 수단

①'믿음'이라는 재물 ②'계율'이라는 재물 ③'제 부끄러움'을 아는 재물

④'남 부끄러움'을 아는 재물 ⑤'들음[聞]'이라는 재물 ⑥'보시'라는 재물 ⑦'지혜'라는 재물

-법구경 독신품 가운데에서

7각지(覺支)

①염각지(念覺支) ②법각지(法覺支) ③정진각지(精進覺支) ④희각지(喜覺支) ⑤식각지(息覺支)

⑥정각지(定覺支) ⑦사각지(捨覺支)

8개 지옥

상(想), 흑승(黑繩), 퇴압(堆壓), 규환(叫喚), 대규환, 소자(燒炙), 대소자, 무간(無間)

8성도(聖道)

①正見 ②正思惟 ③正語 ④正業 ⑤正命 ⑥正精進 ⑦正念 ⑧正定

*여기서는 '정(正)' 자의 의미에 대해서 다시 설명해야 하는 한계를 노출시키고 있다.

다시 말해 부처님이 생각하고 있는 '정(正)'의 의미를 먼저 이해할 필요가 있다는 뜻이다.

8승처(勝處)

욕계(欲界)의 색처(色處)를 관하여 탐심을 제거하는 8단계

①안으로 색상(色想)5)을 지니고 있으면서 밖으로 색(色)의 경계를 조금만 관하는 것

②안으로 색상을 지니고 있으면서 밖으로 색의 한량없는 경계를 관하는 것

③안으로 색상을 지니지 않으면서 밖으로 색의 경계를 조금 관하는 것

④안으로 색상을 지니지 않으면서 밖으로 색의 한량없는 경계를 관하는 것

⑤모든 색(色)을 청상(靑相)으로 관하는 것

⑥모든 색을 황상(黃相)으로 관하는 것

⑦모든 색을 적상(赤相)으로 관하는 것

⑧모든 색을 백상(白相)으로 관하는 것

-동진(東晉) 평양(平陽) 사문 석법현(釋法顯)이 중역한 「대반열반경(大般涅槃經)」중에서

10력(力)

①처비처지력(處非處智力) : 도리에 맞는 일과 도리에 맞지 않는 일을 가리는 능력

②업이숙지력(業異熟智力) : 하나하나의 업인(業因)과 그 과보와의 관계를 여실히 아는 능력

③정려해탈등지등지력(靜慮解脫等持等至智力) : 4선(禪)·8해탈(解脫)·3삼매(三昧)·8등지(等至) 등의 선정을 아는 능력

④근상하지력(根上下智力) : 중생의 근기의 상하·우열을 아는 지혜

⑤종종승해지력(種種勝解智力) : 중생의 갖가지 소망을 아는 능력

⑥종종계지력(種種界智力) : 중생과 제법(諸法)의 본성을 아는 능력

⑦변취행지력(遍趣行智力) : 중생들이 온갖 곳에 가는 것을 아는 능력

⑧숙주수념지력(宿主隨念智力) : 전생의 일을 생각해 내는 능력

⑨사생지력(死生智力) : 중생이 죽어서 어디에 태어날지를 아는 능력

⑩누진지력(漏盡智力) : 번뇌가 끊어진 상태와 그것에 도달하기 위한 수단을 여실히 아는 능력

10무학법(無學法)

①무학정견(无学正见) ②무학정사유(无学正思惟) ③무학정어(无学正语) ④무학정업(无学正业) ⑤무학정명(无学正命) ⑥무학정정진(无学正精進) ⑦무학정념(无学正念) ⑧무학정정(无学正定) ⑨무학정해탈(无学正解脫) ⑩무학정지(无学正智)

*여기서는 '무학(無學)'의 개념이 전제되어있는데 그에 대한 이해가 선행되어야 한다.

-『중아함경』속 「전유경(箭喩經)」중에서

10악(惡)

살생[殺生]·도둑질[偸盜]·그릇된 성관계[邪淫]·거짓말[妄語]·이간질[兩舌]·욕[惡口]·꾸미는 말[綺語]·탐욕[貪]·증오[瞋]·그릇된 견해[邪見].

10일체처(一切處)

①땅의 일체 경계[地一切處] ②물의 일체 경계[水一切處] ③불의 일체 경계[火一切處]

④바람의 일체 경계[風一切處] ⑤파랑의 일체 경계[靑一切處] ⑥노랑의 일체 경계[黃一切處]

⑦빨강의 일체 경계[赤一切處] ⑧하양의 일체 경계[白一切處]

⑨허공의 일체 경계[無量空處一切處] ⑩식의 일체 경계[無量識處一切處]

12처(處)

안처(眼處)·이처(耳處)·비처(鼻處)·설처(舌處)·신처(身處)·의처(意處)와 색처(色處)·성처(聲處)·향처(香處)·미처(味處)·촉처(觸處)·법처(法處).

18계(界)

안계(眼界)·이계(耳界)·비계(鼻界)·설계(舌界)·신계(身界)·의계(意界)와 안식계(眼識界)·이식

계(耳識界)·비식계(鼻識界)·설식계(舌識界)·신식계(身識界)·의식계(意識界)와 색계(色界)·성계(聲界)·향계(香界)·미계(味界)·촉계(觸界)·법계(法界).

18의행(意行)

눈이 빛깔을 보아 빛깔에 기쁨[喜]이 있다고 관찰하고, 빛깔에 근심[憂]이 있다고 관찰하며, 빛깔에 기쁘지도 근심하지도 않음[捨]이 있다고 관찰한다. 곧, 6희관(喜觀)+6우관(憂觀)+6사관(捨觀)을 말함.

37조도품

4념처(念處)·4정근(正勤)·4여의족(如意足)·5근(根)·5력(力)·7각지(覺支)·8정도(正道)

공삼매(空三昧)

탐욕 · 성냄 · 어리석음에서 벗어나 사랑 · 미움 · 무지도 버리고 의심까지 다 버린 상태

과보를 받는 4가지 방법[受法]

①현재는 즐겁지만 미래에 괴로운 과보를 받는 수법
②현재는 괴롭지만 미래에 즐거운 과보를 받는 수법
③현재에도 괴롭고 미래에도 괴로운 과보를 받는 수법
④현재에도 즐겁고 미래에도 즐거운 과보를 받는 수법
−『중아함경』속 「수법경(受法經)」에서

구름 4종

①흰 빛 ②검은 빛 ③빨간 빛 ④붉은 빛

극락의 칠보(七寶)

불경(佛經)을 읽다보면 일곱 가지 보석 곧 '칠보(七寶)'라는 단어가 곧잘 눈에 띈다. 그 대다수는 불국토의 극락을 장식하는 물품으로 언급되고 있지만 경전마다 조금씩 다르다. 이는 아마도, 번역한 사람과 시기와 나라에 따라 그 칠보를 다르게 해석했기 때문이 아닌가 싶다. 그 칠보가 무엇인지를 엄밀하게 따져 확인해보는 일도 중요하지만 그보다는 그것이 내포하고 있는 진정한 함의(含意)일 것이다.

구마라십(鳩摩罗什)이 한역(漢譯)한 「阿弥陀经」에서는 금(金)·은(銀)·유리(琉璃)·파리(玻璃)·차거(硨磲:자개)·적주(赤珠)·마노(碼瑙) 등으로 기록되었고, 현장(玄奘)이 한역한 「称赞净土经」에서는 금(金)·은(銀)·폐유리(吠琉璃)·파지가(颇胝迦)·모사락게랍파(牟娑落揭拉婆)·적진주(赤真珠)·아습마게납파(阿湿摩揭拉婆) 등으로 기록되었다. 그런가 하면, 「般若经」에서는 금(金)·은(銀)·유리(琉璃)·책호(珊瑚)·호박(琥珀)·차거(硨磲)·마노(玛瑙) 등으로, 「法华经」에서는 금(金)·은(銀)·유리(琉璃)·차거(硨渠)·마노(玛瑙)·진주(珍珠)·문괴(玫瑰) 등으로 기록

되었다.

이들 대부분은 우리가 '보석'이라 하는 것들로 얻기가 힘들고 귀하고, 그 빛깔이나 모양새 등이 아름답다고 여겨져서 그 쓰임새가 또한 각별한 것들이다. 마음에 근심 걱정이 없고 몸에 고통이 없는 청정한 세계로서 별도의 땅[國土]이 있다고 설명하려니 당대인이 보석이나 보배로 여기는 것들로 치장되어 있다고 말하는 것이다. 마치, 사도 요한이 보았다는 천국에서, 보좌 앞에 '수정과 같은 유리 바다(요한계시록 4:6)'가 있다는 것이나, 보좌에 앉으신 이의 모양이 '벽옥과 홍보석 같고 또 무지개가 있어 보좌에 둘렸는데 그 모양이 녹보석(요한계시록 4:3)' 같다고 기술한 것과 조금도 다를 바 없다고 생각한다.

그런데 칠보가 어려운 한자[중국어 문자]로 그대로 옮겨졌는데 이는 인도나 중국 수행승들이 해당 경전을 한역(漢譯)한 것을 우리가 다시 우리말로 번역해 쓰기 때문이다. 그래서 이해하기 쉽지 않은 용어들이 소리[音]만 바뀌어 그대로 쓰이고 있는 상황이다.

어쨌든, 이 칠보는 극락에 있다는 연못 주위로 늘어서있는 보배나무를 장식하는 것들인데 이를 얻으면 백성이 안락해지는 것으로 이해하였고[得七宝而民安], 불(佛)·법(法)·승(僧)이라 하여 불법세계의 3보(寶)라 부르는데 이를 얻으면 나라가 태평해진다[得三宝而国泰]고 중국인들은 거시적 안목에서 이 보(寶)를 이해하였던 것 같다.

금강삼매경 제6품인 진성공품(眞性空品)에서 말하는 네 가지 인연

①택멸(擇滅)하는 힘으로 취하는 인연[擇滅力取緣]의 섭률의계(攝律儀戒)

②본각의 이익인 청정한 근기의 힘으로 모여 일어나는 인연[本利淨根力所集起緣]의 섭선법계 (攝善法戒)

③근본 지혜와 대비의 힘에서 연유[本慧大悲力緣]하는 섭중생계(攝衆生戒)

④순일한 깨달음에 통달한 지혜의 힘에서 연유[一覺通智力緣]하는 여여함에 따라 머무는 것

금강삼매경 제6품인 진성공품(眞性空品)에서 말하는 다섯 등급의 지위

①믿음의 지위[信位]

이 몸 속의 진여의 종자(種子)는 망령된 마음으로 가려져 있으나 망령된 것을 버리면 마음이 청정해지는 것을 믿는 것이니, 마음이 청정하면 명백하게 모든 경계가 의식과 언어의 분별인 줄을 아느니라.

②생각하는 지위[思位]

생각한다는 것은, 모든 경계는 오직 의식과 언어뿐이며, 의식과 언어의 분별은 마음대로 나타나는 것이요, 보이는 경계는 나의 본래의 식(識)이 아니라고 관하는 것이니라. 이 본래의 식은 법도 아니며 뜻도 아니요, 잡히는 것도 아니며 잡을 수 있는 것도 아닌 줄을 아는 것이니라.

③닦는 지위[修位]

닦는다는 것은 항상 수행하고자 하는 주체적인 마음[能起]을 일으키되 마음을 일으킴과 닦음이 동시이니라. 먼저 지혜로써 이끌어서 가지가지의 장애와 난관[障難]을 배제하고 속박(번뇌나 업장)에서 벗어나는 것이니라.

④행함의 지위[行位]

행한다는 것은 여러 가지의 행함의 경지를 벗어나 마음에 취하고 버리는 것이 없느니라. 지극히 청정하고 근기가 예리하여 움직이지 않는 마음의 여여함은 결정된 보배로운 바탕이며 위대한 열반의 경지이니, 오직 바탕만이 공하고 클 뿐이니라.

⑤버리는 지위[捨位]

버린다는 것은 바탕이 공한데도 머물지 않는 것이니라. 바른 지혜는 흘러서 변하지만 대비의 여여한 모습이며, 그 모습은 여여함에도 머무르지 않느니라. 삼먁삼보리(三藐三菩提)39)는 마음을 비워 깨닫지 않는 것이니, 마음에는 변제(邊際 : 변두리나 끝)가 없어서 처소를 볼 수 없으며, 이것이 여래에 이르는 길이니라.

금강삼매경 제7품인 여래장품(如來藏品)에서 말하는 네 가지 지혜

①결정된 지혜[定智] : 여여함을 따르는 것
②결정되지 않은 지혜[不定智] : 방편으로 병(病)을 꺾어 부수는 것
③열반의 지혜 : 전각(電覺)의 실제(實際)를 제거함
④마지막 지혜[究竟智] : 실상에 들어가 부처의 길을 갖추는 것

금강삼매경 제7품인 여래장품(如來藏品)에서 말하는 세 가지 행[三行]

①현상에 따라 취하는 행[隨事取行]
②식에 따라 취하는 행[隨識取行]
③진여에 따라 취하는 행[隨如取行]

네 종류의 사문

① 승도사문(勝道沙門, mrgajina) : 부처님과 같이 도행(道行)이 수승한 사문.
② 시도사문(示道沙門, mrgadeika) : 사리불과 같이 도(道)를 말함에 틀림이 없는 사문.
③ 명도사문(命道沙門, mrgajivin) : 아난과 같이 계·정·혜에 의지하여 생활하는 사문.
④ 오도사문(汚道沙門, mrgadsin) : 타인의 재물을 훔치는 등 계를 범하여 도를 오염시키는 사문

다섯 가지 공[五空]

①3유(有) ②6도(道)의 그림자 ③법의 모습[法相] ④명상(名相) ⑤심식(心識).

대지를 흔들리게 하는 여덟 가지 인연

①대지는 물[水]에 의지하여 머물러 있고, 또 이 대수(大水)는 풍륜(風輪)에 의지하여 머물러 있고, 또 이 풍륜은 허공에 의지하여 머물러 있다. 공중에서 어느 때 거센 바람이 크게 일어나면 저 풍륜을 불어 젖히고, 풍륜이 움직이면 저 물이 또한 움직이며, 저 물이 움직이면 대지가 흔들린다.
②비구·비구니·우바새·우바이 중에 신통(神通)을 닦아 처음으로 성취한 이가 있어서 자신을 시험하고자 하기 때문에 대지가 흔들린다.

③보살(菩薩)이 도솔천(兜率天)에 있다가 장차 내려오려고 어머니 태중에 들기 때문에 대지가 흔들린다.

④보살이 처음 탄생할 때에 오른 옆구리에서 나오기 때문에 대지가 흔들린다.

⑤보살이 왕궁을 버리고 출가하여 도(道)를 배워 일체종지(一切種智)를 성취하기 때문에 대지가 흔들린다.

⑥여래가 도를 성취하여 처음으로 사람과 천신을 위하여 미묘한 법륜(法輪)을 굴리기 때문에 대지가 흔들린다.

⑦여래가 목숨을 버리거나 신통력으로 수명을 연장하여 머물기 때문에 대지가 흔들린다.

⑧여래가 반열반에 들 때에 대지가 흔들린다.

– 동진(東晉) 평양(平陽) 사문 석법현(釋法顯)이 중역한 「대반열반경(大般涅槃經)」중에서

두 가지의 들어감[二入]

①이치로 들어감[理入] : 중생은 참된 바탕[眞性]과 다르지 않지만 하나도 아니요 같은 것도 아니니라. 다만 번뇌[客塵]에 가리어 있을 뿐이며, 가지도 않고 오지도 않는 것임을 깊이 믿는 것이니라. 마음을 깨우침의 관법[覺觀]에 집중하되 불성을 잘 관찰하여 있는 것도 아니요 없는 것도 아니며, 자신도 없고 다른 이도 없으며, 범부와 성인이 둘이 아닌 금강 같은 마음의 경지[金剛心地]에 굳게 머물러 이동하지 아니하며, 적정(寂靜)하여 인위적인 조작이 없고 분별함이 없으면, 이것을 이치로 들어가는 것[理入]이라 부르는 것이니라.

②행함[行]으로 들어감 : 행함으로 들어간다는 것은, 마음이 어디로 기울거나 의지하지 아니하고 그림자(경계의 영상)가 흘러 변함이 없으며, 있는 곳[有處]에서 고요히 생각하되, 찾는 것이 없어서 바람이 두드리나[風鼓 : 경계의 바람] 움직이지 않기가 마치 대지(大地)와 같으며, 대상[心]과 주체[我]를 버리고 중생을 제도하되 생김도 없고 모습도 없으며, 취하지도 않고 버리지도 않는 것이니라.

모든 부처님을 환희하게 하는 열 가지 법

①정진하여 물러가지 않음.

②몸과 목숨을 아끼지 않음.

③모든 이양(利養)을 희구(希求)하지 않음.

④온갖 법이 허공과 같음을 앎.

⑤잘 관찰하여 법계에 두루 들어감.

⑥모든 법인(法印)을 알아 마음에 집착함이 없음.

⑦항상 큰 서원을 냄.

⑧청정한 법인(法忍)과 지혜의 광명을 성 취함.

⑨스스로의 선한 법을 관찰하여 증감하는 마음이 없음.

⑩지음이 없는 문으로 깨끗한 행을 닦음.

–「대방광불화엄경」제18권 「명법품(明法品)」중에서

무색계 중생 4종

공지천(空智天), 식지천(識智天), 무소유지천(無所有智天), 유상무상지천(有想無想智天)

반주삼매(般舟三昧:pratyutpanna-samādhi)

'반주삼매'라는 용어는 「좌선삼매경」에서 보살의 도를 설명하면서 나오는데 이에 대한 구체적인 수행방법을 설명하고 있는 경은 따로 있다. 「반주삼매경」이란 경이 바로 그것인데 이 경은 후한(後漢)시대에 지루가참[支婁迦讖, Lokakema]이 중국 낙양(洛陽)에서 179년에 번역했다 하며, 줄여서 「반주경(般舟經)」, 별칭으로 「대반주삼매경(大般舟三昧經)」·「시방현재불실재전입정경(十方現在佛悉在前定經)」이라고도 한다.

'발타화보살'의 많은 질문들에 대해 부처님이 일일이 대답 설명해주신 내용인데, 반주삼매의 의미와 그 수행법과 그 공덕 등에 대해서 설명하였다. 경은 모두 16품으로 짜여있는데[「문사품」·「행품」·「사사품」·「비유품」·「무착품」·「사배품」·「수결품」·「옹호품」·「찬라야불품」·「제불품」·「무상품」·「십팔불공십종력품」·「권조품」·「사자의불품」·「지성불품」·「불인품」등] 그 핵심 내용인 즉 '현재불실재전립(現在佛悉在前立)삼매'를 얻기 위한 수행방법에 있다.

현재불실재전립(現在佛悉在前立) 삼매란, 시방삼세에 계시는 부처님을 현재의 모든 사람에게 나타나게 하는 것으로 보살들이 이 삼매를 얻기 위해서는 5가지 일을 이루어야 한다. 곧, ①경을 통해서 모든 재앙을 벗어나고 모든 번뇌를 해탈하며 어두움을 버리고 밝음에 들어가며 모든 몽롱함을 다 소멸해야 함 ②다음에 태어날 곳을 바라지 않아야 함 ③다른 외도의 가르침[餘道]을 기뻐하거나 즐거워하지 않아야 함 ④다시는 애욕을 즐기지 않아야 함 ⑤행을 지키되 다함이 없게 함 등이다.

이러한 실천적 수행[行]과 공양·설법·염원 등이 충만하면 부처님은 위신력으로써 대중 앞에 모습을 드러내 보여, 부처님의 지계와 위신력과 공덕 등으로 수많은 국토가 모두 환히 밝아지며, 그 때 보살들은 시방의 부처님을 친견하고 설법을 듣고 그 내용을 모두 받아들이게 된다는 것이다.

백의성제자[평신도]가 실천해야 할 5법

①제1법 : 살생을 떠나고 살생을 단절해 칼이나 몽둥이를 버리고, 제 부끄러움과 남 부끄러움이 있고, 자비심이 있어서 일체 나아가 곤충에 이르기까지를 요익하게 하나니, 그는 살생에 있어서 그 마음을 깨끗이 없앤다. → 살생(殺生) 금지

②제2법 : 불여취(不與取)를 떠나고 불여취를 단절해, 주어진 뒤에 받고 주어진 것 받기를 즐기며, 항상 보시를 좋아하고 기뻐하여 인색함 없고 그 대가를 바라지 않으며, 도둑질의 마음에 뒤덮이지 않고, 항상 스스로 자기를 보호하나니, 그는 불여취에 있어서 그 마음을 깨끗하게 없앤다. → 남이 주지 않는 물건을 갖지 않음

③제3법 : 사음(邪淫)을 떠나고 사음을 끊는다. 그는 혹 아버지의 보호가 있거나 혹 어머니의 보호, 혹 아버지와 어머니의 보호가 있거나, 혹 형제의 보호 혹 자매의 보호, 혹 아내와 부모의 보호, 혹 친족의 보호, 혹 동성(同姓)의 보호가 있거나, 혹 남의 아내로서 범하면 매를 맞을 두려움

이 있거나, 혹은 꽃다발을 받는 명고채(名雇債)가 있는 이러한 여자[及有名雇債至华鬘亲 : 고용녀? 혹은 다른 사람과 이미 약속된, 머리에 꽃을 꽂은 여자?]는 범하지 않나니, 그는 사음에 있어서 그 마음을 깨끗하게 없앤다. → 자기 부인 외에 누구와도 섹스하지 않음

④제4법 : 거짓말을 떠나고 거짓말을 끊어 진실을 말하고 진실을 즐기며, 진실에 머물러 이동하지 않으며, 일체를 믿을 만하여 세상을 속이지 않나니, 그는 거짓말에 있어서 그 마음을 깨끗하게 없앤다. → 거짓말을 하지 않음

⑤제5법 : 술을 떠나고 술을 끊으니, 그는 술을 마시는데 있어서 그 마음을 깨끗이 없앤다. → 금주(禁酒)

번개4종

①동방의 번개-신광(身光) ②남방의 번개-난훼(難毀) ③서방의 번개- 유염(流焰)
④북방의 번개-정명(定明)

법혜보살이 정진혜보살에게 답변한 보살의 열 가지 도

①여러 가지 계율을 깨끗이 함.
②어리석음을 여의고 보리심을 깨끗이 함.
③마음에 질박하고 정직함을 좋아하여 아첨과 속임을 여읨.
④부지런히 선근을 닦아 퇴전하지 아니함.
⑤자기가 발심한 것을 항상 생각함.
⑥집에 있거나 출가한 범부에게 친근하기를 좋아하지 아니함.
⑦선한 업을 닦으면서도 출세간의 과보를 구하지 아니함.
⑧이승(二乘)을 길이 여의고 보살의 도를 행함.
⑨모든 선을 닦아서 끊어지지 않게 함.
⑩스스로 계속하는 힘을 항상 관찰함.
-『대방광불화엄경』 제18권 「명법품(明法品)」중에서

벽지불(辟支佛)

부처님께서 세상에 출현하지 않아 불법(佛法)이 없고 제자가 없는 상황임에도 불구하고 이미 욕망을 물리친 사람을 두고 벽지불(辟支佛)이라 한다. 그 지혜의 정도가 부처님과 아라한 사이라 한다. 그런데 이런 벽지불에도 ①상(上)벽지불 ②중(中)벽지불 ③하(下)벽지불 등 세 유형 혹은 단계가 있다 한다.

그러나 어떤 기준에 의해서 이들 3자를 구분하는지, 그에 대한 설명이 부족하여 이해하기가 쉽지 않다. 나의 미천한 생각으로는, 욕망을 추구하는 약육강식의 인간세상이 싫어서 집을 나와 나름대로 어떻게 사는 것이 바르고 착한 것인지 고민하는 수행 과정에서 그 답을 구한 사람이 바로 벽지불이 되는데, 그에 대한 상중하 구분점이, 다시 말해 분류기준이 무엇인지는 내가 분석하고 있는 「좌선삼매경」에서는 명료하지가 않다. 단순히 뜻[목적]을 내어 깨닫고 실천했느냐의 차이

인지 아니면 깨달음의 정도와 깊이 차인지 모호하다.

솔직히 말해, 우리의 '경전'이라는 게 원본이 중국어와 우리말로 번역되는 과정을 거친 것이고, 그 원본조차도 고대 특정인들에 의해서 결집된 것이기에 100% 옳거나 완벽한 것이라고 보기에는 어렵다고 생각한다.

보살마하살의 십행

①즐거운 행[歡喜行]

②이익하는 행[饒益行]

③어기지 않는 행[無違逆行]

④넷은 굽히지 않는 행[無屈撓行]

⑤우치와 산란을 여의는 행[無癡亂行]

⑥잘 나타나는 행[善現行]

⑦집착 없는 행[無著行]

⑧얻기 어려운 행[難得行]

⑨법을 잘 말하는 행[善法行]

⑩진실한 행[眞實行]

－『대방광불화엄경』제19권 「십행품(十行品)」중에서

보살의 3가지 인(忍)

①법생인(法生忍) ②유순법인(柔順法忍) ③무생인(無生忍)

보살의 십무진장(十無盡藏)

①믿는 장[信藏]

②계행 갖는[戒藏]

③제부끄러움[慚藏]

④남부끄러움[媿藏]

⑤들은[聞藏]

⑥보시하는[施藏]

⑦지혜로운[慧藏]

⑧기억하는[念藏]

⑨지니는[持藏]

⑩말하는[辯藏]

－『대방광불화엄경』제21권 「십무진장품(十無盡藏品)」중에서

보살이 머무는 곳 열 가지[십종주]

①초발심주(初發心住)

②치지주(治地住)

③수행주(修行住)

④생귀주(生貴住)

⑤구족방편주(具足方便住)

⑥정심주(正心住)

⑦불퇴주(不退住)

⑧동진주(童眞住)

⑨법왕자주(法王子住)

⑩관정주(灌頂住)

-대방광불화엄경 제16권 십주품(十住品)에서

보살이 방일하지 않는 데 머무른 열 가지 청정

①말한 대로 행함.

②생각과 지혜가 성취함.

③깊은 선정에 머물러 마음이 혼침하거나 딴 생각하지 아니함.

④불법 구하기를 게을리 하지 않음.

⑤들은 법문을 조리 있게 관찰하여 교묘한 지혜를 구족하게 냄.

⑥깊은 선정에 들어가 부처님의 신통을 얻음.

⑦마음이 평등하여 높고 낮음이 없음.

⑧중생들의 상·중·하에 대하여 마음에 장애가 없고 땅처럼 평등하게 이익함.

⑨중생이나 내지 한 번 보리심 낸 이를 보더라도 존중하여 섬기기를 화상과 같이 함.

⑩계를 일러 준 화상이나 아사리나 모든 보살이나 선지식이나 법사에게 항상 존중하여 섬기고 공양함.

-『대방광불화엄경』 제18권 「명법품(明法品)」중에서

보살이 삼매를 빨리 얻는 방법

①보시하는 마음에 후회가 없어야 하고, 탐심이 없어야 하며, 아까운 생각이 없어야 하고, 그 대가를 바라지 말아야 하며, 보시한 후에 다시 후회하지 말아야 한다.

②경을 수지하고 보시하며, 남을 위하여 경을 설하며, 설하는 말은 진리에 안주하고 의심이 없고 애석함이 없어야 하며, 부처님의 깊은 말씀을 설하면서 자신의 행동도 그 삼매 중에 서야 한다.

③질투하지 않으며, 행한 일에 대하여 의심하지 않고, 잠을 멀리하며, 5욕을 물리쳐야 한다. 자신의 좋은 점을 스스로 말하지 말고 남의 나쁜 점을 말하지도 말며, 남이 자기를 욕하거나 형벌을 주더라도 성내지 않고 원망하지 않으며 태만하지도 말아야 하니, 왜냐하면 공행(空行)에 들어갔기 때문이다.

④이 삼매를 스스로 배우고, 남에게 가르치고, 이 경을 서사(書寫)하되 좋은 비단에 싸서 오래 보존해야 한다.

⑤믿음에 있어 많이 즐거워하고, 장로와 선지식을 공경하며, 새로 배우는 사람들에게 만약 보시를 받으면 마땅히 은혜를 갚을 것을 생각해야 한다. 항상 식신(識信)을 내어 사람들에게서 적은 보시를 받더라도 크게 보답할 것을 생각해야 하는데, 하물며 많은 보시를 한 사람들에게 있어서랴. 보살은 항상 경을 좋아하고 소중히 여기되 항상 반복해서 거듭 염해야 한다.

부처님과 세계도 가지가지

①석가모니께서 계시는 사바세계
②금강견불(金剛堅佛)이 계시는 가사당(袈裟幢)세계
③선승광명연화개부불(善勝光明蓮華開敷佛)이 계시는 불퇴전음성륜(不退轉音聲輪)세계
④법당불(法幢佛)이 계시는 이구(離垢)세계
⑤사자불이 계시는 선등(善燈)세계
⑥광명장불(光明藏佛)이 계시는 묘광명(妙光明)세계
⑦법광명연화개부불(法光明蓮華開敷佛)이 계시는 난초과(難超過)세계
⑧일체신통광명불(一體神通光明佛)이 계시는 장엄혜(莊嚴慧)세계
⑨월지불(月智佛)이 계시는 경광명(鏡光明)세계
⑩현승불(賢勝佛)이 계시는 승련화(勝蓮華)세계
–『대방광불화엄경』 제45권 「여래수량품(如來壽量品)」에서

부처님의 10대 제자

①사리불(舍利佛:智慧) ②목건련(目犍连:神通) ③마하가섭(摩诃迦叶:头陀) ④아니율타(阿那律: 天眼) ⑤수보리(须菩提:解空) ⑥부루나(富楼那:说法) ⑦가전연(迦旃延:论义) ⑧우파리(优婆离:持律) ⑨라훌라(罗睺罗:密行) ⑩아나타(阿难陀:多闻)

부처님의 80가지 작은 특징들

「좌선삼매경」에서 부처님의 모습을 32상을 지닌 대인(大人)의 모습으로 묘사했고, 이어서 80가지 작은 특징들이 있다고 나열했는데 그 내용이 아래와 같다.

하지만 부처님이 열반에 들기 딱 석 달 전에 '아난다'에게 하신 말씀이 떠오른다. 곧, "아난다, 나는 이제까지 모든 법을 다 가르쳐 왔다. 법을 가르쳐 주는데 인색해 본 적이 없다. 이제 나는 늙고 기운도 쇠했다. 내 나이 여든이다. 낡아빠진 수레가 간신히 움직이고 있는 것처럼 내 몸도 겨우 움직이고 있다." 라는 부처님 말씀이 말이다.

1. 정수리를 볼 수 없다.
2. 코가 곧고 높으며 아름답고 구멍이 드러나지 않는다.
3. 눈썹이 초승달과 같고 감색 유리 빛이다.
4. 귀가 아름답다.
5. 몸이 나라연과 같다.

6. 뼈 사이는 쇠사슬과 같다.

7. 몸이 한꺼번에 도는 것이 코끼리 왕과 같다.

8. 움직일 때는 발이 땅에 네 마디마다 발자국을 찍어서 나타낸다.

9. 손톱은 붉은 구리 빛깔과 같고 얇으면서도 윤이 난다.

10. 무릎이 둥글고 아름답다.

11. 몸이 청결하다.

12. 몸이 유연하다.

13. 몸이 굽지 않았다.

14. 손가락이 길고 둥글며 가늘다.

15. 지문(指紋)이 그림과 같으며, 여러 가지 색으로 장엄하였다.

16. 혈맥이 깊어 보이지 않는다.

17. 복사뼈가 깊어서 보이지 않는다.

18. 몸이 윤기 나고 광택이 있다.

19. 몸을 스스로 지키고 남에게 맡기지 않는다.

20. 몸이 달을 다 채워서 태어난다.[3월에 수태하여 2월에 태어났다.]

21. 용모와 위의가 충족되어 있다.

22. 머무는 곳이 편안하다.[우왕이 서서 움직이지 않는 것과 같다.]

23. 위엄을 일체에게 떨친다.

24. 일체를 즐겁게 본다.

25. 얼굴이 길지 않다.

26. 반듯한 용모에 요란스럽지 않은 빛깔이다.

27. 입술이 빈바(頻婆)* 열매의 빛깔과 같다.

28. 얼굴이 원만하다.

29. 울리는 소리가 깊다.

30. 배꼽이 둥글고 깊어 나오지 않았다.

31. 터럭이 곳곳에서 오른쪽으로 감겨 있다.

32. 손과 발이 원만하다.

33. 손과 발을 마음대로 할 수 있다.[옛날에 '안팎을 잡는다'고 말한 것이 이것이다.]

34. 손과 발의 문양이 분명하고 곧다.

35. 손의 문양이 길다.

36. 손의 문양이 끊어지지 않았다.

37. 일체의 악한 마음을 머금고 있는 중생들이 보게 되면 모두 온화하고 기쁜 낯빛을 얻는다.

38. 얼굴이 넓고 아름답다.

39. 얼굴이 달과 같다.

40. 중생들이 보면 두려워하지 않는다.

41. 털구멍에서 향기로운 바람이 나온다.

42. 입에서 향기가 나오고 중생들이 만나면 7일간 법을 즐긴다.

43. 풍채가 사자와 같다.

44. 나가고 머무는 것이 코끼리 왕과 같다.

45. 법을 행하는 것이 독수리 왕과 같다.

46. 머리는 마타라(磨陁羅) 열매와 같다.[이 열매는 둥글지도 길지도 않다.]

*마타라(磨陁羅) 열매 : ?

47. 소리의 나뉨이 만족스럽다.[소리는 60가지 구분이 있는데 부처님은 이들을 모두 구족한다.]

48. 어금니가 예리하다.

49. [중국어에 해당하는 이름이 없어서 쓰지 못했다.]

50. 혀가 크고도 붉다.

51. 혀가 얇다.

52. 털이 순수한 홍색(紅色)이며 색깔이 청결하다.

53. 넓고 긴 눈이다.

54. 구멍의 문이 차 있다.[아홉 구멍의 문이 서로 구족하여 차 있다.]

55. 손과 발이 붉고 흰 것이 연꽃 색깔과 같다.

56. 배가 들어가지도 않고 나오지도 않았다.

57. 볼록한 모양의 배가 아니다.

58. 몸을 움직이지 않는다.

59. 몸이 무겁다.

60. 몸이 크다.

61. 몸이 길다.

62. 손과 발이 원만하고 청결하다.

63. 사방에 커다란 빛이 두루하고 광명이 스스로 비춘다.

64. 중생을 평등하게 본다.

65. 교화에 집착하지 않고 제자를 탐내지 않는다.

66. 뭇 소리가 가득함을 따라서 줄어들지도 않고 지나치지도 않는다.

67. 뭇 음성에 따라서 법을 설한다.

68. 말씀을 하시되 걸림이 없다.

69. 차례로 서로 이어서 설법한다.

70. 일체 중생들 눈으로는 그 모습을 자세하게 보아서 다 알 수가 없다.

71. 보아도 싫증나거나 만족함이 없다.

72. 머리카락이 길고 아름답다.

73. 머리카락이 아름답다.

74. 머리카락이 헝클어지지 않는다.

75. 머리카락이 부서지지 않는다.

76. 머리카락이 유연하다.

77. 머리카락이 푸르고 비유리(毘琉璃) 색깔이다.

78. 머리카락을 위에서 묶었다.

79. 머리카락이 드물지 않다.

80. 가슴에 덕(德)이란 글자가 있고, 손과 발엔 길(吉)이란 글자가 있다.

*주석은 필자가 이해하는 과정에서 임의로 달아놓은 것임.

부처님이 말씀하신 '사리자' 비구의 슬기

부처님은 사리자 비구에게 지혜가 아주 많다며 칭찬하셨는데, 그의 지혜에는 ①총명한 슬기[聰慧] ②빠른 슬기[速慧] ③민첩한 슬기[捷慧] ④예리한 슬기[利慧] ⑤넓은 슬기[廣慧] ⑥깊은 슬기[深慧] ⑦도(道)로 나아가는 슬기[出要慧] ⑧밝게 통달한 슬기[明達慧] ⑨변재의 슬기[辯才慧] 등이 있다 하였다.

그저 지혜면 지혜이고, 슬기면 슬기이지 무슨 놈의 슬기를 그 내용과 성격과 출현속도 등에 대하여 분류하여 뒤죽박죽 섞어 놓았는지 모르겠다. 어떤 대상을 분류하려면 일정한 기준에 의거해서 일관성을 가지고 해야 하는데 여러 기준이 적용되어 있다. 물론, 이런 식의 분류는 다른 데에서도 적지 않게 나타난다. 참고하기 바란다.

－『중아함경』 속 「범지타연경(梵志陀然經)」에서

비구가 수행해야 할 7가지 법

①속인[白衣]처럼 생업(生業)을 영위하지 않는 것

②쓸데없는 논의와 농담을 하지 않는 것

③잠자기를 좋아하여 정근(精勤)을 그만두지 않는 것

④세간의 이익 없는 일을 논하지 않는 것

⑤사악한 스승이나 벗을 멀리하고 좋은 벗을 가까이하는 것

⑥바른 생각을 하고 삿된 생각을 내지 않는 것

⑦만약 불법에서 얻은 것이 있으면 앞으로 더 나아가기를 구하는 것

비구에게 다시 일곱 가지 법

공덕과 지혜를 날로 더욱 증진시켜 줄 7가지 비구의 법

①부처님·법·스님에게 견고한 믿음을 내는 것

②자신에게 부끄러움[慚]을 지니는 것

③다른 사람에게 부끄러움[愧]을 지니는 것

④마음이 항상 많은 법(法)을 듣기를 좋아하는 것

⑤마음이 경솔하고 조급하지 않는 것

⑥경의 뜻을 듣는 것을 좋아하는 것

⑦지혜 닦기를 좋아하는 것

비구에게 일곱 가지 법

①무상을 관하는 것

②무아(無我)를 관하는 것

③청정하지 않음[不淨]을 관하는 것

④괴로움[苦]을 관하는 것

⑤세간을 좋아하지 않는 것

⑥5욕(欲)에 집착하지 않는 것

⑦적멸(寂滅)을 부지런히 수행하는 것

비구에게 일곱 가지 법

①몸[身]으로 항상 자비를 행하는 것

②입[口]으로 항상 자비를 행하는 것

③뜻[意]으로 항상 자비를 행하는 것

④만일 어떤 단월이 가지가지를 보시하면 평등하게 나누어 치우침이 없게 하는 것

⑤깊고 미묘한 법을 말해 주기 좋아하고 싫증 내지 않는 것

⑥세간의 경전과 서적을 사람들에게 가르치지 않는 것

⑦같은 것을 배우는 이가 아닌 이를 보더라도 미워하는 마음을 내지 않는 것

비구에게 일곱 가지 법

①9부법(九部法:9部經)을 잘 분별하는 것

②그 뜻을 잘 이해하는 것

③도를 수행하고, 외우고 익히는 데 적당한 때를 아는 것

④걷고 서고 앉고 눕는 데에 위의(威儀)를 알맞게 하는 것

⑤남을 위해 법을 말할 때에 자신과 비교하여 헤아려 그의 장점으로 그 사람을 교화하는 것

⑥바라문·찰리·장자·거사가 와서 법을 듣고자 하면 마땅히 잘 헤아려 근기에 따라 말해 주는 것

⑦어리석은 이와 슬기로운 이를 잘 분별하는 것

비구의 7가지 각의(覺意)법

①법을 선택하는 것

②정진

③기뻐하는 것

④기억[念]하는 것
⑤선정
⑥부드러운 것[猗]
⑦버리는 것[捨]

사대(四大)
①지(地) ②수(水) ③화(火) ④풍(風)

사바세계의 시방세계[열 가지 세계]
①밀훈(密訓)세계 ②최승(最勝)세계 ③이구(離垢)세계 ④풍일(豊溢)세계 ⑤섭취(攝取)세계
⑥요익(饒益)세계 ⑦선소(鮮少)세계 ⑧환희(歡喜)세계 ⑨관약(關약)세계 ⑩진음(振音)세계
-대방광불화엄경 제12권 사성제품(四聖諦品)에서 문수사리보살마하살이 여러 보살에게 한 말 가운데에서

사부대중
①비구 ②비구니 ③우바새 ④우바이

삼계
①욕계(欲界) ②색계(色界) ③무색계(無色界)
욕계는 맨 아래에 있으며 오관(五官)의 욕망이 존재하는 세계로 지옥·아귀(餓鬼)·축생(畜生)·아
수라(阿修羅)·인간(人間) 등 5가지와 사왕천(四王天)·도리천·야마천(夜摩天)·도솔천(兜率天)·
화락천(化樂天)·타화자재천(他化自在天) 등 육욕천(六欲天)이 여기에 속한다. 여기에서는 보시
(布施)·지계(持戒) 등을 욕계의 선(禪)이라고 한다.
색계는 욕계 위에 있으며 색계사선(色界四禪:初禪·二禪·三禪·四禪)이 행해지는 세계로, 여기
에는 물질적인 것(色)은 있어도 감관의 욕망을 떠난 청정(淸淨)의 세계이다.
무색계는 물질적인 것도 없어진 순수한 정신만의 세계인데, 무념 무상의 정(定:三昧)으로서 사
무색정(四無色定:空無邊處定·識無邊處定·無所有處定·非想非非想處定)을 닦은 자가 태어나는
곳이다. 무색계는 색계 위에 있다고 할 수 없다. 그것은 방처(方處), 즉 공간의 개념을 초월한 것
이다.
삼계는 세간(世間)이라고도 하는, 중생이 육도(六道)에 생사유전하는 범부계(凡夫界)를 말한다.
이에 반해 출세간(出世間)은 생사 윤회(輪廻)를 초월한 성자(聖子)의 무루계(無漏界)이다. 초기
불교에서는 삼계와 출세간이 구별되었지만, 대승불교에서는 무루계도 삼계 밖에 있는 것이 아
니라고 말한다. 따라서 생사즉열반(生死卽涅槃), 번뇌즉보리(煩惱卽菩提)라고 한다.

상(想) 지옥에 딸린 16개 작은 지옥
흑사(黑沙), (沸屎), 오백정(五百釘), 기(飢), 갈(渴), 일동부(一銅釜), 다동부(多銅釜), 석마(石磨),
농혈(膿血), 양화(量火), 회하(灰河), 철환(鐵丸), 근부(釿斧), 시랑(狼), 검수(劍樹), 한빙(寒氷) 등

색계(色界)의 중생 22종

범신천(梵身天), 범보천(梵輔天), 범중천(梵衆天), 대범천(大梵天), 광천(光天), 소광천(少光天), 무량광천(無量光天), 광음천(光音天), 정천(淨天), 소정천(少淨天), 무량정천(無量淨天), 변정천(遍淨天), 엄식천(嚴飾天), 소엄식천(小嚴飾天), 무량엄식천(無量嚴飾天), 엄식과실천(嚴飾果實天), 무상천(無想天), 무조천(無造天), 무열천(無熱天), 선견천(善見天), 대선견천(大善見天), 아가니타천(阿迦尼吒天)

*범중천 · 범보천 · 대범천(이상 초선천) · 소광천 · 무량광천 · 광음천(이상 2선천) · 소정천 · 무량정천 · 변정천(이상 3선천) · 무운천 · 복생천 · 광과천 · 무상천 · 무번천 · 무열천 · 선견천 · 선현천 · 색구경천(이상 4선천) →18천

선(禪)을 닦는 4종류의 사람

①불길처럼 왕성한데도 스스로는 쇠퇴(衰退)했다고 생각하는 사람
②쇠퇴했는데도 스스로는 불길처럼 왕성하다고 생각하는 사람
③쇠퇴하면 곧 쇠퇴한 줄을 사실 그대로 아는 사람
④불길처럼 왕성하면 곧 불길처럼 왕성한 줄을 사실 그대로 아는 사람
–『중아함경』속 「행선경(行禪經)」에서

성상(性相)과 법상(法相)

바탕의 모습이 性相이고 법의 모습이 法相이다.

세 가지 공[三空]

①공의 모습[空相] ②공이 공하다[空空]는 것 ③그 공해진 것[所空]이 공한 것.

세 부처[三佛]

①과족만덕(果足滿德)부처님 ②여래장(如來藏)부처님 ③형상(形像)부처님

셋을 보존하고 하나를 지키는 것[存三守一]

셋을 보존한다는 것[存三] : ①허공해탈[虛空] ②금강해탈[金剛] ③반야해탈[般若]
하나를 지키게 한다는 것[守一] : 한마음의 진여[如]를 지키는 것.

심상(心相)과 심행(心行)

마음의 움직임을 '심행(心行)'이라 하고, 그 움직임의 상태나 모습을 '심상(心相)'이라 한다. 「좌선삼매경」에서는 심상을 ①심생멸법(心生滅法) ②심염법(心染法) ③심불염법(心不染法) ④심산법(心散法) ⑤심섭법(心攝法) ⑥심정법(心正法) ⑦심사법(心邪法) 등 일곱 가지로 구분하여 설명하고 있다.

'아승기'에 대한 심왕보살의 질문을 받고 부처님이 하신 답변 ――――――――――

선남자여, 일백 락차(洛叉)가 한 구지(俱)요, 구지씩 구지가 한 아유다(阿庾多)요, 아유다씩 아유다가 한 나유타(那由他)요, 나유타씩 나유타가 한 빈바라(頻婆羅)요, 빈바라씩 빈바라가 한 긍갈라(矜羯羅)요, 긍갈라씩 긍갈라가 한 아가라(阿伽羅)요, 아가라씩 아가라가 한 최승(最勝)이요, 최승씩 최승이 한 마바라(摩婆羅)요, 마바라씩 마바라가 한 아바라(阿婆羅)요, 아바라씩 아바라가 한 다바라(多婆羅)요, 다바라씩 다바라가 한 계분(界分)이요, 계분씩 계분이 한 보마(普摩)요, 보마씩 보마가 한 네마(禰摩)요, 네마씩 네마가 한 아바검(阿婆鈐)이요, 아바검씩 아바검이 한 미가바(彌伽婆)요, 미가바씩 미가바가 한 비라가(毗伽)요, 비라가씩 비라가가 한 비가바(毗伽婆)요, 비가바씩 비가바가 한 승갈라마(僧羯邏摩)요, 승갈라마씩 승갈라마가 한 비살라(毗薩羅)요, 비살라씩 비살라가 한 비섬바(毗贍婆)요, 비섬바씩 비섬바가 한 비성가(毗盛伽)요, 비성가씩 비성가가 한 비소타(毗素陀)요, 비소타씩 비소타가 한 비바하(毘婆訶)니라.

비바하씩 비바하가 한 비박지(毘薄底)요, 비박지씩 비박지가 한 비가담(毗佉擔)이요, 비가담씩 비가담이 한 칭량(稱量)이요, 칭량씩 칭량이 한 일지(一持)요, 일지씩 일지가 한 이로(異路)요, 이로씩 이로가 한 전도(顚倒)요, 전도씩 전도가 한 삼말야(三末耶)요, 삼말야씩 삼말야가 한 비도라(毗覩羅)요, 비도라씩 비도라가 한 해바라(奚婆羅)요, 해바라씩 해바라가 한 사찰(伺察)이요, 사찰씩 사찰이 한 주광(周廣)이요, 주광씩 주광이 한 고출(高出)이요, 고출씩 고출이 한 최묘(最妙)요, 최묘씩 최묘가 한 니라바(泥羅婆)요, 니라바씩 니라바가 한 하리바(訶理婆)요, 하리바씩 하리바가 한 일동(一動)이요, 일동씩 일동이 한 하리포(訶理蒲)요, 하리포씩 하리포가 한 하리삼(訶理三)이요, 하리삼씩 하리삼이 한 해로가(奚魯伽)요, 해로가씩 해로가가 한 달라보다(達羅步陀)요, 달라보다씩 달라보다가 한 하로나(訶魯那)니라.

하로나씩 하로나가 한 마로다(摩魯陀)요, 마로다씩 마로다가 한 참모다(懺慕陀)요, 참모다씩 참모다가 한 예라다(陀)요, 예라다씩 예라다가 한 마로마(摩魯摩)요, 마로마씩 마로마가 한 조복(調伏)이요, 조복씩 조복이 한 이교만(離憍慢)이요, 이교만씩 이교만이 한 부동(不動)이요, 부동씩 부동이 한 극량(極量)이요, 극량씩 극량이 한 아마달라(阿麽怛羅)요, 아마달라씩 아마달라가 한 발마달라(勃麽怛羅)요, 발마달라씩 발마달라가 한 가마달라(伽麽怛羅)요, 가마달라씩 가마달라가 한 나마달라(那麽怛羅)요, 나마달라씩 나마달라가 한 혜마달라(奚麽怛羅)요, 혜마달라씩 혜마달라가 한 비마달라(麽怛羅)요, 비마달라씩 비마달라가 한 발라마달라(鉢羅麽怛羅)요, 발라마달라씩 발라마달라가 한 시바마달라(尸婆麽怛羅)요, 시바마달라씩 시바마달라가 한 예라(翳羅)요, 예라씩 예라가 한 폐라(薜羅)요, 폐라씩 폐라가 한 체라(諦羅)요, 체라씩 체라가 한 게라(偈羅)요, 게라씩 게라가 한 솔보라(窣步羅)요, 솔보라씩 솔보라가 한 니라(泥羅)요, 니라씩 니라가 한 계라(計羅)요, 계라씩 계라가 한 세라(細羅)요, 세라씩 세라가 한 비라(睥羅)요, 비라씩 비라가 한 미라(謎羅)요, 미라씩 미라가 한 사라다(娑茶)요, 사라다씩 사라다가 한 미로다(謎魯陀)요, 미로다씩 미로다가 한 계로다(契魯陀)요, 계로다씩 계로다가 한 마도라(摩覩羅)요, 마도라씩 마도라가 한 사무라(娑母羅)요, 사무라씩 사무라가 한 아야사(阿野娑)요, 아야사씩 아야사가 한 가마라(迦麽羅)요, 가마라씩 가마라가 한 마가바(摩伽婆)요, 마가바씩 마가바가 한 아달라(阿怛羅)요, 아달라씩 아달라가 한 혜로야(醯魯耶)요, 혜로야씩 혜로야가 한 폐로바(薛魯

婆)요, 폐로바씩 폐로바가 한 갈라파(羯羅波)요, 갈라파씩 갈라파가 한 하바바(訶婆婆)요, 하바바씩 하바바가 한 비바라(毗婆羅)요, 비바라씩 비바라가 한 나바라(那婆羅)가 한 마라라(摩羅)요, 마라라씩 마라라가 한 사바라(娑婆羅)니라.

사바라씩 사바라가 한 미라보(迷普)요, 미라보씩 미라보가 한 자마라(者麽羅)요, 자마라씩 자마라가 한 타마라(馱麽羅)요, 타마라씩 타마라가 한 발라마다(鉢麽陀)요, 발라마다씩 발라마다가 한 비가마(毗伽摩)요, 비가마씩 비가마가 한 오파발다(烏波跋多)요, 오파발다씩 오파발다가 한 연설(演說)이요, 연설씩 연설이 한 다함 없음이요, 다함 없음씩 다함 없음이 한 출생(出生)이요, 출생씩 출생이 한 나 없음이요, 나 없음씩 나 없음이 한 아반다(阿畔多)요, 아반다씩 아반다가 한 청련화(靑蓮華)요, 청련화씩 청련화가 한 발두마(鉢頭摩)요, 발두마씩 발두마가 한 승기요, 승기씩 승기가 한 취(趣)요, 취씩 취가 한 지(至)요, 지씩 지가 한 아승기요, 아승지씩 아승기가 한 아승기 제곱이요, 아승기 제곱씩 아승기 제곱이 한 한량없음이요, 한량없음씩 한량없음이 한 한량없는 제곱이요, 한량없는 제곱씩 한량없는 제곱이 한 그지없음이요, 그지없음씩 그지없음이 한 그지없는 제곱이니라.

그지없는 제곱씩 그지없는 제곱이 한 같을 이 없음이요, 같을 이 없음씩 같을 이 없음이 한 같을 이 없는 제곱이요, 같을 이 없는 제곱씩 같을 이 없는 제곱이 한 셀 수 없음이요, 셀 수 없음씩 셀 수 없음이 한 셀 수 없는 제곱이요, 셀 수 없는 제곱씩 셀 수 없는 제곱이 한 일컬을 수 없음이요, 일컬을 수 없음씩 일컬을 수 없음이 한 일컬을 수 없는 제곱이요, 일컬을 수 없는 제곱씩 일컬을 수 없는 제곱이 한 생각할 수 없음이요, 생각할 수 없음씩 생각할 수 없음이 한 생각할 수 없는 제곱이요, 생각할 수 없는 제곱씩 생각할 수 없는 제곱이 한 헤아릴 수 없음이요, 헤아릴 수 없음씩 헤아릴 수 없음이 한 헤아릴 수 없는 제곱이요, 헤아릴 수 없는 제곱씩 헤아릴 수 없는 제곱이 한 말할 수 없음이요, 말할 수 없음씩 말할 수 없음이 한 말할 수 없는 제곱이요, 말할 수 없는 제곱씩 말할 수 없는 제곱이 한 말할 수 없이 말할 수 없음이요, 이것을 또 말할 수 없이 말할 수 없는 것이 한 말할 수 없이 말할 수 없는 제곱이니라.

– 『대방광불화엄경』 제45권 「아승기품(阿僧祇品)」에서

*위 내용은 심왕(心王)보살의 질문을 받고 부처님이 하신 말씀으로 화엄경 아승기품에 기록되어 있지만 나는 여러 가지 면에서 의심스러운 생각을 떨칠 수가 없다. 과연, 부처님이 이런 말을, 이런 설법을 했을까?

상당수의 대승경전들도 '나는 이렇게 들었다'라고 시작함으로써 소승경전을 흉내 내고 있지만 나는 개인적으로 모두가 특정인들에 의해서 집필된, 가공되어 꾸며진 문장속의 허구 곧 소설적 요소가 다분하다고 생각한다. 특히, 대승경전은 특정 보살이 특정 삼매에 빠져서 그 곳에서 펼쳐지는 상황 속의 이야기들로 채워지는데 삼매 속의 상황이란 현실공간이 결코 아니며, 개인의 집착과 집중으로 이루어지는 환각상태나 다를 바 없는 상황이라는 사실이다. 물론, 상상이 통제 제어되지 못하는 상태에서의 환각상태 곧 망상이 펼쳐지는 상황이 아니기 때문에 다행스러운 일이긴 하지만, 그것은 어떠한 경로를 통해서든 알게 된[이해하게 된] 불법(佛法)세계와 관련하여 나름대로 확대 심화시켜가면서 해석하고 재구성하는 연장선상에서 이루어지는 집필자의 논리

적 상상세계라는 사실이다.

이러한 대승경전들이 쏟아져 나올 수 있었던 것도, 나의 일방적인 추측이지만, 불교가 중국의 도교와 만남으로써 가능했던 것이 아닌가 싶다. 쉽게 말해, 부처님의 가르침이 소설적 상상의 허구세계로 변화 발전할 수 있었던 것이 도교의 기 수련과 하늘과 땅이란 이분적인 세계관 등과 만남으로써 상상의 영역이 더욱 확대될 수 있었던 것으로 보인다.

대승경전들을 읽다보면, 일부의 보살들을 부처님과 거의 대등한 능력이 있는 존재로 부각시켜 놓음으로써 해당 보살을 신격으로 격상시켜 놓았다는 생각이 들기도 하고, 또한 인간이었던 부처님은 신(神)으로서 격상되어 있다는 판단이다. 물론 이 과정에 동원된 기구가 곧 '삼매'라는 것이다. 부처님은 이미 돌아가시어 현실세계에 없지만, 그래서 만날 수도 없고 대화조차 나눌 수도 없는 상태이지만 그 삼매를 통해서 부처님이 머문다는 세계로 들어가 부처님을 만나고, 안부를 묻고, 예의를 갖추고, 필요시 질문하고, 설법도 듣고, 경우에 따라서는 부처님 대신 설법을 하는 내용들로 꾸며지고 있으니 말이다.

예수교 경전인 '성경'이란 것도 오랜 시간에 걸쳐서 다수의 사람들이 진지하게 집필해 온 소설적 허구이듯이 불교 경전도 그와 크게 다를 바 없다는 것이 나의 솔직한 판단이다. 물론, 이런 주장을 하려면 더 많은 증거를 제시해야 하겠지만 말이다.

여래선(如來禪)에 들어간다는 것

이치로써 마음의 청정한 진여를 관찰[觀]하는 것이니, 이와 같은 마음의 경지에 들어가는 것이 바로 실제(實際)에 들어가는 것.

열 개의 지옥

후운(厚雲), 무운(無雲), 아아(呵呵), 내하(奈何), 양명(羊鳴), 수건제(須乾提), 우발라(優鉢羅), 구물두(拘物頭), 분타리(分陀利), 발두마(鉢頭摩)

오근(五根)

부처님의 개달음 가운데 하나인 8정도[정견(正見)·정사유(正思惟)·정어(正語)·정업(正業)·정명(正命)·정정진(正精進)·정념(正念)·정정(正定) 등의 수행 덕목]를 굳게 믿고 변하지 않으면 신근(信根)이라 하고, 고요한 명상수행을 통해서 그 도를 찾고 실천하는 과정의 노력을 정진근(精進根)이라 하고, 잊지 않고서 늘 한마음으로 그 도를 생각하면 염근(念根)이라 하고, 그런 마음이 한곳에 머물러 흩어지지 않으면 정근(定根)이라 하고, 사유하고 분별하여 무상(無常) 등을 깨달으면 혜근(慧根)이라 하는데 이 다섯 가지 뿌리 곧 수행하는 데에 있어서 기본이 되고 중요한 요소를 합쳐 오근(五根)이라 한다.

이 근(根)이 늘어나고 자라서 힘을 얻으면 오력(五力)이라고도 한다.

오온(五蘊)

①색(色) ②수(受) ③상(想) ④행(行) ⑤식(識)

욕계(欲界)의 중생 12종[種]

지옥, 축생, 아귀, 사람, 아수륜, 사천왕, 도리천, 염마천, 도솔천, 화자재천, 타화자재천, 마천(魔天)

육행(六行)

①10신행(信行) ②10주행(住行) ③10행행(行行) ④10회향행(回向行) ⑤10지행(地行)
⑥등각행(等覺行)

의성신차별상(意成身差別相)

①삼매의 즐거움에 든 의성신
②법의 자성을 깨달은 의성신
③종류와 함께 생하는, 짓는 행이 없는 의성신
-「대승입능가경」 제4권 '무상품'에서

일체실견삼매(一切悉見三昧)

'일체실견삼매(一切悉見三昧)'란 「좌선삼매경」에 나오는 용어로, 하늘과 땅 사이에 아무것도 없
다고 생각하고 그 허공에 오로지 부처님의 생신(生身)만이 있다고 전제하고서 부처님의 몸과 모
습과 가르침만을 생각하면 시방삼세의 모든 부처님께서 마음의 눈앞에 나타난다는 것.

작은 지옥의 크기

가로×세로 각각 500유순

재가인(在家人)의 4가지 법

현세에는 사람들에게 사랑과 공경을 받으며, 미래에는 태어나는 곳마다 항상 좋은 곳에 있게 할
재가인의 4가지 법
①부모를 공경하고 마음을 다하여 효도하고 봉양하는 것
②항상 선법으로 아내와 자녀를 가르치고 지도하는 것
③종들을 불쌍히 생각하고 그들이 있고 없고를 아는 것
④선지식을 가까이하고 나쁜 사람을 멀리하는 것

재가인들이 좋아해야 하는 4가지 법[四樂法]

①남에게 재물을 빚진 것이 없어 자신에게도 남에게도 부끄러운 빛이 없는 것
②매우 큰 거부(巨富)로서 자기도 아껴서 쓰지 않고 부모·처자·친척·권속에게도 모두 주지 않으
며, 또 사문·바라문에게 공양하지 않는 것
③매우 큰 거부로서 몸에는 화려한 의복을 입고 입에는 가장 맛있는 음식을 마음껏 먹으며, 부
모에게 공양하고 친척 권속들에게도 모두 나누어 주며 사문·바라문을 받들어 섬기는 것 ④신업
(身業)·구업(口業)·의업(意業)이 모두 나쁘지 않고 총명하고 지혜로우며, 법을 많이 듣는 것을

좋아하는 것

재가인에게 비록 이러한 네 가지 좋아하는 것이 있지만 남에게 빚지지 않는 것과 아끼고 탐내는 이러한 법을 가장 낮은 즐거움이라 하고, 즐겨 보시를 행하는 것을 중간의 즐거움이라 하고, 신업·구업·의업으로 나쁜 짓을 하지 않고, 총명하며 지혜롭고 법을 많이 듣는 것을 좋아하는 이 법을 가장 훌륭한 즐거움이라 함.

적삼매(寂三昧)

모든 도를 깨달아 고요한 상태

점수[漸修:점진적인 수행으로 깨달음에 이르는 과정]의 핵심

①부지런히 정진하여 번뇌(煩惱)를 조복(調伏)시키고,

②큰 용맹을 일으켜서 얻지 못한 것을 얻고자 하고, 끊지 못한 것을 끊고자 하면,

탐냄과 성냄, 은애(恩愛)와 아만과, 아첨하는 마음과 질투하는 마음 따위가 경계를 대하여도 생기지 않게 되며, 피아(彼我)간 은애(恩愛)가 고요히 소멸된다.

-「대방광원각수다라요의경(大方廣圓覺修多羅了義經)」중에서

정삼매(淨三昧)

모든 번뇌를 물리친 상태

'족성자(族姓子)·족성녀(族姓女)' 혹은 '선남자(善男子)·선녀인(善女人)'

불경(佛經)을 읽다보면, '족성자(族姓子)·족성녀(族姓女)' 혹은 '선남자(善男子)·선녀인(善女人)' 등의 용어를 흔하게 접하게 되는데 그 때마다 이 용어들이 무슨 뜻일까 생각해 보았는데 그 어디에서도 답을 구할 수 없어 겉으로 드러난 글자의 의미 그대로 생각하곤 했었다. 그러니까, '특별한 씨족에 해당하는 사람들을 두고 족성자 내지는 족성녀라고 불렀을 것이고, 일반적으로 보아 착하고 좋은 사람들을 두고 선남자 선녀인이라 불렀을 것이다'라고 말이다.

뒤늦게 알게 된 사실이지만, 족성자·족성녀는, 사람의 신분이 이미 정해져서 나온다는 힌두교의 가치관이 지배하는 고대 인도사회에서 귀족혈통을 가진 사람들, 그러니까 특별한 능력과 권한을 가진 사람들을 가리키는 말이다. 더 구체적으로 말한다면, 힌두교의 오랜 전통과 관습에 의하면 ①성직자 ②군인 ③상인 ④천민 ⑤불가촉민 등 5가지로 신분이 나뉘어져 있는데 경전에서 말하는 족성자·족성녀는 성직자에 해당한다고 보아진다.

하지만 모든 사람의 평등을 믿고 주장하는 불교의 경전에서는 부처님의 가르침을 믿고 따르는 무리 가운데에서 앞장서거나 뛰어난 능력을 발휘하는 사람들을 일컫는다고 보아진다. 다시 말하면, 부처님을 곁에서 모시는 제자들이나 부처와 함께 함께 가까이에서 수행 정진하던 보살들이나 나한들이 여기에 해당하지 않을까 싶다.

그렇듯, 부처님의 가르침을 믿고 따르는 순종적인 착한 사람들을 두고 '선남자·선녀인'이라 하여 비교적 폭넓게 쓰였을 것이라는 판단이 든다. 불교 경전 식으로 말하자면, 악법이 아닌 선법

(善法)을 좇아 살아가는, 출가했거나 출가하지 않은 남녀 불자들을 두고 '선남자·선녀인'이라 불렀을 것이다.

사실, 세상이 바뀌어 왔고 사람이 바뀌어왔으니 경전에서 이런 용어들도 바뀌어야 하는데 좀처럼 바뀌지를 않는 것 같다. 그래서 요즘 사람들에게는 경전을 읽을 때에 거리감을 더욱 느끼게 하는 한 가지 요소임에는 틀림없다.

*백의성제자(白衣聖弟子)란 우바새(優婆塞: upāsaka) 신분을 말하는데, 우바새란 집에 살면서 불도(佛道)를 믿는 남자 신도를 말한다. 요즘 말로 치면, 평신도 가운데 남자 신도를 말한다. 대개는 불법승 삼보를 믿고 5계를 받은 생활인을 뜻한다고 보면 크게 틀리지 않는다.

죽은 자를 심판하는 염라대왕의 희망사항

세간의 중생들은 미혹하고 무식하여 몸으로 나쁜 짓을 하고, 입과 마음으로 나쁜 짓을 한 까닭에 목숨을 마친 뒤에는 이런 고통을 받지 않는 자가 드물다. 세간의 중생들이 만일 능히 나쁜 행동을 고치고, 몸과 입과 마음을 닦아 착한 행동을 한다면 목숨을 마친 뒤에는 저 하늘 신과 같은 즐거움을 누릴 것이다. 내가 장차 목숨을 마친 뒤 인간 세상 태어나 만일 거기서 여래를 만난다면, 마땅히 정법 가운데서 수염과 머리를 깎고 세 가지 법의를 입고 집을 나가 도를 닦되 청정한 믿음으로써 범행을 깨끗이 닦아 할 일을 다 해 마치고 생사를 끊고, 현재 세계에서 직접 깨달아서 다시는 (뒷) 생명을 받지 않을 것이다.

–불설장아함경 제19권 세기경 지옥품(地獄品) 중에서

지옥에 관한 게송/범왕 作

대개 사람은 세상에 날 때부터
그 입안에 도끼가 있다.
몸이 베이는 그 까닭은
바로 악한 말 때문이라네.

마땅히 비방할 자를 도리어 칭찬하고
마땅히 칭찬할 자는 도리어 비방하며
입으로 악한 업을 지었기에
몸으로 그 죄를 반드시 받는 것이네.

기술로 재물을 모았다면
그 허물은 엷고 적지만
만일 현성을 헐뜯고 비방했다면
그 허물은 아주 무거우리라.

무운(無雲)지옥에서의 백천 수명과
후운지옥에서의 41생 수명을 지내나니
성인을 비방하여 받는 이 재앙
마음과 입으로 지은 악 때문이라네.

-세기경 지옥품(地獄品) 중에서

*불교에서 말하는 지옥에 대해서는, 아비달마구사론, 대지도론, 십팔지옥경, 세기경 등에서 확인할 수 있다.
기타 이시환의 심층여행에세이 『시간의 수레를 타고』(신세림출판사, 2008.) 419페이지에서 확인할 수 있다.

지옥에 관한 게송/부처님 作 ────────────────────

1.
몸으로 착하지 못한 업을 행하고
입이나 뜻으로 또한 착하지 못한 업 지으면
그는 저 상(想)지옥에 떨어져서
두려움에 그 털이 거꾸로 서리.

악한 마음으로 부모를 대하고
부처님과 모든 성문(聲聞)을 대한다면
그는 곧 흑승지옥에 떨어지나니
그 고통 이루 다 말할 수 없네.

다만 세 가지 악업만 짓고
세 가지 착한 행 닦지 않으면
그는 퇴압지옥에 떨어지나니
그 고통 이루 다 말할 수 없네.

분노하고 잔인하게 해칠 마음을 품고
살생한 피로써 손을 더럽히며
온갖 악한 행을 저지른다면
그는 규환지옥에 떨어진다네.

항상 여러 가지 삿된 견해 익히고
이욕(利欲)의 그물에 덮혀

516

비루한 행실을 하는 사람은
대규환지옥에 떨어진다네.

항상 태우고 굽는 행을 통하여
모든 중생을 태우고 구우면
소자지옥에 떨어지나니
영원히 굽고 지짐 받을 것이다.

선과(善果) 받을 업을 버리고
선과의 청정한 도를 버리고
더럽고 못된 짓[弊惡]만 행하면
대소자지옥에 떨어진다네.

아주 중한 죄를 저지르면
악취(惡趣)의 업을 지었으므로
반드시 저 무간지옥에 떨어지나니
받는 죄업 이루 다 말할 수 없네.

상지옥과 흑승지옥과
퇴압지옥과 두 규환지옥
소자지옥과 대소자지옥이며
무간지옥은 여덟 번째 지옥이다.

이 여덟 개의 큰 지옥은
통연(洞然)한 큰불의 광색(光色)으로
이것은 전생의 악업에서 온 재앙이며
그 안엔 작은 지옥도 16개나 있다.

2.
비록 사자를 보았더라도
여전히 방일하고 게으르면
그는 언제나 걱정을 품고
또 비천한 곳에 태어나리라.

만일 지혜로운 사람이
저 천사를 본다면

현성의 법을 친근히 하고
또한 방일하지 않을 것이다.

생명을 받는 것을 두렵다고 보나니
나고 늙고 병들고 죽기 때문이니라.
생(生)을 받지 않으면 곧 해탈하여
나고 늙고 병들고 죽음 없어지리라.

그는 이에 안온한 곳 얻어
현재 세상에서 무위(無爲)를 얻고
모든 걱정과 두려움 건너
결정코 반열반에 들어가리라.

3.
대개 사람은 세상에 날 때부터
그 입안에 도끼가 있다.
몸이 베이는 그 까닭은
그 악한 말 때문이니라.

마땅히 비방할 자는 도리어 칭찬하고
마땅히 칭찬할 자는 도리어 비방하며
입으로 악한 업을 지은 그 사람
몸으로 그 죄를 반드시 받느니라.

기술로 재물을 모았다면
그 허물은 엷고도 적지만
만일 현성을 헐뜯고 비방했다면
그 허물은 아주 무거우리라.

무운지옥에서의 수명과
후운지옥에서의 수명을 지내나니
성인을 비방하여 받는 이 재앙
마음과 입으로 지은 악 때문이니라.

지옥의 위치
4천하는 다시 8천 개의 천하가 그 밖을 둘러싸고 있고, 또 큰 바닷물이 이 8천 개의 천하를 두루 둘러싸고 있으며, 또 큰 금강산이 큰 바닷물을 둘러싸고 있다. 금강산 밖에는 다시 두 번째 큰 금강산이 있고, 두 산의 사이는 어둡고 캄캄하다. 해ㆍ달과 하늘 신들의 큰 위력으로도 그곳까지 광명을 비추지는 못한다. 거기에는 여덟 개의 큰 지옥이 있다. 각 지옥마다 16개의 작은 지옥이 딸려 있다.

천신(天神)4종

①흙신[地神] ②물신[水神] ③바람신[風神] ④불신[火神]

큰 지옥 크기

가로×세로×깊이 각각 100유순

팔부대중

①찰리(刹利) ②바라문(婆羅門) ③장자(長者)ㆍ거사(居士) ④사문(沙門) ⑤사천왕(四天王)
⑥도리천(忉利天) ⑦마왕(魔王) ⑧범왕(梵王)
-동진(東晉) 평양(平陽) 사문 석법현(釋法顯)이 중역한 「대반열반경(大般涅槃經)」중에서

팔행(八行)

①여래의 가르침을 진정으로 듣고 ②모든 갈등의 원인인 애욕을 버리고 ③살생 도둑질 음행 등을 하지 않으며 ④속이고 아첨하고 나쁜 말로 꾸짖지 아니하며 ⑤시기 질투하지 않고 믿지 못할 말을 하지 않으며 ⑥모든 일이 무상(無常)하고 고(苦)이며 무아(無我)임을 깨닫고 ⑦몸이 더럽고 냄새나는 것임을 알며 ⑧몸에 대한 탐착을 버리고 마침내 죽어서 한 줌의 흙이 됨을 아는 것. 중국 「后汉书(후한서)ㆍ窦章传(두장전)」에 나오는 孝ㆍ悌ㆍ睦ㆍ姻ㆍ任ㆍ恤ㆍ忠ㆍ和가 아님.

혜해탈(慧解脫)과 공해탈(共解脫)

여러 가지 '선정'에 들어가지 않고 아직 경지에 이르지 않았음에도 불구하고 여러 가지 번뇌가 없어지는 것을 '혜해탈(慧解脫)'이라 하고, 여러 가지 선정을 얻고 또한 멸선(滅禪)과 여러 가지 누진(漏盡)을 얻는 것을 '공해탈(共解脫)'이라 한다.

*기타 육지진언/만다라/얀트라/탄트라/라마교/문수보살/보현보살/비로자나불/관세음보살/대세지보살/아미타불/보현십원가/아미타불48대원/밀린다왕문경/법화경/금강정경/무량수경/대일경/강가강/목샤/보시/육도윤회/다라니/주문/화산/대인/심판/지옥/오계/팔관제계/나유타/겁/아승기/호법신중/여래10호/결집(結集)/금강승/구족계/사미십계/아잔타석굴/엘로라석굴/힌두교/힌두사원/힌두성서/본교/밀교수행법 등 일련의 용어들에 대해서는 필자의 다른 저서 『시간의 수레를 타고』(신세림출판사. 서울. 2008) 주석을 참고하기 바라며, 선정수행법에 해당하는 명상법에 대해서는 『주머니 속의 명상법』(신세림출판사. 서울. 2014)를 참고하기 바란다.

불교 경전 탐구

썩은 지식의 부자와 작은 실천

초판인쇄 2017년 12월 05일   **초판발행** 2017년 12월 10일

지은이   **이시환**
펴낸이   **이혜숙**   펴낸곳   **신세림출판사**
등록일   **1991년 12월 24일 제2-1298호**

04559 서울특별시 중구 창경궁로 6, 702호(충무로5가, 부성빌딩)
전화 **02-2264-1972**   팩스 **02-2264-1973**
E-mail : shinselim72@hanmail.net

정가 **20,000원**

ISBN **978-89-5800-191-1, 03230**